LEXIKON FÜR AQUARIEN FREUNDE

Norbert Jorek

BUCHER

Zeichnungen: Rainer Lechner

Lektorat: Ursula Kopp, Dieter Löbbert
Gestaltung: Bertram Schmidt

Das Kapitel «Geschichte der Aquaristik»
wurde dem Bucher-Band «Liebenswerte Fische» entnommen.

© Verlag C. J. Bucher GmbH, München und Luzern 1982
Printed in Germany 1982
ISBN 3-7658-0370-7

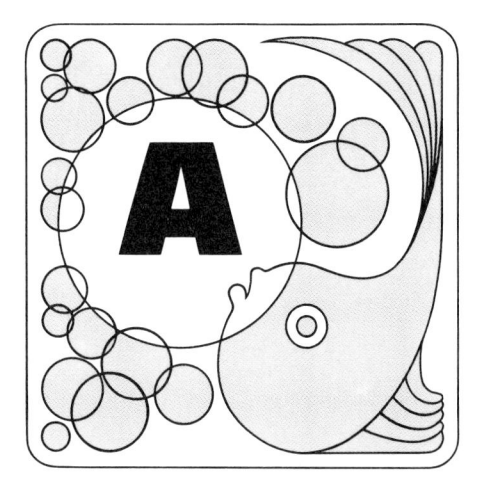

Aale *(Anguilla vulgaris)*, schlangenartiges Aussehen, hintere Körperhälfte oben und unten von einem Flossensaum umgeben. A. schlüpfen im Sargassomeer vor der amerikanischen Ostküste, werden dann durch den Golfstrom innerhalb von etwa 3 Jahren bis an die europäischen Küsten getrieben wo sie als sogenannte Glasaale eintreffen. Sie wandern dann als Steigaale die Flüsse hinauf und leben jahrelang räuberisch in stehenden oder langsam fließenden Gewässern, bis sie zum Ablaichen wieder ins Sargassomeer ziehen. Während dieser einjährigen Laichwanderung verzichten die A. auf jegliche Nahrung, reduzieren sogar ihre Verdauungsorgane und ändern auch ihre Körperproportionen. Nach dem Ablaichen im Sargassomeer sterben sie. Für die Aquarienhaltung sind A. weniger geeignet. Sie durchwühlen den Boden, so daß es Probleme mit dem Pflanzenwachstum gibt. Im Normalfall sind sie so weit eingegraben, daß nur der Kopf zu sehen ist; zudem sind sie nachtaktiv. Empfehlenswert sind lediglich die etwa 7–10 cm langen Steigaale, die allerdings eine weitgehende Abdeckung des Aquariums erfordern, da sie sonst ausbrechen.

Aalmutter *(Zoarces viviparus)*, nicht mit den Aalen verwandt. Körper gedrungener mit viel größeren Brustflossen. Die sehr räuberische, von anderen Fischen und Krebsen lebende A. kommt in der Nord- und Ostsee in erster Linie in den Seegraswiesen vor. Die bis zu 400 Jungen werden lebend im Winter geboren.

Abdeckscheibe, nur dann entbehrlich, wenn die → Beleuchtung in wasserdichter Ausführung gearbeitet wurde und die gesamte Oberfläche des Aquariums abdeckt. Andernfalls ist eine Glasscheibe erforderlich, um zu starke Verdunstung und das Herausspringen von Fischen zu vermeiden. Sie sollte aus relativ starkem Glas bestehen, da sie oft durch die Beleuchtung sowie gelegentlich auf ihr abgelegte Gegenstände stark belastet werden kann. Durch Spritzwasser bilden sich häufig Kalkrückstände, die regelmäßig entfernt werden müssen, um Lichtverluste zu vermeiden. Die Rückstände lösen sich leicht in Essigsäure. Gut nachspülen!

Ablassen des Aquarienwassers, ist teilweise im Zusammenhang mit regelmäßigen → Wasserwechseln erforderlich. Unnötiges Wasserschleppen bei großen Aquarien kann man sich ersparen, wenn frühzeitig ein fester Abfluß in erreichbarer Nähe angebracht wurde. Auch lange → Schläuche, die bis zum tiefliegenden Abfluß einer Badewanne reichen, können eine wesentliche Erleichterung sein. Zum Ablassen wird das → Saugheberprinzip eingesetzt. Falls nur ein Teilwasserwechsel erfolgt, sollte man aus Sicherheitsgründen das im Aquarium befindliche Schlauchende nur bis in die Höhe reichen lassen, bis zu der das Wasser abgesenkt werden soll. Man vermeidet dadurch ein versehentliches Leerlaufen des Aquariums.

Ableger, Tochterpflanze, die aufgrund ungeschlechtlicher (vegetativer) Vermehrung entstanden ist. Wie bei der Erdbeere bildet die Mutterpflanze Ausläufer, die sich bewurzeln, im Boden verankern und an dieser Stelle eine Tochterpflanze bilden. Die ursprüngliche Verbindung zur Mutterpflanze kann bestehen bleiben (wie bei vielen Aquarienpflanzen), aber auch von der Pflanze selbst abgebaut werden.

Abmagerung, typisches Kennzeichen einer Erkrankung. Durch den stark eingefallenen Bauch wirken die Fische in der Regel nach oben gekrümmt. → Fischkrankheiten.

Abramites hypselonotus, → Brachsensalmler.

Abschäumer, chemischer Filter für Seewasserbecken. Futterreste, Exkremente sowie tierische und pflanzliche Reste enthalten immer einen hohen Bestandteil an Eiweißen, die rasch in oft giftige Stick-

Abschäumer

stoffverbindungen übergeführt werden. Insbesondere bei dem relativ hohen → pH-Wert des Seewassers liegen diese Eiweißverbindungen in Form des hochgiftigen Ammoniak vor, so daß eine kontinuierliche Entfernung erforderlich ist. Die Natur nutzt dabei die Tatsache, daß sich solche Eiweißverbindungen sehr leicht an kleine Luftblasen anlagern und damit eine Zerstörung der Luftblase verhindern. Viele dieser kleinen Luftbläschen bilden dann zusammen den Schaum, den man an unseren Meeresküsten findet. Die Brandung, die diese feine Luftzerteilung im Wasser vornimmt, hat also praktisch die gleiche Wirkung wie die technischen Abschäumgeräte, die in Seewasseraquarien zwingend eingesetzt werden müssen, um Eiweißabbauprodukte aus dem geschlossenen System des Aquariums zu entfernen. Im einfachsten Falle handelt es sich um ein Rohr, an dessen unterem Ende sich ein Ausströ-

Im oberen Teil des **Abschäumers** (links) sammelt sich der leicht entfernbare Schaum. Rechts oben befindet sich eine Kreiselpumpe, darunter eine zusätzlich angebrachte Filterpatrone.

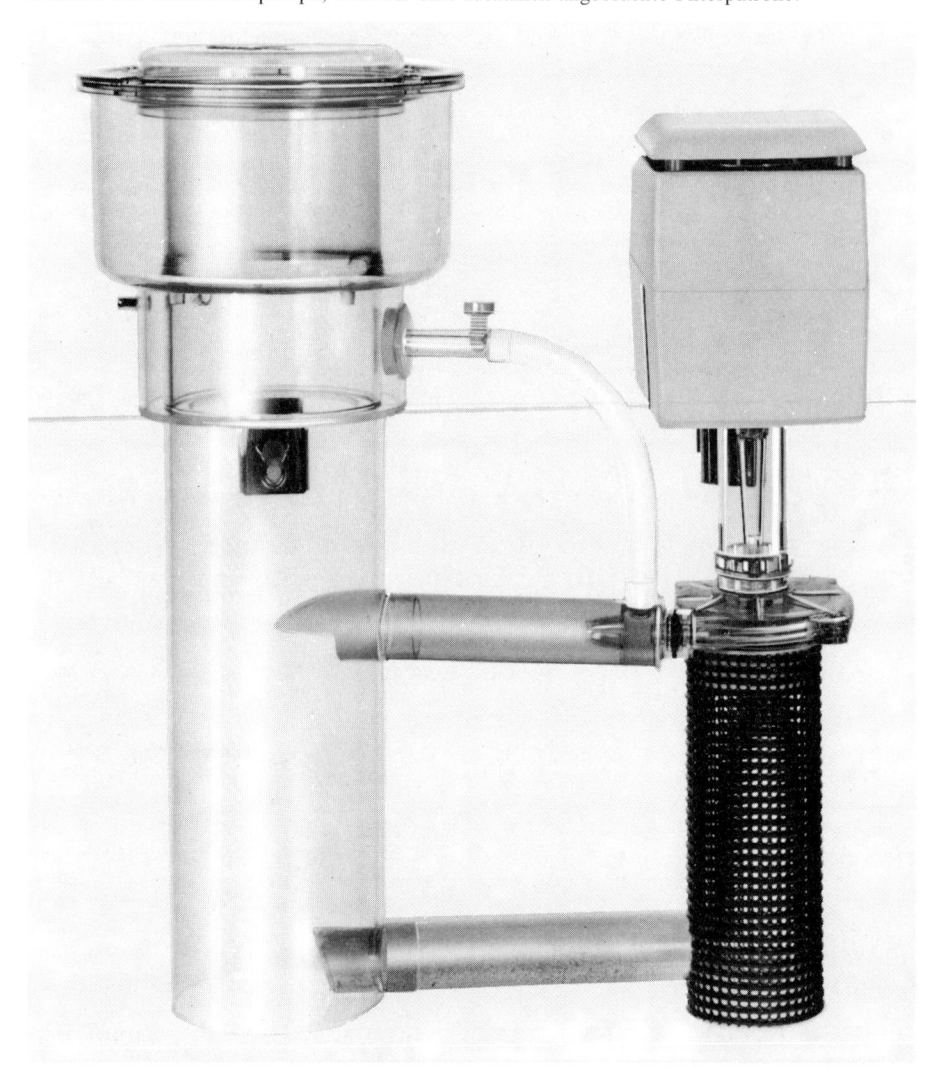

merstein befindet, der feine Luftblasen nach oben steigen läßt. Durch den Auftrieb der Luftblasen wird Aquarienwasser von unten angesaugt, das sich mit dem feinen Luftstrom vermischt, wobei sich die Eiweißreste an den Luftblasen ablagern. Oberhalb der Wasseroberfläche steigt der dadurch gebildete Schaum durch eine kleinere Öffnung in ein Auffanggefäß und wird auf diese Weise aus dem Aquarium entfernt. Das überschüssige Wasser fließt durch Öffnungen an der Seite ab. Im Handel sind verschiedene Abschäumsysteme, die nocht effektiver arbeiten als das vorab geschilderte. Es gibt darüber hinaus auch spezielle Chemikalien, die man dem Seewasser zusetzen kann, wodurch die Effektivität der Abschäumung wesentlich gesteigert wird. Es läßt sich dabei Wasser von einem Reinheitsgrad erzeugen, der dem tropischer Korallenriffe entspricht und so die Grundvoraussetzung für die Haltung empfindlicher Arten schafft. Wirkungsvoll ist die Kombination eines Abschäumgerätes mit einem Ozon-Luft-Gemisch.

Absorption, die Eigenschaft von Stoffen, andere «aufzusaugen» oder zu «verschlukken». Bekannt ist zum Beispiel die A. des Lichtes durch das Wasser. Normales Tageslicht ist ein Gemisch aus verschiedenen Wellenlängen vom langwelligen roten bis zum kurzwelligen blauen Anteil. Das rote Licht ist bereits in einer Tiefe von 4 m auf 1% seines ursprünglichen Wertes zusammengeschrumpft, Blau wird am wenigsten absorbiert. In einer Tiefe von 70 m sind noch 30% des Blauanteiles des Tageslichtes vorhanden (aus diesem Grunde auch der «Blaustich» bei Unterwasserfotos!).

abstreifen, systematische Gewinnung männlicher und weiblicher Geschlechtsprodukte. Besonders bei der gewerblichen → Fischzucht werden die → Eier und die → Spermien bei größeren Arten häufig aus den Körpern herausgedrückt, was ohne Schädigung der Fische möglich ist. Dadurch kann eine gezieltere Befruchtung sowie eine Jungenaufzucht unter kontrollierteren Bedingungen erreicht werden.

Abudefduf cyaneus, → Saphir-Riffbarsch.
Abudefduf saxatilis, → Sergeant-Fisch.
Abudefduf sulphur, → Riffbarsch, Gelber.
Acanthophthalmus-Arten, → Dorngrundeln.
Acanthopsis choirorhynchus, → Rüsselschmerle.

Acanthurus leucosternon, → Doktorfisch, Weißkehl-.
Actinaria, → Seerosen.
Acidität, Säuregrad des Wassers, (→ pH-Wert).
Actinia cari, → Gürtelrose.
Actinia equina, → Purpurrose.
Actinia equina fragacea, → Erdbeerrose.
Adsorberharz, → Ionenaustauscher.
Adsorption, die Eigenschaft von Körpern, andere Stoffe an ihrer Oberfläche zu binden. Typisch dafür ist z. B. die in Aquarienfiltern Verwendung findende → Aktivkohle, die soviel kleine, feine Poren hat, daß die Oberfläche von einem einzigen Gramm über 100 m^2 betragen kann. An dieser großen Oberfläche lagern sich nun zahlreiche Stoffe an, die aus dem Aquarienwasser entfernt werden können. Je nach Art der zu bindenden Stoffe (Adsorbate) können unterschiedliche Stoffe (Adsorber) Verwendung finden, in der Aquaristik auch bestimmte Kunstharze, mit denen man dem Wasser Salze entziehen kann. In vielen Fällen kann die A. mit speziellen Regenerationsverfahren wieder rückgängig gemacht werden, so daß der Adsorber wieder zur Verfügung steht.

adult (geschlechtsreif), abgekürzt: ad, Bezeichnung für erwachsene Tiere, die oft völlig anders aussehen als junge (juvenile) Tiere.

Adventivpflanzen, häufig zu beobachtende Form der ungeschlechtlichen Vermehrung von Aquarienpflanzen. Bei verschiedenen Arten bilden sich z. B. an den Blatträndern komplette Jungpflanzen, die sich ablösen und zu vollständigen neuen Pflanzen heranwachsen können (→ Schwimmender Wasserhornfarn, → Sumatrafarn). Bei den → Schwertpflanzen ist unter Aquarienbedingungen gelegentlich zu beobachten, daß sich lange Blütenstiele ausbilden, an denen dann jedoch keine Blüten, sondern zahlreiche Jungpflanzen entstehen.

Adventivwurzeln, entstehen bei vielen Stengelpflanzen an den Ansatzstellen der Blätter bzw. an knotig verdickten Stellen (→ Stecklinge).

Ährenfisch, Rotgeschwänzter *(Bedotia geayi),* wird etwa 8 cm lang, ist seitlich zusammengedrückt und stammt aus Madagaskar. Eine Zucht ist in hartem Wasser mehrfach geglückt, wobei sich das Ablaichen über mehrere Tage hinzieht.

Aequidens curviceps, → Tüpfelbuntbarsch.
Aequidens maronii, → Buntbarsch, Maroni.
Aequidens pulcher, → Blaupunktbarsch.
Afrika-Aquarium, Becken, das nur mit afrikanischen Fisch- und Pflanzenarten besetzt wird. Viele Aquarienfische stammen aus den großen Flußsystemen. Ein für sie gestaltetes Aquarium bildet am besten eine Uferlandschaft nach, die im Vordergrund einen freien Schwimmraum, im Hintergrund einen dichten Wasserpflanzenbestand mit → Moorkienwurzeln besitzt. Das Wasser eines solchen Beckens sollte relativ weich und schwach sauer sein. Die Temperaturen liegen je nach gehaltenen Fischen zwischen 23 und 28° C. Ein von den Wassereigenschaften her sehr ähnlicher Lebensraum sind die zeitweise austrocknenden Gewässer. Dort leben zahlreiche Eierlegende → Zahnkarpfen, die sich oft nur für kurze Zeit halten, sich aber gut vermehren. Voraussetzung dafür ist ein Wasser mit sehr weichem Boden, in den die Eier häufig mit einem Schlag der Schwanzflosse hineingeschleudert werden. Am besten eignet sich dafür langfaseriger → Torf, der so weit ausgewaschen worden ist, daß nur noch wenige Trübstoffe frei werden. Die Haltung bodenwühlender Arten scheidet dann natürlich aus! Die Bepflanzung in einem solchen Becken kann spärlich sein. Ein sehr interessanter afrikanischer Lebensraum sind die großen Seen, Malawi- und Tanganjikasee. Viele beliebte Buntbarsche kommen jeweils nur in einem dieser relativ pflanzenarmen Seen vor. Ein typisches Becken für diese Fische sollte daher zur → Dekoration in erster Linie → Steine aufweisen. Wichtig sind viele Höhlungen, in die sich die Fische bei Bedarf zurückziehen können. Bei der Wasserqualität ist zu beachten, daß diese Arten ein hartes, bei einem → pH-Wert um 8 auch bereits alkalisches Wasser benötigen, dem am besten auch noch etwas Salz zugesetzt wird (10–20 g/l). Allein durch eine solche Salzzugabe scheidet die Haltung vieler Wasserpflanzen bereits aus.

Aggressivität, feindseliges Verhalten gegenüber anderen Individuen. Es gibt eine innerartliche A., v. a. während der Fortpflanzungszeit, in der ein Territorium verteidigt wird, aber auch zwischenartliche A.

Akklimatisation, Anpassung von Individuen an veränderte Lebensbedingungen. Die Fähigkeit einer Art zur A. hängt von dem Grad ihrer Spezialisiertheit ab. Je spezialisierter die Art ist, desto schwerer fällt ihr die A., desto mehr muß der Aquarianer den Lebensbedingungen der Art entgegenkommen, um so aufwendiger, schwieriger und risikoreicher wird die Haltung. Optimal akklimatisierte Fische erhält man aus Nachzuchten in Deutschland. Extreme Schwierigkeiten ergeben sich immer wieder bei Importen, bei denen die Fische oft innerhalb weniger Tage aus den Gewässern ihrer Heimatländer nach Deutschland geflogen werden, wo sie dann sehr schnell an Händler verteilt und von diesen an die Kunden verkauft werden. Derart «schockierte» Fische brauchen, neben einer → Quarantäne, zunächst vor allen Dingen erst einmal Lebensbedingungen, die bezüglich der Wasserqualität, Temperatur etc. den Bedingungen in den Heimatländern am nächsten kommen. Nur allmählich kann man von diesem Optimum etwas abweichen, wenn die Überführung in ein Gesellschaftsbecken mit teilweise anderen Lebensbedingungen geplant ist.

Aktivkohle, in der Aquaristik zur → Filterung benutztes, verkohltes Pflanzenmaterial (Holzkohle). Das organische Material aus den einzelnen Pflanzenzellen ist durch die Verkohlung entfernt worden, übriggeblieben ist ein Gerüst aus den ursprünglichen Zellwänden, das jetzt weitgehend aus Kohlenstoff besteht. Dadurch erhält die A. ungeheuer viele Poren und Hohlräume, so daß ein einziges Gramm eine Fläche von über 100 m^2 haben kann. An dieser großen Oberfläche lagern sich zahlreiche Stoffe ab, was sich gut prüfen läßt, wenn man z. B. mit Tinte eingefärbtes Wasser über A. filtert; das Wasser wird sauber. Im Aquarium wird sie in erster Linie benutzt, um Eiweißreste, organische Säuren etc. aus dem Wasser herauszuholen. Darüber hinaus bindet die A. aber auch viele Pflanzendünger sowie Medikamente, die zur Behandlung von Krankheiten eingebracht worden sind. Die Aktivkohlefilterung sollte daher nicht permanent erfolgen (das Material erschöpft sich dann auch zu schnell), sondern besser stoßweise, wenn ein konkreter Bedarf vorliegt. Für aquaristische Zwecke ist nicht jede A. gleich gut geeignet! Aufgrund der Verkohlung können sich z. B. erhebliche Teerrückstände in der A. befinden, die zur Freisetzung von schädlichem Phenol führen. Daher die A. vor der Verwendung prüfen oder gleich für die Aquaristik hergestellte Produkte verwenden. Vor dem Einsatz muß die A. mit heißem Wasser übergossen werden, damit die Luft aus den Hohlräumen verdrängt wird. Nur so ist eine wirksame Filterleistung zu erwarten. A. kann zur erneuten Verwendung im Aquarium nicht regeneriert werden.

akzessorische Atmungsorgane, zusätzliche Atmungsorgane, mit denen Fischarten, die in sehr sauerstoffarmen Gewässern vorkommen, oft den im Wasser fehlenden Sauerstoff direkt der Luft entnehmen können. Als diese zusätzlichen Atmungsorgane dienen Hohlräume in der Nähe der Kiemen mit oft sehr faltigen Wandungen, damit die von zahlreichen Blutgefäßen durchzogene Oberfläche vergrößert wird. In diesen Hohlräumen wird die mit dem Mund verschluckte Luft gespeichert, wobei der Sauerstoff langsam ins Blut übergeht. Ein klassisches Beispiel für Fischarten, die auf ein solches zusätzliches Atmungsorgan angewiesen sind, sind z. B. die → Labyrinthfische, die in schlammigen Reisfeldern Südostasiens leben.

Albinismus, durch eine → Mutation pigmentfreie Haut (→ Vererbung).

Alburnoides bipunctatus, → Schneider.

Alestes longipinnis, → Langflossensalmler.

Algen, befinden sich in jedem Aquarium, werden allerdings nur dann zum Problem, wenn Wachstumsbedingungen vorliegen, unter denen sie konkurrenzkräftiger sind als die anderen Wasserpflanzen. In der Regel handelt es sich dabei um zu hohe Nitratkonzentrationen aufgrund zu seltener → Wasserwechsel sowie um Fehler bei der Beleuchtung des Aquariums (→ Wasserpflanzenkrankheiten). Man kann verschiedene Algentypen unterscheiden: Am einfachsten gebaut sind Blaualgen, die intensive blaugrüne Färbung zeigen und ein echtes Warnsignal für ein gestörtes biologisches Gleichgewicht im Aquarium sind. Sie sind eher mit den Bakterien als mit den A. verwandt. Die Kieselalgen zeigen sich meist als brauner, schmieriger Belag und treten in erster Linie in neu eingerichteten Aquarien auf. → Grünalgen gibt es bei Neueinrichtungen als Fadenalgen, die in dichten, watteähnlichen Beständen auftreten. Sie verschwinden in der Regel nach einigen Wochen. Hartnäckiger sind Kugelalgen der Gattung Volvox, die eine gleichmäßig grüne Wassertrübung hervorrufen können (→ Wasserblüte). Nach ihrer Form unterscheidet man dann noch Pinselalgen, die besonders die Blattränder von Wasserpflanzen besiedeln, Bartalgen, die ebenfalls an Blättern wachsen und dort längere Fäden bilden, sowie Pelzalgen, die als blaßgrüner Rasen ganze Pflanzenblätter überwachsen können. Während Grünalgen auch in biologisch gut funktionierenden Aquarien vorkommen, dort aber in der Regel nicht zum Problem werden, sind die anderen Arten meist Anzeichen irgendwelcher Störungen, so daß man frühzeitig versuchen sollte, den dadurch angezeigten Fehlentwicklungen vorzubeugen (→ Algenbekämpfung).

Algenbekämpfung, → Algen sind überwiegend sehr einfach gebaute Lebewesen, die auf unserem Planeten zu einem Zeitpunkt existierten, als dieser noch recht unwirtlich war. Viele von ihnen sind entsprechend auch heute noch auf extreme Lebensbedingungen spezialisiert, bei denen die höher entwickelten Pflanzenarten meist nicht mehr richtig lebensfähig sind. Eine übermäßige Vermehrung von Algen zeigt also, daß in einem Lebensraum etwas geschehen sein muß, was relativ ungünstige Lebensbedingungen hervorgerufen hat. So auch im Aquarium. Es nützt daher gar nichts, wenn man chemische Algenbekämpfungsmittel einsetzt. Damit verschwinden zwar die Algen, doch die Ursache des Problems ist damit keinesfalls beseitigt. Schlimmer noch: Auch höhere Pflanzen können durch diese Mittel geschädigt werden – fast immer kommt es zu einem Stillstand des Wachstums. Es gibt nur ein wirksames Mittel gegen unerwünschtes Algenwachstum: die Wiederherstellung der natürlichen Gleichgewichts im Aquarium. Dies zeigt sich auch sehr deutlich bei der Neueinrichtung eines Beckens. Durch das noch nicht eingespielte Gleichgewicht kommt es häufig zu einer Massenvermehrung von → Kieselalgen, die als brauner Belag auf Pflanzenblättern und Aquarienscheiben zu sehen sind. Auch lange, fädige → Grünalgen bilden sich, die in dichten, wattigen Beständen oft große Teile des Aquariums überwuchern können. Nach

Algenfresser, Siamesischer

wenigen Wochen, wenn sich das Gleichgewicht im Aquarium eingestellt hat, verschwinden diese Erscheinungen von selbst. Wird es gestört, sind fast immer unzureichende → Wasserwechsel die Ursache. Dadurch kommt es zu einer starken Anreicherung von → Nitraten und → Nitriten. Im Lebensraum Aquarium treten also extreme Bedingungen ein, das gewünschte Pflanzenwachstum geht zurück und Algen breiten sich übermäßig aus. In vielen Fällen werden regelmäßige Wasserwechsel eine befriedigende Lösung bringen. Häufig sind auch unzureichende Lichtverhältnisse der Grund. Dies betrifft z. B. die → Blaualgen sowie die → Kieselalgen, die bei intensiver Beleuchtung von selbst verschwinden. Gerade Blaualgen sind aber auch ein alarmierendes Zeichen für Fäulnisprozesse, die im Aquarium stattfinden. Wurde zuviel gefüttert? Haben sich → Tubifex-Würmer in größerer Menge im Boden verkrochen? Sind sie dort an der hohen Temperatur im Aquarium eingegangen und vermodern jetzt (→ Bodengrund)? Die Konsequenz ist in vielen Fällen ein schmieriger, blaugrüner Belag, der sich am Boden, aber auch an den Aquarienscheiben und auf den Wasserpflanzen bildet. Während fast alle Algen durch regelmäßigen Wasserwechsel und optimale Beleuchtung gut in den Griff zu bekommen sind, gibt es nur bei Grünalgen gelegentlich Probleme. Diese sind nämlich relativ hoch entwickelt, wünschen die hohen Beleuchtungsintensitäten, die wir im Aquarium haben und den hohen Nährstoffgehalt des Wassers, den auch Schwimmpflanzen bevorzugen. Meist bildet sich ein dünner Film dieser Grünalgen auf den Aquarienscheiben, was nur bei der Frontscheibe stört, die gelegentlich mit einem → Scheibenreiniger gesäubert werden kann. Auch gegen diese Algenart gibt es ein wirksames Mittel. Die meisten Tropenfische und Aquarienpflanzen fühlen sich im leicht sauren Wasser am wohlsten. Dieses kann am einfachsten durch → Torffilterung, oder aber durch die Beimischung von → Torfextrakten hergestellt werden. Und genau diese Lebensbedingungen behagen den Grünalgen gar nicht. Fische und Pflanzen werden optimal gedeihen, das Algenwachstum wird hingegen stark eingeschränkt.

Algenfresser, Siamesischer (*Epalzeorhynchus siamensis*), eine Fischart, die zur Algenbekämpfung im Aquarium besonders effektiv eingesetzt werden kann. Besonders angenehm ist, daß sie keine Aggressivität gegenüber Artgenossen und anderen Fischarten zeigt, so daß sie sich für die biologische Pflege des Gesellschaftsaquariums sehr gut eignet. Empfehlenswert ist ein möglichst weiches, notfalls auch mittelhartes Wasser. Über Nachzuchten ist nichts bekannt.

Algenfresser (*Gyrinocheilus aymonieri*), im Aquarium sehr beliebte Art, welche die Blätter, Aquarienscheiben, Steine etc. von Algenaufwuchs befreit. Die von Thailand bis Vietnam vorkommenden Fische wachsen im Freiland bis zu einer Länge von 30 cm, erreichen im Aquarium jedoch in der Regel nur etwa ein Drittel dieser Größe. Auffällig ist das große Saugmaul, mit dem sich die Fische in den normalerweise rasch fließenden Gewässern an Steinen etc. festhalten. Da die A. im angesaugten Zustand nicht in der Lage sind, Atemwasser mit dem Mund aufzunehmen, haben sie eine Sonderbildung im Kiemenbereich entwickelt. Am oberen Ende der Kiemen gibt es eine kleine Öffnung, durch die sauerstoffreiches Wasser einströmt, die Kiemen passiert und am hinteren Teil des Kiemendeckels wieder austritt. Je größer die Fische werden, desto intensiver wird ihre Färbung, um so sorgfältiger muß man aber auch darauf achten, sie nicht mit großen, langsamen Fischen zu vergesellschaften. Gelegentlich saugen sich die A. nämlich auch an diesen fest und verletzen dabei unter Umständen einige Schuppen, die dann Ausgangspunkt für Infektionen sein können. Neben dem Algenbewuchs frißt der A. auch abgesunkenes Trocken- und Lebendfutter. Häufig wird diese Art auch unter der Bezeichnung «Saugschmerle» angeboten, obwohl sie nicht zur Familie der Schmerlen gehört.

Algenwachstum im Meerwasseraquarium, setzt in der Regel sehr rasch nach → Einrichtung des Aquariums ein. Zunächst treten bräunliche, schmierige Kieselalgen auf, die etwas später von → Blaualgen oder → Rotalgen überwuchert werden können. Mehrere Algenschichten können auf diese Weise übereinander liegen. Doch Vorsicht: Blaualgen dürfen zwar über die Rot- und Grünalgen wachsen, diese jedoch nicht über die Blaualgen. Sollte dies

Ammoniak

geschehen, sind die Algen an dieser Stelle zu entfernen. Erschwerend kommt hinzu, daß die Algen an ihrer Färbung nicht sicher erkannt werden können. Blaualgen färben sich unter bestimmten Lichtbedingungen und bei Sauerstoffmangel rot. Neben den relativ niedrig entwickelten Schmier- und Fadenalgen gibt es auch sehr hochentwickelte Formen, die oft jedoch nur für wenige Wochen oder Monate leben. Eine in Meerwasseraquarien sehr gut zu haltende Art ist die → Kriechsproßalge Caulerpa. Anders als im Süßwasseraquarium ist dichtes Algenwachstum im Meerwasserbecken ein gutes Zeichen. Voraussetzung dafür ist eine intensive → Strömung, die Nährstoffe heran- und Abfälle wegtransportiert.

Alkalität, → pH-Wert.

Alternanthera-Arten, → Papageienblatt-Arten.

Altersbestimmung, kann bei Fischen nur selten anhand der äußeren Erscheinung vorgenommen werden. Bei Arten, die in gemäßigten Zonen leben, gibt es auf den → Schuppen deutliche Jahresringe, an denen die Lebensjahre abgezählt werden können. Auch die Gehörsteine (→ Gleichgewichtsorgan) lassen sich für die A. heranziehen.

Altwasser, Aquarienwasser, das lange nicht gewechselt worden ist und früher als sehr wertvoll eingeschätzt wurde (→ Wasserwechsel).

Amazonas, Schwarze *(Echinodorus parviflorus)*, eine relativ kleine, sehr anpassungsfähige → Schwertpflanzenart, die eine Höhe von 20–25 cm erreicht. Die langgestreckten, bis zu 5 cm breiten Blätter können je nach Intensität der Beleuchtung unterschiedlich ausgebildet sein. Sinnvoll ist in größeren Becken das Zusammenpflanzen zu einer kleineren Gruppe.

Amblydoras hancocki, → Dornwels, Knurrender.

Ambulia, → Sumpffreund-Arten.

Ameisenpuppen, früher häufig benutztes Fischfutter, das meist fälschlich als «Ameiseneier» bezeichnet wird. Da das Sammeln der Puppen in Deutschland verboten ist (!) und die im Handel erhältlichen getrockneten A. ohne nennenswerten Nährwert sind, sollten sie aus der Liste der Futtermittel gestrichen werden.

Aminosäuren, Grundbausteine der Eiweiße.

Schwarze Amazonas

Ammoniak, farbloses, stechend riechendes Gas, das im Aquarium im Rahmen des → Eiweißabbaus entsteht. Im Wasser liegt es als Ammoniumhydroxyd vor, besser bekannt als Salmiakgeist. Es ist in dieser Form hochgiftig, wird bei Anwesenheit von Säuren und entsprechend niedrigem → pH-Wert jedoch rasch in ungiftiges Ammoniumsalz umgewandelt (z. B. Ammoniumchlorid). In Meerwasseraquarien, d. h. bei relativ hohem pH-Wert, werden oft tödliche Ammoniakkonzentrationen

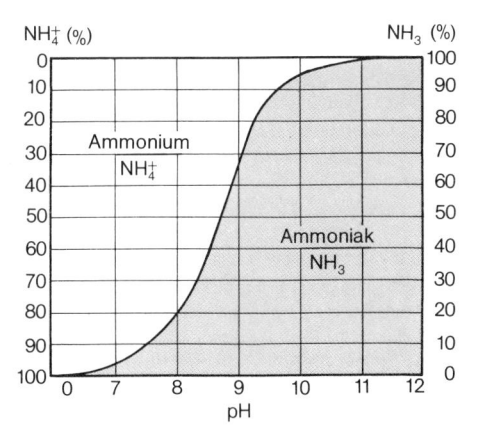

Ammoniakvergiftungen

erreicht. Gleiches kann bei einem → Wasserwechsel mit alkalischem Wasser geschehen, wenn reichlich vorliegende Ammonium-Verbindungen in giftiges Ammoniak umgewandelt werden.
Ammoniakvergiftungen, praktisch nur in → Meerwasseraquarien, dort jedoch häufig anzutreffen. Das → Ammoniak liegt nur bei höheren → pH-Werten in nennenswerter Menge vor und kann lediglich durch extrem hygienische Verhältnisse (sofortige Entfernung von Futter- und Verdauungsresten etc.) in geringer Konzentration gehalten werden.
Amphiprion biaculeatus → Samtanemonenfisch.
Amphiprion clarkii, → Ringelfisch, Zweifarbenschwanz-.
Amphiprion ephippium, → Glühkohlenfisch, Hochroter.
Amphiprion frenatus, → Bindenglühkohlenfisch.
Amphiprion ocellaris, → Orange-Ringelfisch.
Amphiprion perideraion, → Anemonenfisch, Halsband-.
Amphiprion polymnus, → Ringelfisch, Sattelfleck-.
Amphiprion sandaracinos, → Anemonenfisch, Weißrücken-.
Amphiprion sebae, → Goldflößchen.
Ampullaria-Arten, → Apfelschnecken.
Anableps anableps, → Vieraugenfisch.
anadrome Wanderfische, Arten, die normalerweise im Meer leben, jedoch zeitweise (z. B. zum Ablaichen) in Süßwasser eindringen.
Anemonenfisch, Halsband- *(Amphiprion perideraion),* Schwarmfisch aus dem Pazifischen und Indischen Ozean, der im Aquarium nur unter idealen Wasserverhältnissen zu halten ist. Die nur etwa 5 cm lange Art sollte mit einer → Seeanemone vergesellschaftet werden.
Anemonenfisch, Weißrücken- *(Amphiprion sandaracinos),* im Aquarium zwar sehr verträgliche, aber recht empfindliche Art, die eine Länge von 6 cm erreicht. Sie lebt im Pazifischen und Indischen Ozean und sollte gemeinsam mit einer Anemone gehalten werden.
Anemonia, → Seeanemonen.
Anemonia sulcata, → Wachsrose.
Angeborener Auslöse-Mechanismus (AAM), Teil des → Instinktverhaltens einer Art. Es handelt sich um die nicht individuell erlernte, sondern genetisch «vorprogrammierte» Kenntnis spezieller → Schlüsselreize, die ein bestimmtes Verhalten auslösen. Fische erkennen z. B. ihre Geschlechtspartner (→ Partnerfindung) an unverkennbaren Farbmustern, Gerüchen, Geräuschen etc. Diese Kenntnis ist bei ihnen auch dann vorhanden, wenn sie völlig isoliert von anderen Artgenossen aufgezogen worden sind.
Angolawels *(Clarias angolensis),* ein räuberisch lebender → Kiemensackwels, von dem häufig auch albinotische Zuchtformen angeboten werden.
Anguilla rediviva, → Mikronematoden.
Anoptichthys jordani, → Höhlensalmler, Blinder.
Anostomus anostomus, → Prachtkopfsteher.
Antennenwels, Gefleckter *(Pimelodus blochii),* bis zu 30 cm lang werdender Fisch, der – eine Ausnahme in der Familie der Antennenwelse – gegenüber Mitbewohnern im Aquarium noch recht verträglich ist. Da die Art in Südamerika weit verbreitet ist, findet man je nach Herkunft oft sehr unterschiedlich gefärbte Tiere.
Antennenwelse *(Pimelodidae),* eine mit 20 Gattungen über weite Teile Südamerikas verbreitete Fischfamilie. Verschiedene Arten werden gelegentlich importiert, haben sich als Aquarienfische aber nicht durchsetzen können. Dies liegt in erster Linie an ihrer sehr versteckten Lebensweise. Die A. verlassen nur dann ihre Verstecke, wenn sie auf Beutefang gehen. Es handelt sich durchweg um gute Schwimmer, die sich aufgrund ihrer Schwimmblase auch in höheren Wasserschichten rasch fortbewegen können. Über Nachzuchten ist bislang nichts bekannt geworden. Nur sehr wenige Arten lassen sich in Gesellschaftsaquarien halten, da die meisten mit zunehmender Größe für kleinere Mitbewohner gefährlicher werden. Die auffällig langen Barteln sowie die großen Flossenstacheln sind äußerst verletzlich, wenn die A. mit einem Netz aus dem Aquarium herausgefangen werden. Besser ist dafür die Verwendung von Gläsern. Etwas häufiger sind der Gestreifte → Fadenwels und der Gefleckte Antennenwels im Angebot.
Apfelschnecken *(Ampullaria-Arten),* in den Tropen Südamerikas und Asiens vorkommende sehr große Süßwasserschnecken. Sie erreichen einen Durchmesser bis

Aquarienbau

7 cm und können, da sie Kiemen und Lungen gleichzeitig besitzen, auch aus dem Wasser herauskriechen. Dort legen sie ihre Eier ab. Sie sind sehr gut im Aquarium zu halten und sollten zusätzlich mit Salat gefüttert werden, um Schäden an den Pflanzen vorzubeugen.

Aphanius fasciatus, → Zebrakärpfling.
Aphyocharax rubripinnis, → Rotflossensalmler.
Apistogramma agassizi, → Zwergbuntbarsch.
Apistogramma reitzigi, → Zwergbuntbarsch, Gelber.
Aplocheilichthys-Arten, → Leuchtaugenfische.
Aplocheilus-Arten, teilweise – wie der Streifenhechtling *(Aplocheilus lineatus)* – sehr räuberisch lebende Arten, die nur mit etwa gleich großen Fischen vergesellschaftet werden dürfen. Ihr Vorkommen ist auf den Bereich Indien und Ceylon beschränkt, wo mehrere verschiedene Arten leben. In Aquarien werden sie, obwohl sie gut zu halten sind und sich willig fortpflanzen, nur relativ selten gehalten. Am besten gedeihen sie in schwach alkalischem Wasser, das ruhig 20° dGH erreichen darf (Karbonathärte nicht über 7 dKH). Gerne halten sie sich zwischen den Schwimmpflanzen auf. Die → Eier werden mehrere Tage hintereinander an Pflanzen abgelegt, die Jungen schlüpfen etwa nach 2 Wochen.
Aponogetonaceae, → Wasserähren.
Aponogeton boivinianus, → Wasserähre, Bucklige.
Aponogeton crispus, → Wasserähre, Krause.
Aponogeton madagascariensis, → Gitterpflanze.
Aponogeton rigidifolius, → Wasserähre, Leder-.
Aponogeton ulvaceus, → Wasserähre, Ulvablättrige.
Aponogeton undulatus, → Wasserähre, Gewelltblättrige.
Appetenzverhalten, das Bemühen eines Tieres, eine bestimmte Situation herbeizuführen. Es ist Teil des → Instinktverhaltens und wird durch das Auftauchen eines → Schlüsselreizes befriedigt. Bleibt das A. lange Zeit erfolglos, so werden die Anforderungen an den Schlüsselreiz deutlich geringer. Die Instinkthandlung wird also auch bereits durch schlüsselreizähnliche Situationen ausgelöst. Im Extremfall kann dies zu Leerlaufhandlungen führen, wie sie gerade bei Tieren in der Gefangenschaft häufig zu beobachten sind. Nach Verlust der Brut können die Elterntiere Sandkörner, Pflanzenteile, Futtertiere etc. in gleicher Weise «pflegen», wie sie es mit ihren Jungen getan hätten.
Aquarienbau, heute nur noch in Form → rahmenloser Aquarien sinnvoll und dann auch vom Laien problemlos auszuführen. Zur Verwendung kommen Glasscheiben, deren Stärke von dem zu erwartenden Wasserdruck, also Länge und Höhe des Aquariums, abhängt (Tabelle). Am zweckmäßigsten läßt man sie sich bereits in den erforderlichen Größen zuschneiden. Dabei ist unbedingt darauf hinzuweisen, daß nur rechtwinklig geschnittenes, maßhaltiges, kratzerfreies Material in Frage kommt. Die Verklebung erfolgt mit → Silikonkautschuk, der sehr haltbar ist. Bei der Berechnung der Maße muß bei den Seitenscheiben auf jeder Seite ein Viertel der Glasstärke als Klebefuge abgerechnet werden. Für die Berechnung der Höhe ist zu berücksichtigen, daß Front- und Rückscheibe sowie die beiden Seitenscheiben auf die Bodenscheibe aufgesetzt werden. Entsprechend ist bei der Höhenberechnung des Aquariums die Stärke der Bodenscheibe sowie eine Klebefuge einzurechnen. Die Schnittkanten brauchen we-

Erforderliche Glasstärken (in mm)

Höhe des Aquariums cm	Länge des Aquariums cm								
	50	60	70	80	90	100	120	150	200
30	6	6	6	6	6	8	8	10	10
40	6	6	6	8	8	8	10	10	12
50	6	8	8	8	10	10	10	12	15
60	8	8	10	10	10	10	12	12	15
70	8	10	10	10	12	12	15	15	18

der abgeschliffen noch aufgerauht zu werden. Sie müssen jedoch völlig sauber und fettfrei sein, was man leicht durch Abreiben mit Aceton erreichen kann. Um die Verarbeitung zu erleichtern, werden mit dem Silikonkautschuk zunächst einmal Distanzstücke hergestellt. An den 4 Kanten der Bodenscheibe wird an einigen wenigen Stellen punktförmig Silikonkautschuk aufgetragen, der erhärtet und dann mit einem scharfen Messer oder einer Rasierklinge auf die endgültige Höhe der Klebefuge abgeschnitten wird. Gleiches geschieht an den Kanten der Seitenscheiben. Für die endgültige Verklebung sind 2 Personen erforderlich. Zunächst wird Silikon an einer Längsseite der Bodenscheibe aufgetragen. Auf diese Naht wird die Rückscheibe gestellt, die zunächst von einem Helfer festgehalten wird. Anschließend trägt man auf den inneren Schmalseiten dieser Rückscheibe sowie an den Schmalseiten der Bodenscheibe ebenfalls Silikon auf, so daß sich die Seitenscheiben einsetzen lassen. Sie werden mit der Rückscheibe durch Klebeband verbunden, so daß diese 3 Seiten auch ohne weitere Hilfe fest stehen. Danach erfolgt an entsprechenden Stellen der Silikonauftrag für das Einsetzen der Frontscheibe. Auch diese wird mit Klebeband befestigt. 2 Tage lang muß das Becken jetzt stehen, bis der Kleber weitgehend ausgehärtet ist. Bei größeren Becken ist zu empfehlen, die Klebenähte durch einen zusätzlichen Kautschukwulst von innen zu verstärken. Er kann mit einem nassen Finger glattgestrichen werden, so daß sich in den Ecken später kein Schmutz festsetzt. Außen überstehender Kleber wird am besten mit einer Rasierklinge abgeschnitten. Größere Becken müssen eine oder mehrere Querstreben erhalten, die oberhalb der Wasseroberfläche für eine Verbindung zwischen der Vorder- und Rückwand sorgen. Auf diese Weise wird die Belastung durch starken Wasserdruck gemindert. Diese Streben kann man gleichzeitig als Auflagen für die Abdeckscheiben verwenden. Meist ist dafür jedoch noch die Anbringung zusätzlicher Auflagen erforderlich. Sollte man sich trotz der relativ einfachen Herstellung rahmenloser Aquarien für ein → Gestellaquarium entscheiden, so ist unbedingt darauf zu achten, daß Kupfer- und Zinkteile nicht mit dem Wasser in Berührung kommen. Andernfalls kann es zu schweren Vergiftungen kommen.

Aquariengröße, richtet sich nach dem geplanten Fischbesatz. Aus ökologischer Sicht sind große Becken stabiler. Wer also mit seinem Aquarium möglichst wenig Probleme haben will, der wählt ein großes Becken mit relativ geringem Fischbesatz. In solchen Fällen können auch die → Wasserwechsel etwas weniger streng gehandhabt werden. Bei der Höhe des Beckens ist zu berücksichtigen, daß möglichst viel Licht bis auf den Grund dringen sollte. Dies ist um so einfacher, je niedriger der Wasserstand ist. Er darf einen Wert von 50 cm nur in Ausnahmefällen übersteigen. Relativ niedrige Becken haben auch noch den Vorteil, daß wegen des geringeren Wasserdrucks die Scheiben dünner sein können – dies spart Geld und Gewicht. Bei der Länge des Aquariums muß man sich, wenn man als Lichtquelle → Leuchtstoffröhren verwenden möchte, an den handelsüblichen Maßen orientieren. Sie betragen 60, 90, 120 und 150 cm. Das Aquarium sollte zur Unterbringung der Fassung jeweils etwa 10 cm länger sein. Der Breite sind keine Grenzen gesetzt. Wer fotografieren will, der wird ein schmales Becken bevorzugen, tiefe Becken sind jedoch erheblich dekorativer.

Aquaristik, die Haltung, Beobachtung und Zucht von Pflanzen und Tieren in Aquarien. Sie kann je nach Kenntnisstand, gehaltenen Arten und angewandten Methoden «lediglich» ein interessantes Hobby, aber auch eine ernstzunehmende Wissenschaft sein.

Araeometer, ein für das → Meerwasseraquarium unentbehrliches Gerät zur Messung der → Dichte des Wassers. Es besteht aus einem um unteren Bereich bauchig verdickten und beschwerten Schwimmkörper, der an seinem oberen Ende einen dünnen, spindelförmigen Fortsatz trägt, der aus dem Wasser ragt. An diesem ist eine Skala angebracht, auf der sich problemlos der Salzgehalt ablesen läßt. Der Wert gilt jedoch nur für die jeweilige Temperatur! Weicht diese vom einmal festgelegten Normalwert ab, so muß man den Wert anhand einer entsprechenden Tabelle korrigieren.

Argusfisch *(Scatophagus argus),* Brackwasserart aus den indopazifischen Küstenregionen. Die Fische erreichen eine Länge

Argusfisch

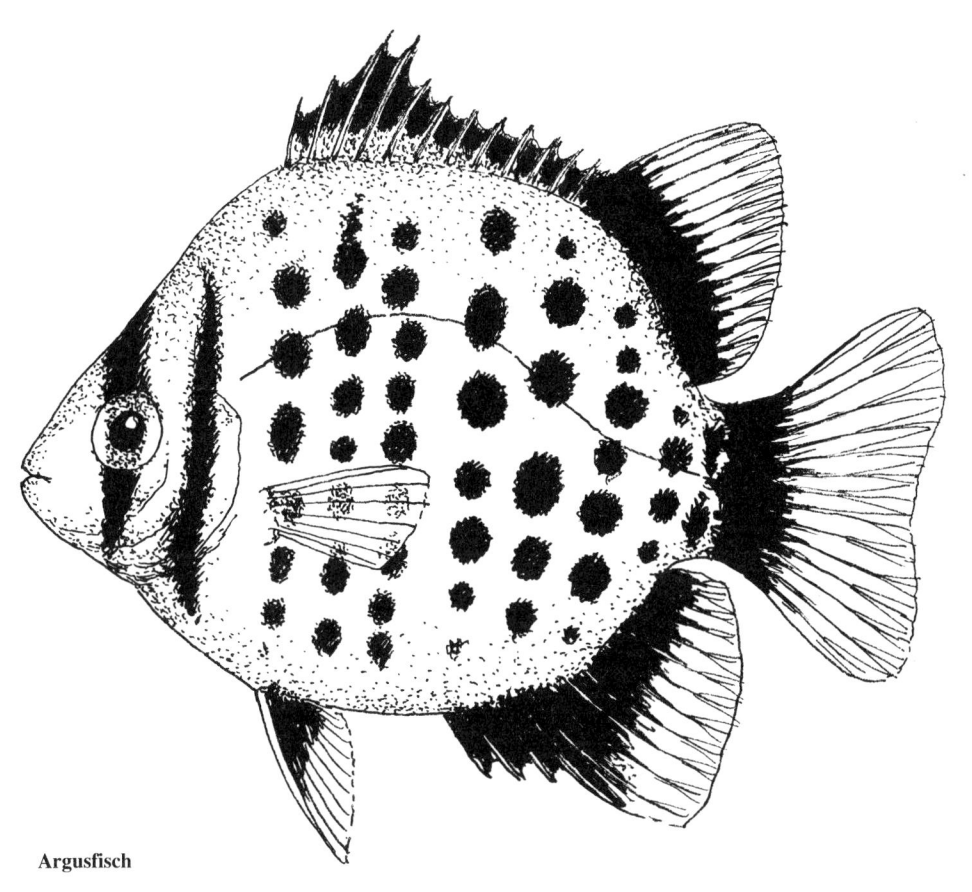

von 15 cm und sind auch von Anfängern recht gut zu halten. Auftretende Krankheiten können durch langsames Umsetzen in Süßwasser sehr schnell auskuriert werden, da die Parasiten absterben.
Ariidae, → Kreuzwelse.
Aripiranga-Ziersalmler *(Nannostomus beckfordi aripirangensis)* Rasse des → Längsband-Ziersalmlers, auch als Roter Ziersalmler bekannt.
Arnoldichthys spilopterus, → Rotaugensalmler, Arnolds.
Art, weitgehend gleich aussehende Tiere oder Pflanzen, die miteinander kreuzbar sind und fruchtbare Nachkommen erzeugen. Eine Ausnahme von dieser Regel sind z. B. Lebendgebärende → Zahnkarpfen, die vielfach mit anderen Arten gekreuzt wurden und deren Nachkommen ebenfalls fruchtbar sind.
Artaquarium, Bezeichnung für ein Aquarium, in dem lediglich eine einzige Art gehalten wird. Dies ist erforderlich bei sehr aggressiven Fischen oder bei solchen, die ein Revier bilden, in dem sie keine anderen Fische dulden. In einem A. stellt man sich genau auf die Lebensansprüche einer einzigen Fischart ein. Das kann ein einzelnes Buntbarschpärchen sein, aber auch ein größerer Schwarm Salmler. Nach Schaffung optimaler Lebensbedingungen wird man in einem A. am ehesten mit Nachwuchs rechnen können.
Artemia salina, → Salinenkrebs.
Artenaquarium, ein Becken, in dem einige nah verwandte Fischarten gemeinsam gehalten werden. Dafür bieten sich z. B. → Barben oder → Salmler an.
Asseln, mit den Krebsen verwandt und mit zahlreichen Arten weit verbreitet. Für → Tümpelaquarien sind in erster Linie Wasserasseln interessant, die auf schlammigem, oft sauerstoffarmem Boden leben und sich dort von fauligem Material ernäh-

Astronotus ocellatus

ren. Viele Arten sind auch Parasiten, die auf dem Körper, im Kiemenbereich, selten auch in der Mundhöhle von Fischen leben. Sie besitzen einen Saugrüssel, mit dem sie Blutgefäße anzapfen. Die an der Körperoberfläche oft in Hauttaschen sitzenden A. kann man auch ohne Lupe bereits erkennen. Unmöglich ist das bei Arten, die im Bereich der Kiemen leben. Ein Befall an dieser Stelle muß befürchtet werden, wenn größere Fische auch nach einem → Wasserwechsel immer noch schwer atmen. Der Fisch sollte dann herausgefangen und in einer trichlorofonhaltigen Lösung gebadet werden.

Astronotus ocellatus, → Buntbarsch, Pfauenaugen-.

Atmung, ohne eine mehr oder weniger regelmäßige Bereitstellung von Sauerstoff ist kein tierisches Leben möglich. Der Sauerstoff muß dafür in jede einzelne tierische Zelle gelangen können, in der chemische Reaktionen ablaufen. Bei kleinen und sehr dünnen Tieren ist dies problemlos möglich. Der Sauerstoff wird durch die meist nur sehr dünne Körperoberfläche aufgenommen und über ein Bluttransportsystem zu den einzelnen Organen geschafft. Viele niedere Tiere, die in erster Linie in Meerwasseraquarien gehalten werden, arbeiten nach diesem Prinzip. Es funktioniert selbst noch bei einigen sehr primitiven Amphibien. In der Regel benötigen die Tiere mit zunehmender Größe ihres Körpers auch eine stabilere Haut, um sich vor mechanischen Beschädigungen und Umwelteinflüssen zu schützen. Damit verlieren sie jedoch gleichzeitig die Fähigkeit, ausreichende Luftmengen über ihre Haut aufzunehmen. Wasserlebende Tiere haben aus diesem Grunde ihre → Kiemen entwickelt, die sehr dünnhäutig und reich durchblutet sind. Bei den meisten Arten besitzen sie eine sehr große Oberfläche und werden regelmäßig mit Wasser überströmt. Dabei wird Sauerstoff aus dem Wasser aufgenommen und Kohlendioxyd abgegeben. Die Kiemen hängen im einfachsten Fall büschelförmig ins freie Wasser. Diese Konstruktion findet man auch noch bei vielen Jungtieren, etwa bei Amphibienlarven. Bei höher entwickelten Fischen sind sie durch Kiemendeckel vor Beschädigungen geschützt. Bei landlebenden Tierarten, auch bei Lungenfischen, würden Kiemen zu leicht austrocknen. Die A. erfolgt bei diesen Arten daher mit Hilfe von Lungen, im einfachsten Fall sackförmigen Einstülpungen, deren reich durchblutete Oberfläche oft durch Falten vergrößert wird. Verschiedene Arten wie → Panzerwelse und → Dorngrundeln können auch Luft mit dem Mund aufnehmen, verschlucken und den Sauerstoff im Bereich des Darmes aufnehmen. Es handelt sich um eine Spezialisierung relativ weniger Arten, die in flachen, sauerstoffarmen Gewässern vorkommen. Die Luft besteht zu 21% aus Sauerstoff, sein Anteil im Wasser kann jedoch nur unter sehr seltenen Bedingungen 0,5% übersteigen. Die A. im Wasser ist daher viel schwieriger. Um 1 cm^3 Sauerstoff in die Lunge zu bekommen, müssen lediglich 5 cm^3 Luft bewegt werden. Um 1 cm^3 mit den Kiemen in Kontakt zu bringen, müssen dort mindestens 200 cm^3 Wasser vorbeiströmen. Das deutlich einfachere Verfahren wird von den Haien praktiziert. Die meisten dieser Arten verfügen über keine eigene Atemmuskulatur, so daß sie ununterbrochen schwimmen müssen, damit ihre Kiemen vom Wasser umströmt werden. Höher entwickelte Arten nehmen Wasser in den Mund und drücken dieses mit zwei hintereinanderliegenden Pumpmechanismen so durch die Kiemen, daß diese gleichmäßig von Wasser umspült werden. Dies erfordert intensive Atmungsbewegungen, die bei einem ruhig stehenden Fisch bereits 30% des Sauerstoffs verbrauchen, der durch die A. gewonnen wird. In sauerstoffarmen Gewässern kann so leicht eine Grenze erreicht werden, über die hinaus der Fisch noch nicht einmal den Sauerstoffbedarf decken kann, den er zur A. benötigt. Gleiches kann in sehr warmen Gewässern geschehen, in denen die Löslichkeit des Sauerstoffs geringer ist. Die Atembewegungen eines Fisches sind im Aquarium leicht zu beobachten. Sie sind unter anderem ein Hinweis darauf, ob sich die Tiere wohl fühlen. Sauerstoffmangel, Krankheiten und Überwärmung äußern sich in der Regel durch eine deutlich verstärkte Atemtätigkeit (→ Fischkrankheiten). Es empfiehlt sich daher, ein Gefühl für den Ablauf der Atembewegungen der Fische zu entwickeln (notfalls deren Häufigkeit mit der Uhr abstoppen).

Aufstellung des Aquariums, am besten in größerer Entfernung vom Fenster, da die

Beleuchtung nur so dem Becken angepaßt werden kann. Unbedingt sollte auf das → Gewicht geachtet werden, das, falls ein Holzfußboden vorliegt, auf Tragbalken verteilt werden muß.

Aufzuchtaquarium, → Zuchtaquarium.

Aufzuchtmethoden, Maßnahmen, um eine möglichst hohe → Überlebensrate der → Jungfische zu gewährleisten. Im günstigsten Fall erfolgt die Aufzucht im Rahmen der → Brutpflege durch die Elterntiere selbst. Normalerweise müssen jedoch Eltern und Jungtiere getrennt werden, um → Laichräuberei zu verhindern. Auch die Jungtiere selbst müssen bei vielen Arten nach Größenklassen sortiert werden, da sie oft über ihre Geschwister herfallen. Viele → Eier und Jungfische reagieren sehr empfindlich auf Bakterien- und Pilzbefall. In der Enge des Aquariums kann dies in der Tat leicht zum Problem werden. Schon bei der Entwicklung der Eier kann man in speziellen Zuchtbecken dem entgegensteuern, wenn dem Wasser keimtötende Mittel wie Trypaflavin oder Methylenblau beigegeben werden. Vor dem Schlüpfen der Jungen sollte man diese jedoch wieder herausnehmen, was leicht mit einer Filterung über → Aktivkohle möglich ist. Eine regelmäßige Chemikalienbeigabe empfiehlt sich bei langen Entwicklungszeiten, wie sie bei vielen → Saisonfischen üblich sind. Verschimmelnde oder unbefruchtete Eier (farblich meist gut zu unterscheiden) sind kontinuierlich zu entfernen (auch diese Arbeit wird von brutpflegenden Arten in der Regel erledigt!). Nach dem Schlüpfen ernähren sich die meisten Jungfische noch eine Zeitlang von ihrem → Dottersack. Sobald dieser resorbiert ist, muß besonderes → Jungfischfutter bereitgestellt werden. Wichtig ist, daß dies mehrfach am Tag in jeweils geringen Mengen gereicht wird, so daß sich keine Futterreste im Aquarium ansammeln können. Des weiteren ist zu berücksichtigen, daß die meist aus kühleren einheimischen Gewässern beschafften Futtertiere die hohen Temperaturen in Tropenaquarien nur für kurze Zeit vertragen. Aus diesem Grund empfiehlt es sich, den Boden des Aufzuchtaquariums nicht mit Sand oder dergleichen zu bedecken, damit Futterreste einfacher abgesaugt werden können. Falls nur wenige Jungfische in einem relativ großen Becken gehalten werden, kann sich das Problem ergeben, daß sich die Futtertiere zu weit verteilen. Das läßt sich verhindern, indem man eine Aquarienseite mit einem Karton abdeckt, in den ein ca. 6 cm großes Loch geschnitten wurde. Wenn das Aquarium nur mäßig beleuchtet wird, durch dieses Loch jedoch eine starke Lichtquelle scheint, konzentrieren sich kleine Futtertiere in dem einfallenden Lichtstrahl. Da auch die Jungfische dies sehr schnell merken, läßt sich das Futter auf diese Weise wesentlich besser dosieren. Die oft empfohlene «Sterilität» solcher Zuchtaquarien hat jedoch einen erheblichen Nachteil: Die Bakterienarten, die giftiges → Nitrit in relativ ungiftiges → Nitrat umwandeln, sind somit nur in geringer Menge vorhanden. Dies kann innerhalb kurzer Zeit zu einer starken Nitritanreicherung führen. Man sollte daher, vielen Hygieneempfehlungen zum Trotz, zumindest einen eingefahrenen Filter benutzen, in dem sich bereits größere Bestände von → Nitrobacter-Bakterien gebildet haben. Zusätzlich sind häufige Teilwasserwechsel zu empfehlen, um unerwünschte Eiweißabbauprodukte aus dem Wasser zu entfernen. Viele Arten sind bei schwach sauren → pH-Werten am besten aufzuziehen, da ein möglichst über Torf gefiltertes Wasser stark keimhemmend wirkt. Wichtig ist auch ein ausreichender → Sauerstoffeintrag, ohne das Wasser dabei zu sehr aufzuwühlen. Falls Futter aus dem Freiland gereicht wird, ist regelmäßig zu überprüfen, ob man z. B. räuberische Insektenlarven eingeschleppt hat. Auch auf einen evtl. Befall mit → Fischkrankheiten sind die Jungtiere täglich zu untersuchen. Deshalb ist es wichtig, das Futter für die Aufzucht der Jungfische nur aus fischfreien Gewässern zu beziehen.

Augenerkrankungen, z. B. Glotzauge, treten relativ häufig auf und sind meist auf unbefriedigende Wasserverhältnisse oder Überbesatz zurückzuführen. Häufig handelt es sich um Infektionskrankheiten, es können aber auch Wucherungen in den Augenhöhlen sein, die das Auge herausdrücken. In vielen Fällen bringen bereits → Wasserwechsel eine spürbare Besserung, meistens helfen aber nur → Antibiotika. Gelegentlich treten Hornhauttrübungen auf, die u. a. eine Verletzung oder ebenfalls eine völlig unzureichende Wasserqualität als Ursache haben. Wenn nicht

Augenfleck

rasch geholfen wird, erblindet der Fisch auf diesem Auge.

Augenfleck, relativ häufige Schutzanpassung, sehr deutlich bei → Falterfischen.

Augenfleck-Buntbarsch *(Cichlasoma Severum)*, eine südamerikanische Buntbarschart aus dem nördlichen Amazonasgebiet, die sehr stark wühlt, so daß → Wasserpflanzen keine Chance haben. Die 15 cm langen, in allen Farben schillernden Fische sind als Jungtiere sehr friedlich und können in Gesellschaftsbecken aufgezogen werden, sollten mit Eintritt der Geschlechtsreife aber ein spezielles Artenaquarium erhalten, dessen Temperatur zwischen 22 und 28° C liegt. Die Jungenaufzucht erfolgt in flachen Gruben, wobei die Jungtiere mehrfach umziehen müssen. Das Männchen hat eine deutlich auffälligere Kopfzeichnung und spitz auslaufende Flossen.

Augenreflex, wichtig für die Erkennung verschiedener → Fischkrankheiten. Kippt man einen gesunden Fisch in eine leichte Seitenlage, so wird das tieferliegende Auge nach oben, das höherliegende Auge nach unten schauen. Kranke Fische zeigen dabei oft keine Reaktion (→ Verhaltensänderungen).

Augenstrichsalmler *(Pyrrhulina rachowiana)*, beliebter, bis zu 7 cm langer Aquarienfisch, der aus den Flüssen La Plata und Parana in Südamerika stammt. Die Art ist ähnlich zu halten wie der → Kopfbindensalmler und pflanzt sich auch auf ähnliche Weise fort.

Augentierchen *(Euglena-Arten)*, einzellige Lebewesen, die aufgrund ihrer Ernährung eine Mittelstellung zwischen Tieren und Pflanzen einnehmen. Sie sind ebenso wie → Pantoffeltierchen zur Fütterung winziger Jungfische geeignet, die Kulturen sind jedoch weit weniger ergiebig und oft nur mit größerem Aufwand anzusetzen. Dies betrifft schon die Beschaffung der A., die längst nicht so häufig vorkommen wie Pantoffeltierchen. Ein Massenauftreten kann während der Sommermonate immer dann vermutet werden, wenn ständig beschattete Gewässer eine intensive Grünfärbung aufweisen, die wegen der geringen Sonneneinstrahlung mit großer Wahrscheinlichkeit dann nicht von Grünalgen stammt. Als Kulturmedium wird eine sehr schwache Fleischbrühe verwandt (1 g auf 1 l Wasser), die nach dem Abkühlen mit den A. geimpft wird. Solange die Kultur an einem hellen, sonnigen Platz steht, vermehren sich die A. sehr gut, und eine solche Kultur hält bei gelegentlichem Fleischbrühenzusatz oft jahrelang. Wird sie vorübergehend nicht benötigt, so kann man sie in einen dunklen Raum stellen, wo das Wachstum rasch eingestellt wird, durch Sonnenlicht aber jederzeit wieder stimuliert werden kann.

Ausläufer, Bildung eines ober- oder unterirdisch wachsenden Sprosses. Der A. wurzelt in einiger Entfernung von der Mutterpflanze und bildet eine Jungpflanze (→ Ableger). Es handelt sich hierbei um eine bei Aquarienpflanzen sehr häufig auftretende Form der ungeschlechtlichen Vermehrung. Bei vielen Arten (→ Wasserkelche) ist dies unter Aquarienbedingungen die einzig mögliche Form der Vermehrung. Mindestens eine Wasserkelchart pflanzt sich ausschließlich so fort.

Auslöser, Begriff aus der → Verhaltensforschung (→ Schlüsselreiz).

Ausscheidung, Entfernung von Stoffwechselendprodukten aus dem Körper. Sie erfolgt bei Fischen in erheblichem Umfang über die → Kiemen. Dies betrifft u. a. das Kohlendioxyd, das aufgrund eines Konzentrationsgefälles ins Wasser abgegeben wird. Ein schwer lösbares Problem für alle Lebewesen sind jedoch Eiweißabbauprodukte, die stark stickstoffhaltig sind. Sofern diese relativ schwer wasserlöslich sind, erfolgt die Ausscheidung über die Nieren (z. B. Kreatinin, Harnsäure sowie – selten – das Oxyd des Trimethylamins). Der größte Teil des Stickstoffs wird jedoch in Form von → Ammoniak und Harnstoff über die Kiemen ausgeschieden. Ammoniak ist zwar hochgiftig, liegt jedoch bei neutralen bis schwach sauren → pH-Werten überwiegend als ungiftiges Ammonium-Ion vor. Bei Seewasserfischen überwiegt die Harnstoffabgabe. Eine Ausnahme stellen die Haie und Rochen dar, deren Kiemen und Nieren viel weniger Harnstoff ausscheiden. Dadurch kommt es zu einer starken Anreicherung in den Körperflüssigkeiten, so daß deren Gehalt an osmotisch wirksamen Substanzen annähernd den Werten des umgebenden Meerwassers entspricht (→ Wasserhaushalt).

Außenfilter, stehen mit verschiedenen Modellen zur Verfügung und lassen sich, je nach Geldbeutel, auch mit geringem Aufwand selbst bauen. Die einfachsten Konstruktionen bestehen aus einem → Steigrohr, welches das Wasser aus dem Filter ins Aquarium befördert. Der Wasserspiegel des A.s und des Aquariums müssen dafür in gleicher Höhe sein. Das Nachfließen des Wassers erfolgt durch ein → Überlaufrohr, was zu einer starken Anfälligkeit dieses Filters führt. Hinzu kommt eine erhebliche Geräuschbelästigung durch permanent blubberndes Wasser, so daß einem geschlossenen A. mit → Kreiselpumpe unbedingt der Vorzug zu geben ist. Dieser Typ kann in nahezu beliebiger Entfernung und Höhe angebracht werden. Er ist mit je einem Schlauch für Zu- und Abfluß des Wassers mit dem Aquarium verbunden. Verschiedene Modelle sind auch noch mit einer Heizung kombiniert, womit zusätzlich eine optimale elektrische → Sicherheit vorliegt.

Ausströmersteine, sollen dem → Sauerstoffeintrag dienen, können diese Aufgabe aber oft nur unvollkommen erfüllen. Ihre Aufgabe besteht darin, die Luft in möglichst viele kleine Blasen zu zerlegen, die eine relativ große Oberfläche haben. Sie bestehen entweder aus Kieselgur oder (speziell für Meerwasseraquarien) feinporigem Lindenholz. Besonders die Holzausströmer setzen der Druckluft einen sehr großen Widerstand entgegen, so daß die → Membranpumpe entsprechend kräftig arbeiten muß.

Austrofundulus-Arten, Gattung der Familie Eierlegende → Zahnkarpfen aus Mittelamerika und dem nördlichen Südamerika. Sie kommen in Freiheit in zeitweise austrocknenden Gewässern vor und sind aus diesem Grund einerseits sehr kurzlebig, andererseits aber auch schon nach wenigen Monaten geschlechtsreif. Da es für die Arterhaltung sinnvoll ist, daß die Eier während der Trockenzeit möglichst tief in den Boden gelangen, wühlen sich die Fische beim Ablaichen ein. Unter Aquarienbedingungen sollte man dies dadurch erleichtern, indem man einen sehr weichen Boden aus überbrühten Torffasern zur Verfügung stellt. Nach dem Ablaichen nimmt man den Torf aus dem Aquarium und läßt ihn gut abtropfen. Bei Temperaturen zwischen 20 und 22° C werden die Eier dann in einem gut verschlossenen Gefäß 4–5 Monate lang im Dunklen aufbewahrt, bis sie erneut mit Wasser übergossen werden können. Bei *Austrofundulus dolichopterus,* einer aus Venezuela stammenden, etwa 5 cm langen Art, beträgt diese Entwicklungszeit 130–150 Tage, bei *Austrofundulus transilis* sind es 150–180 Tage.

Handelsübliche **Außenfilter,** deren unterer Hohlraum mit Filtermaterial gefüllt wird. Im Deckel befindet sich die Kreiselpumpe, die einen kontinuierlichen Wasserstrom garantiert. Das Gerät kann in (fast) jeder Höhe und Entfernung zum Wasserspiegel angebracht werden.

Bachbunge, Amerikanische

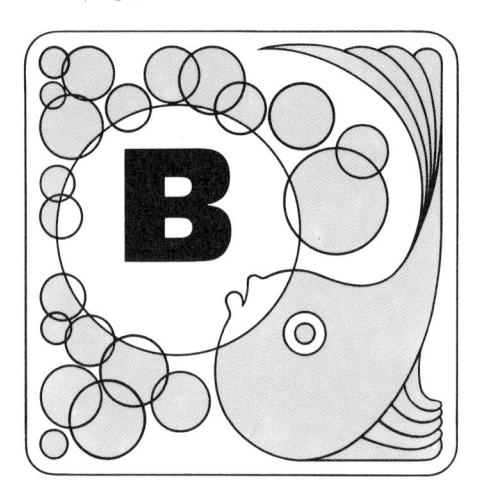

Bachbunge, Amerikanische, häufig im Handel angebotene Sumpfpflanze aus dem gemäßigten und tropischen Amerika. Vor einem Kauf muß allerdings gewarnt werden, da man diese Art nur dann längere Zeit am Leben erhalten kann, wenn ihre Blätter über die Wasseroberfläche hinauswachsen können. Auch die gewünschte Wassertemperatur von ca. 20° C macht sie für Tropenbecken ungeeignet. In jedem Fall benötigt die Pflanze viel Licht sowie einen nährstoffreichen Boden.

Bachburgel, Amerikanische *(Didiplis diandra, Peplis diandra),* eine sehr widerstandsfähige und beliebte Aquarienpflanze, die – obwohl aus gemäßigten Breiten stammend – sich auch in tropischen Warmwasseraquarien nach einer Eingewöhnungszeit sehr gut kultivieren läßt. Die 10–40 cm langen Stengel sind mit zahlreichen 1,5–2,5 cm breiten Blättchen umstanden, die der Pflanze ein sehr kompaktes, dekoratives Aussehen geben, insbesondere wenn sie reichlich Licht erhält. Andernfalls wächst sie sehr dünn aus, dann auch über die Wasseroberfläche, an der sie völlig andere Blätter bildet (Heterophyllie). Die Ansiedlung erfolgt am besten im Mittelgrund der Aquarien. Die Vermehrung gelingt problemlos durch Stecklinge. Erforderliche Temperatur: 20 bis 26° C.

Bachforelle *(Salmo trutta),* eine im Oberlauf der Bäche vorkommende einheimische Fischart, die im Aquarium nur sehr schlecht zu halten ist. Sie verlangt Temperaturen, die nicht über 20° C hinausgehen sowie eine sehr gute Durchlüftung, so daß das Wasser immer bewegt und sauerstoffreich ist. Jüngere Tiere benötigen in jedem Fall Lebendfutter, ältere kann man auch auf Frischfleisch wie Rinderherz etc. umstellen. Neben einer reichlichen Ernährung (erwachsene Tiere verschlucken ganze Frösche!) ist vor allen Dingen auch eine gute Aquarienabdeckung erforderlich, da die B. mit Leichtigkeit aus dem Aquarium herausspringen kann. Geeigneter für das Aquarium ist die aus Nordamerika importierte → Regenbogenforelle.

Bachling, Kuba- *(Rivulus cylindraceus),* in Bergbächen Floridas und Kubas vorkommende, leicht zu haltende Art. Sie erreicht eine Länge von 5,5 cm und verträgt Wassertemperaturen zwischen 21 und 26° C. Der Wasserstand sollte etwa 20 cm betragen, die Fische halten sich dann meist an der Oberfläche auf. Wichtig ist eine gute Aquarienabdeckung, da sie sonst leicht aus dem Wasser herausspringen. Merkwürdig ist, und das bestätigen Berichte aus ihrem natürlichen Verbreitungsgebiet, daß sie ab und zu aus dem Wasser herauskriechen. Dann findet man sie auf den Blättern von Schwimmpflanzen oder an den Aquarienscheiben oberhalb der Wasseroberfläche. Die → Eier werden an Wasserpflanzen abgelegt, die Jungen schlüpfen nach knapp 2 Wochen und schwimmen sofort frei umher. Sie sollten mit Lebendfutter aufgezogen werden, wobei sie unterschiedlich rasch wachsen und gelegentlich über kleinere Geschwister herfallen. Will man alle aufziehen, sollte man sie nach ihrer jeweiligen Körpergröße auf verschiedene Becken verteilen.

Bachling, Schwanzfleck- *(Rivulus urophthalmus),* eine Art, die ähnlich wie der → Kuba-Bachling zu halten ist, jedoch wesentlich lebendiger und gelegentlich auch aggressiver gegenüber anderen Arten ist. Sie kommt in der Region des mittleren Amazonas vor und erreicht eine Länge von etwa 8 cm.

Bachlinge *(Rivulus-Arten),* Gattung der Eierlegenden → Zahnkarpfen, die in weiten Teilen Süd- und Mittelamerikas mit etwa 50 verschiedenen Arten vertreten ist. Da einerseits die Individuen einer Art sehr unterschiedlich gefärbt sein können, andererseits die Unterschiede zwischen nah verwandten Arten sehr gering sind, gibt es bei der genauen Artbestimmung auch heute noch erhebliche Probleme. Ein letztlich auch nicht befriedigendes System basiert auf der oft unterschiedlichen Zahl und Form der Frontalschuppen. Alle Arten fühlen sich bei Haltung mit → Lebendfutter deutlich wohler, viele akzeptieren aber auch eine weitgehende Umstellung auf → Trockenfutter. Häufiger gehalten werden → Kuba-Bachling sowie → Riesenbachling. Die Bezeichnung «Bachling» wird gleichermaßen für die Unterfamilie *Rivulinae* benutzt.

Bacopa caroliniana, → Fettblatt-Arten.
Bacopa monnieri, → Fettblatt-Arten.
Badis badis, → Blaubarsch.
Bagridae, → Stachelwelse.
Bakterien, spielen z. B. beim → Eiweißabbau in den Aquarien eine zentrale Rolle. Die einzelnen Arten sind unterschiedlich spezialisiert. So läuft der Eiweißabbau in der Regel bei Anwesenheit von Sauerstoff ab. Er kann jedoch auch unter sauerstoffreichen (anaeroben) Bedingungen erfolgen, führt dann jedoch zu hochgiftigen Endprodukten wie z. B. Schwefelwasserstoff. Ein wichtiges Ziel bei der Pflege des Aquariums muß daher sein, den B. ein optimales Wachstum zu ermöglichen. Dies geschieht am besten durch einen hohen → Sauerstoffeintrag, der alle Bereiche des Aquariums, auch den → Bodengrund erreicht. Eine Schlüsselrolle kommt den B. bei der → Filterung zu. Frisch eingerichtete Becken sollten eine → Filterimpfung erhalten, damit die Abbauvorgänge rasch anlaufen können. Auch bei der → Filterreinigung muß darauf geachtet werden, einen Teil der B.-Kulturen zu erhalten.
Balanthiocheilus melanopterus, → Haibarbe.
Balistidae, → Drückerfische.
Balz, Teil des → Fortpflanzungsverhaltens. Die Männchen bemühen sich, die Weibchen in Fortpflanzungsstimmung zu bringen, so daß es zu einer Synchronisation der Verhaltens kommt. Dem dienen bestimmte Verhaltensweisen (z. B. Imponiergehabe) sowie bei vielen Arten eine möglichst intensive Körperfärbung.
Bandwürmer, bei Aquarienfischen in der Regel kein Problem, da die meisten Arten auf einen oder mehrere Zwischenwirte angewiesen sind. Eine Vermehrung ist im Aquarium daher kaum möglich, eine Bekämpfung meist unnötig.

Barben, ursprünglich eine eigene Gattung innerhalb der Unterfamilie der Karpfenfische. Aufgrund der unterschiedlichen Zahl und Ausbildung der → Barteln entstanden in den vergangenen Jahren aus dieser einen Gattung jedoch vier verschiedene. Auch diese Einteilung wird noch als unbefriedigend angesehen, da die Zahl der Barteln längst nicht immer einen direkten Rückschluß auf den Grad der verwandtschaftlichen Beziehungen zuläßt. Die Unterteilung erfolgt heute in die Gattungen *Barbus, Barbodes, Capoeta* und *Puntius*. Fast alle Arten treten in größeren Schwärmen auf und sollten auch in entsprechenden Aquarien gehalten werden. Es sind oft spezialisierte Bodenfische, die im Mulm herumstöbern und dort alles fressen, was ihnen genießbar erscheint. Fütterungsprobleme wird man bei ihnen im Aquarium wohl kaum haben. Es kann gelegentlich jedoch Verbiß an feineren Wasserpflanzen auftreten.
Barclaya *(Barclaya longifolia)*, Wasserpflanzenart aus Hinterindien, wo sie an schattigen Bachufern wächst. Ihre Haltung im Aquarium ist nicht ganz einfach. Aufgrund ihrer Attraktivität wird diese Art häufig im Handel angeboten. Wichtig ist eine Wasser- und Bodentemperatur von 24–30° C. (Schon bei einem Unterschied von nur 2° C wurden Wachstumsstörungen beobachtet.) Ähnlich wie bei unseren Seerosen, mit denen die B. verwandt ist, erhebt sich eine kleine Blüte über die Wasseroberfläche, die aber auch unter Wasser Samen ausbilden kann. 2 Jahre dauert es, bis die auf diese Weise entstehenden Keimlinge eigene Blüten hervorbringen. Ältere Pflanzen blühen dann überhaupt nicht mehr, halten sich aber noch längere Zeit bei etwas geringerer Größe. Zu dem Lichtbedürfnis dieser Art gibt es sehr unterschiedliche Erfahrungen. Sie wächst sowohl unter schattigen Bedingungen, wie sie am natürlichen Standort entsprechen, als auch bei intensiverer → Beleuchtung.
Barteln, besonders bei Welsen und Barben ausgebildete Geschmacksorgane im Mundbereich (→ Geschmackssinn).
basisch, alkalisch (→ pH-Wert).
Bassamsalmler *(Hemigrammus marginatus)*, eine sehr gut zu haltende und für Anfänger geeignete Art, die sich auch im Aquarium problemlos fortpflanzt. In der ersten Hälfte dieses Jahrhunderts hat des-

Bedotia geayi

halb der B. eine hervorragende Rolle gespielt, ist jedoch dann von farbenprächtigeren Arten verdrängt worden, deren höhere Empfindlichkeit durch eine bessere technische Ausstattung des Aquariums befriedigt werden konnte. Häufig kommt es auch in Gesellschaftsbecken zur Fortpflanzung. Will man diese jedoch systematisch betreiben, so empfiehlt sich, die beiden Geschlechter einige Tage getrennt zu halten und dann in ein → Zuchtaquarium zu setzen, das mit einer sehr spärlichen Ausstattung auskommt. Neben z. B. → Javamoos am Boden des Aquariums reicht ein schwimmender → Wasserkelch, an dem die nahe der Oberfläche ausgestoßenen Eier haften bleiben, aus. Nach dem Laichen sollten die Alttiere umgehend herausgefangen werden, da sie sofort über die eigenen Eier herfallen. Die beste Wassertemperatur liegt bei 27–28° C, die Karbonathärte sollte völlig und die Nichtkarbonathärte bis auf einen Rest von 1–2° entfernt werden. Der optimale → pH-Wert liegt zwischen 6,2 und 6,6.

Bedotia geayi, → Ährenfisch, Rotgeschwänzter.

Begattung, → Paarung.

Begattungsorgan, in erster Linie bei → lebendgebärenden Arten vorhanden, bei denen die männlichen Samen in den Körper des Weibchens gebracht werden müssen. Eine solche → Paarung setzt einen etwas länger dauernden engen Kontakt zwischen den Geschlechtspartnern voraus. Dies stellt die Fische vor erhebliche Probleme, da sie nur selten über Organe verfügen, mit denen sie sich aneinanderklammern können. Verschiedene Salmler besitzen aus diesem Grunde kleine Haken an der Afterflosse (→ Geschlechtsunterschiede). Im Dienste der Begattung stehende spezialisierte Organe sind in erster Linie bei den Männchen ausgebildet. Bei den Lebendgebärenden → Zahnkarpfen sind die ersten Hartstrahlen der Analflosse zu einem sogenannten Gonopodium verlängert. Das Aussehen dieses Organs ist typisch für die einzelnen Arten, wenngleich nah verwandte Arten ähnliche Gonopodien haben, so daß Kreuzungen zwischen verschiedenen eng verwandten Arten relativ häufig auftreten. Bei den Haien sind es die Brustflossen, die die Funktion eines B.s übernehmen. In gewisser Weise müssen auch die → Eiflecken vieler → Maulbrüter unter den → Buntbarschen als B. angesehen werden. Die Weibchen sammeln die gerade gelegten Eier mit dem Mund auf. Um zu gewährleisten, daß diese mit den → Spermien vermischt werden, besitzen viele Männchen eiförmige Flecke auf ihrer Afterflosse, die die Weibchen aufzunehmen versuchen. In diesem Augenblick stoßen die Männchen die Spermien aus, die auf diese Weise in das Maul des Weibchens gelangen. Ein sehr merkwürdiges, indirekt im Dienste der Begattung stehendes Organ sind auch die Kiemenfortsätze bei den → Zwergdrachenflossern. Bei den → Panzerwelsen bilden die Weibchen aus den Bauchflossen eine Tasche, in der wenige abgelegte Eier vom Männchen befruchtet werden.

Beilbauchfische *(Gasteropelecidae)*, kleine, zu den Salmlern zählende Fische aus dem Amazonasbecken und den Guayanaländern. Auffallend ist die sehr schmale Brust dieser Arten, die tief herabgezogen ist. Sie steht mit einer sehr merkwürdigen Fähigkeit im Zusammenhang: Zwischen den hochsitzenden Brustflossen und dem verlängerten Schultergürtel spannt sich auf jeder Seite ein kräftiger Muskel, der dem Fisch einen solchen Antrieb gibt, daß er über den Wasserspiegel hinaus und mehrere Meter weit durch die Luft fliegen kann. Die B. sind Oberflächenfische, die sich regelmäßig dicht unterhalb des Wasserspiegels aufhalten. Im Aquarium bedeutet dies, daß ihnen eine ausreichend große Wasseroberfläche zur Verfügung stehen muß, die weitgehend von Wasserpflanzen freizuhalten ist. Die Fütterung erfolgt am besten mit Lebendfutter, wenngleich die häufig importierten Arten auch gefriergetrocknetes Futter akzeptieren. Voraussetzung für die Haltung, die einem Anfänger nicht empfohlen werden kann, ist neben der erwähnten Rücksichtnahme bei der Bepflanzung ein möglichst dunkler Bodengrund, hohe Temperaturen von 25 bis 30° C sowie weiches Wasser. Trotz solcher optimaler Voraussetzungen gelingt es nur sehr selten, die etwas empfindlichen Arten im Aquarium zu vermehren. Bei den importierten Fischen handelt es sich in erster Linie um den Marmorierten B. *(Carnegiella strigata)*, der in zwei verschieden gefärbten Rassen auftritt, den Silberbeilbauchfisch *(Gasteropelecus levis)*, den Schwarzschwingen-Beilbauch *(Carnegiella mar-*

thae), den Gemeinen Silberbeilbauchfisch *(Gasteropelecus sternicla)* sowie den Platin-Beilbauchfisch *(Thoracocharax securis)*. Wichtig – und das versteht sich bei der Lebensweise der B. fast schon von selbst – ist eine dichtschließende Aquarienscheibe!

Beleuchtung, ein in der Aquaristik schwieriges Problem. Die meisten Aquarienfische stammen aus flachen Gewässern, in denen das → Licht ohne große Verluste durch → Absorption bis zum Bodengrund dringen kann. Eine Ausnahme bilden selbstverständlich schattige Waldbäche. Der größte Teil unserer Fische lebt bei einer Lichtstärke zwischen 300 und 1000 lux (→ Lichtintensität). Die meisten Pflanzen wachsen am besten bei einer Lichtstärke über 2000 lux, die in den wenigsten Aquarien erreicht wird. Bei Verwendung einer 60 cm langen → Leuchtstoffröhre kann man z. B. an der Wasseroberfläche etwa 1000 lux, im Bodenbereich oft nur 20–30 lux messen. Dies ist neben einer mangelhaften Grundausstattung auch darauf zurückzuführen, daß Leuchtstoffröhren meist nicht ihre volle Leistung bringen. Aus diesem Grund läßt sich auch keine letztlich sichere Angabe über die erforderliche Ausstattung machen. Als grobe Richtlinie mag gelten, daß man bei Leuchtstoffröhren und → Quecksilberdampflampen für jeden Liter Aquarienwasser etwa 0,4 bis 0,7 Watt rechnen muß. Neben der Intensität der Beleuchtung spielt auch deren Farbton (die Farbtemperatur, gemessen in Kelvin) eine Rolle. Durchschnittliches Tageslicht hat eine Farbtemperatur von 5600 Kelvin; Leuchtstoffröhren kann man in unterschiedlichen Lichtqualitäten erhalten. Es gibt Warmtonleuchten von ca. 3600 Kelvin, die ein angenehm «warmes», mehr rötliches Licht ausstrahlen, sowie Kalttonleuchten von ca. 6000 Kelvin, die einen höheren Blauanteil haben. Ihre Wirkung auf den Pflanzenwuchs ist sehr unterschiedlich. Während Warmtonleuchten das Längenwachstum fördern, erreichen Kalttonleuchten eine genau entgegengesetzte Wirkung. Die Wahl der richtigen Leuchtstoffröhre hängt u. a. vom Pflanzenbestand ab. Handelt es sich z. B. um Sumpfpflanzen, die ohnehin leicht aus dem Wasser herauswachsen, so sollte man eher eine Kalttonlampe wählen. Da man bei größeren Becken eine größere Anzahl Leucht-

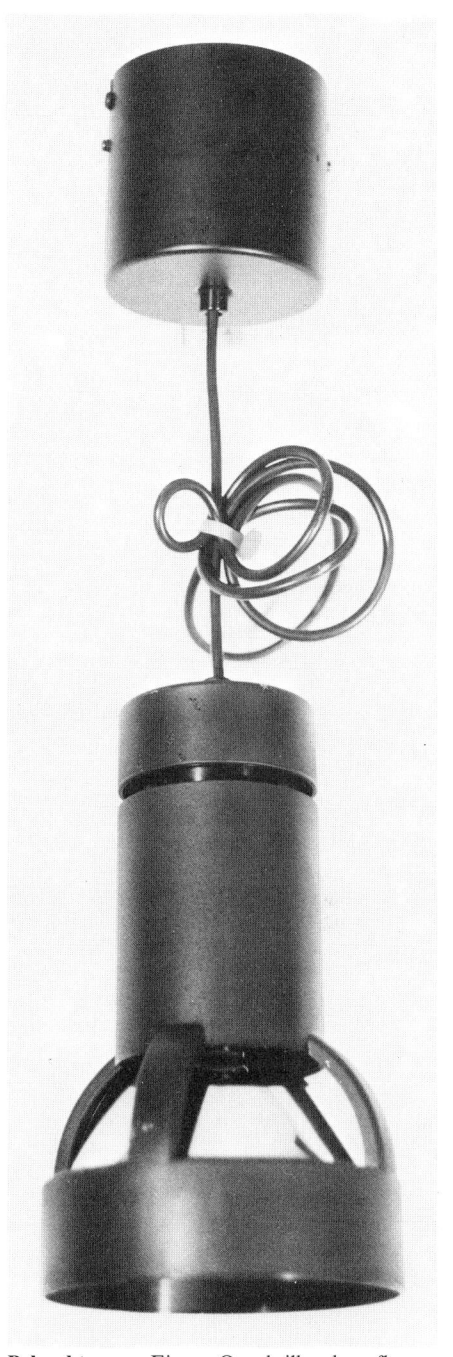

Beleuchtung. Eine Quecksilberdampflampe bringt eine hohe empfehlenswerte Lichtausbeute. Ihre Leistung läßt im Laufe von zwei Jahren nur um 20 Prozent nach.

Beleuchtung des Meerwasseraquariums

stofflampen anbringen muß, kann die gewünschte Lichtqualität auch durch eine Mischung verschiedener Leuchtstoffröhren hergestellt werden. In der Regel sind diese direkt oberhalb des Aquariums befestigt. Im Handel gibt es spezielle Halterungen, welche die ganze Aquarienoberfläche abdecken, so daß man auf eine zusätzliche → Abdeckscheibe verzichten kann. Solche Konstruktionen müssen jedoch wasserdicht gearbeitet und unter allen Umständen schutzgeerdet sein (→ Sicherheit). In den meisten Fällen wird man die B. jedoch auf die Abdeckscheibe legen, die zur Vermeidung von Lichtverlusten regelmäßig gereinigt werden sollte. Falls man sich zu einer Eigenkonstruktion entschließt, was bei einigem Geschick problemlos möglich ist, sollte man folgendes beachten: Der B.s-Kasten muß mit Lüftungsschlitzen versehen sein, um eine Überhitzung der Röhren zu vermeiden (Lichtverluste). Entweder muß man Röhren mit einer eingebauten Reflexschicht verwenden oder einen entsprechenden Reflektor im B.s-Kasten anbringen. Die elektrische Sicherheit sollte unbedingt beachtet werden. Technisch den Leuchtstoffröhren deutlich überlegen sind die Quecksilberdampflampen, die zwar eine höhere Investition erfordern, jedoch in der Unterhaltung billiger sind, da durch Alterung nur geringe Lichtverluste auftreten. Neben der Intensität und «Temperatur» des Lichts ist auch dessen Einfallswinkel von Bedeutung. Biologisch sinnvoll ist ein senkrecht von oben kommendes Licht (→ Lichtrückenreflex). Nicht zu empfehlen sind die früher sehr beliebten Unterwasserleuchten, die völlig unnatürliche Lichtverhältnisse herstellen (abgesehen von dem bei vielen Konstruktionen vorhandenen zusätzlichen Sicherheitsrisiko). Die optische Wirkung des Aquariums wird oft davon beeinflußt, ob die schwerpunktmäßige B. in der Nähe der Front- oder der Rückscheibe erfolgt. Man sollte sich für eine Position entscheiden und diese mit Rücksicht auf das Pflanzenwachstum möglichst unverändert beibehalten. Zweckmäßig ist der Kauf einer → Belichtungsschaltuhr, um die → Beleuchtungsdauer besser steuern zu können.

Beleuchtung des Meerwasseraquariums, meist etwas unproblematischer als bei Süßwasseraquarien. Die erforderliche hohe Reinheit des Wassers führt zu einer geringen Lichtabsorption, so daß man meist mit weniger Licht auskommt. Empfehlenswert ist unbedingt eine Abdeckscheibe, damit die meist aus Metall bestehenden Lampenfassungen nicht mit dem Meerwasser in Kontakt kommen. Am besten werden → Leuchtstoffröhren mit einem tageslichtähnlichen oder leicht bläulichen Spektrum verwendet. Tiere aus kalten Meeren brauchen nur geringe Intensitäten von ca. $0{,}3$–$0{,}5$ W/dm^2, Tiere aus tropischen Flachwasserzonen zwischen $0{,}8$ und $1{,}5$ W/dm^2 Bodenfläche.

Beleuchtungsdauer, sollte möglichst konstant gehalten werden. Für Tropenaquarien ist ein 12stündiger Hell-/Dunkelwechsel am besten. Bei Abweichungen wird zunächst die Pflanzenentwicklung gestört (z. B. Verhinderung der Blütenbildung). Starke Abweichungen, etwa eine zu kurze B., können katastrophale Auswirkungen haben: Zu schwache Beleuchtung führt zu Sauerstoffmangel, zu starke Beleuchtung kann (bes. bei sehr weichem Wasser), den → pH-Wert nachteilig verändern. Am sichersten geht man mit einer → Belichtungsschaltuhr.

Belichtungsschaltuhr, unbedingt zu empfehlen, um eine gleichmäßige → Beleuchtungsdauer zu gewährleisten. Die gewünschten Ein- und Ausschaltzeiten des Lichts können variabel eingestellt werden. Gelegentlich sind diese Geräte bei geringen Mehrkosten auch mit einem → Futterautomaten kombiniert.

Belonesox belizanus, → Hechtkärpfling.

Betta splendens, → Kampffisch.

Bindenglühkohlenfisch *(Amphiprion frenatus)*, kommt im Pazifischen und Indischen Ozean vor und ist, außer mit Artgenossen, gut zu vergesellschaften. Eine → Seerose als Symbiosepartner ist nicht unbedingt erforderlich, → Purpurrosen wer-

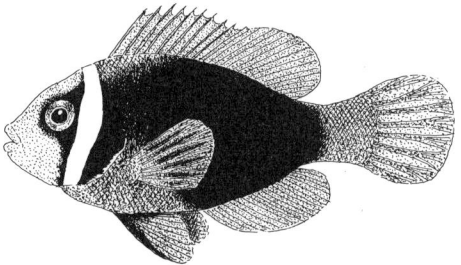

Bindenglühkohlenfisch

Beleuchtungsdauer

Beleuchtungsdauer. Nur mit Hilfe dieser Belichtungsschaltuhren kann man eine präzise Beleuchtungszeit einhalten.

Eine moderne **Belichtungsschaltuhr,** die mehrfache Funktionen steuern kann.

25

biogene Entkalkung

den jedoch angenommen. Jungtiere haben nicht nur eine, sondern 2 weiße Binden.

biogene Entkalkung, Fähigkeit vieler Pflanzenarten, das → Kohlendioxyd aus → Hydrogenkarbonaten zu gewinnen. Das Verfahren wird in der Regel erst dann eingesetzt, wenn kein im Wasser gelöstes Kohlendioxyd mehr vorhanden ist. Bei der Aufspaltung des Hydrogenkarbonats fällt schwerlösliches Karbonat aus, das sich als krustige Schicht auf den Blättern und an den Rändern der Wasseroberfläche ablagert. Die Fähigkeit der verschiedenen Pflanzenarten zu einer solchen b. E. sind unterschiedlich. Deshalb kann es vorkommen, daß bei Kohlendioxydmangel die nicht entsprechend angepaßten Arten der Konkurrenz durch andere Gewächse nicht standhalten können. Eine Abhilfe bringt die → Kohlendioxyddüngung. Spätestens Kalkkrusten an den Rändern der Wasseroberfläche sollten ein eindringliches Warnzeichen sein.

Bioindikator, «lebendes Meßgerät». Die Häufigkeit, in der bestimmte Organismen in einem Lebensraum vorkommen, ermöglicht Rückschlüsse auf ökologische Eigenschaften dieses Lebensraums. So läßt sich aus dem Massenvorkommen von → Zuckmückenlarven und → Tubifex-Würmern eine starke Abwasserbelastung eines Gewässers erkennen.

biologisches Gleichgewicht, Optimalzustand eines biologischen Systems, in dem die Individuenzahl der in diesem Lebensraum vorkommenden Arten annähernd konstant bleibt. Es handelt sich in der Regel um kein statisches, also unveränderliches Gleichgewicht, sondern um ein dynamisches, das um den Punkt des größtmöglichen Gleichgewichts pendelt.

Biotop, Lebensraum für Tiere und Pflanzen.

Biotopaquarium, strebt die Schaffung eines möglichst naturnahen Zustands an. Die Lebensgemeinschaft z. B. eines Baches soll im Aquarium genauso vorhanden sein wie im Freiland. Erforderlich sind im Normalfall ein relativ großes Becken, eine naturgemäße Bepflanzung sowie die Einsetzung von Tierarten in den unter natürlichen Bedingungen zu erwartenden Mengen. Daraus ergibt sich in der Regel nur ein sehr spärlicher Besatz, so daß ein B. eher etwas für Spezialisten ist. Eine Ausnahme bildet dabei das → Tümpelaquarium.

Biozönose, Lebensgemeinschaft von Tieren und Pflanzen.

Bitterling *(Rhodeus sericeus)*, in heimischen Gewässern leider nur noch sehr selten vorkommende Fischart, die sich durch ein einmaliges Fortpflanzungsverhalten auszeichnet: Bei Anwesenheit größerer Muscheln geraten die Weibchen häufig spontan in Laichstimmung. Während der Eireifung wächst ihnen eine oft über 5 cm lange Legeröhre, die sie durch das Atemloch der Muschel einführen. Die Eier werden zwischen den Kiemen der Muschel abgelegt, so daß der Laich während seiner Entwicklungszeit vor etwaigen Feinden sicher ist. Die Muscheln nutzen übrigens diesen engen Kontakt mit dem B. oft auf ihre Weise, indem sie Muschellarven ausstoßen, die sich in der Schleimhaut der Fische festhalten und von diesen in andere Teile des Gewässers transportiert werden. Der B. ist im Aquarium im Prinzip gut zu halten. Um die Fortpflanzungsbereitschaft anzuregen, ist es sinnvoll, eine Winterpause mit deutlich kühleren Temperaturen einzulegen. Beim Erwärmen des Aquariums auf etwa 18° C und nach Einbringen der Muschel tritt die Fortpflanzungsstimmung in der Regel sofort ein. Als Partner bei der Jungenaufzucht haben sich Teich- und Flußmuscheln besonders bewährt. Da sie sich im Aquarium nicht lange halten, sollten sie danach wieder ausgesetzt werden. Im Prinzip ist es möglich, die stark geschrumpften einheimischen Bestände

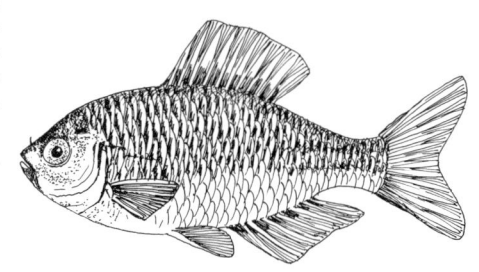

Bitterling

des B.s durch leicht zu realisierende Aquarienzuchten wieder aufzubauen. Um eine → Faunenfälschung zu verhindern, ist jedoch unbedingt darauf zu achten, daß es sich um die europäische Rasse des B.s *(Rhodeus sericeus amarus)* handelt.

Bitterlingsbarbe *(Capoeta titteya)*, eine auch bei längerer Aquarienhaltung scheu

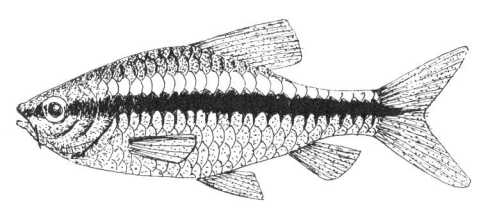

Bitterlingsbarbe

bleibende Art aus Sri Lanka. In ihrer Heimat findet man sie in stark beschatteten Gewässern, und entsprechend fühlt sie sich im Aquarium erst dann richtig wohl, wenn ihr eine nur mäßige Beleuchtung oder aber eine stärkere Beschattung durch Schwimmpflanzen geboten wird. Zusätzlich sollten einige Verstecke aus Steinen und Holzwurzeln eingebaut werden. Die Farbunterschiede auch wildlebender Tiere sind beträchtlich. Die bis zu 5 cm langen Fische bevorzugen zwar das Leben im Schwarm, doch die Kampfbereitschaft fortpflanzungsbereiter Männchen läßt die Haltung mehrerer Individuen dieser Art nur in größeren Aquarien zu. Mit anderen Fischarten können sie problemlos vergesellschaftet werden. Das Wasser sollte sehr weich und etwas sauer sein, mit Temperaturen um 24° C. Ein Zuchtbecken wird am sinnvollsten mit feinblättrigen Wasserpflanzen eingerichtet, in denen das Weibchen die oft über 200 Eier ablegt. Besonders die Männchen sind starke Laichräuber, so daß sich eine Entfernung der Elterntiere aus dem Aquarium nach dem Ablaichen empfiehlt.

Black Molly → Spitzmaulkärpfling.

Blattfisch *(Monocirrhus polyacanthus)*, eine in Amazonas und Rio Negro beheimatete Art mit perfekter → Tarnung. Der 8 cm lange Fisch ahmt mit Form und Färbung ein welkes, dahintreibendes Blatt nach, sogar ein Blattstiel ist durch einen Fortsatz der Unterlippe angedeutet. Keinesfalls ist er für Gesellschaftsaquarien geeignet, da er mit seinem großen Maul kleinere Fische problemlos verschlucken kann. Eine Fortpflanzung im Aquarium ist mehrfach beobachtet worden. Die meist auf Steinen abgelegten → Eier werden vom Männchen bewacht. Die Jungtiere müssen, um Kannibalismus zu verhindern, nach Größen sortiert werden.

Blattläuse, ein durchaus geeignetes Fischfutter, das einfach durch Untertauchen eines besiedelten Zweiges angeboten werden kann.

Blaubarsch *(Badis badis)*, eine wegen ihrer Verträglichkeit auch für Gesellschaftsaquarien geeignete Art, die aus Indien stammt. Die bis zu 8 cm lang werdenden Männchen zeigen eine interessante Balz und übernehmen auch die Bewachung der in Höhlen abgelegten → Eier. Die Wassertemperatur sollte zwischen 26 und 28° C liegen.

Blaupunktbarsch *(Aequidens pulcher)*, eine unter Aquarienbedingungen sehr fortpflanzungsfreudige Art aus Panama und Kolumbien. Sie erreicht eine Körperlänge von 15–20 cm und benötigt für ihr Wohlbefinden häufig gewechseltes, sehr sauberes Wasser. Mehrfach im Jahr werden auf einem flachen Stein mehr als 1000 → Eier abgelegt, denen das Weibchen durch Körperbewegungen laufend frisches Wasser zuwedelt. Aus zu kleinen Becken sollte man zumindest einen Teil der Jungen herausfangen, da sie sonst von den Eltern gefressen werden könnten.

blinde Fische, mehr als 40 bekannte Arten, die in Höhlensystemen von Nord- und Südamerika, Afrika, Australien, Japan sowie in mehreren anderen asiatischen Ländern gefunden worden sind. Die meisten werden nicht länger als 15 cm. Oft sind die Augen bei frischgeschlüpften Tieren (→ Blinder Höhlensalmler) noch vorhanden, bilden sich dann aber rasch zurück. In vielen Fällen gibt es jedoch Lichtsinnesorgane in der Haut, so daß der Fisch feststellen kann, ob er in einer dunklen oder hellen Umgebung schwimmt, die er dann rasch wieder zu verlassen sucht. Die meisten Arten sind sehr hell, viele auch rötlich, wegen der durchscheinenden Blutgefäße. Die → Schuppen sind oft zurückgebildet. Das Fehlen der Augen behindert sie nicht, da sie über einen hervorragenden → Geruchs- und einen ausgezeichneten → Ferntastsinn verfügen.

Blutkreislauf, bei Fischen deutlich weniger leistungsfähig als bei Landwirbeltieren. Dies steht unter anderem mit der geringeren → Körpertemperatur im Zusammenhang. Das → Herz der Fische benötigt fast 2 Minuten, um das Blut einmal durch den Körper zu pumpen. Die Blutmenge selbst erreicht, auf das Körpergewicht bezogen, noch nicht einmal die Hälfte der bei Landwirbeltieren üblichen Menge. Auch die

Blutsalmler

Sauerstoffsättigung des Blutes liegt deutlich niedriger. Während 100 ml menschliches Blut 20 ml Sauerstoff transportieren können, erreichen Fische meist nur etwas mehr als die Hälfte dieses Wertes. Dies hat natürlich gravierende Auswirkungen auf die Leistungsfähigkeit der Fische. Sie sind zwar in der Lage, kurzfristig eine Höchstleistung zu erbringen, zu Dauerleistungen sind jedoch nur wenige Arten befähigt ($\rightarrow$ Schwimmgeschwindigkeit).

Blutsalmler *(Hyphessobrycon callistus)*, eine für Gesellschaftsaquarien nicht zu empfehlende Art, die zwar in einem lockeren Schwarm friedlich zusammenlebt, gegen andere Fische jedoch sehr aggressiv werden kann. Besonders bei unzureichender Ernährung sind sie ein erheblicher Störfaktor im Aquarium, so daß ihre Haltung nur demjenigen empfohlen werden

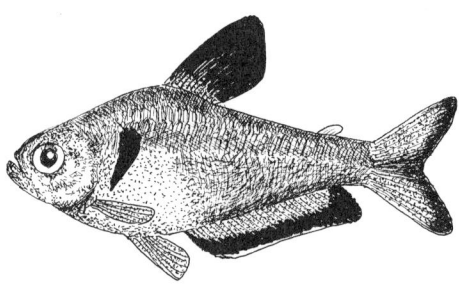

Blutsalmler

kann, der ein Artaquarium für sie bereitstellt. Dort kann man in größerem Umfang Jungfische nachziehen, wenn man die Karbonathärte weitgehend entfernt und die Nichtkarbonathärte nicht über 6° ansteigen läßt. Wichtig ist die Zugabe von Torfextrakten, wobei darauf zu achten ist, daß der $\rightarrow$ pH-Wert nicht in den sauren Bereich absackt. Auch die Wassertemperatur ist sorgfältig zu kontrollieren. Werte unter 27° C sind für die Jungfische tödlich.

Blyxa-Arten, $\rightarrow$ Fadenkräuter.

Bodenfilter, bei sachgemäßer Konstruktion von erheblichem Vorteil: Sie sorgen dafür, daß frisches Wasser regelmäßig den Boden durchströmt. Dadurch wird dieser gleichmäßig erwärmt, und Fäulnisherde können sich nicht bilden. Käufliche B. bestehen aus vielfach durchbohrten und geschlitzten Plastikplatten, die mit kleinen Distanzstücken versehen sind. Das Aquarium wird mit diesen Platten ausgelegt, wobei direkt über der Bodenscheibe ein 5–10 mm hoher Zwischenraum frei bleibt, in dem das Wasser zirkulieren kann. In vielen Fällen werden B. so eingesetzt, daß das Wasser aus diesem Zwischenraum abgesaugt wird. Es strömt dann von oben durch den Boden nach. Die dabei an vielen Stellen entstehende relativ starke Strömung wird längst nicht von allen Pflanzen ertragen. Besser ist es daher, das Wasser in einer Ecke des Aquariums abzusaugen, zu einem Außenfilter zu leiten, dort zu reinigen und auf der anderen Seite des Aquariums mit Hilfe einer Kreiselpumpe unter möglichst hohem Druck in feinen Strahlen auf die Wasseroberfläche zu spritzen. Ein anderer kleinerer Teil des Wassers wird jedoch in den Hohlraum unter den Bodengrund gedrückt, so daß das Wasser von dort nach oben aufsteigt.

Bodengrund, die Funktion des B.s für ein gut gedeihendes Aquarium wird fast immer unterschätzt. Er dient nicht nur zur Befestigung der Wasserpflanzen, sondern ist eine der Voraussetzungen für ein intaktes biologisches Gleichgewicht. Der Boden ist Teil des Aquariums und muß vom Wasser regelmäßig durchströmt werden können. Spezielle Böden sind für $\rightarrow$ Zuchtaquarien und $\rightarrow$ Artenaquarien erforderlich. Je grobkörniger das Material ist, desto mehr Spalten befinden sich im Boden, um so leichter kann er durchströmt werden. Bei sehr feinkörnigem Material, z. B. feinem Sand, ist eine wirksame Durchströmung des B. praktisch nicht mehr möglich. Fäulnisprozesse setzen ein, $\rightarrow$ Gasblasen steigen auf, der Boden wird schwarz ($\rightarrow$ Schwefel), die Fische können durch giftigen Schwefelwasserstoff vergiftet werden ($\rightarrow$ Vergiftungen). Dies alles läßt sich zum größten Teil vermeiden, wenn man von vornherein Kies wählt, bei dem die einzelnen Steinchen einen Durchmesser von ca. 3 mm haben. Ein solcher B. hat allerdings wieder den Nachteil, daß er sehr nährstoffarm ist. Man hat sehr gute Erfahrungen damit gemacht, aus Ton kleine Kügelchen zu formen, die man in tiefere Schichten des B. drückt. Die Pflanzenwurzeln finden sehr bald diese Nährstoffquellen und können lange Zeit davon leben ($\rightarrow$ Düngung). Da die Durchströmung des B. von zentraler Bedeutung ist, wurden spezielle $\rightarrow$ Bodenfilter entwickelt. Eine bessere Lösung ist eine B.-Heizung. Das erwärmte Wasser steigt nach oben, kälteres Wasser sickert von oben durch den B. ein. Durch diese Zirkulation ist nicht nur sichergestellt, daß der B. immer mit sauerstoffreichem Wasser versorgt wird, sondern auch gleichmäßig erwärmt wird. Für viele Pflanzenarten ist dies entscheidend wichtig. Ein B., der nur 2° C kälter ist als das darüber befindliche Wasser, kann schon zu erheblichen Wachstumsstörungen führen (→ Heizung). Die Farbe des B.s sollte möglichst dunkel sein.

Bodengrund im Meerwasseraquarium, kann mit einem → Bodenfilter kombiniert werden, sollte dann jedoch möglichst eben sein, damit er gleichmäßig vom Wasser durchflutet wird. In der Regel wird man jedoch eine leicht unebene Schicht ausbringen, die eine Dicke von 2 cm nicht unterschreiten sollte. Verschiedene Fische und → niedere Tiere graben sich oft in den Boden ein. Am besten wird grober Quarzsand mit einer Korngröße von 2–3 mm verwendet. Im Gegensatz zu den meisten Süßwasserbecken kann der Grund eines Meerwasseraquariums hell sein, ohne daß es die Fische stört. Gut verwendbar sind auch Muschelgrus, Korallensand, Dolomitbruch oder Lavakies. Der gelegentlich benützte Basaltsplitt enthält häufiger Teerrückstände und ist daher mit Vorsicht zu behandeln. Korallensand ist meist rundlich und sauber, Korallenbruch enthält oft noch Rückstände der Polypen, so daß er vor der Verwendung gereinigt werden muß. Die Prüfung erfolgt so, daß das Material in einen Eimer geschüttet und mit Meerwasser überdeckt wird. Nachdem es einige Tage gestanden hat, wird das Wasser auf seinen Nitritgehalt überprüft. Vom Boden des Eimers heraufgeholtes Material darf keinesfalls faulig riechen. Andernfalls muß man noch 1 bis 2 Wochen lang 5%ige Natronlauge einwirken lassen. Anschließend wird der B. mit mehreren Wasserwechseln weitere 2 Wochen lang gewässert.

Bodenreiniger, Gerät zur Entfernung des → Mulms auf dem Aquarienboden. Es handelt sich praktisch um ein → Steigrohr, an dessen oberer Öffnung ein Beutel aus feinmaschigem Gewebe hängt, der die Abfallstoffe aufnimmt.

Botia hymenophysa, → Tigerschmerle.
Botia macracantha, → Prachtschmerle.
Botia sidthimunki, → Zwergschmerle.

Brachsensalmler *(Abramites hypselonotus)*, zunächst unter dem Namen *Abramites microcephalus* bei uns eingeführte Art, unter der sie auch bei vielen Aquarianern bekannt ist. Sie tritt in zwei Rassen auf, die in unterschiedlichen Regionen von Orinoko, Amazonas und Rio Paraguay leben. Die Fische können eine Länge von 14 cm erreichen und sind echte Allesfresser. Neben regelmäßigem Lebendfutter werden auch Salat und Spinat angenommen. Mit zunehmendem Alter werden sie deutlich unverträglicher.
Brachydanio albolineatus, → Schillerbärbling.
Brachydanio frankei, → Leopardbärbling.
Brachydanio nigrofasciatus, → Tüpfelbärbling.
Brachydanio rerio, → Zebrabärbling.
Brachygobius xanthozona, → Goldringelgrundel.
Brackwasser, besitzt einen Salzgehalt zwischen 0,05 und 3%. Auch die Ostsee enthält zum größten Teil B. Im Vergleich zum Meer und Süßwasser ist das B. sehr artenarm.
Bratpfannenwelse *(Bunocephalidae)*, Welsgattung, von der bislang etwa 20 Arten beschrieben worden sind, die sich z. T. nur sehr schwer unterscheiden lassen. Die in den Handel gelangenden Arten werden in der Regel unter der Bezeichnung Steindachner Bratpfannenwels *(Bunocephalus knerii)* angeboten. Sie stammen aus dem westlichen Bereich des Amazonasgebietes und erreichen eine Länge von etwa 15 cm. Ihren Namen haben sie ihrer Körperform zu verdanken: An dem flachen, jedoch sehr breiten Vorderkörper setzt ein langer, dünner Schwanz an. Diese wenig günstige Körperform macht die B. sehr unbeweglich. Sie werden erst in der Dämmerung aktiv und bewegen sich nur langsam fort, wobei der Antrieb in erster Linie durch ruckartig ausgestoßenes Atemwasser erfolgt. Obgleich die Arten Allesfresser sind, ist die Fütterung sehr zeitaufwendig. Man muß ihnen das Futter greifbar nah servieren. Die hohen Temperaturen eines Tropenaquariums werden von ihnen relativ schlecht vertragen. Sinnvoll sind Werte zwischen 22 und 24° C.
Braunalgen, oft fälschliche Bezeichnung für den braunen Belag auf den Blättern der Wasserpflanzen, der aus → Kieselalgen besteht. Die echten B. kommen fast

Breitflossenkärpfling

nur im Meer vor und sind sehr hoch entwickelt. Sie bilden dort u. a. die riesigen Tange, von denen einige Arten über 100 m lang werden können (→ Algen).
Breitflossenkärpfling *(Poecilia latipinna)*, etwas kleiner als der ähnlich aussehende und lebende Segelkärpfling. Auch von dieser bis 10 cm langen Art aus dem nördlichen Mittelamerika sind zahlreiche – auch albinotische – Zuchtformen im Handel.

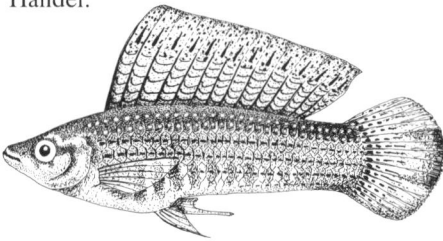

Breitflossenkärpfling

Brochis coeruleus, → Panzerwels, Smaragd-.
Brokatbarbe, → Messingbarbe.
Brustharnischträger *(Loricaria-Arten)*, Gattung aus der Familie der → Harnischwelse, die durch neuere Untersuchungen stark umgruppiert worden ist. Wichtig für die Aquarienhaltung ist die Art → Dasyloricaria filamentosa sowie der → Zwerg-Harnischwels *(Rineloricaria parva)*.
Brutfürsorge, von den meisten Fischarten bekannt. Im Gegensatz zur weitergehenden → Brutpflege kümmern sich die Elterntiere nach der → Eiablage nicht mehr um ihren Nachwuchs. Sie sorgen lediglich dafür, daß den → Jungfischen nach dem Schlüpfen optimale Lebensbedingungen zur Verfügung stehen. Viele Fische suchen dafür Flachwasserzonen auf, die von der Sonne stärker erwärmt werden. Dadurch erfolgt nicht nur eine schnellere → Jungfischentwicklung, sondern es steht auch in viel größerem Umfang geeignetes → Jungfischfutter zur Verfügung.
Brutpflege, geht über die → Brutfürsorge weit hinaus, die bei fast allen Fischarten üblich ist. Bei der B. erfolgt nicht nur die Eiablage an einem dafür geeigneten Ort, auch die Entwicklung von → Eiern und Jungfischen wird kontinuierlich überwacht. Dazu gehört z. B. die regelmäßige Zufuhr von sauerstoffreichem Wasser, was in vielen Fällen durch intensive Bewegung der Brustflossen erreicht wird. Weiterhin wichtig ist das Aussortieren unbefruchteter sowie von Bakterien und Pilzen befallener Eier. Mit dem Schlüpfen der Jungfische hört bei vielen Fischen die B. auf. Verschiedene Arten (z. B. Fadenfische) versuchen zwar noch eine Zeitlang, die Jungfische im Bereich des Nestes zu halten, was ihnen jedoch immer schwerer gelingt, bis sie es schließlich aufgeben. Andere Arten hingegen (wie viele Buntbarsche) besitzen einen «disziplinierten» Jungfischschwarm, dessen Verhalten sie noch lange Zeit nach dem Schlüpfen beeinflussen können. Die jeweiligen Formen der B. weichen von diesen grundsätzlichen Kennzeichen sehr stark ab. Viele Tiere legen ihre Eier einfach auf einem Substrat ab (→ Substratlaicher) und nehmen dann die Bewachung vor. Ein besonders ausgefallenes Verhalten zeigt der → Spritzsalmler, der seine Eier außerhalb des Wassers ablegt und diese durch ständiges Bespritzen mit Wasser vor der Austrocknung bewahrt. Zahlreiche Arten bauen ausgeprägte Nester. Relativ selten bestehen diese ausschließlich aus Pflanzenmaterial (z. B. beim → Stichling). Andere Fische bauen → Schwimmnester, die überwiegend aus Luftblasen bestehen, in die pflanzliches Material eingebettet wird. Dieses Verfahren ist nicht nur von den bekannten Labyrinthfischen, sondern auch bei verschiedenen südamerikanischen Welsarten entwickelt worden (→ Schaumnester). Eine der höchstentwickelten Formen der B. besteht bei einigen Fischen darin, daß die Eier meist während ihrer gesamten Entwicklungszeit im Maul getragen werden, wo sie regelmäßig von Frischwasser umspült werden und vor Gefahren sicher sind. Auch die Jungfische werden bei vielen dieser → Maulbrüter auf diese Weise geschützt. An der B. können beide Partner beteiligt sein (Elternfamilie), oft aber auch nur ein Geschlechtspartner (Vater- oder Mutterfamilie).
Büschelfarne *(Salvinia-Arten)*, in den Tropen der Neuen Welt vorkommende Schwimmpflanzenarten, die bereits im vorigen Jahrhundert für die Aquaristik importiert wurden. Sie stellen extrem hohe Ansprüche an die Beleuchtung und bilden sofort Kümmerformen, wenn keine tageslichtähnlichen Verhältnisse vorliegen. Dennoch ist die Haltung der B. reizvoll und lohnt sich in jedem Fall. Die Vermeh-

Schwimmender Büschelfarn

rung geschieht durch abbrechende Seitenäste. Nachdem ursprünglich nur der Brasilianische Büschelfarn *(Salvinia auriculata)* eingeführt wurde, ist inzwischen auch eine Art aus Südostasien, der Kapuzenförmige Büschelfarn *(Salvinia cucullata)* im Handel.

Bunocephalidae, → Bratpfannenwelse.
Bunodactis verrucosa, → Edelsteinrose.
Buntbarsch, Augenfleck- *(Cichlasoma severum)*, bis 20 cm groß werdende Fische, die aus der Nordostregion Südamerikas stammen. Obwohl sie außerhalb der Brutzeit relativ verträglich sind, sollten sie spätestens dann, wenn Fortpflanzungsstimmung erkennbar ist, in ein Artaquarium umgesetzt werden. Bepflanzung ist nicht erforderlich, sie würde ohnehin innerhalb kürzester Zeit zerstört. Die Tiere legen bis zu 1000 → Eier.

Buntbarsch, Feuermaul- *(Cichlasoma meeki)*, eine besonders während der Balz sehr attraktive Art, die bis zu 15 cm lang wird. Sie stammt aus Guatemala und Yukatan und ist am besten einzeln in einem mit verschiedenen Höhlen ausgestatteten Aquarium zu halten. Die in den Verstecken abgelegten → Eier werden abwech-

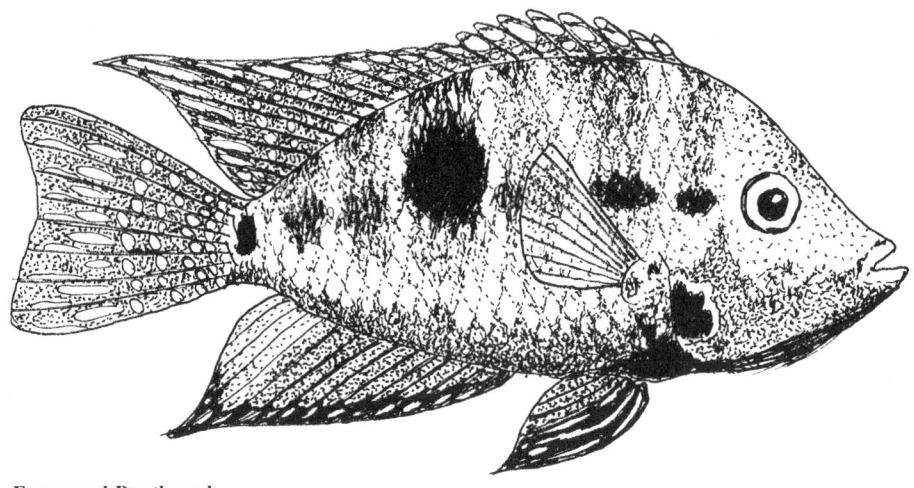

Feuermaul-Buntbarsch

Buntbarsch, Maroni-

selnd von Männchen und Weibchen bewacht und auch noch als freischwimmende Jungfische eine Zeitlang geführt. Empfohlen sind Temperaturen von 24–26° C.
Buntbarsch, Maroni *(Aequidens maronii)*, stammt aus Guayana und wird bis 10 cm lang. Die → Eier werden sehr gern auf einem Holzuntergrund abgelegt, die Jungfische vom Männchen oft noch 6 Monate nach dem Schlüpfen geführt. Junge Eltern fressen ihre Brut allerdings noch gelegentlich auf.
Buntbarsch, Mosambik- *(Sarotherodon mossambicus)*, die im Aquarium nur etwa 15 cm lange Art ist in Ostafrika beheimatet, dort auch in Brackwassergebieten. Im Gegensatz zu anderen Arten dieser Gattung bildet sie eine Mutterfamilie, d. h. die Weibchen nehmen die Eier ins Maul. Die oft 300 Jungen kehren auch nach dem Schlüpfen bei Gefahr dorthin zurück.
Buntbarsch, Pfauenaugen- *(Astronotus ocellatus)*, in Südamerika weitverbreitete Art, die bis 35 cm lang wird. Entsprechend benötigt sie ein recht großes Aquarium, in dem bis zu 1000 → Eier abgelegt werden. Jüngere Tiere sind merkwürdigerweise deutlich auffälliger gefärbt als ihre Eltern.
Buntbarsch, Punktierter *(Etroplus maculatus)*, eine aus Indien und Ceylon stammende Buntbarschart, die dort im Süß- und Brackwasser lebt. Im Aquarium sollte sie möglichst auch nur im Brackwasser gehalten werden (1–2 Teel. Salz auf 10 l Wasser), da sie andernfalls sehr schnell von Parasiten befallen wird. Auf die üblichen Medikamente reagiert sie sehr allergisch. Die Wassertemperatur darf nicht unter 20° C liegen. Die Laichablage erfolgt auf Steinen, die → Brutpflege geschieht gemeinsam durch beide Eltern.
Buntbarsch, Roter, *(Hemichromis bimaculatus)*, eine besonders farbenprächtige, bis 15 cm lang werdende Art aus den Stromsystemen vom Nil bis zum Kongo. Die Eier werden auf Steinen oder Wurzeln abgelegt und ununterbrochen bewacht. Auch die Jungen werden noch lange Zeit geführt.
Buntbarsch, Schwarzgebänderter *(Cichlasoma octofasciatum)*, aus dem Rio Negro und Amazonas stammender bis 18 cm langer Fisch, der durch ständiges Wühlen jeglichen Pflanzenbewuchs vernichtet. Das sehr umfangreiche Gelege kann ca. 1000 → Eier umfassen; der Nachwuchs wird mit feinem Staubfutter aufgezogen.
Buntbarsche *(Cichlidae)*, mit über 1000 Arten sehr vielgestaltige Fischfamilie, die überwiegend in Afrika und Südamerika und mit lediglich 2 Arten auch in Asien vorkommt. Die meisten betreiben eine hochspezialisierte → Brutpflege, sehr häufig findet man unter ihnen → Maulbrüter. Den Ernährungsgewohnheiten nach reichen sie von reinen Vegetariern bis zu ausgesprochenen Beutegreifern, die andere Fische jagen.

Maroni-Buntbarsch

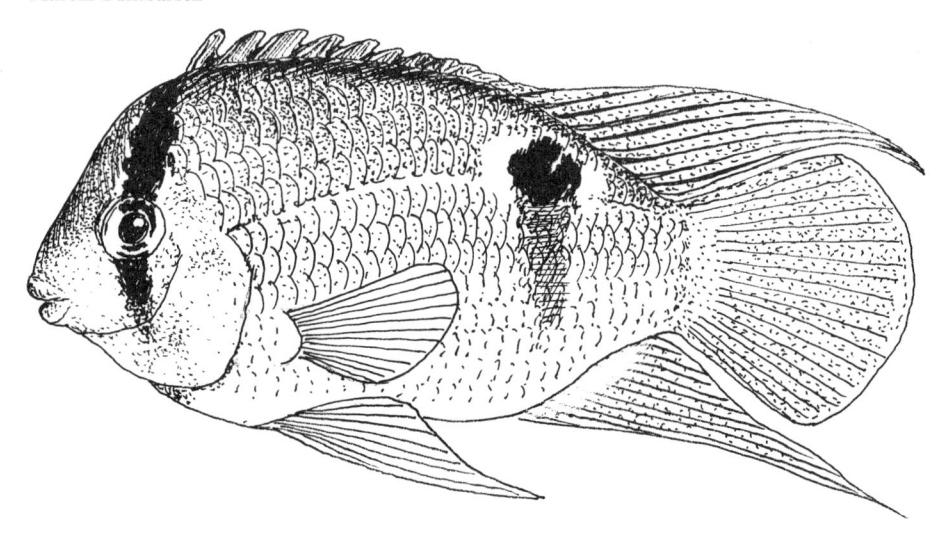

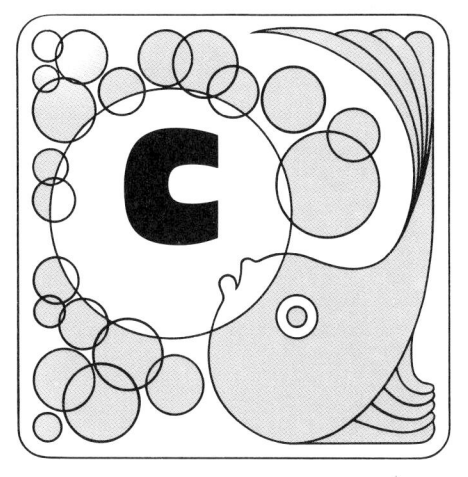

Cabomba-Arten, → Haarnixen.
Cabomba caroliniana, → Haarnixen.
Calamoichthys-Arten, → Flösselaale.
Callichthys callichthys, eine Schwielenwelsart, die im östlichen Brasilien lebt. Für normale Gesellschaftsaquarien ist sie wegen ihrer Körpergröße von oft 18 cm nicht mehr zu empfehlen. Unter großblättrigen Schwimmpflanzen wird von dem Männchen ein Schaumnest gebaut, in das die Eier abgelegt werden. Bis zum Schlüpfen der Jungen nach 4–5 Tagen wird das Gelege vom Männchen bewacht.
Canthigaster, → Spitzkopfkugelfische.
Capoeta semifasciolata, → Messingbarbe.
Capoeta tetrazona → Sumatrabarbe.
Capoeta titteya, → Bitterlingsbarbe.
Carassius auratus, → Goldfisch.
Carcinides maenas, → Strandkrabbe.
Carinotetraodon somphongsi, → Kugelfisch, Kamm-.
Caulerpa prolifera, → Kriechsproßalge.
Celebeskärpflinge → Oryzias-Arten.
Celebes-Segelfisch *(Telmatherina ladigesi)*, sehr empfindliche Art aus Celebes, die nur in Wasser von hervorragender Qualität mit → Lebendfutter gehalten werden kann.
Centrarchidae, → Sonnenbarsche.
Centrarchus macropterus, → Pfauenaugenbarsch.
Ceratophyllum-Arten, → Hornkraut.
Ceratopteris thalictroides, → Sumatrafarn.
Ceratoptris pteridoides, → Wasserhornfarn, Schwimmender.
Cereanthus membranaceus, → Zylinderrose.
Cereus pedunculatus, → Sonnenrose.
Ceylonbarbe, → Cumingsbarbe.
Chaetodon auriga, → Fähnchenfalterfisch.
Chaetodon collare, → Falterfisch, Halsband-.
Chaetodon lunula, → Falterfisch, Mondsichel-.
Chaetodon melanotus, → Falterfisch, Diagonalstreifen-.
Chaetodon pictus, → Falterfisch, Gemalter.
Chaetodon semilarvatus, → Falterfisch, Gelbmasken-.
Chaetodon vagabundus, → Falterfisch, Zigeuner-.
Chanda-Arten, → Glasbarsche.
Cheirodon axelrodi, → Neon, Roter.
Chela laubuca, → Glasbarbe, Indische.
Chelator, ein Stoff, der wichtige Spurenelemente für Pflanzen und Tiere verfügbar macht. Dabei handelt es sich in erster Linie um Metall-Ionen, die normalerweise sehr rasch eine Verbindung mit Phosphat-, Sulfat- oder Karbonat-Ionen im Aquariumwasser eingehen und dadurch so schwer löslich werden, daß die Pflanzen an sie nicht mehr herankommen. Mit bestimmten schwachen, organischen Säuren lassen sich die Metall-Ionen aus diesen Verbindungen herauslösen. Erst danach können sie von den Pflanzen aufgenommen und weiterverarbeitet werden. Neben den natürlichen C.n wie → Aminosäuren, Huminsäuren, Polypeptiden usw. spielt in der Aquaristik ein Stoff namens EDTA (engl. Abkürzung von Äthylendiamintetraessigsäure) eine entscheidende Rolle. Wichtig beim Einsatz der C. ist, daß sie nur in der vorgeschriebenen Menge Verwendung finden dürfen, die wiederum von dem Härtegrad des Aquarienwassers abhängig ist. Beim Einsatz von EDTA findet eine leichte Enthärtung des Wassers statt. Es empfiehlt sich eine regelmäßige Kontrolle des → pH-Wertes. Bei Überdosierungen kann es die Knochenbildung bei Fischen beeinträchtigen, da EDTA auch das dafür benötigte Kalzium bindet.
Chelmon rostatus, Pinzettfisch, Gebänderter.
Chilodus punctatus, → Kopfsteher, Punktierter.
Chironomus-Arten, → Zuckmücken.
Chlorophyceen, → Grünalgen.
Chlorophyll, grüner Pflanzenfarbstoff (→ Pflanzenfarben).

Chondrichthyes

Chondrichthyes, → Knorpelfische.
Chromis caeruleus, → Demoiselle, Grüne.
Chromis xanthurus, → Demoiselle, Gelbschwanz-.
Cichlasoma festivum, → Flaggenbuntbarsch.
Cichlasoma meeki, → Buntbarsch, Feuermaul-.
Cichlasoma nigrofasciatum, → Zebrabuntbarsch.
Cichlasoma octofasciatum, → Buntbarsch, Schwarzgebänderter.
Cichlasoma severum, → Buntbarsch, Augenfleck-.
Cichlasoma spilurum, → Schwanzfleck-Buntbarsch.
Cichlidae, → Buntbarsche.
Clarias angolensis, → Angolawels.
Cobitis taenia, → Steinbeißer.
Colisa chuna, → Honiggurami.
Colisa labiosa, → Fadenfisch, Dicklippiger.
Colisa lalia, → Zwergfadenfisch.
Copella arnoldi, → Spritzsalmler.
Corydoradinae, → Panzerwelse.
Corydoras aeneus, → Panzerwels, Metall-.
Corydoras arcuatus, → Panzerwels, Stromlinien-.
Corydoras bondi, → Panzerwels, Barima-.
Corydoras hastatus, → Panzerwels, Sichelfleck-.
Corydoras julii, → Panzerwels, Leopard-.
Corydoras melanistius, → Panzerwels, Schwarzbinden-.
Corydoras paleatus, → Panzerwels, Punktierter.
Corydoras pygmaeus, → Zwergpanzerwels.
Corydoras rabauti, → Panzerwels, Rost-.
Corynopoma riisei, → Zwergdrachenflosser.
Cottus gobio, → Groppe.
CO_2, → Kohlendioxyd.
Crinum-Arten, → Hakenlilien.
Cryptobia, → Schlafkrankheit.
Cryptocoryne affinis, → Wasserkelch, Haertels.
Cryptocoryne-Arten, → Wasserkelch-Arten.
Cryptocoryne balansae, → Wasserkelch, Genopptblättriger.
Cryptocoryne blassii, → Wasserkelch, Blass'.
Cryptocoryne ciliata, → Wasserkelch, Gewimperter.
Cryptocoryne purpurea, → Wasserkelch, Purpurroter.
Cryptocoryne usteriana, → Wasserkelch, Hammerschlag.
Cryptocoryne wendtii, → Wasserkelch, Wendts.
Cryptocoryne willisii, → Wasserkelch, Willis.
Ctenobrycon spilurus, → Talerfisch.
Cubanichthys cubensis, → Kubakärpfling.
Cumingsbarbe *(Puntius cumingi)*, Ceylonbarbe, eine Fischart, deren Vorkommen sich auf Bäche im waldreichen Hochland Ceylons beschränkt. Sie ist für die Aquarienhaltung bestens geeignet, weil sie sehr lebhaft ist und sich sowohl mit anderen Fischen als auch mit Artgenossen gut verträgt. Da sie als Allesfresser auch mit Trockenfutter sehr gut zu halten ist, eignet sie sich vorzüglich für Anfängeraquarien. Will man die etwa 5 cm langen Fische zur Fortpflanzung bringen, so reicht ein kleines 10-l-Aquarium, aus dem die Karbonathärte weitgehend und die Nichtkarbonathärte bis auf etwa 5° entfernt worden ist. In härterem Wasser ist die Überlebensrate der Jungfische erheblich geringer. Die Eiablage erfolgt auf feinblättrigen Wasserpflanzen, die Jungfische benötigen kleines Lebendfutter für die Aufzucht.
Cyclops-Arten, → Hüpferlinge.
Cyprinodontidae, → Zahnkarpfen, Eierlegende.
Cyprinodon variegatus, → Edelsteinkärpfling.

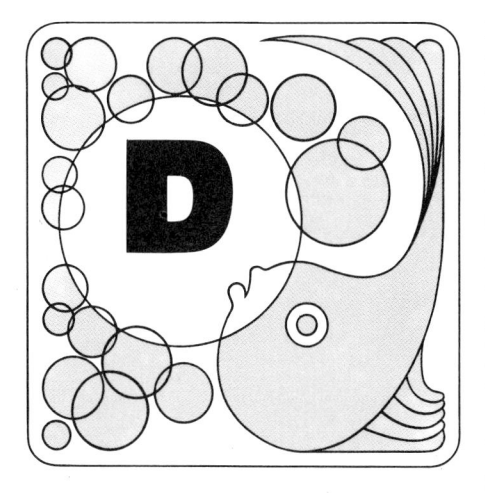

Danio malabaricus, → Malabarbärbling.
Daphnia-Arten, → Wasserflöhe.
Dardanus megistos, → Roter Weißtupfeneinsiedler.
Dascyllus aruanus, → Preußenfisch, Dreibinden-.
Dascyllus carneus, → Preußenfisch, Weißschwanz-.
Dascyllus melanurus, → Preußenfisch, Vierbinden-.
Dascyllus trimaculatus, → Preußenfisch, Dreipunkt-.
Dasyloricaria filamentosa, aus Kolumbien stammender → Harnischwels, der unter Gefangenschaftsbedingungen seine Freilandgröße von 25 cm bei weitem nicht erreicht. Dennoch wird die Art so groß, daß sie sich nur für entsprechend geräumige Becken eignet. Sie wurde im Aquarium mehrfach nachgezogen. Zum Aufenthalt während des Tages, aber auch zur → Eiablage, müssen den Fischen ausreichend Verstecke aus Baumwurzeln und Steinen angeboten werden. Das Männchen hält sich während der Entwicklungszeit der Embryonen ständig über den → Eiern auf und bewacht sie. Die Jungen sollten zunächst mit frischgeschlüpften → Salinenkrebsen gefüttert werden, später mit größerem Lebendfutter. Wichtig ist, daß zudem ausreichende vegetarische Nahrung angeboten wird, da die Jungen sonst eingehen.
Dauerlaicher, Arten, die wie die → Saisonfische über mehrere Wochen ihre → Eier ablegen.
Dekoration, besteht in der Regel aus →

Dekoration des Meerwasseraquariums

Bodengrund, → Wasserpflanzen, größeren → Steinen und → Moorkienwurzeln. Der Bodengrund richtet sich nach den Ansprüchen der einzusetzenden Fische. Ein «Standardbodengrund» sollte grobkörnigen Kies mit einer Korngröße von etwa 3 mm enthalten, da somit Fäulnisherde weitgehend vermieden werden können. Falls bodenwühlende Arten gehalten werden, müssen im Prinzip wünschenswerte Unebenheiten des Bodens durch Steinwälle gesichert werden. Weil auch diese sich im Laufe der Zeit verschieben, sollten sie mit → Silikonkautschuk zusammengeklebt werden. Mit diesem Kleber lassen sich auch andere Einrichtungsgegenstände dauerhaft verbinden. Viele Fische benötigen Verstecke, die ihnen möglichst zahlreich angeboten werden sollten. Durch die andere Lichtbrechung des Wassers wirkt die Tiefe des Aquariums immer viel geringer, als sie in Wirklichkeit ist. Dies läßt sich durch eine geschickte D. ausgleichen. Man muß versuchen, die Tiefe des Raums zu gliedern. Also nicht eine kahle Fläche bis zur Rückwand des Aquariums belassen, sondern lieber die Anlage von Terrassen, querliegenden Steinen und Wurzeln sowie eine interessante → Rückwand schaffen, welche die Tiefenwirkung noch deutlich erhöhen kann. Schon bei der D. sollte man sich auch über die Wuchsgrößen der einzelnen Wasserpflanzen orientieren. Sie werden häufig falsch eingeschätzt, weshalb das Becken wieder umgeräumt werden muß, was jedesmal einen erheblichen Eingriff bedeutet. Neben ästhetischen Gesichtspunkten darf man nie die Ansprüche der einzelnen Fischarten außer acht lassen. Viele benötigen ein dichtes Pflanzengewirr, andere wiederum einen großen, pflanzenfreien Schwimmraum.

Dekoration des Meerwasseraquariums, Pflanzen scheiden mit Ausnahme der → Kriechsproßalge Caulerpa weitgehend aus. Lediglich Algen können unter günstigen (!) Bedingungen rasch heranwachsen. Man sollte daher zur D. in erster Linie Steine, bei Korallenfischen sinnvollerweise Korallen verwenden. Da lebende Korallen sich im Aquarium lediglich kurze Zeit halten, bleibt nichts anderes übrig, als ihre leeren Skelette sorgfältig zu reinigen (→ Bodengrund). Die toten Korallen werden jedoch sehr rasch von Algen besiedelt, so daß ihre ursprüngliche Formen- und

Demoiselle, Gelbe

Farbenvielfalt bald verschwindet. Viele Meerwasseraquarianer besitzen aus diesem Grunde einen zweiten Satz Dekorations-Korallen. In zweimonatigem Abstand werden die veralgten Korallen aus dem Becken geholt und gegen frische ersetzt, die vorher in Natronlauge gebleicht worden sind. Um die → Pflege des Meerwasseraquariums nicht zu erschweren, ist zu empfehlen, das Becken nur sehr spärlich zu dekorieren. Nur so kann es richtig saubergehalten werden.
Demoiselle, Gelbe, → Riffbarsch, Gelber.
Demoiselle, Gelbschwanz- *(Chromis xanthurus)*, kann im Aquarium nur dann im Schwarm gehalten werden, wenn es ausreichend groß ist. Erwachsene Tiere sind recht aggressiv gegenüber Artgenossen, ansonsten jedoch gut zu halten. Die Fische werden bis zu 10 cm lang und stammen aus dem Pazifischen und Indischen Ozean.
Demoiselle, Grüne *(Chromis caeruleus)*, eine im Indischen Ozean und Roten Meer lebende Art, die neben einer guten Wasserqualität auch häufige Fütterungen braucht. Dem etwas scheu bleibenden Fisch müssen ausreichende Verstecke angeboten werden.
Demutshaltung, das bei einem → Kampf unterlegene Tier gibt damit zu verstehen, daß es diesen als verloren ansieht, woraufhin der Stärkere sofort weitere Angriffe einstellt. Durch D. stellt sich das Tier in der Regel hilfloser dar, als es in Wirklichkeit ist. Häufig ist zu beobachten, wie der Fisch eine unnatürliche Schräglage einnimmt, die Flossen weitgehend an den Körper anlegt und mit scheinbar krankhaften Bewegungen schwimmt. Bei verschiedenen Arten (z. B. vielen Fadenfischen und Segelflossern) präsentiert das unterlegene Tier seine Kehlregion, indem es den Körper schräg nach oben richtet.
Demutsverhalten, Zeichen der Unterwürfigkeit eines Tieres. Das D. wird häufig ergänzt durch spezielle Demutsfärbungen.
Dermogenys pusillus, → Halbschnäbler, Hechtköpfiger.
Desinfektion, möglich mit im Handel erhältlichen Mitteln (→ Medikamente) sowie → Kaliumpermanganat.
dGH, deutsche Gesamthärte. Maßeinheit für die → Wasserhärte.
dH, deutsche Härte, Maßeinheit für die → Wasserhärte.
Diamantbarsch *(Enneacanthus obesus)*, aus der Familie der → Sonnenbarsche stammender bis zu 10 cm langer Fisch aus den Oststaaten der USA. Obwohl er sehr farbenprächtig ist und sich auch gut im Schwarm halten läßt, hat er sich als Aquarienfisch nicht durchgesetzt.
Diapause, Stillstand der Embryonalentwicklung.
Diaptomus-Arten, → Hüpferlinge.
Dichte, wichtige Eigenschaft des → Wassers. Von Bedeutung ist die Messung der D. im → Meerwasseraquarium, da man dabei ein Maß für den Salzgehalt ermitteln kann. Dafür ist ein → Araeometer erforderlich.
Didiplis diandra, → Bachburgel, Amerikanische.
Diffusion, Bemühen der Moleküle, sich gleichmäßig zu verteilen (→ Osmose).
Dipnoi, → Lungenfische.
Diskusfische *(Symphysodon-Arten)*, sehr attraktive, aber auch schwer zu haltende Fische, die sauberes, nitratarmes Wasser benötigen. Der pH-Wert sollte zwischen 6 und 6,5, die Härte nicht über 3° dGH liegen. Nur wenn diese Bedingungen längerfristig garantiert werden können, ist die Haltung dieser 15 cm großen, südamerikanischen Arten möglich. Sie verlangen ein mindestens 1m langes Becken, welches dicht zu bepflanzen und mit ausreichenden Versteckmöglichkeiten zu versehen ist. Ein Teil der Wasseroberfläche muß mit Schwimmpflanzen bedeckt sein, da es die D. schattig lieben. Die Eiablage erfolgt am besten bei einer Zuchttemperatur von 28° C. Die auf einer ebenen Fläche abgelegten Eier werden von den Eltern laufend bewacht, verpilzte aussortiert, Nach 5 Tagen schlüpfen die Jungen, sie besitzen Haftfäden, mit denen die Eltern sie an gut sichtbaren Stellen befestigen. Das Zuchtaquarium sollte einen übersichtlichen Bodengrund haben, damit herabgefallene Jungtiere von den Eltern problemlos wiedergefunden werden können. Nachdem sie den Dottersack verzehrt haben, halten sich die Jungen zunächst weiterhin in der Nähe der Eltern auf. Noch 14 Tage lang ernähren sie sich ausschließlich von deren Schleimschicht und sind dann erst in der Lage, feines Staubfutter aufzunehmen. Es gibt zwei wildlebende Arten, den Roten oder Echten Diskus *(Symphysodon discus)* und den Grünen Diskus *(Symphysodon aequifasciata)*, der allerdings noch in zwei

weiteren Rassen auftritt. der Blaue Diskus *(Symphysodon aequifasciata haraldi)* sowie der Braune Diskus *(Symphysodon aequifasciata axelrodi).* Letzterer wird sehr häufig gehalten.

Diskusparasit, ein auf → Diskusfische spezialisiertes Geißeltierchen, das sich in großer Menge im Darm einnisten kann. Auf diesen → Parasiten sind wahrscheinlich erhebliche Verluste bei Importen zurückzuführen, so daß sich eine Quarantänebehandlung mit → Metronidazol empfiehlt.

dKH, deutsche Karbonathärte. Gradeinteilung für die temporäre Härte (→ Wasserhärte).

dNKH, deutsche Nichtkarbonathärte. Maßeinheit für die → permanente Härte (→ Wasserhärte).

Doktorfisch, Paletten- *(Acanthurus hepatus),* eine farblich zwar sehr attraktive, jedoch auch sehr anfällige Art, deren Schleimhaut sich unter Aquarienbedingungen stark zurückbildet. Dadurch ist sie stärker als alle anderen Meerwasserfische durch → Parasiten gefährdet, besonders durch → Oodinium.

Doktorfisch, Weißkehl- *(Acanthurus leucosternon),* kann nur bei regelmäßiger Algennahrung gehalten werden. Er ist anderen (besonders blauen) Arten gegenüber sehr aggressiv.

Doktorfische *(Acanthuridae),* leben im Freiland in großen Schwärmen, sind im Aquarium aber nur einzeln zu halten. Ihren Namen verdanken sie einer messerähnlichen, bei vielen Arten aufklappbaren Waffe an der Schwanzwurzel. Sie verteidigen sich damit nicht nur gegen andere Arten, sondern setzen diese auch bei innerartlichen Kämpfen ein, weshalb auch verschiedene D. nicht miteinander vergesellschaftet werden sollten. Die meisten Arten sind nicht leicht zu halten. Sie benötigen regelmäßige → Wasserwechsel sowie eine mehrmals am Tag erfolgende Fütterung. Im Freiland sind es Algenfresser, und auch im Aquarium muß eine ausreichende pflanzliche Kost angeboten werden, da die Algenbestände in der Regel schnell abgeweidet werden. Die meisten Arten leben im indopazifischen Raum und erreichen eine Länge von etwa 20 cm.

Domestikation, sich über viele Generationen hinstreckende → Zuchtwahl, um aus Wildtieren Haustiere zu machen.

Dornauge, Geflecktes, → Dorngrundeln.

Dorngrundeln *(Acanthophthalmus-Arten),* eine Gattung merkwürdiger Bodenfische, die im schlammigen Grund südostasiatischer Gewässer leben. Besondere Vorsicht empfiehlt sich beim Anfassen dieser meist nur knapp 10 cm langen aalähnlichen Fische: Zu ihrer Verteidigung verfügen sie in Augennähe über einen schnell aufrichtbaren Dorn, den schon mancher Aquarianer zu spüren bekommen hat. Bemerkenswert ist bei den D. weiterhin eine ganz besondere Eigenschaft, die es ihnen ermöglicht, auch in der sauerstoffarmen Bodenzone zu überleben. Gelegentlich kommen sie zur Wasseroberfläche und nehmen dort atmosphärische Luft auf, die sie verschlucken. Der Sauerstoff aus dieser Luft wird von den Darmwänden resorbiert, und der Rest wird durch den After ausgeschieden. In den meisten Aquarien dürften die D. völlig falsch gehalten werden. Der hygienisch einwandfreie, grobkörnige Untergrund eignet sich gar nicht für diese Fische, so daß sie sich in vielen Fällen nicht lange halten. Bei artgerechter Haltung, das heißt bei sehr feinkörnigem Untergrund und zahlreichen Versteckmöglichkeiten, wird man allerdings nicht viel von ihnen sehen, zumal sie nachtaktiv sind. Bei der Fütterung ist darauf zu achten, daß sie als «Abfallsammler» am Boden zwar über eine regelmäßige Nahrungsquelle verfügen, daß aber oft mit Futtertabletten noch ein zusätzliches Angebot geschaffen werden muß. Am zweckmäßigsten gibt man diese kurz vor Ausschalten der Beleuchtung, damit sichergestellt ist, daß die D. sich dann weitgehend konkurrenzlos bedienen können. Im Prinzip sind sie für jedes Gesellschaftsbecken geeignet, sie sollten jedoch nicht mit größeren bodenwühlenden Fischen zusammen gehalten werden. Bemerkenswert ist noch, daß sie die normalerweise zur Bekämpfung von Fischkrankheiten eingesetzten Medikamente ausgesprochen schlecht vertragen. Die Haltung erfolgt bei Wassertemperaturen zwischen 22 und 28° C. Gelegentlich kommt es zwar zum Ablaichen, Jungfische wurden jedoch nur selten aufgezogen. Am häufigsten wird das Geflecktes Dornauge *(Acanthophthalmus kuhlii)* importiert, eine Art, die mit mindestens zwei Rassen auftritt *(Acanthophthalmus kuhlii* und *Acanthophthalmus sumatranus).* Ebenfalls häufig ist das Halbgebänderte Dornauge *(Acanthoph-*

Dornwels, Knurrender

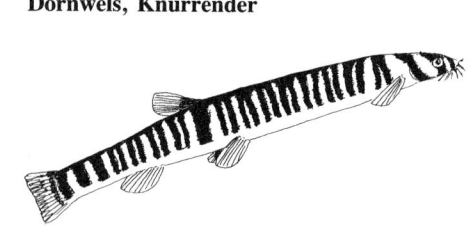

Geflecktes Dornauge

thalmus semicinctus) zu finden sowie *Acanthophthalmus myersi*.
Dornwels, Knurrender *(Amblydoras hancocki)*, ein im Amazonasbecken weitverbreiteter, bis 15 cm langer Fisch. Die einzige Art aus der Familie der Dornwelse, die früher regelmäßig, heute seltener importiert wird. Für seine Haltung ist ein weicher, feinkörniger Boden unerläßlich, in den sich der Fisch oft so weit eingräbt, daß nur noch die Augen hervorschauen. Ihren Namen hat diese Welsart wegen der knurrenden Geräusche, die sie auf noch bislang unbekannte Weise mit ihren Brustflossen erzeugen kann. Unter Aquariumbedingungen pflanzt sich die Art nur selten fort. Vereinzelte Beobachtungen deuten darauf hin, daß die Elterntiere aus Pflanzenteilen ein Nest bauen und die Brut bewachen.
Doryichthys deokhatoides, → Lanzenfisch.
Dottersack, häufig bei Jungtieren zu findender kugelförmiger, meist gelblicher Anhang unterhalb des Körpers. Viele Jungtiere schlüpfen relativ früh und zehren dann oft tagelang, gelegentlich wochenlang von den Energiereserven des D.s, der mit dem Wachstum der Jungfische deutlich kleiner wird.
Drachenauge, Zuchtform des → Goldfischs.
Dreibinden-Ziersalmler *(Nannostomus trifasciatus)*, eine zwar sehr schöne, leider aber auch sehr empfindliche Ziersalmlerart. Eine Haltung ist nur in sehr weichem, im leicht sauren Bereich gehaltenen Wasser möglich, weshalb sie in erster Linie für erfahrene Aquarianer geeignet ist. Eine Vermehrung im Aquarium erfolgt nur sehr selten.
Drosophila melanogaster, → Taufliege.
Drückerfische *(Balistidae),* sehr kräftig gebaute Arten, die meist 30–50 cm lang werden. Sie sind in vielen tropischen Meeren verbreitet, wo sie mit ihrem kräftigen Gebiß Muscheln und Krebse zerknacken. Ihren Namen haben sie wegen der merkwürdigen ersten Rückenflosse erhalten. Sie besteht aus 3 Strahlen, von denen der erste kräftig aufgerichtet und durch den letzten so abgestützt wird, daß sich der Fisch damit in Korallenstöcken geradezu festkeilen kann (→ Schutzanpassung). Im Aquarium sind alle Arten nur sehr schwer zu halten. Sie benötigen eine hervorragende Wasserqualität und kräftiges, hartschaliges Futter, damit sich die Zähne abnutzen können. Häufiger importiert wird der Rotzahndrückerfisch *(Odonus niger)* sowie der Picassodrückerfisch *(Rhinecanthus aculeatus)*.

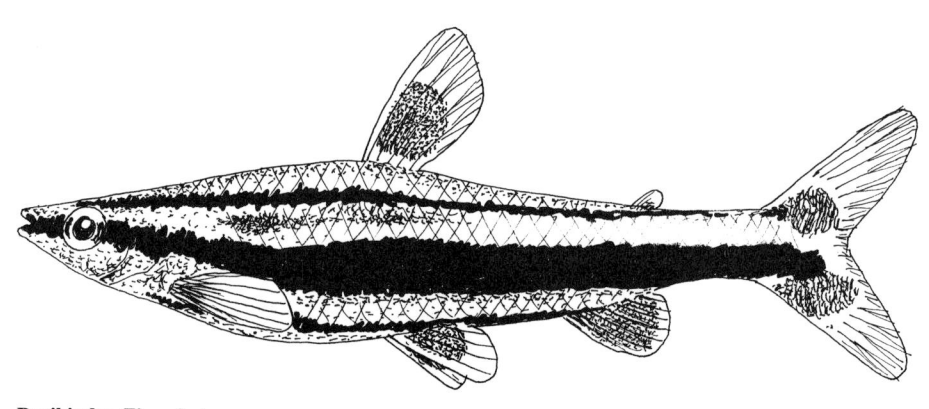

Dreibinden-Ziersalmler

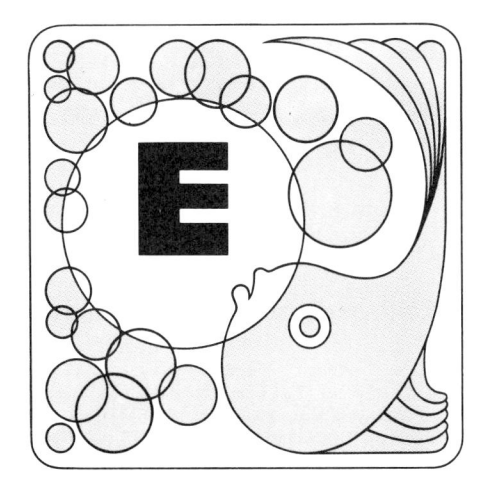

Echinodorus berteroi, → Zellophanpflanze.
Echinodorus cordifolius, → Wasserwegerich, Herzblättriger.
Echinodorus parviflorus, → Amazonas, Schwarze.
Echinodorus tenellus, → Schwertpflanze, Grasartige.
Edelsteinkärpfling *(Cyprinodon variegatus),* lebt in Brackwasserseen der nord- und südamerikanischen Atlantikküste sowie auf den Karibischen Inseln. Die bis 8 cm lange Art ist entsprechend auch im Aquarium sinnvoll nur im Brackwasser zu halten, wo sie sich auch willig vermehrt. Die → Eier werden an Pflanzen, oft auch auf dem Boden abgelegt, wo die Brut nach 8–10 Tagen schlüpft.
Edelsteinrose *(Bunodactis verrucosa),* eine vom Westen Englands bis ins Mittelmeer vorkommende Art, die eine Höhe von 10 cm erreichen kann. Die E. ist lebendgebärend. Ihre sehr gefräßigen Jungen wachsen innerhalb eines halben Jahres zu geschlechtsreifen Tieren heran.
EDTA, → Chelator.
Ehe, eine lebenslange Partnerschaft ist nur bei wenigen Fischen zu finden. Meist handelt es sich dabei um Arten, bei denen beide Partner eine intensive → Brutpflege betreiben. Ihr Verhalten ist durch den Erfahrungsgewinn besser synchronisiert, so daß es bei der Fortpflanzung weniger Probleme gibt.
Eiablage, erfolgt bei den einzelnen Arten sehr unterschiedlich. Es gibt Freilaicher, die ihre Eier einfach ins Wasser abgeben. Ihnen stehen die Substratlaicher gegenüber, welche die Eier an ein → Laichsubstrat (Pflanzen, Steine etc.) heften. Die Übergänge sind fließend. Während manche Arten das ganze Jahr über fortpflanzungsbereit sind, gibt es bei den meisten eine ausgeprägte → Ablaichperiodik. Diese fällt meist mit klimatischen Erscheinungen zusammen (Regenzeit, Winterruhe etc.). Innerhalb dieser Fortpflanzungsperiode gibt es bei vielen Arten Laichzyklen. Abgabe und Neubildung der Eier erfolgen also im Abstand meist nur weniger Tage. Die Eier können dann entweder komplett abgelegt werden (z. B. bei Barben, Salmlern etc.), oft aber werden auch nur wenige Eier pro Tag über einen längeren Zeitraum abgegeben (→ Saisonfische). Das Heranreifen der Eier ist wegen des stark aufgetriebenen Hinterleibes des Weibchens mit einiger Erfahrung gut zu erkennen. Wenn keine für die E. günstigen Umweltbedingungen vorhanden sind, werden die Eier bei vielen Arten spontan (unbefruchtet) abgestoßen (→ Neonsalmler). Andere Arten jedoch (Barben) behalten den Laich, der sich in der Folgezeit verhärtet (→ Laichverhärtung) und den Eileiter verstopft. Ein merkwürdiges Phänomen im Zusammenhang mit der E. ist die → Seitenspezialisierung vieler Arten.
Eichhörnchenfisch *(Myripristis murdjan),* zu den Soldatenfischen gehörende Art, die nur sehr schwer einzugewöhnen ist. Bei guten Futter- und Wasserbedingungen hält sie sich dann jedoch sehr lange und laicht sogar im Aquarium ab. Erforderlich sind zahlreiche Höhlen.
Eichhornia crassipes, → Wasserhyazinthe.
Eidechsenschwanz *(Saururus cernuus),* ursprünglich eine reine Sumpfpflanze, die in

Eidechsenschwanz

Eier

Nordamerika an feuchten Standorten zu finden ist. Ihren Namen hat sie aufgrund ihrer Blütenform erhalten. Die völlig untergetauchte Lebensweise im Aquarium kann nur dann beibehalten werden, wenn für eine intensive Beleuchtung gesorgt wird – andernfalls wächst sie rasch über die Wasseroberfläche hinaus.

Eier, weibliche Geschlechtsprodukte. Sie werden in den weiblichen → Geschlechtsorganen, den Eierstöcken, in oft ungeheuer großer Zahl produziert. Fischeier sind sehr dotterreich und auch auf die Zeit nach dem Ablaichen gut vorbereitet. Verschiedene an die Wasseroberfläche steigende E. besitzen kleine Öleinschlüsse, die den Auftrieb besorgen. Andere haben klebrige und haarige Fortsätze, mit denen sie von den → Substratlaichern an Pflanzen etc. befestigt werden können. Bei den meisten Fischarten sind sie mit dem Auge gut sichtbar, wenngleich sie im Anfangsstadium häufig glasklar und leicht zu übersehen sind. Ihre Färbung ist oft abhängig von der Wahl der Futtertiere. Bei → Knorpelfischen (z. B. Haie) sind die E. sehr groß. Sie können bei manchen Arten eine Länge von 30 cm erreichen.

Eierfisch, Zuchtform des → Goldfischs.

Eiflecken, finden sich häufig bei den männlichen Tieren der → Maulbrüter (Buntbarsche). Es handelt sich um farblich auffallende kreisförmige Flecken, die mit dem typischen Verhalten dieser Arten im Zusammenhang stehen. Die Weibchen nehmen nach dem Ablaichen die → Eier so schnell in den Mund, daß diese außerhalb des Körpers nicht mit ausreichender Sicherheit befruchtet werden können. Sie verwechseln jedoch die E. bei den Männchen mit richtigen Eiern und versuchen, sie aufzunehmen, wobei sie die vom Männchen ausgestoßenen Spermien in den Mund bekommen. Neben den E. gibt es bei einigen Arten auch eiförmige Ausbildungen der Genitalpapillen, die dem gleichen Zweck dienen.

Eilandbarbe *(Puntius oligolepis),* eine auch bei Zimmertemperatur von etwa $20°C$ leicht zu pflegende Art, die einen mit → Torf bedeckten Aquarienboden bevorzugt. Die nur etwa 4 cm langen Fische laichen (ggf. nach einer geringfügigen Temperaturerhöhung) willig ab.

Einfüllen des Aquarienwassers, von Anfängern wird häufig der Fehler gemacht, das Wasser aus einem Eimer direkt ins Becken zu gießen. Dadurch wird jedoch in der Regel die → Dekoration stark durcheinandergewirbelt, was besonders bei einem aus mehreren Schichten bestehenden → Bodengrund sehr nachteilige Folgen haben kann. Besser ist es daher, das Wasser mit einem Schlauch langsam ins Becken laufen zu lassen und den Strahl breit zu verteilen. Dazu ist z. B. eine von innen nasse Plastiktüte geeignet, in der sich zahlreiche Luftblasen bilden, so daß sie auf der Wasseroberfläche schwimmt. Wenn das Wasser auf die Tüte fließt, wird seine Strömungsgeschwindigkeit so weit abgebremst, daß keine Schäden mehr zu befürchten sind. Zur Wasserbeförderung verwendet man entweder eine → Kreiselpumpe oder das → Saugheberprinzip.

Eingewöhnung, → Kauf von Fischen.

Einrichtung eines Aquariums, beginnt mit der Entscheidung für den endgültigen Standort. Dabei ist die → Beleuchtung von Bedeutung (möglichst kein Sonnenlicht)

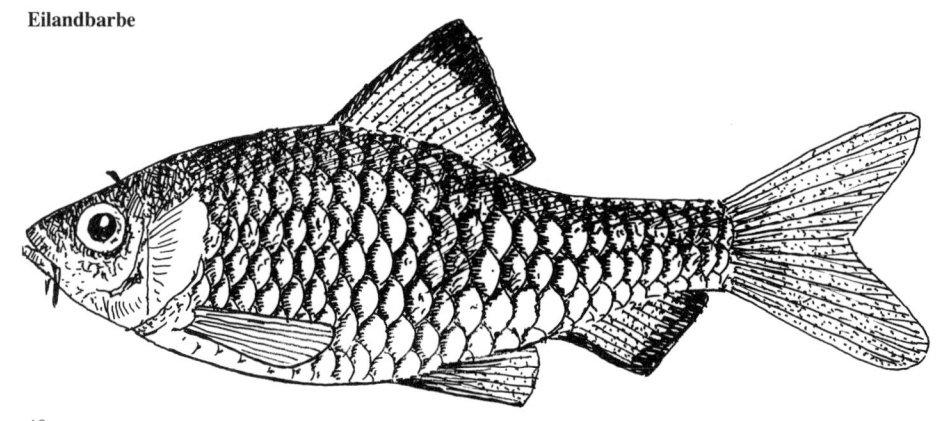

Eilandbarbe

sowie oft auch das → Gewicht. Als nächstes wird der → Bodengrund vorbereitet. Man wirbelt ihn mit einem harten Wasserstrahl so lange durch, bis alle feinen Trübstoffe über den Rand abgeflossen sind. Das Wasser muß auch mehrfach ausgegossen werden. Anschließend wird der Bodengrund eingebracht. Er sollte von vorn nach hinten leicht ansteigen und eine Höhe von 5 cm an seiner flachsten Stelle nicht unterschreiten, um den Pflanzen eine ausreichende Wurzelbildung zu ermöglichen. Anschließend erfolgt die → Dekoration des Beckens. Noch bevor die Pflanzen eingesetzt werden, beginnt das → Einfüllen des Wassers. Sollten dabei in größerem Umfang noch Schwebstoffe vom Boden aufgewirbelt werden, so empfiehlt es sich, das Becken nur wenige Zentimeter zu füllen und dieses Wasser nochmals abzusaugen (→ Entleerung). Die Pflanzen werden erst dann eingesetzt, wenn das Wasser im Becken etwa 10 cm hoch steht. Ihre Blätter treiben dann bereits an der Oberfläche, so daß die Verletzungsgefahr geringer ist. Vor dem Einpflanzen sind die Wurzeln auf Faulstellen zu kontrollieren, die ggf. zu entfernen sind. Die Wurzeln selbst sollten etwas zurückgeschnitten werden. Sie treiben dann schneller wieder aus. Man muß sich bereits sehr frühzeitig ein Pflanzschema überlegen, das die künftigen Größenverhältnisse der Gewächse berücksichtigt. Erst wenn alle eingesetzt sind, wird das Aquarium aufgefüllt. Die Höhe des Luftraums über dem Wasser richtet sich nach den eingesetzten Aquarienbewohnern. Zahlreiche Pflanzenarten wachsen über die Oberfläche hinaus oder treiben dort zumindest ihre Blüten. Viele Fische (z. B. Labyrinthfische), kommen regelmäßig zur Wasseroberfläche, um dort Luft zu holen. Im Extremfall (→ Spritzsalmler) werden oberhalb der Wasseroberfläche sogar die Eier abgelegt. Das Einsetzen der Fische sollte möglichst erst dann beginnen, wenn sich die Verhältnisse im Becken etwas stabilisiert haben. Dies läßt sich notfalls mit einer → Bakterienimpfung etwas beschleunigen.

Einsiedlerkrebse *(Paginurea)*, im Meer lebende Arten, die einen sehr weichen Hinterleib besitzen, den sie mit einem leeren Schneckenhaus gegen Verletzung schützen. Mit dem Wachstum des Krebses muß auch jeweils das Schneckenhaus gewechselt werden. Verschiedene E.e leben in einer → Symbiose mit Seerosen, die sich auf dem leeren Gehäuse angesiedelt haben.

Eiweiß, Protein, Grundbaustein aller Organismen. Alle E.e entstehen aus bis zu 20 verschiedenen Aminosäuren, die ähnlich wie die Buchstaben eines Alphabets in unterschiedlicher Reihenfolge aneinandergekettet sind. Dadurch entstehen E.-Moleküle, die viele tausend Bausteine lang sind und häufig Querverbindungen zwischen einzelnen Teilen der Kette aufweisen. Auf diese Weise ergeben sich sogar dreidimensionale Anordnungen mit ungeheuer vielen Variationsmöglichkeiten. Deren Zahl wird zusätzlich noch durch die Einlagerung anderer Elemente wie Schwefel, Phosphor und Eisen vergrößert (Proteide). Besondere Probleme ergeben sich im Aquarium durch den → Eiweißabbau.

Eiweißabbau, erfolgt sowohl bei der → Filterung als auch im Aquarium selbst. Pflanzen-, Tier- und Futterreste bestehen zum größten Teil aus → Eiweiß. Dies wird durch bakteriellen Abbau zunächst in Peptide und Aminosäuren zerlegt. Das zentrale Problem besteht darin, diese stickstoffhaltigen Verbindungen aus dem biologischen System zu entfernen. Zunächst entsteht → Ammoniak, das hochgiftig ist, bei relativ niedrigen → pH-Werten jedoch sofort fast vollständig in ungiftiges Ammonium umgewandelt wird. Diese Reaktion ist der kritische Punkt aller Meerwasseraquarien: bei hohen pH-Werten, wie sie in Meerwasser vorliegen, ist das Gleichgewicht so verschoben, daß sich mehr freies Ammoniak im Wasser befindet. Es kann leicht tödliche Konzentrationen erreichen. Ein Teil des Ammoniums wird von den Pflanzen zum Aufbau neuen Materials verwandt. Der Rest wird von Nitrosomonas-Bakterien bei Anwesenheit von Sauerstoff in giftiges → Nitrit umgewandelt. Normalerweise schließt sich daran sofort die Umwandlung in relativ ungiftiges → Nitrat an. Falls jedoch zuwenig Sauerstoff im Aquarium vorhanden ist, kann rasch eine tödliche Nitritvergiftung entstehen. Das Nitrat wiederum kann teilweise in Pflanzen eingebaut werden, der größte Teil muß jedoch durch regelmäßige → Wasserwechsel aus dem Becken entfernt werden. Aus dieser Kette von z. T. sehr kritischen Reaktionen ergeben sich für den Aquarianer folgende Konsequenzen: 1. möglichst we-

Ektoparasit

nig Eiweißreste zulassen (Mulm absaugen, tote Pflanzen und Tiere entfernen); 2. Fischbesatz so gering wie möglich halten (der von den Fischen ausgeschiedene Harnstoff wird in gleicher Weise verarbeitet wie die Eiweißreste); 3. für sauerstoffreiches Wasser sorgen (damit kein giftiges Nitrit entsteht); 4. falls der Filter für einige Stunden abgeschaltet wurde, darf das nitritreiche Wasser nie direkt ins Aquarium laufen; 5. für Abbaubakterien sorgen (oft entsteht giftiges Nitrit, weil Nitrobakter-Bakterien fehlen, → Filterwechsel, → Filterimpfung); 6. regelmäßige Wasserwechsel vornehmen; 7. für reichliche Bepflanzung sorgen.

Ektoparasit, Bezeichnung für → Parasiten, die außerhalb des Fischkörpers leben, in diesen jedoch u. a. mit Saugrüsseln eindringen.

Elacatinus oceanops, → Neongrundel.

Elassoma evergladei, → Zwergbarsch.

Elefantenrüsselfisch, → Nilhechte.

elektrische Organe, bei überraschend vielen Fischarten zu finden, vor allem bei den → Nilhechten. Die Organe sind alle annähernd gleich gebaut und bestehen aus umgebildeten Muskelzellen. Verteilt über die gesamte Körperoberfläche, befinden sich bei diesem Fisch bis zu 40 000 Organe, die das von ihm erzeugte elektrische Feld laufend messen. Da Gegenstände in der Umgebung des Fisches den Strom verschieden stark leiten, fallen die Messungen trotz konstanter Impulsfolge sehr unterschiedlich aus. Aus den in einem besonderen Teil des Kleinhirns eintreffenden Informationen kann der Nilhecht ein genaues Bild seiner Umgebung zusammensetzen. Seine Empfindlichkeit für elektrische Ströme ist ungefähr 500 000mal stärker als bei einer → Elritze.

Elektrolytgehalt, Konzentration elektrisch leitender Stoffe (z. B. Salze) in einer Lösung (→ Wasseranalyse).

Elodea canadensis, → Wasserpest, Kanadische.

Elodea densa, → Wasserpest, Argentinische.

Elritze *(Phoxinus phoxinus)*, einheimischer, normalerweise sehr sauerstoffbedürftiger Fisch, der sich jedoch schnell auch auf die Verhältnisse im Aquarium umstellen kann. Die E.n sollten stets im Schwarm gehalten werden. Nach kühler Überwinterung, bei guter Durchlüftung

Elektrolytgehalt. Ein relativ einfaches Gerät, um die Leitfähigkeit des Wassers zu messen.

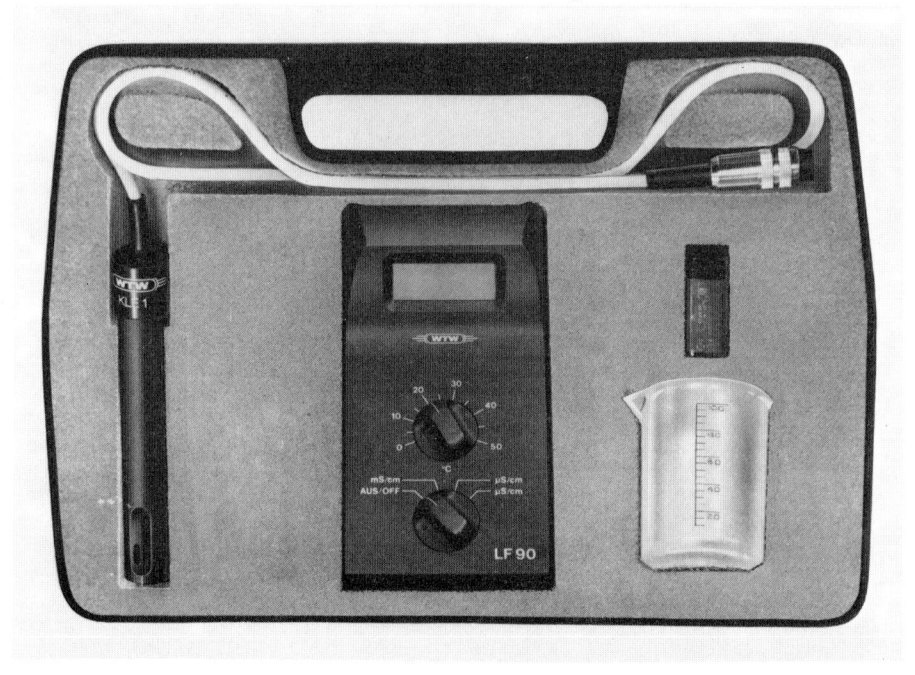

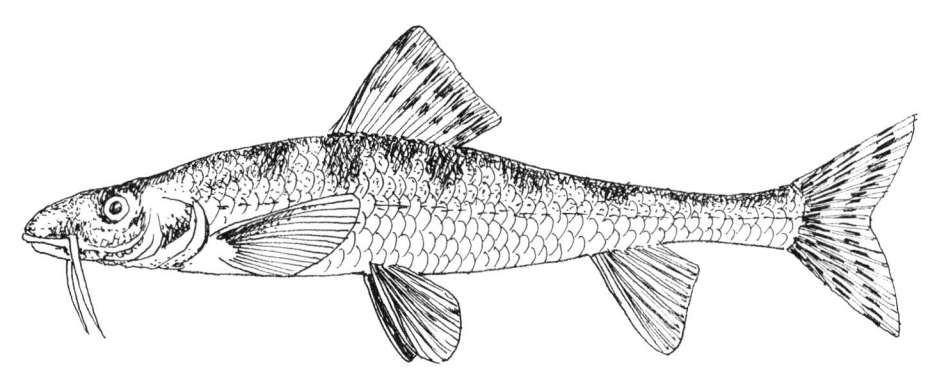

Elritze

und reichlichem Pflanzenwuchs laichen sie dann an diesem ab.

Elternfamilie, selten zu beobachtende Form der → Brutpflege, an der beide Eltern annähernd gleichermaßen beteiligt sind. Häufiger bei → Buntbarschen zu finden. Beide Geschlechtspartner sind in der Regel gleich gefärbt, um den Jungtieren eine leichtere Orientierung zu ermöglichen. Bei solchen Tieren besteht meist eine längerwährende → Ehe.

Enchyträe, ein sehr beliebtes und leicht zu züchtendes Fischfutter, das jedoch sehr reich an Fetten und aus diesem Grunde nur als Beikost geeignet ist. Neben der Gewöhnlichen E. *(Enchytraeus albidus),* die eine Länge von 3 cm erreicht und die am häufigsten kultivierte Art ist, eignet sich für kleinere Fischarten und die Aufzucht von Jungfischen die → Zwergenchyträe *(Enchytraeus buchholzi),* die nur etwa 1 cm lang wird und auch unter dem Namen Grindalwürmchen bekannt ist. Während diese Art aus den Tropen stammt und nur über Fachgeschäfte bezogen werden kann, ist die Gewöhnliche E. überall dort zu finden, wo Pflanzenreste in Fäulnis übergehen. Entsprechendes Material wird auch für den Zuchtansatz benötigt. Bewährt hat sich die in hohlen Weiden zu findende Baumerde, aber auch bereits weitgehend verrottetes Buchenlaub. Erforderlich ist weiterhin die eigentliche Zuchtkiste, für die eine Grundfläche von 20×30 cm und eine Höhe von 10–15 cm empfohlen wird. Sie wird so weit mit der Erde gefüllt, daß ein mehrere Zentimeter hoher Luftraum erhalten bleibt. Als Ausgangsbestand für die Zucht sollte man ungefähr 10 g E.n vorsehen. Auf der Erdschicht wird möglichst in der Mitte eine kleine Mulde angelegt, in die ein Nährstoffkonzentrat (gekochter Haferflockenbrei, geriebene Früchte, Möhren etc.) ausgelegt wird. Direkt auf die Erdschicht wird eine Glasplatte gelegt, mit einer zweiten, größeren wird die gesamte Zuchtkiste abgedeckt. Die optimale Zuchttemperatur liegt zwischen 8 und 15° C, die Kulturdauer bis zur ersten Futterentnahme bei knapp 2 Monaten. Empfohlen wird der gleichzeitige Ansatz mehrerer Zuchtkisten, da sich die E.n in dichtbesiedelten Zuchten stärker an der Futterstelle konzentrieren. Zudem werden die Zuchten gelegentlich von Milben befallen und müssen dann komplett ausgewechselt werden.

Enchytraeus buchholzi, → Zwergenchyträe.

Endemiten, Arten, die nur in einem sehr beschränkten Gebiet vorkommen (z. B. zahlreiche → Buntbarsche in den großen afrikanischen Seen).

Enneacanthus obesus, → Diamantbarsch.

Entgasung, notwendiges Verfahren zur Aufbereitung von Leitungswasser. In dem unter hohem Druck stehenden Wasser ist sehr viel Luft gelöst, die bei Druckverringerung langsam entweicht. Dies ist deutlich in Glasgefäßen zu beobachten, an deren Rändern bald nach dem Einfüllen des Leitungswassers Luftblasen entstehen. Wird ein solches (mit Luft übersättigtes) Leitungswasser direkt in das Aquarium gegeben, kann es zur → Gasblasen-Krankheit kommen, die erhebliche Verluste zur Folge haben kann. Die E. kann erfolgen, indem man das Wasser für eine längere Zeit in einem flachen Gefäß unter gelegentlichem Umrühren abstehen läßt. Sinn-

Enthärtung

voller ist der Einsatz einer Brause, mit deren Hilfe das Leitungswasser in viele kleine Strahlen aufgeteilt wird, die bis zum Auffanggefäß einen möglichst weiten Weg zurücklegen sollten. Wirkungsvoll ist auch die Zugabe eines → Ausströmersteins.
Enthärtung, Entfernung von Kalzium- und Magnesium-Ionen aus dem Wasser. Die Karbonathärte (→ temporäre Härte, → Wasserhärte) läßt sich durch einfaches Erhitzen entfernen. Dabei wird leicht lösliches Hydrogenkarbonat als schwer löslicher Kesselstein ausgefällt. Zweckmäßiger ist der Einsatz von → Ionenaustauschern, die aber auch andere Salze aus dem Wasser entfernen, welche nicht zur Härtebildung beitragen. In geringem Umfang ist des weiteren eine Filterung des Wassers über → Torf möglich, dessen Fähigkeit zur E. jedoch nach 3–4 Tagen weitgehend erschöpft ist, so daß er ausgewechselt werden muß. Vor der E. ist sorgfältig zu prüfen, welche Wasserhärte die zu haltenden Arten bevorzugen. Man wird dabei häufig feststellen, daß sie normalerweise in sehr weichem Wasser vorkommen. Es muß jedoch davor gewarnt werden, diese extremen Verhältnisse auch auf das Aquarium zu übertragen, da weiches Wasser über keinen wirksamen → Puffer verfügt, weil das → Kalk-Kohlensäure-Gleichgewicht sehr leicht zerstört werden kann. Dies kann katastrophale Auswirkungen auf den Fischbestand haben.
Entsalzung, → Enthärtung.
Enzyme, körpereigene Stoffe, die chemische Reaktionen mit geringem Energieaufwand beeinflussen.
Epalzeorhynchus kallopterus → Schönflossenbarbe.
Epalzeorhynchus siamensis, → Algenfresser, Siamesischer.
Epiplatys-Arten, Querbandhechtling, Ringelhechtling, nah verwandt mit den → Aplocheilus-Arten, jedoch in Westafrika vorkommend. Die Zucht gelingt bei den meisten Arten in schwach saurem Wasser, dessen Härte 10° dGH nicht übersteigen darf. Die Fische laichen in der Nähe der Wasseroberfläche an Pflanzen, auch an Schwimmpflanzenwurzeln. Bei Temperaturen um 25° C schlüpfen die Jungen nach etwa 1 Woche. Von den etwa 15 eingeführten Arten ist der Querbandhechtling *(Epiplatys dageti monroviae)* sowie der Ringelhechtling *(Epiplatys annulatus)* besonders beliebt. Die meisten Fische werden nur 4–7 cm lang.
Erbkoordination, → Instinkthandlung.
Erdbeerrose *(Actinia equina fragacea),* eine atlantische Rasse der → Purpurrose, die jedoch den Aufenthalt in tieferem Wasser bevorzugt und Eier legt.
Erdfresser, → Teufelsangel.
Erdteilaquarium, enthält lediglich Fische, möglichst auch Pflanzen aus einem bestimmten Kontinent.
Eriocheir sinensis, → Wollhandkrabbe, Chinesische.
Esomus-Arten → Flugbarben.
Esox lucius, → Hecht.
Eternitaquarien, verlieren zunehmend an Bedeutung, nachdem sich → rahmenlose Aquarien sehr leicht mit → Silikonkautschuk und Glas herstellen lassen. Das Material muß zudem isoliert werden. Darüber hinaus enthält Eternit das krebserregende Asbest.
Etroplus maculatus, → Buntbarsch, Punktierter.
Euglena-Arten, → Augentierchen.
Evolution, in der Biologie die Entwicklung der Lebewesen von einfachen urtümlichen zu hochentwickelten Formen. Am Beispiel der Fische kann sehr deutlich gezeigt werden, wie aus relativ einfach gebauten Vorstufen immer perfektere Konstruktionen entwickelt worden sind (z. B. → Zähne, → Schuppen, → Körperbau; → Verhaltensforschung).

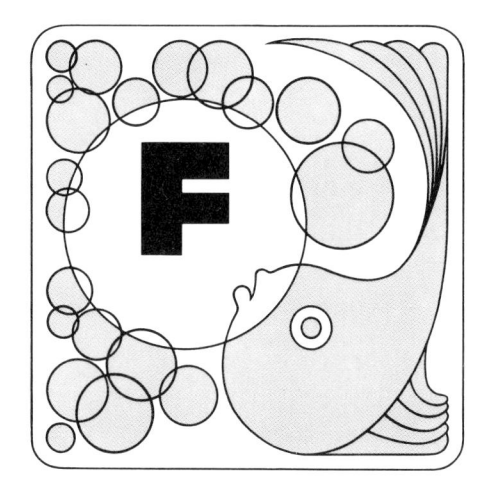

Fadenfisch, Dicklippiger *(Colisa labiosa)*, eine aus Burma stammende höchstens 10 cm lang werdende Art, die bei etwa 25° C gehalten und bei 28° C gezüchtet werden sollte. Die Männchen bauen ein → Schaumnest, zu dem die mit Öltropfen versehenen → Eier aufsteigen.
Fadenfisch, Punktierter *(Trichogaster trichopterus)*, eine bis 15 cm lang werdende Art aus Südostasien. Die Männchen bauen ein → Schaumnest, in das über 1000 Eier gelegt werden können. Die weitere → Brutpflege erfolgt durch das Männchen. Noch häufiger wird der Blaue Fadenfisch gehalten, eine Unterart aus Sumatra, die

Marmor-Fadenfisch

im Freiland 30 cm lang wird, im Aquarium jedoch meist nur etwa 10 cm. Sie kann bei Temperaturen um 25° C gut gehalten werden. Eine Mutation dieser Rasse ist der Marmor-Fadenfisch, auch unter der Bezeichnung *Trichogaster cosby* im Handel.
Fadenkräuter *(Blyxa-Arten)*, Wasserpflanzen-Gattung mit 10 verschiedenen Arten, die unter der Sammelbezeichnung «Blyxa» im Handel angeboten werden. Aufgrund ihres grasähnlichen Aussehens sind sie insbesondere im Vorder- und Mittelgrund des Aquariums hervorragend als Bodenbepflanzung geeignet. Man beachte jedoch, daß die sehr hohen Lichtansprüche dieser Arten in der Regel nicht befriedigt werden können, so daß sie sich meist nicht sehr lange halten.
Fadenwels, Gestreifter *(Pimelodella lateristeriga)*, nur etwa 20 cm lang werdende Art aus der Familie der → Antennenwelse. Sie ist überwiegend nachtaktiv und bevorzugt ein dichtbepflanztes Aquarium mit weichem Wasser.
Fadenwürmer, Nematoden, derart häufige Parasiten, daß praktisch jeder wildlebende Fisch davon befallen ist. Sie siedeln sich in großer Zahl meist im Darmbereich an. In geringen Mengen stellen sie kein Problem dar, stärkerer Befall führt zu Abmagerung und geringerer Vitalität der Fische. Problematisch sind → Haarwürmer und → Fräskopfwürmer, die sich im Aquarium vermehren und zu echten Schwierigkeiten führen können.
Fähnchenfalterfisch *(Chaetodon auriga)*, von Afrika bis Hawaii weitverbreitete Art, die eine Länge von 15 cm erreicht. Dieser → Falterfisch ist zwar im Vergleich zu seinen Verwandten relativ robust, aber dennoch nur für Aquarianer mit viel Erfahrung geeignet.
Färbung, wird hervorgerufen durch die unterschiedliche Verteilung spezieller Zellen *(Chromatophoren)*, die jeweils unterschiedliche Farbstoffe enthalten. So gibt es dunkle *Melanophoren*, rote *Erythrophoren*, gelbe *Xantophoren*, weiße *Leukophoren* etc. Hinzu kommen noch Zellen, die spezielle Lichtbrechungen hervorrufen wie die das Licht reflektierenden *Guanophoren* sowie die schillernden *Iridophoren*. In den einzelnen Zellen können die Farbstoffe durch die Beeinflussung von Hormonen oder Nervenimpulsen unterschiedlich verteilt werden. Der Farbstoff, das Pigment, kann auf diese Weise sogar unsichtbar gemacht werden, so daß bei vielen Fischen rasche → Farbwechsel möglich sind. Die häufig sehr merkwürdigen Farbeffekte beruhen in vielen Fällen auf einer Kombination verschiedener Zellen. In dem oft silbrigen Bauchbereich liegen ausschließlich Guanophoren, in denen sich kleine Kri-

Falterfisch, Diagonalstreifen-
stalle befinden, die das Licht reflektieren. Werden diese noch von Farbstoffzellen überlagert, so entsteht das eindrucksvoll schimmernde Leuchten, das z. B. die → Neonfische so attraktiv macht.
Falterfisch, Diagonalstreifen- *(Chaetodon melanotus)*, eine aus dem Indopazifik stammende bis 12 cm lange Art, die man jahrelang im → Meerwasseraquarium halten kann, wenn ausreichend kleines Futter zur Verfügung steht. Sie wird relativ häufig importiert.

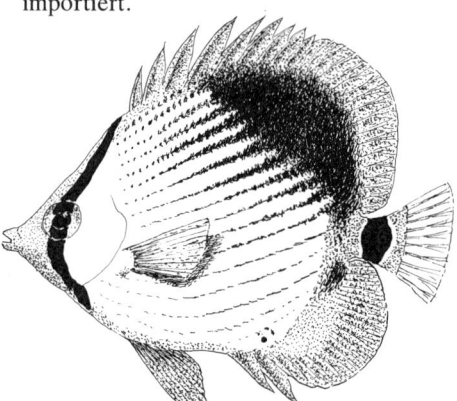

Diagonalstreifen-Falterfisch

Falterfisch, Gelbmasken- *(Chaetodon semilarvatus)*, ein ausschließlich im Roten Meer vorkommender Fisch, der nur in einem ausreichend großen Becken und mit viel Erfahrung gehalten werden kann. Trockenfutter wird von ihm nur dann akzeptiert, wenn man ihn als Jungfisch bereits daran gewöhnt hat.
Falterfisch, Gemalter *(Chaetodon pictus)*, sehr ähnlich dem → Zigeuner-Falterfisch und möglicherweise auch nur eine Rasse von diesem. Das Vorkommen ist auf das Rote Meer beschränkt.
Falterfisch, Halsband- *(Chaetodon collare)*, ein zwar sehr attraktiver, aber dennoch schwieriger Fisch, mit dem es erhebliche Eingewöhnungsprobleme gibt. Dem recht friedlichen Tier sollten ausreichend Verstecke geboten werden. Die bis 12 cm lange Art ist zwischen Japan und Afrika weit verbreitet.
Falterfisch, Mondsichel- *(Chaetodon lunula)*, ein im Indopazifik beheimateter Schwarmfisch, der im Meerwasseraquarium jedoch nur von erfahrenen Aquarianern gehalten werden sollte.

Falterfisch, Zigeuner- *(Chaetodon vagabundus)*, von Afrika bis Polynesien vorkommende Art, die bei einiger Erfahrung im Meerwasseraquarium jahrelang gut gehalten werden kann. Sie eignet sich für Gesellschaftsbecken und wird entsprechend häufig eingeführt.
Falterfische *(Schmetterlingsfische)*, eine (unzutreffend) auch Schmetterlingsfische genannte Familie, von der etwa 30 verschiedene Arten regelmäßig im Handel angeboten werden. Einige davon sind für

Halsband-Falterfisch

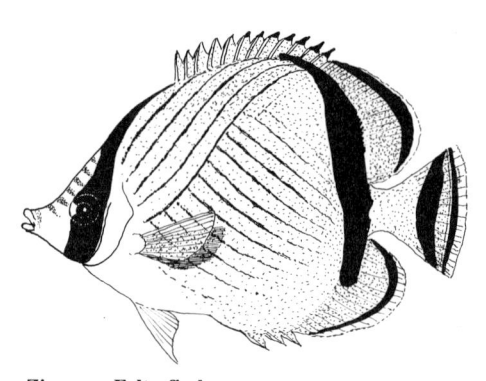

Zigeuner-Falterfisch

die Haltung im Meerwasseraquarium völlig ungeeignet, da sie überwiegend lebende Korallenpolypen fressen. In jedem Fall stellt die Pflege dieser Arten erhebliche Anforderungen an den Aquarianer. Regelmäßige → Wasserwechsel sind unumgänglich, damit die Tiere nicht erkranken. Alle Arten dieser Familie sind sehr empfindlich gegen Kiemenwürmer, vertragen andererseits aber auch die entsprechenden

Fettblatt-Arten

Medikamente nur sehr schlecht. Artgenossen gegenüber sind sie durchweg aggressiv. Mit → niederen Tieren wie → Meereswürmern, → Seerosen und → Schnecken kann man sie ebenfalls nicht vergesellschaften, da sie an diesen herumzupfen.

Familie, Zusammenfassung nah verwandter Gattungen oder Unterfamilien.

Farbwechsel, sind bei Fischen viel häufiger zu beobachten als bei allen anderen Tierklassen. Sie beruhen auf dem unterschiedlichen Zustand der Farbstoffzellen in der Unterhaut (→ Färbung). Wenn der Farbstoff, das Pigment, in diesen Zellen weit verteilt ist, ist er unsichtbar und die Zelle erscheint farblos. Erst wenn sich das Pigment durch den Einfluß von Hormonen oder Nervenimpulsen an einer Stelle der Zelle konzentriert, erhält die Zelle ihre typische Färbung. Langfristige F. werden in der Regel durch hormonellen Einfluß hervorgerufen. Dies betrifft z. B. den F. vom Jugend- zum Alterskleid oder die nur während bestimmter Jahreszeiten angelegten «Hochzeitskleider». Die zahlreichen raschen F., die man besonders bei Buntbarschen oft innerhalb einer einzigen Sekunde erleben kann, werden hingegen durch Nervenimpulse verursacht. Bemerkenswert sind auch die F., die im Zusammenhang mit der → Tarnung des Fisches stehen. Schollen und Elritzen sind so in der Lage, die mit ihren Augen wahrgenommene Färbung des Bodengrundes auf ihren Körper zu übertragen. Legt man eine Scholle auf ein Schachbrett, so kann sie sogar dessen Muster für ihre Körperfärbung übernehmen.

Faunenfälschung, Aussetzung von Tier- und Pflanzenarten in eine von ihnen vorher nicht besiedelte Gegend. Auf diese Weise sind verschiedene Fischarten eingeführt worden (z. B. → Zwergwels, Graskarpfen etc.), wodurch die Konkurrenzverhältnisse in den betroffenen Gewässern oft völlig verändert wurden. Aufgrund von F. sind bereits viele Tierarten ausgestorben oder an den Rand der Ausrottung gebracht worden.

Feenbarsch *(Gramma loreto)*, in der Karibik heimischer, nur 6 cm groß werdender Fisch, der sich gern in Korallenriffen aufhält. Auch im Aquarium benötigt er Höhlen, in denen er gelegentlich mit dem Bauch nach oben ruht. Normalerweise frißt er Algen, im Aquarium ist er jedoch auch auf Trockenfutter umzustellen. Manchmal kann man beobachten, daß er andere Fische putzt. Empfindlichkeit zeigt er bei mangelhafter Wasserqualität, daher ist er für Anfänger ungeeignet.

Ferntastsinn, im Wasser von erheblich größerer Bedeutung als auf dem Land. Da das Wasser etwa 800mal dichter ist als die Luft, breiten sich Druckänderungen viel gezielter aus, werden dadurch besser berechenbar und können als zusätzliches Orientierungsmittel eingesetzt werden. Fische sind mit Hilfe ihres F.s z. B. in der Lage, sich nähernde Beutegreifer oder selber aber auch Beute zu orten. Im Aquarium spielt der F. eine wichtige Rolle, um Kollisionen mit den für Fische unsichtbaren Scheiben zu verhindern. Die Druckwellen des schwimmenden Fisches werden von den Glaswänden reflektiert, so daß er das Hindernis meist frühzeitig genug erkennen kann. Möglicherweise verhalten sich Wildfänge gerade wegen ihres F.s in der Anfangszeit sehr scheu. Sie dürften kaum eine Möglichkeit haben, ihre eigenen, aus für sie unerklärlichem Grund reflektierten Druckwellen von der Annäherung eines möglichen Gegners zu unterscheiden. Der F. ist bei den Fischen in erster Linie in der → Seitenlinie lokalisiert. Darüber hinaus befinden sich aber auch Sinneszellen an vielen Stellen des Körpers, besonders im Kopfbereich. Der F. arbeitet so präzise, daß auch erblindete Fische durchaus in der Lage sind, ausschließlich durch die Wahrnehmung solcher Druckunterschiede ihre Beute zu finden. Berechnungen haben ergeben, daß Haie einen im Todeskampf zuckenden Zackenbarsch noch auf eine Entfernung von 250 m wahrnehmen können. Da Druckänderungen gleichzeitig auch eine Form der Schallausbreitung sind, verarbeitet der F. ähnliche Reize wie das → Gehör.

Fettblatt-Arten *(Bacopa-Arten)*, unter der Bezeichnung «Fettblatt» werden im Handel zwei Arten angeboten, dabei vorwiegend die nordamerikanische Art *Bacopa caroliniana*, die sich für Kalt- und Warmwasserbecken gleichermaßen eignet. Die etwas kleinere und schmalblättrige Art Bacopa monnieri stammt aus tropischen und subtropischen Gebieten und ist aus diesem Grunde nur in Warmwasseraquarien verwendbar. Beide Arten sind keine typischen Unterwasserpflanzen. Sie wach-

Fettleber

sen daher im Aquarium nur sehr langsam, werden dabei leicht schmächtig und dünnstengelig, wenn sie zuwenig Licht erhalten. Hervorragend sind sie für Gruppenbe-

Fettblatt-Arten

pflanzung im Mittelgrund des Aquariums geeignet. Die Vermehrung kann sehr einfach durch Stecklinge erfolgen.

Fettleber, häufige Todesursache bei Zierfischen, wenn zuviel kohlehydratreiches Trockenfutter gereicht wird. In fortgeschrittenen Stadien kommt es zu tödlichen Leberstörungen, die oft mit einer → Bauchwassersucht einhergehen.

Feuerschwanz *(Labeo bicolor)*, eine in großen Mengen aus Thailand importierte Art, die eine Länge von 12 cm erreicht. Die meisten dieser Fische werden in Ge-

Feuerschwanz

sellschaftsbecken gehalten, wo es mit ihnen gelegentlich Probleme gibt. Sie sind anderen Fischarten gegenüber zwar friedlich, ältere Exemplare bilden jedoch Reviere und können schwächere Artgenossen dann gnadenlos verfolgen. Der Trieb zur Revierbildung erlischt allerdings, wenn man mehr als 4 Individuen dieser Art in einem Aquarium zusammenhält. Ein solcher Überbesatz entspricht jedoch nicht annähernd den natürlichen Lebensbedingungen und sollte vermieden werden. Versuche, den F. in Gefangenschaft weiterzuzüchten, sind bislang stets erfolglos geblieben. Es kam zwar gelegentlich zur Eiablage, die Jungfische haben jedoch nie lange überlebt. Auch der erwachsene F. benötigt eine sorgfältige Überwachung des Aquarienwassers. Regelmäßige → Wasserwechsel müssen dafür sorgen, daß sich der Nitritgehalt in engen Grenzen hält. Das Wasser selbst sollte weich und mit Torfextrakten angereichert sein. Als Temperatur haben sich recht hohe Werte zwischen 24 und 28° C bewährt. Die Ernährung ist unproblematisch. Neben den Algenbeständen, die der F. von Steinen, Pflanzen und Aquarienscheiben abweidet, nimmt er auch regelmäßig Trockenfutter und natürlich sehr gern zusätzliches Lebendfutter.

Fiederbartwelse *(Mochocidae)*, auf den mittleren und südlichen Bereich Afrikas beschränkte Fischfamilie, von der die meisten Arten der Gattung *Synodontis* angehören. Besonders auffallend ist, daß sich viele Arten darauf spezialisiert haben, ihre Nahrung in der Rückenlage zu suchen, wie z. B. der häufig im Handel angebotene Rückenschwimmende → Kongowels. Die meisten sind sehr zäh und in der Haltung auch für Anfänger gut geeignet. Vor dem Kauf sollte man sich jedoch sorgfältig darüber informieren, welche Körperlänge unter Aquarienbedingungen erreicht wird, denn einige Arten werden für ein Gesellschaftsaquarium bei weitem zu groß und sind deshalb nur in dafür geeigneten Artaquarien zu halten.

Filter, Geräte zur Reinigung des Aquarienwassers (→ Filterung). Sie bestehen aus einem Behälter, der sich im Aquarium befinden kann (→ Innenfilter), besser aber außerhalb des Aquariums steht (→ Außenfilter). Sie sind mit einem → Filtermaterial gefüllt, an dessen Oberfläche die biologischen Abbauvorgänge erfolgen.

Die Füllung des F.s sollte überwiegend mit relativ grobkörnigen Materialien erfolgen, nur an der Oberfläche empfiehlt sich die Einbringung einer Schicht aus Perlonwatte, die mechanische Verunreinigungen zurückhält. Bei praktisch allen heute verwendeten Geräten handelt es sich um sogenannte Schnellf., die sehr rasch vom Wasser durchströmt werden. Der Transport des Wassers kann auf zweierlei Weise bewirkt werden: Innenf. und in Höhe des Wasserspiegels angebrachte Außenf. verwenden in der Regel eine sogenannte Mammutpumpe. Es handelt sich dabei um ein einfaches → Steigrohr, welches das weitgehend gereinigte Wasser vom Boden des F.s absaugt und wieder ins Aquarium transportiert (siehe Abb.). Eine wesentlich bessere Lösung stellen die → Kreiselpumpen dar. Sie werden meist im Zusammenhang mit geschlossenen Außenf.n benützt, die unabhängig von der Höhe des Wasserspiegels untergebracht werden können. Auf diese Weise wird dafür gesorgt, daß das Wasser mit hohem Druck aus dem F. herausgezogen und ins Aquarium gespritzt wird. Dadurch läßt sich der → Sauerstoffeintrag erheblich verbessern.

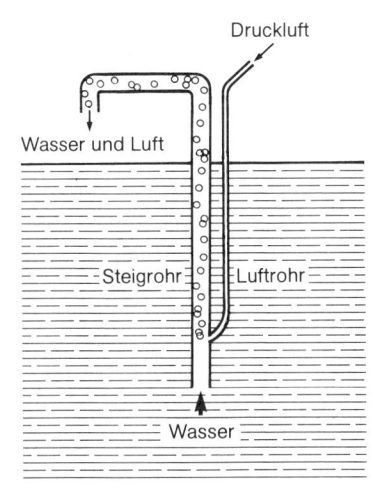

Filterimpfung, in neu eingerichteten Becken erforderlich, um die für den → Eiweißabbau erforderlichen → Bakterien bereitzustellen. Am sichersten besorgt man sich ein wenig Wasser aus einem älteren Aquarium, möglichst aus einem Filter. Hilfsweise kann man jedoch auch Gartenerde nehmen, die in einem Gefäß mit Wasser gut durchgeschüttelt wurde. Nachdem sich die Schwebstoffe abgesetzt haben, ist das klare Wasser für die Impfung zu verwenden (→ auch Filterreinigung).

Filtermaterial, dient im Zusammenhang mit der → Filterung des Aquarienwassers der Schaffung einer möglichst großen Oberfläche, an der die biologischen und chemischen Prozesse ablaufen können. Bei den üblichen Schnellfiltern muß das Lückensystem innerhalb des F.s ausreichend groß sein. Man verwendet aus diesem Grund zweckmäßigerweise Kieselsteine, besser noch Abschnitte von Tonröhren, die zu diesem Zweck im Handel erhältlich sind. Perlonwatte eignet sich nur zur groben mechanischen Vorfilterung. Neben dem wichtigen biologischen Abbau wird häufig auch eine ausschließlich chemische Filterung erforderlich sein, z. B., um → Medikamente aus dem Aquarienwasser zu entfernen. Dafür bietet sich die Verwendung von → Aktivkohle an, die allerdings nicht lange Zeit im → Filter verbleiben sollte, da die aufgenommenen Stoffe nachträglich wieder ins Aquarienwasser gelangen können. Auch → Torf läßt sich häufig als F. verwenden, um dem Aquarienwasser bestimmte Eigenschaften zu verleihen (→ Enthärtung, → Hormone). Einfache Filter enthalten lediglich einen grobporigen Schaumstoff, der ebenfalls eine relativ gute Leistung bringt.

Filterreinigung, je nach Filtergröße und → Filtermaterial in Abständen von mehreren Wochen oder Monaten erforderlich. → Aktivkohle sollte nur etwa 1 Tag lang im → Filter verbleiben. Die Reinigung darf unter keinen Umständen mit heißem Wasser erfolgen. Es kommt nicht darauf an, den Filter zu desinfizieren, sondern die in der Überzahl angesammelten Abbauprodukte zu entfernen. Jeweils 10 % der Filtermasse sollten überhaupt nicht gereinigt, sondern unverändert wieder in den Filter eingebracht werden, damit von dort aus erneut eine bakterielle Besiedlung des gereinigten Filtermaterials erfolgen kann.

Filterung, dient der mechanischen, chemischen und biologischen Reinigung des Wassers. Normalerweise wird ihre Funktion nur darin gesehen, gröbere Schmutzpartikel durch ein möglichst engmaschiges → Filtermaterial zurückzuhalten. Dieser Teil der F. ist jedoch nur von untergeordneter Bedeutung. Wichtiger sind die che-

Filterung des Meerwasseraquariums

mischen und biologischen Prozesse, die dabei ablaufen. Für diese ist kein feinmaschiges Material erforderlich, im Gegenteil: In einem mit Perlonwatte vollgestopften Filter sickert das Wasser durch zwangsläufig verbleibende Hohlräume und verläßt den Filter so schmutzig, wie es hineingekommen ist. Besser sind Kieselsteine oder die im Handel erhältlichen röhrenförmigen Filtermaterialien aus Ton. Sie besitzen eine relativ große Oberfläche, an der die biologischen und elektrochemischen Vorgänge ablaufen. Die im Wasser vorhandenen Eiweißrückstände liegen oft als sehr fein verteilte → Kolloide vor, die aufgrund ihres elektrochemischen Verhaltens mit der Oberfläche der Filtermaterialien eine Verbindung eingehen und dort festhaften. Dadurch ändern sie ihre Eigenschaften wiederum so, daß sie weitere Eiweißkolloide bilden können, und in der Folge wird das ursprüngliche Filtermaterial mit einer relativ dicken Schicht bedeckt. Zusätzlich siedeln sich Bakterien an, welche die → Eiweiße zunächst in → Peptide, dann in → Aminosäuren und diese wiederum in → Ammoniak, → Ammonium, → Nitrit und → Nitrat zerlegen. Bei den letzten Reaktionsschritten wird in erheblichem Umfang Sauerstoff verbraucht. Er kann praktisch nur dem durchfließenden Wasser entzogen werden, das entsprechend sauerstoffarm aus dem Filter herausfließt. Eine optimale F. würde mit sauerstoffreichem Wasser beginnen, das über dem Filtermaterial nach Art einer Kläranlage verrieselt wird. Mit einer Sinkgeschwindigkeit von höchstens 1 m/h würde es durch den Filter sickern, wobei ein nahezu vollständiger Eiweißabbau zu erreichen wäre. Zusätzlich müßte Luft in den Filter gepumpt werden, und auch das ins Aquarium zurückfließende Wasser bedürfte noch einer zusätzlichen Sauerstoffanreicherung. Ein solch kompliziertes Gerät kann man sich jedoch bestenfalls selbst bauen, im Handel ist es nicht erhältlich. Dort gibt es überwiegend sogenannte Schnellfilter, in denen das Wasser mit hoher Geschwindigkeit durch den Filter läuft, dort auch nur entsprechend unbefriedigend gereinigt wird, aber relativ wenig Sauerstoff verliert. Lediglich durch die hohe Durchlaufgeschwindigkeit und die mehrfach am Tag erfolgende Umwälzung des Aquarienwassers wird eine befriedigende Wirkung erreicht. Wegen der sehr wichtigen biologischen Abläufe, sollte die → Filterreinigung nicht zu häufig und keinesfalls mit heißem Wasser erfolgen (→ Filter, → Filtermaterial, → Sauerstoffeintrag).

Filterung des Meerwasseraquariums, kann am zweckmäßigsten durch tierische und pflanzliche Organismen erfolgen. Die → Muscheln nehmen z. B. mit ihrem Atemwasser zur Ernährung eine große Zahl von → Bakterien und anderen einzelligen Organismen auf. Eine größere Miesmuschel kann täglich 70 l Wasser über ihre Kiemen pumpen. Dieses wird dadurch wirksam gereinigt. In Tropenaquarien halten sich nordische Muscheln allerdings schlecht. Besser sind Miesmuscheln und Austern aus dem Mittelmeerbereich. Sie sind sorgfältig zu kontrollieren. Sobald sich die offenen Schalenhälften nicht bei Berührung schließen, sind die Muscheln tot und müssen sofort aus dem Becken herausgeholt werden. Der Algenrasen selbst ist für eine Aufnahme größerer Nährstoffmengen ungeeignet. Man kann sich jedoch damit helfen, daß man salzliebende Pflanzen, die es auch im Binnenland gibt, in einen mit Sand oder Kies gefüllten Behälter setzt. Wird dieser mit dem Aquarienwasser durchspült, so nehmen die Pflanzen mit ihren Wurzeln Eiweißabbauprodukte wie z. B. Nitrat auf. Die Kies- und Sandschicht dient gleichzeitig als biologischer Filter. Auch für Meerwasseraquarien gibt es Schnellfilter, wie sie für Süßwasseraquarien eingesetzt werden (→ Filterung). Am sinnvollsten sind in der Regel → Außenfilter, auch → Bodenfilter haben sich recht gut bewährt, wenn die Bodenschicht überall annähernd gleich dick ist. Sie funktionieren nach ähnlichen Prinzipien wie im Süßwasser. Zur Entfernung von Eiweißverbindungen bietet sich jedoch zusätzlich noch die Verwendung eines → Abschäumers an. Dieser wird häufig mit einem → Ozonisator gekoppelt, wodurch sich seine Wirksamkeit erheblich erhöht. Obwohl Bakterien auch mit Ozon abgetötet werden, ist eine → Ultraviolett-Bestrahlung noch effektiver, die besonders in Krankheitsfällen eingesetzt wird. Damit läßt sich oft der Einsatz von Kupfersulfat vermeiden, da freischwimmende Stadien praktisch aller Erreger durch die Bestrahlung abgetötet werden. Nicht alle Abbauprodukte lassen sich durch die Filte-

Fischfutter

rung aus dem Wasser entfernen. Wie im Süßwasser muß daher ein regelmäßiger → Wasserwechsel erfolgen, der spätestens dann fällig ist, wenn das Wasser eine schwachgelbe Färbung bekommt. Dies ist am besten zu sehen, wenn ein weißer Gegenstand (z. B. Teller) ins Wasser eingetaucht und ober- und unterhalb der Wasseroberfläche betrachtet wird.

Fischegel, parasitisch lebende Arten, die bei Fischen kleine rundliche Hautverletzungen hervorrufen. Es gibt verschiedene einheimische Arten, welche die hohen Temperaturen in Warmwasserbecken jedoch nicht vertragen. Tropische F. werden gelegentlich als Eier oder im Larvenstadium mit Wasserpflanzen eingeschleppt. Sie sind häufig nachtaktiv, halten sich daher tagsüber an schwer zugänglichen Stellen verborgen. Bei Verdacht sollten nächtliche Kontrollen mit der Taschenlampe vorgenommen werden.

Fischfutter, muß entsprechend der unterschiedlichen Spezialisierung der einzelnen Fischarten sehr sorgfältig ausgewählt werden. Es trifft zwar zu, daß die meisten Arten auch bei relativ schlechten Futterqualitäten lange Zeit überleben, ihre Vitalität, Färbung und besonders auch Fortpflanzungsbereitschaft ist dadurch jedoch deutlich reduziert. Die Unterteilung der Fische erfolgt häufig in «Raubfische», «Friedfische», «Pflanzenfresser» und «Allesserer». Eine solche Zuordnung ist jedoch wenig sinnvoll, da sich z. B. Raubfische und Friedfische in der Regel nur durch die Größe ihrer Beute unterscheiden, nicht aber durch eine grundsätzlich andere Lebensweise. Darüber hinaus ist für viele Fische, die sich überwiegend von anderen Tieren ernähren, eine zusätzliche vegetarische Beikost erforderlich. Besonders bei schwieriger zu pflegenden Arten erfüllt das Trockenfutter nur selten die Anforderungen. Häufig ist das Futter zu reich an Kohlenhydraten, die u. a. auch als Bindemittel für den eiweißhaltigen Teil des Futters eingesetzt werden. Allein dadurch kommt es häufig schon zu einer schweren Schädigung des Organismus (→ Fettleber). Von besonderer Bedeutung ist ein hoher Anteil von → Eiweiß im Futter. Für die Fischernährung ist nur Eiweiß aus anderen Fischen, Krebsen, Insekten etc. geeignet, nicht aber Eiweiß aus Rind- oder Schweinefleisch, wie es bei vielen Trockenfuttermischungen der Fall ist. Nur in Ausnahmefällen lassen sich Fische auf das Fleisch von Warmblütern umstellen. Sie fressen es zwar, können damit jedoch ihren Bedarf oft nicht decken. Im Gegensatz zu der Situation auf dem Land spielt im Wasser die Ernährung durch den Verzehr von Pflanzen nur eine untergeordnete Rolle. Oft dient die Aufnahme von Pflanzenteilen lediglich einer Anreicherung mit Ballaststoffen, die zwar selbst nicht verdaut werden, den Ablauf der Verdauung jedoch positiv beeinflussen. Wichtig ist ein ausreichender Gehalt an Mineralstoffen und Vitaminen. Während diese in gutem Lebendfutter in ausreichender Menge vorhanden sind, gibt es damit bei → Trockenfutter häufiger Probleme. Der Mineralstoffgehalt, der bei 2–3% des Trockengewichts liegen sollte, ist dort oft zu niedrig, vorhandene Vitamine werden durch unsachgemäße Lagerung zu schnell zerstört. Nicht einheitlich zu beurteilen ist der Fettanteil, der im Futter enthalten sein muß. Während bei Karpfen ¼ der Futtermenge aus Fett bestehen kann, muß der entsprechende Anteil für Forellen, Lachse etc. unter 6% liegen. Andernfalls tritt zu leicht eine Verfettung ein, die sich in geringerer Lebensdauer sowie reduzierter Fortpflanzungsbereitschaft äußert. Nur wenige sehr robuste Fische lassen sich mit Trockenfutter langfristig problemlos halten, die meisten Arten benötigen ein zusätzliches, möglichst abwechslungsreiches → Lebendfutter. Während bei vielen Arten eine einmalige Fütterung pro Tag reicht, müssen andere gelegentlich auch 3–4mal täglich gefüttert werden. Bei anderen wiederum reicht ein größeres Beutetier oft für mehrere Tage oder gar Wochen. Die Intensität der Fütterung hängt unter anderem von der Vitalität der Arten ab (lebendige «Schwimmer» benötigen relativ mehr als träge Bodenfische), aber auch von der Temperatur (rascherer Stoffwechsel bei höheren Temperaturen). Da die Fische im Gegensatz zu Säugetieren und Vögeln nicht das Problem haben, ihre Körpertemperatur auf einer bestimmten Höhe stabilisieren zu müssen, kommen sie mit deutlich weniger Energie und damit Nahrung aus. Auch Hungerperioden von 1–2 Wochen werden von Altfischen ohne jede Schädigung überstanden. Bei Jungfischen muß jedoch regelmäßig gefüttert werden, um

Fischkrankheiten

Wachstumsstörungen und möglicherweise lebenslange Benachteiligung zu verhindern. Besonders in Gesellschaftsaquarien ist es wichtig, daß die → Fütterungstechnik so gewählt wird, daß alle Arten auch an das Futter herankommen. Während die Bereitstellung von Lebendfutter meist ohne großen Aufwand möglich ist, ist die → Jungenaufzucht mit entsprechendem → Staubfutter oft wesentlich schwieriger, so daß bei der → Fischzucht mögliche Engpässe bereits frühzeitig einkalkuliert werden müssen.

Fischkrankheiten, werden zwar direkt in der Regel durch Infektionen (Bakterien, Pilze, Würmer etc.) ausgelöst, entstehen jedoch indirekt meist aufgrund ungenügender Lebensbedingungen. Es muß davon ausgegangen werden, daß die meisten Fische von Parasiten befallen werden, zumindest ist in stärker besetzten Gesellschaftsaquarien stets eine entsprechend große Zahl von Erregern vorhanden. Die entscheidende Frage ist lediglich, ob die durch diese Erreger verursachten Krankheiten auch zum Ausbruch gelangen können. Jeder Fisch besitzt eine natürliche Widerstandskraft gegen Bakterien, Viren, Pilze etc. Erst wenn diese geschwächt wird, kommt es zum Ausbrechen der Krankheit. Eine solche Schwächung liegt z. B. immer dann vor, wenn sich die Umwelt des Fisches gravierend ändert. Dies ist stets beim Einsetzen neuer Fische der Fall, die vorher unbedingt in → Quarantäne gebracht werden müssen. Das Erscheinungsbild einer Krankheit, die Symptome, ist oft wenig typisch, so daß die genaue Feststellung der Ursache, die Diagnose, schwerfällt. Entsprechend unbefriedigend sind häufig die Gegenmaßnahmen, die Therapie. Viele der im Handel befindlichen → Medikamente versprechen zwar einen «Rundumschlag» gegen alle krankmachenden Einflüsse; ihre Anwendung ist in der Regel aber keinesfalls ungefährlich, da solche Medikamente nicht nur den Parasiten, sondern fast immer auch den Fisch schädigen. Zu Beginn einer Krankheit sollte der in verschiedenem Ausmaß befallene Fisch zunächst einmal in Quarantäne gebracht werden. In der Regel werden sich zu diesem Zeitpunkt aber bereits so viele neue Erreger gebildet haben, daß auch die anderen Fische einem massiven Befall ausgesetzt sind, also mit weiteren Erkrankungen zu rechnen ist. Die Ursache vieler Infektionen ist nur mit speziellen → Untersuchungsmethoden herauszufinden. Diese übersteigen allerdings oft die Möglichkeiten eines Hobbyaquarianers, wenngleich auch schon mit einfachen Lupen wertvolle zusätzliche Erkenntnisse gewonnen werden können. Die Krankheitsbilder kann man grob wie folgt unterteilen: 1. äußerliche → Verletzungen durch Artgenossen, unsachgemäßer Transport etc. (oft Ausgangspunkt für Folgeinfektionen); 2. atypische → Verhaltensänderungen ohne äußerlich sichtbare Hautveränderungen (Fische schwimmen unregelmäßig ruckartig, atmen schneller, schöpfen an der Wasseroberfläche Luft oder liegen schwer und langsam atmend am Boden); 3. mehrere Millimeter große Tiere auf der Haut der Fische, aus dem Körper heraushängende schlauchförmige Gebilde, bei ruhenden Fischen gelegentlich im Afterbereich (parasitische Erkrankungen); 4. → Hautveränderungen, häufig im Bereich der Flossen (kleine weiße Punkte, schimmelig aussehende Stellen etc.); 5. weit vorgewölbte Augen (→ Augenerkrankungen).

Fischzucht, Vermehrung von Fischen, oft im Hinblick auf ein bestimmtes Zuchtziel. Bei Naturzuchten kommt es lediglich darauf an, die typischen Eigenschaften der jeweiligen Fischart zu erhalten und auf möglichst viele Nachkommen zu übertragen. Eine solche ausschließliche Vermehrung steht heute im Vordergrund der Zuchtbemühungen. Dem gegenüber stehen die Kunstzuchten, die das Aussehen und/oder das Verhalten einer Art verändern wollen. Dies ist bisher in ganz erheblichem Umfang beim → Goldfisch erfolgt. Eine systematische → Zuchtwahl hat dazu geführt, daß sich Tiere entwickelten, die unter normalen Lebensbedingungen nur für wenige Minuten lebensfähig wären. Durch solche «Hochzuchten» werden ursprüngliche Wildtiere zu Haustieren gemacht. Sie besitzen in der Regel eine geringere Vitalität, sind aber den Bedingungen im Aquarium oft besser angepaßt (größere Fortpflanzungsbereitschaft, geringere Ansprüche an die Wasserqualität, reduzierte Aggressivität). Bekannte Beispiele für solche Hochzuchten sind die → Schleierprachtbarbe, die → Brokatbarbe, die → Rubinbarbe sowie der → Leopard-Danio. Weniger auffällig sind Verhaltensänderungen, wie sie

Flaggensalmler, Schwarzer

häufig bei Arten vorliegen, die bei gewerblichen F.n in Massen gezüchtet werden. Deutliche Schäden gibt es vor allem bei den Arten, die normalerweise eine intensive → Brutpflege betreiben. Den Elterntieren werden oft die → Eier fortgenommen, auch denen, die im Freiland wegen mangelnder Fürsorge ohne Nachwuchs bleiben würden. Die Konsequenz einer solchen Massenzucht ist, daß viele der im Handel befindlichen Segelflosser ihre Jungen auffressen, anstatt sich um sie zu kümmern. Gleiches trifft auch für einige → Buntbarsche zu. Trotz dieser offenkundigen Mängel kommt der F. eine große Bedeutung zu, denn der hohe Bedarf kann schon aus Gründen des → Naturschutzes nicht ständig aus → Wildfängen gedeckt werden. Jeder Aquarianer sollte bemüht sein, seinen Bestand durch eigene Nachzuchten zu ersetzen. Dabei wird er meist auch einen Überschuß erhalten, den er gegen andere Arten eintauschen kann. Nur wenige Fische vermehren sich ohne weitere Hilfestellung in einem → Gesellschaftsaquarium. In der Regel wird man ein spezielles → Zuchtaquarium bereitstellen müssen, dessen → Zuchtwasser für die jeweiligen Ansprüche aufbereitet worden ist. Bei vielen Fischen empfiehlt es sich, die Geschlechtspartner vor dem Einsetzen in das Zuchtaquarium einige Zeit getrennt zu halten. Da auch im Freiland die Vermehrung oft an den Zeitpunkt eines größeren → Wasserwechsels gebunden ist (z. B. Einsetzen der Regenzeit), kann die Fortpflanzungsbereitschaft auch im Aquarium oft durch einen umfangreichen Wasseraustausch angeregt werden. Da die Eiablage häufig spontan erfolgt und die Entwicklung der Larven meist nur wenige Tage dauert, muß man sich rechtzeitig um ein geeignetes → Jungfischfutter bemühen, ggf. sind entsprechende Kulturen anzusetzen.

Flaggenbuntbarsch *(Cichlasoma festivum)*, bis 15 cm lang werdende Art aus dem Amazonasbecken und Guayana. Vor der Eiablage werden der Laichplatz hergerichtet, dafür fast die ganze Vegetation ausgerissen sowie Steine und Wurzeln umgruppiert. Die Eiablage erfolgt auf einem flachen Stein. Die Jungfische müssen trotz ihrer Größe in der ersten Woche Staubfutter erhalten, da andernfalls ihre Überlebenschance sehr gering ist.

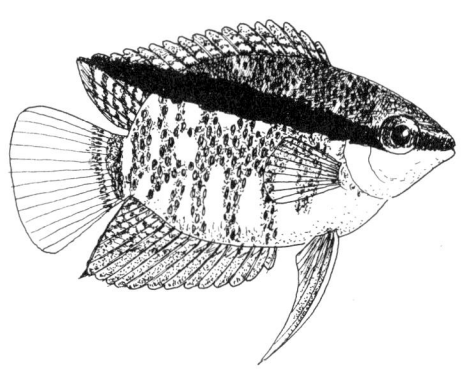

Flaggenbuntbarsch

Flaggensalmler, Schwarzer *(Hyphessobrycon herbertaxelrodi)*, eine aus dem Mato Grosso in Brasilien stammende Art, die eine Länge von 3,5 cm erreicht. Wie in seinem natürlichen Lebensraum fühlt sich dieser Fisch auch im Aquarium nur dann wohl, wenn er mit seinesgleichen in einem kleinen Schwarm gehalten wird. Wenngleich ein größerer Freiwasserbereich im mittleren und oberen Bereich des Aquariums unbedingt erforderlich ist, so benötigt der S. F. in jedem Fall eine sehr dichte Bepflanzung, in die er sich bei Bedarf zurückziehen kann. Die Zucht ist bereits etliche Male gelungen. Voraussetzung ist ein spezielles → Zuchtaquarium, aus dessen Wasser die Karbonathärte völlig und die Nichtkarbonathärte bis auf 4° entfernt werden muß. Der → pH-Wert sollte um 6 liegen, die Temperatur etwa bei 24° C. Bei intensiver Balz und lang andauernden Verfolgungsjagden werden vom Weibchen von Zeit zu Zeit jeweils 4–6 Eier abgelegt, aus denen nach 20 Stunden die Jungfische schlüpfen. Sie wachsen erstaunlich schnell heran. Schon nach 3–4 Wochen sind sie halb so groß wie ihre Eltern.

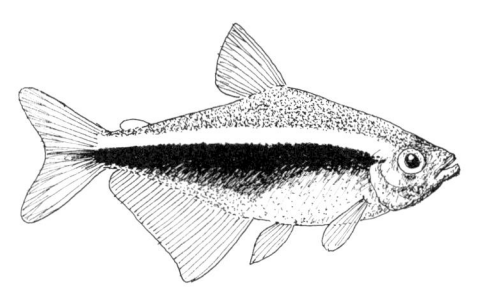

Schwarzer Flaggensalmler

Fleckenbarbe

Fleckenbarbe *(Puntius gelius),* eine in mittleren und östlichen Regionen Indiens vorkommende Art, die sich dort in erster Linie in kleinen Schwärmen im beschatteten Uferbereich aufhält. Dem entspricht auch im Aquarium ihre Vorliebe für den wasserpflanzenreichen Hintergrund des Beckens, so daß die Fische sehr unauffällige Bewohner eines Gesellschaftsbeckens sind. Auch Anfänger haben keine Probleme mit der F. Sie läßt sich auch ohne Heizung gut halten und verträgt in den Wintermonaten für lange Zeit einen Temperaturabfall bis auf etwa 15° C. Auch für die normale Haltung reichen 18–20° C durchaus, lediglich zur Zucht sollte man das Wasser um weitere 2° C erwärmen. Bei mehrfacher Nachzucht zeigt sich eine Erscheinung, die bei verschiedenen Fischarten zu beobachten ist und immer noch Rätsel aufgibt: Mit jeder Generation bleiben die Fische ein Stück kleiner. Die Aufzucht der Jungfische ist nicht nur mit Lebendfutter, sondern auch mit angefeuchtetem Trockenfutter möglich.

Fledermausfisch, Brauner *(Platax orbicularis),* sehr friedlicher Schwarmfisch aus den indopazifischen Meeren. Er ist zwar im Meerwasseraquarium relativ gut zu halten, von Nachteil ist jedoch seine erhebliche Größe (bis 35 cm), so daß nur große Becken geeignet sind. Einige andere Arten werden noch größer.

fliegende Fische, Arten, die in der Lage sind, sich mit hoher Geschwindigkeit aus dem Wasser zu erheben und eine größere Strecke, meist gleitend, zurückzulegen. Es handelt sich um ein hochspezialisiertes Fluchtverhalten, das sehr effektiv ist, da sich der Fisch damit der Wahrnehmung durch den Beutegreifer entzieht. Die meisten dieser Arten findet man in den Meeren. Auch im Süßwasser gibt es f. F., von denen einige auch regelmäßig für die Haltung im Aquarium angeboten werden. Sehr bekannt sind die → Beilbauchfische, bei denen schon beobachtet worden ist, wie sie aus einem 5-l-Gefäß 75 cm hoch in die Luft sprangen. Im Gegensatz zu den anderen, nur durch die Luft segelnden Arten, schlagen die Beilbauchfische mit ihren flügelartig vergrößerten Brustflossen, so daß sogar ein summendes Geräusch entsteht. Im Freiland sind 3 m weite Flüge keine Seltenheit. Eine andere, häufig in Aquarien gehaltene Art ist der → Schmet-

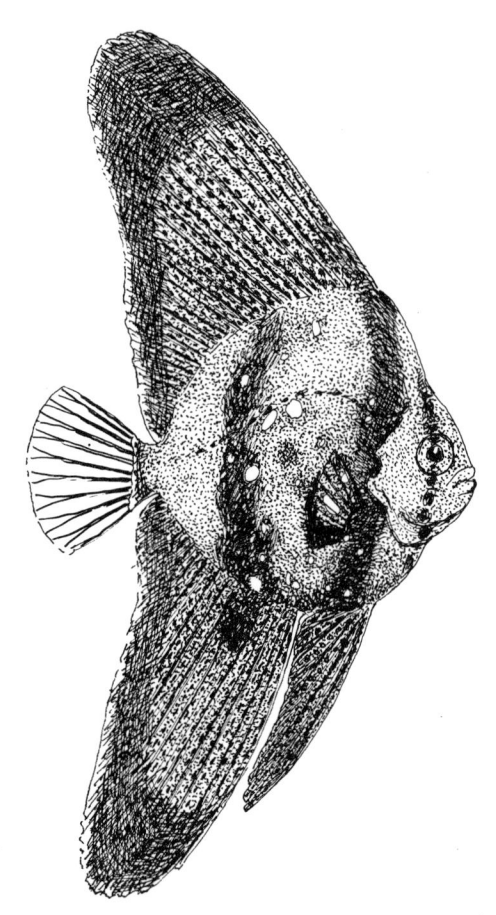

Brauner Fledermausfisch

terlingsfisch, dessen gut ausgebildete Muskulatur vermuten läßt, daß auch er zu einem aktiven «Flügelschlag» in der Lage ist. Gelegentlich angeboten werden auch noch Flugbarben der Gattung *Esomus,* die im asiatischen Raum vorkommen. Auf der Jagd nach Fluginsekten können sie weit aus dem Wasser herausspringen. Wichtig bei einer Haltung flugfähiger Fischarten ist selbstverständlich eine gute Aquarienabdeckung. Die Fische neigen dazu, gerade auch an den Ecken herauszuspringen, durch die die Zuleitungen von Filter, Heizung etc. geführt werden.

Flockenfutter, → Trockenfutter.

Flösselaale *(Calamoichthys-Arten),* relativ niedrig entwickelte Fischarten, die u. a. in Nigerdelta vorkommen. Sie sind in der Lage, atmosphärische Luft zu atmen. Das kommt ihnen zugute, wenn sie während der Trockenzeit ihr Gewässer verlassen und über Land kriechen, um tiefere wasserführende Gewässer zu suchen. Im Aquarium sind sie sehr zählebig. Sie benötigen allerdings ein großes Becken mit reichlicher Bepflanzung, wenngleich sie ihre Freilandgröße von etwa 90 cm dort bei weitem nicht erreichen. Neben Schnecken, Würmern und Insektenlarven nehmen sie allerdings auch Fisch- und Muschelfleisch an, was ihre Haltung wesentlich erleichtert. Da sie nachtaktiv sind, wird man allerdings tagsüber nicht viel Freude an ihnen haben.

Flösselhechte *(Polypterus-Arten)*, eine ausschließlich auf Zentralafrika begrenzte Fischfamilie, die einen sehr einfachen und urtümlichen Körperbau aufweist. Der Name ist auf die merkwürdig gebaute Rückenflosse zurückzuführen, die aus vielen kleinen Stacheln besteht, von denen sich jeweils ein kleines Häutchen zur Rückenoberfläche spannt. Die F. besitzen zwar voll funktionsfähige Kiemen, sind aber dennoch darauf angewiesen, von Zeit zu Zeit an die Wasseroberfläche zu kommen, um zusätzlich Luft zu holen. Verschiedene Arten werden regelmäßig importiert. Ihre Haltung im Aquarium ist nicht sehr schwierig; sie halten sich dort sogar jahrzehntelang. Wichtig ist, daß das Becken eine Länge von etwa 1,5 m aufweist, bei einem Wasserstand von nicht mehr als 30 cm. Zahlreiche Versteckmöglichkeiten sollten geboten werden, denn die Fische sind nachtaktiv. Die beste Wassertemperatur liegt zwischen 22 und 28° C; die Bereitstellung von Lebendfutter ist unumgänglich, bei größeren Arten können auch Mehl- und Regenwürmer verfüttert werden. Häufiger eingeführt und relativ einfach zu halten sind die Arten *Polypterus delhezi* und *Polypterus ornatipinnis*, die aus dem Ober- und Mittellauf des Kongo stammen.

Flohkrebse, verschiedene Gattungen von Kleinkrebsen in überwiegend fließenden Gewässern. Als → Lebendfutter nur bedingt geeignet, da sie einen recht harten Panzer besitzen und Krankheiten einschleppen können. Sie sind sehr gut im Aquarium zu halten und sollten zusätzlich mit Salat gefüttert werden.

Floridakärpfling *(Jordanella floridae)*, eine schon zu Beginn dieses Jh.s eingeführte Art, die bereits in kleinen, nur etwa 10 l fassenden Aquarien gut zu halten ist. Sie erreicht eine Länge von 6 cm und sollte in dichtbepflanzten Becken gehalten werden, da sie auch vegetarische Nahrung nicht verschmäht. Bei einer Temperatur von 24° C legen die Fische mehrere Tage hintereinander täglich zwischen 20 und 30 → Eier, aus denen die Jungen nach etwa 1 Woche schlüpfen. Die Aufzucht ist problemlos möglich.

Flossen, Gliedmaßen der Fische, die dem Antrieb, der Steuerung sowie der Stabilisierung des Körpers dienen. Man unterscheidet paarige (Brust- und Bauchflossen) und unpaarige F. (Schwanz-, After- sowie eine oder mehrere Rückenflossen). Ihre Stabilität wird durch Strahlen erreicht, die bei den → Knorpel- und → Lungenfischen aus Horn bestehen, bei den → Rundmäulern aus Knorpel. Bei den Knochenfischen werden sie während der Embryonalentwicklung auch zunächst aus einer hornartigen Substanz angelegt, die im Laufe der Individualentwicklung in unterschiedlichem Umfang verknöchern. Es entstehen sehr harte, oft stachelförmige Hartstrahlen, die sich meist am kopfnahen Ende der F. befinden, sowie eine unterschiedlich große Zahl von Weichstrahlen, die meist etwas elastischer und häufig auch verzweigt sind. Zwischen diesen Flossenstrahlen ist die Flossenhaut ausgespannt. Bei den Knochenfischen ist nur die Schwanzflosse direkt mit der Wirbelsäule verbunden, und auch sie nicht regelmäßig. Die Rücken- und Afterflossen sind gelenkig mit sogenannten Flossenträgern – länglichen, oft etwas abgeplatteten Knochen – verbunden, die tief in die Muskulatur hineinreichen und die F. dort verankern. Bei der Rückenflosse setzen sie oft zwischen den Dornfortsätzen der Wirbelsäule an. Die Brustflossen beginnen an einem Schultergürtel, der nicht mit der Wirbelsäule verwachsen ist, jedoch eine Verbindung zum Schädelknochen haben kann. Die Bauchflossen setzen ebenfalls an einem Knochen an, der lediglich in der Muskulatur verankert ist, bei weit vorn sitzenden Bauchflossen jedoch eine Verbindung zum Schultergürtel haben kann. Die Schwanzflosse dient in erster Linie dem Antrieb der Fische. Je höher die → Geschwindigkeit ist, die von einer Art erreicht wird, desto sichelförmiger ist in der

Flossenformel

Regel die Schwanzflosse. Die Rückenflosse kann ein- oder zweiteilig sein, gelegentlich auch durch eine zusätzliche Fettflosse ergänzt werden. Rücken- und Afterflosse haben die gleiche Funktion wie der Kiel eines Schiffes; sie verhindern, daß sich der Körper um seine Längsachse dreht. Deutlich komplizierter ist die Funktion der Brust- und Bauchflossen, weil diese gleichzeitig mehrere Aufgaben erfüllen. Ihre wichtigste ist das Abbremsen des Fischkörpers. Das kann leicht durch Abspreizen erreicht werden, wodurch der Wasserwiderstand größer wird. Die beiden paarigen F. sind aber auch noch sehr wichtig, um die in der Regel waagrechte Körperhaltung zu stabilisieren. Physikalische Untersuchungen haben gezeigt, daß der Vorderkörper eines Fisches nach unten sinken würde, wenn er lediglich durch die Schwanzflosse angetrieben würde. Die Brustflossen haben daher die Funktion eines Höhenruders, was besonders an der Brustflossenform der Haie deutlich ersichtlich ist. Die Bauchflossen sind ein zusätzliches stabilisierendes Element. Werden sie entfernt, so neigt sich der Vorderkörper des schwimmenden Fisches nach oben. Auch bei einem ruhig an seinem Platz stehenden Fisch sind die F. immer in Bewegung. Wäre dies nicht der Fall, so würde der Fisch ständig langsam vorwärtsschwimmen. Der Grund dafür ist das Atemwasser, das aus den Kiemen ausgestoßen wird und den Körper ähnlich wie ein Düsenaggregat nach vorne treibt. Ein stehender Fisch schwimmt also praktisch immer rückwärts, um diesen Vortrieb auszugleichen. Besonders bemerkenswert sind die zahlreichen Sonderbildungen im Bereich der F. Häufig sind die Hartstrahlen verlängert und dienen z. B. bei den Brustflossen bodenlebender Fische als Stütz- oder sogar Fortbewegungsorgane. Im Bereich der Rückenflosse werden sie häufig zu ausgesprochenen Stacheln weiterentwickelt, die oft sogar in aufgerichteter Stellung eingerastet werden können und dann eine erhebliche Verletzungsgefahr für Beutegreifer darstellen. Bei den Bauchflossen kommt es häufig zu Sonderbildungen im Zusammenhang mit der → Paarung. Wichtig ist auch die Signalfunktion der F., deren Färbung und Form direkt der Kommunikation zwischen den einzelnen Individuen dient. Bei langsam schwimmenden Arten haben häufig die Schwanz- und Rückenflosse eine solche Aufgabe in sehr ausgeprägter Weise übernommen. Hier setzt auch oft die Weiterzüchtung an, die solche im Ansatz vorhandenen Merkmale wie Langflossigkeit, Flossenfärbung etc. durch langwährende → Zuchtwahl verstärken. Die volle Ausbildung der F. wird bei einigen Arten (→ Kongosalmler) aber nur unter idealen Wasserbedingungen erreicht.

Flossenformel, basiert auf der Tatsache, daß die Anzahl der Hart- und Weichstrahlen in den → Flossen in vielen Fällen ein Merkmal zur Unterscheidung der Arten darstellt. Die einzelnen Flossen werden mit dem Anfangsbuchstaben ihrer wissenschaftlichen Namen abgekürzt: Rückenflosse (*Dorsale* = D), Brustflosse (*Pectorale* = P), Bauchflosse (*Ventrale* = V), Afterflosse (*Anale* = A) und Schwanzflosse (*Caudale* = C). Da letztere häufig kein Mittel zur Artunterscheidung darstellt, wird sie in der F. häufig weggelassen. Nach der Flossenabkürzung folgt in der Regel eine römische Ziffer, die die Anzahl der Hartstrahlen in der Flosse angibt. Abgetrennt durch einen Schrägstrich (/) oder ein Komma (,) folgt dann mit arabischen Ziffern die Zahl der Weichstrahlen. Für den Fall, daß mehrere Rückenflossen vorhanden sind, werden diese mit D1, D2 etc. angegeben. Eine komplette F. für den Flußbarsch lautet: D1 XII–XVII; D2 I–II/13–15; A II/8–10; P 14; V I/5; C 17.

Flügelbarben, → Flugbarben

Flugbarben *(Esomus-Arten)*, Fischgattung, die im südostasiatischen Raum weit verbreitet ist, jedoch nur selten für die Aquarienhaltung importiert wird. Kennzeichnend sind langausgewachsene → Barteln, die bei einigen Arten mehr als die halbe Körperlänge erreichen können. Die meisten Arten leben dicht unter der Wasseroberfläche, häufig in Reisfeldern. Mit Hilfe ihrer großen Brustflossen können sie weit aus dem Wasser herausspringen und niedrig fliegende Insekten erbeuten. Gelegentlich trifft man im Handel auf die Malayische Flugbarbe *(Esomus malayensis)*, die Streifenflugbarbe *(Esomus lineatus)* sowie die Flügelbarbe *(Esomus danrica)*. Die Haltung ist nicht schwierig. Die Wassertemperatur sollte zwischen 23 und 25° C liegen; für das Zuchtbecken wird eine feinblättrige Bepflanzung empfohlen,

in der zur Fortpflanzungszeit Hunderte von Eiern abgelegt werden.
Forcipiger longirostris, → Pinzettfisch, Gelber.
Fortbewegung, im Wasser auf sehr unterschiedliche Weise zu erreichen. Verschiedene Arten, die aktiv atmen, benutzen den Rückstoß des Atemwassers. Wird dieses kräftig ausgestoßen, wird der Körper vorwärtsgetrieben. Zu beobachten ist dies bei wenigen Welsen, regelmäßig bei Tintenfischen und z. B. bei Libellenlarven. Die Regel ist jedoch ein starker Vorschub durch die Schwanzflosse. Damit können im Wasser allerdings nicht die an Land üblichen Geschwindigkeiten erreicht werden (→ Schwimmgeschwindigkeit). Bei bodenlebenden Fischen sind die an der Körperunterseite befindlichen Flossen häufig zu Stütz-, gelegentlich auch zu Schreitorganen umgebaut worden (→ Knurrhahn). Neben den Einzelflossen gibt es oft einen ganzen Flossensaum (z. B. → Messerfische), mit dem verschiedene Arten auch in gleicher Weise rückwärts schwimmen können. Sehr spezialisierte Verfahren der F. gibt es auch bei → fliegenden und → landlebenden Fischen.
Fortpflanzungsstimmung, wird bei allen Arten durch das Vorhandensein spezieller → Hormone beeinflußt. Diese werden nur zu bestimmten Jahreszeiten gebildet (→ Fortpflanzungsperiodik). Unter Aquarienbedingungen ist bei vielen Arten nur eine geringe F. vorhanden. Sie kann durch häufigeren → Wasserwechsel, Bereitstellung von hochwertigem → Lebendfutter, einer leichten Temperaturerhöhung sowie mit → Zuchtwasser, das in einem → Zuchtaquarium gezielt für die Ansprüche der jeweiligen Art aufbereitet worden ist, gefördert werden. Bei vielen (vor allem auch einheimischen) Arten wird die F. nur nach einer → Ruheperiode erreicht, während der die Temperaturen um einige Grad abgesenkt worden sind.
Fräskopfwürmer, parasitisch lebende → Fadenwürmer, die durch Exporte ostasiatischer Fischzuchten inzwischen weltweit verbreitet sind. Sie bohren sich beim Fisch in die Wand des Enddarms ein und verringern dadurch dessen Durchmesser, so daß der Kot nur noch in sehr dünnen Fäden abgesetzt werden kann. Die Weibchen erreichen eine Länge von 10 mm und übertreffen die Größe des Männchens damit um das Dreifache. Der größte Teil ihres Körpers ist mit Larven gefüllt, die in das Freiwasser entlassen werden, auf den Boden sinken und von anderen Fischen mit der Nahrung aufgenommen werden. Bei ruhigstehenden Fischen kann der Hinterleib der F.-Weibchen mehrere Millimeter weit aus dem After herausragen, was das rechtzeitige Erkennen wesentlich erleichtert. Ein Befall mit mehreren Tieren führt oft zur Rückgratverkrümmung, längerfristig zum Tod des Fisches. In diesem Fall hilft eine Behandlung – in die das gesamte Becken einbezogen werden muß – mit → Trichlorofon, um die reichlich vorhandenen Larven zu töten.
Freilaicher, Fischarten, die ihre Eier direkt ins Wasser abgeben.
Freilandaquarium, gewinnt in Form des Gartenteichs zunehmend an Bedeutung. Der Vorteil des F.s ist, daß man es von vornherein viel größer planen kann, als dies bei Glasaquarien normalerweise möglich ist. Als ein eindeutiger Nachteil erweist es sich allerdings, daß einem in der Regel der Blick unter die Wasseroberfläche verwehrt bleibt. Man kann zwar in ein solches F. → Goldfische, Moderlieschen, Stichlinge und verschiedene andere, möglichst einheimische, Fischarten einsetzen, besser ist jedoch, ein solches Gewässer fischfrei zu halten. Dann hat man nämlich die Möglichkeit, dort Amphibien anzusiedeln, die nach einigen Jahren aus weiten Entfernungen heranwandern und im F. ablaichen. Nach wenigen Monaten schon hüpfen zahllose kleine Frösche durch den Garten, die sich bald in der Landschaft verstreuen, um nach einigen Jahren wieder zurückzukehren. In einem fischfreien Gewässer wird man auch besser Libellen- und andere interessante Insektenlarven heranziehen können. Die meisten Fische sind arge Räuber, welche die Vielfalt in solchen Kleingewässer stark einschränken. Darüber hinaus ist solch ein F. auch ein aktiver Beitrag zum → Naturschutz. Wo keine wasserstauenden Lehmschichten im Boden vorhanden sind, legt man am besten eine große PVC-Folie aus. Die dünnen Klarsichtfolien sind für diesen Zweck nicht geeignet. Sie werden schnell von Wurzeln durchstoßen oder Mäusen durchbohrt, so daß der Teich undicht wird. Die Tiefe sollte mindestens 1 m betragen, damit das Eis auch in kalten Wintern niemals

Freischwimmen

den Grund erreicht. Auf keinen Fall darf nährstoffreicher Gartenboden in den Teich eingebracht werden. Unkontrollierbare → Wasserblüten sind die Folge. Sollten sie dennoch eintreten, so kann man (wie in einem normalen Aquarium) den → pH-Wert absenken und dadurch für die Algen ungünstigere Lebensbedingungen schaffen. Dafür wird am einfachsten ein Sack mit → Torf (kein Düngetorf) ins Wasser gehängt. Die Ränder des F.s sollten möglichst nicht steil sein, damit Amphibien das Gewässer gut verlassen können. Neben einigen Wasserpflanzen sollte das Gewässer von Sumpfpflanzen umstanden sein, die z. T. im Wasser stehen.

Freischwimmen, erstes selbständiges Schwimmen der Jungen nach Verzehr des Dotters.

Froschbiß, Südamerikanischer *(Limnobium laevigatum)*, eine bereits im vorigen Jahrhundert aus Südamerika eingeführte Schwimmpflanzenart. Die etwa 2 cm großen, leicht herzförmigen Blätter bilden eine Rosette. Diese bringt häufig Ausläufer hervor, mit denen sich die Pflanze auch im Aquarium gut vermehrt. Oft wird man auch unter relativ ungünstigen Lichtbedingungen eine Blütenbildung beobachten können, wobei auffällt, daß männliche und weibliche Blüten auf einer Pflanze, jedoch getrennt voneinander, vorkommen. Die Unterseite der Blätter ist mit einem schwammartigen Gewebe bedeckt.

Fruchtfliege, → Taufliege.

Fünffleckenbarsch *(Hemichromis fasciatus)*, sehr großer, bis 30 cm lang werdender Fisch aus Westafrika. Die Tiere wühlen intensiv im Bodengrund und sind nur mit Lebendfutter zu halten. Die Eiablage erfolgt auf Steinen, die Jungen werden noch bis zu einer Größe von 2–3 cm von den Eltern geführt.

Fütterung der Meerwassertiere, sollte bei Fischen möglichst morgens, mittags und abends erfolgen. Keinesfalls darf man mehr füttern, als sofort gefressen werden kann, notfalls das Futter in zwei Portionen reichen. Neben verschiedenem → Trockenfutter muß man auch stets bemüht sein, → Lebendfutter anzubieten. Hervorragend geeignet sind → Salinenkrebse, die sich auch im Meerwasser längere Zeit halten. Alle anderen Arten sterben relativ rasch. → Tubifex-Würmer z. B. schon nach 15 Minuten. Futterreste müssen sofort wieder abgesaugt werden. Sehr zeitaufwendig ist die Fütterung → niederer Tiere. Damit keine Futterreste im Aquarium liegenbleiben, muß das Futter mit einer Pipette direkt z. B. in den Bereich der Tentakel gebracht werden. Sorgfältige Beobachtung ist erforderlich, da das Futter häufig wieder ausgewürgt wird und dann das Wasser verdirbt. Sehr schwierig ist die Fütterung von Schwämmen und anderen Arten, die nur etwa 0,01 mm großes Futter aufnehmen. Gelegentlich werden Milch oder Reismehl empfohlen.

Fütterungstechnik, unterschiedliche Verfahren der Fütterung, um der jeweils üblichen Form der Nahrungsaufnahme gerecht zu werden. Ein wichtiger Aspekt ist die Größe des angebotenen Futters. Verschiedene Arten haben eine im Verhältnis zu ihrer Körpergröße nur sehr winzige Mundöffnung und können nur entsprechend kleines Futter aufnehmen. Wichtig ist weiterhin die Erreichbarkeit der Nahrung. Verschiedene bodenlebende → Welse müssen so z. B. mit → vegetarischer Nahrung gefüttert werden, die jedoch wegen ihres geringen Gewichts an der Wasseroberfläche treibt. Mit heißem Wasser überbrühte Salat- oder Spinatblätter etwa können mit einem Gummiband an einem kleinen Stein befestigt und abgesenkt werden. Erforderlich ist häufig auch ein Konkurrenzausschluß. Viele tagsüber versteckt lebende Arten werden gar nicht an das Futter herankommen, wenn nur im Hellen gefüttert wird. Zur Ernährung von → Dornaugen etc. ist daher zu empfehlen, Futtertabletten kurz vor Ausschalten des Lichts auf den Boden fallen zu lassen. Etwas schwieriger ist die Fütterung von Spezialisten wie z. B. den → Schützenfischen. Hier muß teilweise der Raum zwischen Wasseroberfläche und Abdeckscheibe speziell gestaltet oder abgedichtet werden, um ein Entweichen der Fluginsekten zu verhindern. Unerwartete Schwierigkeiten können sich gelegentlich auch bei der Fütterung größerer Raubfische ergeben. Vor der Verfütterung kleinerer Fischarten ist zu prüfen, ob diese nicht bestimmte Abwehrmechanismen entwickelt haben. Die spitzen Rückenstacheln besonders der Dreistachligen → Stichlinge können erhebliche Kieferverletzungen beim Beutegreifer hervorrufen. Die Beutetiere sollten auch nicht «auf Vorrat» in das Becken ein-

Futterautomat

gesetzt werden. Es wurde gelegentlich beobachtet, daß diese wohl den Geruch des Beutegreifers annehmen und dann von ihm verschont bleiben. Das → Fischfutter ist jeweils so zu bemessen, daß die → Futtermenge den lebensnotwendigen Bedarf möglichst wenig übersteigt. Dies ist besonders bei → Lebendfutter erforderlich, das notfalls in mehreren kleinen Portionen gereicht werden muß. Wenn etwa im Winter → Hüpferlinge aus einem sehr kalten Gewässer geholt und in das Tropenaquarium eingesetzt werden, überleben sie dort nur kurze Zeit. Sobald sie bewegungsunfähig geworden sind, werden sie von vielen Arten nicht mehr als Futter erkannt und können durch die anschließenden Fäulnisprozesse rasch zu einer erheblichen Belastung für das Aquarium werden. → Trockenfutter läßt sich gut mit → Futterautomaten dosieren, die mit geringem Aufwand auch selbst hergestellt werden können.

Fütterungszeiten, in der Regel nur einmal oder höchstens zweimal pro Tag und dann nur in einer Menge, die sofort innerhalb der nächsten Minuten restlos aufgefressen wird. Falls dabei bestimmte Uhrzeiten eingehalten werden, könnten sich die Fische sehr schnell daran gewöhnen. An einem Tag in der Woche sollte man überhaupt nicht füttern, die Fische haben dann einen Fastentag, der ihrem Wohlbefinden dient. Die Fütterung der Jungfische muß in der Regel mehrfach am Tag erfolgen.

Fundulosoma thierry, → Ghanakärpfling.

Fundulus-Arten, Unterfamilie der Eierlegenden → Zahnkarpfen, die in Nord- und Mittelamerika, auch auf den Karibischen Inseln weit verbreitet ist. Insgesamt sind etwa 25 verschiedene Arten bekannt, deren Größe zwischen 4 und 20 cm liegt. Viele benötigen sehr hartes, oft auch schwach salziges Wasser. Sie werden in Aquarien jedoch nur relativ selten gehalten.

Futterautomat, Vorrichtung zur regelmäßigen automatischen Futterversorgung von Aquarienfischen. Viele Modelle arbeiten nach demselben Verfahren wie die aus Gaststätten bekannten Zuckerstreuer: Das durch den Deckel geführte Rohr reicht nicht ganz bis zum Boden, so daß sich darunter etwas Zucker ansammeln kann. Wird das Gerät nun «auf den Kopf gestellt», so rutscht der gesamte Zucker auf den Deckel zu. Lediglich der direkt unter dem Rohrende befindliche Zucker strömt durch das Rohr in die Tasse. Dieser Kippvorgang wird bei verschiedenen im Handel befindlichen und auch sehr leicht selbst zu bauenden Futterautomaten durch ein Uhrwerk bewirkt, das im Normalfall 2× pro Tag eine Fütterung auslöst. Für den Selbstbau braucht man lediglich ein solches Uhrwerk, das anstelle des Zeigers einen sich drehenden Zapfen besitzt, eine kleine, runde Plastikdose sowie ein 1–1,5 cm dickes Plastikrohr, das an einem Ende halbseitig aufgeschnitten worden ist. Im Mittelpunkt einer Dosenseite wird eine kleine Bohrung angebracht, durch die von innen eine Rundkopfschraube gesteckt wird, die von außen mit einer Mutter fest mit der Dose verschraubt wird. Diese Schraube ist das Gegenstück zu der drehbaren Welle des Uhrwerks und kann mit diesem leicht mit Hilfe einer üblichen Lüsterklemme gekoppelt werden. Eine weitere Bohrung ist noch erforderlich, deren Größe dem Durchmesser des Plastikrohres entspricht. Sie erfolgt an beliebiger Stelle auf der runden Seitenfläche der Do-

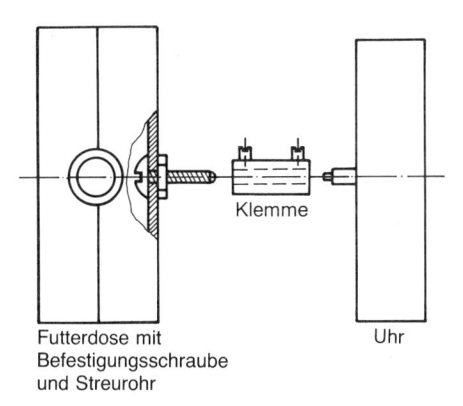

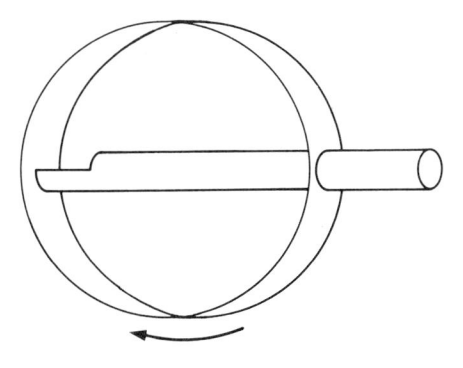

Klemme

Futterdose mit Befestigungsschraube und Streurohr

Uhr

Futterring

se, so daß das Plastikrohr mit der angeschnittenen Seite bis zum gegenüberliegenden Rand hineingesteckt werden kann. Es sollte stramm sitzen, da es zur Füllung des Behälters herausgezogen und durch einen Trichter ersetzt werden muß. Das Rohr wird so gedreht, daß das angeschnittene Ende zur Drehrichtung zeigt. Wenn sich die Dose dreht, sammelt sich darin Trockenfutter, das durch das Rohr ins Aquarium rutscht, wenn das Uhrwerk diesen mit einfachen Mitteln gebauten Automaten 2× täglich in eine entsprechende Stellung bringt.

Futterring, ein auf der Wasseroberfläche schwimmender Glasring, in den das Trokkenfutter gestreut wird, um eine Ausbreitung auf der gesamten Fläche zu verhindern.

Futterrohr, Glas- oder Plastikrohr, in das kleine Futtertiere eingesaugt und gezielt z. B. an → niedere Tiere verfüttert werden können.

Futtertabletten, für viele Arten sehr praktische Form des Nahrungsangebots. Die F. können so z. B. an die Aquarienscheibe geheftet oder evtl. benachteiligten bodenlebenden Fischen angeboten werden.

Futtertransport, häufig unterschätztes Problem bei der Bereitstellung von Lebendfutter. Während es bei allen landlebenden Arten (→ Enchyträen, → Regenwürmer etc.) keine Probleme gibt, kommt es beim Transport wasserlebender Arten immer wieder zu erheblichen Verlusten. Diese sind in erster Linie dadurch bedingt, daß für den F. nicht beliebige Wassermengen bewegt werden können, so daß die gefangenen Individuen auf engstem Raum konzentriert werden müssen. Besonders nachteilig wirken sich Verletzungen beim Fang aus, die dazu führen, daß schon während des Transportes zahlreiche Tiere sterben und das Wasser belasten. Schon aus diesem Grunde sollten die Transportzeiten möglichst kurz sein, um das Lebendfutter rasch in größere Behälter umsetzen zu können. Häufig wird übersehen, daß es bei vielen Arten gar nicht erforderlich ist, sie im Wasser zu transportieren. Dies betrifft z. B. verschiedene → Mückenlarven. Die → Zuckmückenlarven leben unter so lebensfeindlichen Bedingungen, daß sie einen längeren Transport, eingerollt in einer feuchten Zeitung, schadlos überstehen. Die Larven der → Stechmücken atmen sogar direkt Luftsauerstoff und überleben auch längere Transporte, wenn sie ausreichend feucht gehalten werden. Gleiches trifft für viele Wasserinsekten zu, die speziell entwickelte schnorchelähnliche Fortsätze über die Wasseroberfläche heben oder wie die Gelbrandkäfer regelmäßig an eine relativ ruhige Wasseroberfläche kommen müssen, um neue Luft unter ihrem Körper oder unter ihren Flügeln zu speichern. Eine stark bewegte, schwappende Wasseroberfläche in einem zwangsläufig unruhig beförderten Kanister hindert sie zu atmen und wirkt somit tödlich. Nach dem Fang sollten daher stets dann, wenn längere Wege bevorstehen, alle luftatmenden Arten aussortiert werden. Die meisten kann man eingerollt in einer feuchten Zeitung sicherer transportieren. Dies betrifft gleichermaßen auch → Tubifex-Würmer sowie einige sehr zählebige Wasserfloharten. Letztere sollten aber besser entweder in einer nur flachen Schicht in einem feuchtigkeitsgesättigten Luftraum transportiert werden oder aber – besser – nicht zu dicht gedrängt in größeren Wasserbehältern. Sehr erfolgversprechend ist auch die Kühlung mit Eiswürfeln, wodurch die Sauerstofflöslichkeit erhöht und der Stoffwechsel reduziert wird. Für Kraftfahrzeuge gibt es darüber hinaus kleine Kompressoren, deren Stecker oft anstelle des Zigarettenanzünders eingeschoben werden und die Luft produzieren, um auch während längerer Fahrten für ein ausreichendes Sauerstoffangebot zu sorgen.

Gambusia affinis, → Koboldkärpfling.
Gasblasen, treten gelegentlich aus dem Bodengrund auf und perlen durch das Wasser nach oben. Es handelt sich in der Regel um Methan (CH_4), das auch als → Sumpfgas bekannt ist. Es ist ein sicheres Anzeichen für unerwünschte Fäulnisbildung im Boden. Bei sehr feinkörnigem Untergrund können sich diese Gasblasen auch lange im Boden halten. Zur Kontrolle gelegentlich mit einem kleinen Stöckchen auf den Boden stoßen (→ Schwefel, → Bodengrund).
Gasblasen-Krankheit, tritt (relativ selten) auf, wenn im Aquarienwasser eine Sauerstoffübersättigung vorliegt. Dies kann bei intensiver Beleuchtung und reichem Pflanzenwachstum der Fall sein, aber auch im Zusammenhang mit einem → Wasserwechsel, bei dem unter starkem Druck stehendes Leitungswasser ins Aquarium gelangt. Die Übersättigung des Wassers überträgt sich auf die Körperflüssigkeiten des Fisches. Baut sich die Übersättigung des Aquarienwassers (z. B. durch einen → Ausströmerstein) rasch ab (→ Entgasung), wird auch im Fisch die überschüssige Luft freigesetzt, die sich in Form von Gasblasen oft im Hautbereich ablagert. Nimmt man einen von dieser Krankheit befallenen Fisch aus dem Wasser, fühlt sich seine Haut wie Pergament an und knistert regelrecht.
Gasterosteus aculeatus, → Stichling, Dreistachliger.
Gastropoda, → Schnecken.

Gefangenschaftsbedingungen

Gaswaschflasche, sollte zur Verhinderung von → Vergiftungen in abgasbelasteten Räumen eingesetzt werden. Eine G. kann sehr leicht selbst gebaut werden. Es eignet sich dafür praktisch jedes Gefäß, das durch einen ausreichend großen Korken dicht verschlossen werden kann. Der Korken hat zwei Bohrlöcher. Durch das eine wird ein Schlauch eingeführt, der bis zum Boden des Gefäßes reicht und an einen → Ausströmerstein angeschlossen ist. Die dort austretende Luft perlt durch das Wasser nach oben und verläßt das Gefäß durch einen in die zweite Bohrung eingeschobenen Schlauch, der nicht bis zur Wasseroberfläche reicht. Das Waschwasser ist regelmäßig zu wechseln.
Gattung, Zusammenfassung sehr nah verwandter Arten.
Geburtshilfe, häufiger bei brutpflegenden Arten zu beobachten. Die → Eier werden vor dem Schlüpfen der Jungen ins Maul genommen und «angeknackt», so daß sich die Jungfische leichter befreien können.
Gedächtnis, bei Fischen erstaunlich gut ausgebildet. Ihr Lernvermögen (→ lernen) kann mit Hilfe von Dressurversuchen ermittelt werden. Werden diese Dressuren nach einiger Zeit wiederholt, so läßt sich recht genau ermitteln, wie lange einzelne Informationen im G. behalten werden können. Vor zwei Alternativen gestellt, entschied sich ein → Tintenfisch nach 4 Wochen noch in 83 % der Fälle richtig. 150 Tage lang behielt eine Forelle das, was sie in einer Dressur gelernt hatte, ein Karpfen konnte gar nach über 600 Tagen noch ein Kreuz von einem Kreis richtig unterscheiden. Merkwürdig ist, daß man das G. bei Fischen nicht kurzfristig «löschen» kann. Eine solche Umkehrdressur gelingt bei höher entwickelten Arten ohne Probleme. Wo es bislang eine Belohnung gab, gibt es jetzt einen Strafreiz und umgekehrt. Fische sind nach bisher vorliegenden Untersuchungen nicht in der Lage, diese neue Situation zu erkennen.
Gefangenschaftsbedingungen, verändern bei vielen Fischarten in erster Linie die erreichbare Körpergröße und das Verhalten. Verringerung der Körpergröße ist in der Regel nicht auf eine unzureichende Ernährung, sondern starke Einschränkung der Bewegungsmöglichkeiten zurückzuführen. Meist liegen die bei Aquarienfischen erreichten Körpergrößen zwischen

61

gefriergetrocknetes Futter

50 und 80% der Maße freilebender Artgenossen. Weniger auffällig sind in der Regel → Verhaltensänderungen, die auf der gleichen Ursache beruhen. Besonders die Arten, deren Verhalten mit einer Verteidigung eines → Reviers gekoppelt ist, zeigen häufig ein völlig unnatürliches → Kampfverhalten, das durch eine Brutalität gekennzeichnet ist, die unter Freilandbedingungen niemals auftritt. Häufig kämpfende Tiere sollten daher getrennt werden. Auch ständig unterlegene und unterdrückte Tiere muß man in ein anderes Becken umsetzen. Durch die niedrige Position innerhalb einer → Rangordnung stehen sie so stark unter Streß, daß sie oft schon daran sterben. Solche aufgrund von G. abnormen Verhaltensweisen müssen vor allem bei der → Verhaltensforschung sorgfältig beobachtet werden. Neben Körpergröße und Verhalten variiert häufig auch die → Körperfärbung. Dies ist oft auf qualitativ schlechtes Futter zurückzuführen und verschwindet bei einer ausreichenden Versorgung mit → Lebendfutter. In vielen Fällen sind aber auch Körperfärbung und Verhalten gekoppelt. Solange sich ein Fisch in seiner Umgebung unsicher und unwohl fühlt, ist zu seiner → Tarnung eine unauffällige Körperfarbe für ihn von Vorteil.

gefriergetrocknetes Futter, meist sehr hochwertige, aus Lebendfutter hergestellte Nahrung, die in tiefgefrorenem Zustand (kälter als −25° C) im Vakuum getrocknet wird. Gefriergetrocknetes Futter kann man in verschiedener Form im Handel erwerben. Es ist in der Regel dem → Trockenfutter vorzuziehen, wenngleich es meist auch teurer ist.

geforenes Futter (Tiefkühlfutter), wird vom Handel, v. a. vom Versandhandel, angeboten. Es ist meist plattenförmig mit vorgeformten Bruchstellen abgepackt, so daß man Einzelstücke problemlos abbrechen kann. Einige Erfahrungen sprechen dagegen, die gefrorenen Futterstücke direkt ins Aquarium zu werfen. Es ist sicherlich besser, sie zunächst in einem mit etwas warmem Wasser gefüllten Gefäß aufzutauen. Tiefgefrorenes Futter muß nicht unbedingt vom Handel bezogen werden, zumal man den Eisstückchen die Futterqualität nicht ansehen kann. Wer empfindliche Fische pflegt, ist sicherlich gut beraten, sich einwandfreies gefrorenes Futter in den Monaten selbst herzustellen, in denen ein ausreichendes Lebendfutterangebot zur Verfügung steht.

Gehör, spielt bei Fischen eine wichtige Rolle und kann bei einigen Arten die Leistungsfähigkeit des menschlichen G.s deutlich übertreffen. Entgegen der üblichen Meinung ist die Welt der Fische durchaus nicht geräuschlos. Viele sind zu einer gezielten → Lauterzeugung in der Lage, und alle verursachen allein schon durch ihre schwimmende Fortbewegung ein Geräusch. Hochfrequente Schwingungen gibt es im Wasser praktisch nicht, so daß das G. auch hochentwickelter Arten wie das des → Zwergwelses nur bis zu einer Frequenz von etwa 8000 Hertz (Hz) reicht. Die meisten Arten liegen jedoch bei etwa 2000 Hz und deutlich darunter. Der Schall wird im Wasser mit etwa der dreifachen Geschwindigkeit weitergeleitet, die er in der Luft erreicht. Diese gute Schalleitung hat jedoch für wasserlebende Tiere einen erheblichen Nachteil: Der Schall kommt fast gleichzeitig an beiden Seiten des Körpers an. Bei Landtieren ist dies anders. Durch die langsame Ausbreitung wird der Schall zunächst von dem einen und dann – mit einer kurzen Zeitverzögerung – dem anderen Gehörorgan wahrgenommen. Schon dadurch kann die Position einer Schallquelle an Land viel leichter geortet werden als im Wasser. Das Gehörorgan sehr vieler Fische ist recht merkwürdig aufgebaut. Es steht über eine Knochenbrücke, den Weberschen Apparat, mit den Schwimmblasen in Verbindung. Diese wirken wie ein Resonanzraum und verstärken eintreffende Schwingungen, so daß auch geringere Lautstärken noch wahrgenommen werden können. Während Buntbarsche und Zahnkarpfen zu den eher schwerhörigen Fischen gehören, sind viele andere Aquarienfische durchaus in der Lage, auch noch ein leises Flüstern zu hören. Schallwellen sind, physikalisch gesehen, Druckänderungen. Darauf reagieren Wassertiere um ein Vielfaches stärker als landlebende Arten, da sie neben dem eigentlichen Gehör noch über einen ausgeprägten → Ferntastsinn verfügen, der bei den Fischen überwiegend in der → Seitenlinie konzentriert ist.

Gehörsteine, → Gleichgewichtsorgan.

Geophagus jurupari, → Teufelsangel.

Geradsalmler *(Neolebias-Arten, Nannocharax-Arten),* Familie afrikanischer

Geschichte der Aquaristik

Salmlerarten, die für die Aquarienhaltung nur wenig Bedeutung gewonnen haben. Viele von ihnen werden für Zimmeraquarien eindeutig zu groß, andere fallen als ausgesprochene Vegetarier derart gierig über den Pflanzenbewuchs her, daß eine Haltung schon aus diesem Grunde auf unüberwindliche Schwierigkeiten stößt. Hinzu kommt besonders bei einigen kleinen farbenprächtigen Arten wie dem Grünen Neolebias *(Neolebias ansorgii)* eine sehr große Empfindlichkeit gegen Wasserwechsel, so daß die Pfleglinge leicht kränkeln und eingehen.

Geruchssinn, spielt bei vielen Fischarten eine dominierende Rolle. Im Wasser breiten sich wegen dessen größerer → Dichte Gerüche um ein Vielfaches langsamer aus als in der Luft. Für die Wahrnehmung aus größerer Ferne ist dies ein Nachteil. Da es im Wasser jedoch wesentlich weniger Turbulenzen gibt, die die Duftspur verwischen, dürfte eine einmal geortete Geruchsquelle unter Wasser leichter zu finden sein als auf dem Land. Hinzu kommt, daß das → Sehvermögen unter Wasser durch zahlreiche Schwebstoffe stark beeinträchtigt ist. Etwaige Beutetiere können also in vielen Fällen nicht gesehen, sondern nur gerochen oder gehört werden. Die Fische besitzen jeweils 2 Geruchsorgane, die in der Regel zwischen den Augen und der Mundöffnung liegen. Im einfachsten Fall besteht ein solches Geruchsorgan aus einem röhrenförmigen Gang, durch dessen vordere maulseitige Öffnung das Wasser einströmt, über die eigentlichen Sinneszellen geleitet wird und am hinteren Ende durch eine zweite Hautöffnung wieder ausströmt. Um möglichst viele Sinneszellen auf engem Raum unterbringen zu können, ist die Wandung dieser Röhre häufig stark gefaltet. Das Durchströmen geschieht oft passiv durch das Vorwärtsschwimmen des Fisches. In solchen Fällen ist der G. häufig durch Hautlappen zu erkennen, die das Wasser trichterförmig hineinleiten. Bei weniger beweglichen Fischen kann das Wasser mit Hilfe spezieller Mundbewegungen auch aktiv hindurchgepumpt werden. Sehr bemerkenswert ist das von Aalen und verschiedenen anderen, meist sehr urtümlichen Fischen angewandte Verfahren: Sie besitzen in ihrem Riechorgan Flimmerhärchen, die geißelförmig schlagen und auf diese Weise ständig frisches Wasser an den Sinneszellen vorbeileiten. Das Geruchsvermögen ist bei einigen Arten äußerst hoch entwickelt. 1 cm^3 Saft von zerquetschen → Tubifex-Würmern, gelöst in 300 km^3 Wasser, kann z. B. vom Aal noch wahrgenommen werden! Elritzen, zum Vergleich, können die gleiche Saftmenge noch riechen, wenn sie in 10 m^3 Wasser gelöst wird. Ebenfalls sehr gut entwickelt ist der G. der Haie. Sie verfügen über zwei weit auseinanderliegende Geruchsorgane. Mit ihrer Hilfe können sie die Geruchsquelle sehr genau lokalisieren. Meldet das rechte Organ eine stärkere Intensität, so schwimmen sie nach rechts. Je weiter die Organe auseinanderliegen, desto frühzeitiger und genauer kann die Beute geortet werden. Ein eindrucksvolles Beispiel für eine solche Weiterentwicklung ist der breite Vorderkopf des Hammerhais, der in der Tat meist als erster bei der Beute erscheint. Im Aquarium kann die hohe Leistungsfähigkeit des Geruchsvermögens gut bei Blinden → Höhlensalmlern beobachtet werden, die oft noch früher beim Futter sind als die mit guten Augen ausgestatteten Arten. Neben der Nahrungsaufnahme fördert der G. auch die → Kommunikation, denn er dient dem Zusammenhalt des Schwarms, dem Kontakt der Geschlechtspartner sowie der gegenseitigen Warnung mit → Schreckstoffen. Auch die langen → Laichwanderungen der Lachse werden mit Hilfe des G.s gesteuert. Wenn die Jungfische ihre Heimatgewässer verlassen, prägen sich deren Geruch ein. Noch Jahre später finden sie deshalb in ihre Heimatgewässer zurück. Der gute G. trägt bei diesen Arten jedoch auch zu deren besonderer Gefährdung bei. Die rund 60 000 neuen Chemikalien, mit denen unsere Gewässer belastet sind, verändern deren Geruch so weitgehend, daß Orientierungsprobleme die Folge sind.

Geschichte der Aquaristik. Niemand wird wohl je erfahren, wann ein Mensch zum erstenmal einen Fisch einfing, um ihm die begrenzte Freiheit wiederzugeben — eine Freiheit, bedingt durch eine bestimmte Wassermenge und den Zufall des menschlichen Appetits. Denn um ihn ging es, nicht so sehr um das Individuum Fisch. Das Trocknen, Räuchern oder Einsalzen von Fischen war schon lange bekannt. Der Gedanke der Lebendkonservierung stellte sich erst viel später ein, viel später auch als

63

Geschichte der Aquaristik

allgemein die Haltung von Tieren. Die Domestikation des Hundes zum Beispiel reicht mindestens zehntausend Jahre zurück und die der Ziege siebentausend – mehrere Jahrtausende vor der ersten historisch belegbaren Art einer Fischhaltung. Aber ein fehlendes Indiz der Geschichte ersetzt nicht übergangslos den Beweis des Gegenteils; vielleicht zerfielen die künstlich angelegten Fischteiche aus den Jahrtausenden vor der Zeit der Sumerer (4500 v. Chr.). Einige sumerische Teiche fanden sich in Tempelbezirken, einige in Privatbesitz. Hinweise auf eine andere als eine Zweckmäßigkeitsfunktion gibt es nicht. Auch auf eine ausgesprochene Fischzucht deutet nichts in dieser Zeit. Die Assyrer besaßen ebenfalls Fischteiche, wahrscheinlich auch die Babylonier. Vor dreitausend Jahren hielten die Ägypter einen der bekanntesten Speisefische, den Buntbarsch, in Weihern. Mehr wissen wir nicht, weder also, ob der «interne» Fischbestand sich auf diese Gattung beschränkte, noch ob es andere Anlagen gab. Die Chinesen waren die ersten Fischzüchter der Welt. Wahrscheinlich züchteten sie bereits um das Jahr 1000 vor Christus Karpfen, eindeutig belegen es die Dokumente jedoch nicht. Zu Beginn der christlichen Ära allerdings war die Teichfischkultur in China bereits fest etabliert und der gewöhnliche Karpfen domestiziert. Die alten Römer zeigten sich besonders progressiv: sie hielten sogar Seefische gefangen. Und der Fisch als Haustier war ihnen keineswegs fremd. Vor ihnen besaßen auch einige Griechen und Ägypter zahme Fische, aber die genaue Information versagt auch hier oder beschränkt sich doch nur auf beiläufige Notizen. Die Beschreibung von exzessivem Umgang mit Fischen bei wohlhabenden Römern hingegen sind mit Einzelheiten weniger sparsam. Die Süß- und Salzwasserteiche garantierten anfangs nur die Frischfleischversorgung. Dazu setzte man lediglich den Laich der gewöhnten Arten aus. Um das Ende des 2. Jahrhunderts nach Christus war es bereits Mode, auch Meeresfische zu halten. Ein Patrizier hatte sogar einen Tunnel durch einen ganzen Berg hauen lassen, um dem Meer Zutritt zu seinem Vivarium zu verschaffen. Von einem anderen Patrizier wird erwähnt, er habe seine Sklaven wilden Muränen vorgeworfen. Und zahlreiche wohlhabende Römer schmückten sogar ihre Aale mit kostbaren Edelsteinen...

Im Mittelalter fanden kirchliche und weltliche Herrscher großen Gefallen an reichen Fischteichen. Karl der Große zum Beispiel besaß zahlreiche künstlich angelegte Teiche, deren Fischertrag er verkaufen ließ. Ausgesprochen bedeutsame Fortschritte auf dem Gebiet der Fischzucht gab es vermutlich kaum. Einem Mönch namens Dom Pinchon gelang allerdings im 15. Jahrhundert die erste künstliche Befruchtung und das Ausbrüten von Fischeiern. Seine Aufzeichnungen jedoch blieben bis zum Jahr 1850 unveröffentlicht.

In China indessen war man in der Zwischenzeit nicht so untätig: In der Herrschaftsperiode der Sung-Dynastie (960 bis 1278 n. Chr.) wurde der Goldfisch domestiziert. Ehemals nur in den Flüssen Chinas beheimatet, war er infolge dieser Initiative später auch in einem großen Teil der nördlichen Hemisphäre sowie in Australien und Madagaskar zu finden. Ein jahrtausendealtes Nahrungsmittel der Chinesen, ist er mit dem Karpfen verwandt und ihm in vielem ähnlich. Die überwiegende Mehrzahl der wildlebenden Goldfische oder Chi sind unscheinbar und von einem schmutzigen Oliv, keineswegs also Attribute zur Ehre der Ästhetik. Gelegentlich mag ein goldenes oder rötlich gefärbtes Exemplar unter den wilden Chi in China auftauchen, aber das ist selten. Solche Fische sind Spielarten oder Mutationen, bei denen die dunkel gefärbten Zellen der Haut verschwanden und nur die gelb gefärbten zurückblieben. Diese xanthischen Formen, wie sie genannt werden, registrierte man bei einigen wenigen Fischarten; der Chi ist nicht die einzige. Der domestizierte Chi jedoch war einzigartig; seine xanthischen Mutanten sind lediglich ein Ausschnitt der Erscheinungsformen innerhalb seiner Gesamtentwicklung.

Eines der Hauptgebote des Buddhismus lautet, niemals zu töten; eine gute Tat deshalb, gefangene Tiere freizusetzen. Dieser Brauch reicht sehr weit zurück; «Fang sheng», so seine chinesische Bezeichnung. Die alten Chinesen ernannten kleine Seen und Teiche zu Weihern der Barmherzigkeit. Sie waren Heiligtümer, Reservate, wo weder gefischt noch gejagt werden durfte. Eine Handschrift aus dem 13. Jahr-

Geschichte der Aquaristik

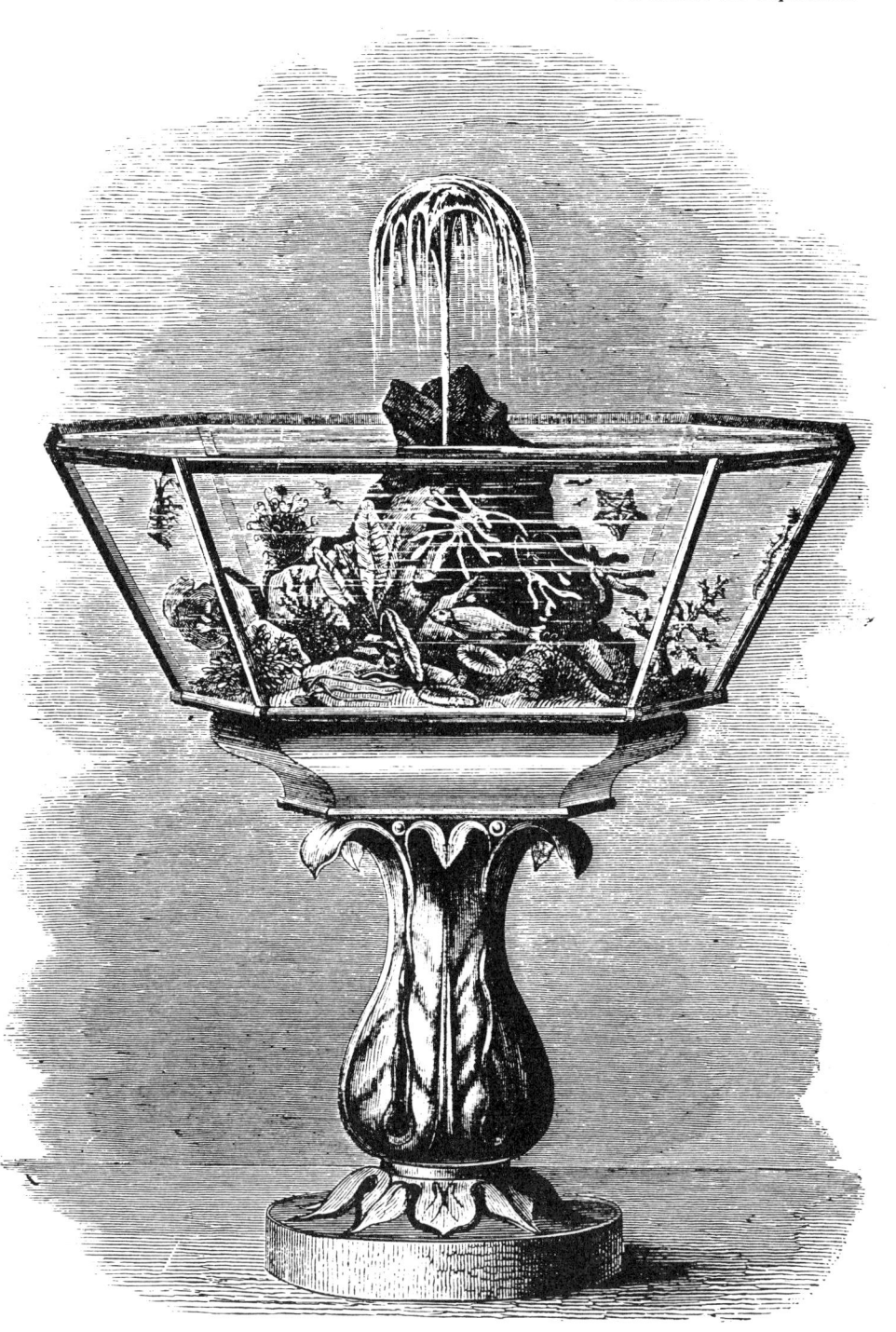

Illustration aus der *Gartenlaube* (1855): «Der Ocean auf dem Tisch».

Geschichte der Aquaristik

hundert berichtet, wie in der Tang-Dynastie (618–917 n. Chr.) ein Minister namens Wang den Herrscher ersuchte, «den Westsee zu einem See der Barmherzigkeit zu machen, um mit dem Verbot des Fischens und Vogelstellens Segen für die Menschheit zu beschwören. Seit dieser Zeit kamen jeweils am achten Tag des vierten Mondes jeden Jahres Tausende von Menschen aus der Präfektur zum See und ließen Millionen gefiederter und geschuppter Tiere frei. Alle neigten sich gegen Westen und beteten mit hocherhobenen Köpfen um die Gnade eines langen Lebens.»

Schon früh schenkte man den prächtigen Chi besondere Aufmerksamkeit. Ihre Domizile, die Teiche, sind geographisch schon in der alten Literatur registriert. Zu Beginn des 13. Jahrhunderts erwähnten Historiker Chis von merkwürdigen Formen und Farben. Bereits im 16. Jahrhundert hielten Bürger wie Adlige Goldfische als Haustiere. Sie waren längst nicht mehr das Privileg des chinesischen Kaiserhauses. Indiz für den sozialen Status war lediglich das Gefäß, in dem sie aufbewahrt wurden. Man verwandte irdene Töpfe wie die feinsten Porzellan- oder Jadeschalen. Auch gab es bereits einige der grotesken Spielarten, die dem Goldfisch mit Recht zu Ruhm und Beliebtheit verhalfen, Fische mit verdoppelten Flossen, untersetzten Körpern oder hervorstehenden Augen. Eine Fischart also, die Geschichte machte, wenn auch eine Geschichte der Aquaristik. Die verschiedenen kleinen Gefäße, in denen die Chinesen Goldfische hielten, waren vermutlich die ersten Aquarien der Welt. Genauere Aufzeichnungen über derartige Frühformen des Aquariums finden sich bei den Römern, nur war ihre Intention eine andere. Sie waren nicht um das Leben der Fische besorgt, ihnen ging es rein experimentell um Daten der Farbveränderungen beim Sterben der Tiere (vor allem bei der roten Meeräsche). Anton van Leeuwenhoek, der Erfinder des Mikroskops, und andere Wissenschaftler des 17. Jahrhunderts hielten sich kleine Wassertiere in Glasgefäßen aller Art, aber ausschließlich zu experimentellen Zwecken. Die regelrechte Haltung von Fischen war 1746 noch ausgefallen genug, um einen Artikel von Fellow William Arderon über «Die Haltung von kleinen Fischen in Glastöpfen» in den *Philosophical Transactions* der Royal Society zu veröffentlichen, obwohl es sich kaum um die erste schriftliche Äußerung zu diesem Thema handeln kann. Bereits in der Mitte des 16. Jahrhunderts behauptete Guillaume Rondelet, der sich intensiv mit Fragen der «Aquaristik» befaßte, seine Frau habe drei Jahre lang einen Fisch lebend in einem Glas voll Wasser gehalten. Samuel Pepys, der unermüdliche Berichterstatter der *Minutiae*, machte am 28. Mai 1665 die folgende Eintragung in sein Tagebuch: «Bin nach Hause gegangen, wo Lady Pen wartete, um meiner Frau und mir eine vortreffliche Rarität zu zeigen, Fische, die in einem Glas voll Wasser schwammen, das ihr neuer Lebensbereich wurde; schön gemustert sind sie, sie kommen aus dem Ausland.» Ein Buch, das 1730 in Ungarn veröffentlicht wurde, beschreibt die «Umfunktionierung» eines Aquariums in eine meteorologische Station: Man hielt kleine «Wetterfische», Schmerlen, die regelmäßig an die Wasseroberfläche kommen, um Luft zu holen. In einem besonderen Teil ihrer Eingeweide speichern sie Sauerstoff, und man nimmt an, daß sie bei fallendem Barometer in heftige Bewegung versetzt werden. Die Freuden der Aquarienhaltung blieben in der westlichen Welt nur allzulange unentdeckt, der Siegeszug des Goldfisches im frühen 18. Jahrhundert ausgenommen. Diese Fischart gelangte von China nach England und schwamm in den Teichen wohlhabender Gutsbesitzer. Sir John Hawkins, der berühmte Herausgeber der Werke Izaak Waltons, schrieb 1760: «Erst kürzlich führte man aus China diese schönen Geschöpfe, den Gold- und Silberfisch, ein ... Sie leben in Teichen, Bassins und kleinen Wasserbecken und sind für die ganze Umgebung ein köstlicher Schmuck: ich weiß von einigen, die sich jahrelang in einem Gefäß so groß wie ein Punschglas wohl fühlten.» Die zweite und dritte Auflage des Buches *The Compleat Angler* aus dem Jahre 1765 (als Herausgeber zeichnet wieder Sir John Hawkins) enthielt dieselbe Fußnote; in der vierten Auflage von 1784 änderte Hawkins sie. Mittlerweile hatte die einstige Rarität ihre Besonderheit verloren: «Es ist heute allgemein üblich, diese Fische in einem Wassergefäß von der Größe eines Punschglases zu halten ...» Hochwürden Gilbert White bestätigt

Geschichte der Aquaristik

Hawkins im vierten Abschnitt der *Natural History of Selborn*, der sich auf eine Tagebucheintragung vom 27. Oktober 1782 stützt. «Ich freue mich immer wieder sehr, wenn ich meine Familie besuche, die Gold- und Silberfische hält, und ich Gelegenheit habe, das Verhalten dieser Tiere zu beobachten, die wir in ihrer natürlichen Umgebung kaum kennen.» Vier Jahre zuvor schenkte die Herzogin von Portland einem schwedischen Sammler einhundert Goldfische und eine Anzahl Gläser dazu. All diese kleinen Vorkommnisse zeigen, wie selbstverständlich das Goldfischglas in England zwischen 1775 und 1784 zum Wohnungsinventar des Bürgers wurde. In der zweiten Hälfte des 18. Jahrhunderts «eroberte» der Goldfisch auch andere Länder des europäischen Kontinents, zum Teil auf dem Umweg über England, zum Teil kam er direkt aus dem Osten. Mit einem prächtigen Bankett für Katharina II., das 1791 Graf Potemkin gab, fand sein Ruhm den Höhepunkt: Goldfischgläser bildeten einen Teil der Dekoration. England allerdings war in seinem Faible für häusliche Fische auch mit diesem glanzvollen Rahmen nicht zu überbieten. In keinem anderen Land nahm man sich für diese Tiere soviel Zeit, in keinem anderen Land auch waren Behälter und Geräte so weit entwickelt und so preiswert. Einheimische wie ausländische Fische faszinierten den Briten. Als Charles Dickens 1836 in der Erstausgabe seiner *Pickwick Papers* über die «Theory of Tittlebats» (Anm. d. Übers.: tittlebat ist die wortspielerische Form von stickleback = Stichling) schrieb, war sein Schmunzeln über diese Hobbyisten zwischen den Zeilen unverkennbar. Der «Tittlebat» oder «Stickleback» war ein einheimischer Fisch, mit dem man sich sehr gern zu Hause befaßte. In den Jahren zwischen 1854 und 1862 nahm das Interesse an Heim-Aquarien ungeheuer zu. Man ging immer mit dem Gedanken des biologischen Gleichgewichts in einem Aquarium nach, das man als den entscheidenden Faktor, als Schlüssel für eine problemfreie Aquarienhaltung ansah. Die Faszination, die von einem Mikrokosmos ausging, den man sich in die eigenen vier Wände zaubern konnte, war für die Intensivierung dieses Trends fast so wichtig wie die erfolgreichen öffentlichen Aquarien selbst. Ein Ereignis allerdings überbot

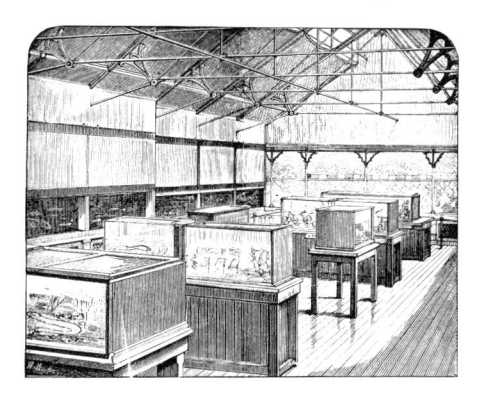

Die ersten Schauaquarien im Fish House des Londoner Zoos, 1853.

noch diesen Strom der Begeisterung: im Regents-Park-Zoo in London wurde im Frühjahr 1853 ein Aquarium eröffnet. Zu diesem Aquarium – das erste öffentliche der Welt – gehörten eine Anzahl stehende Aquarien, davon einige mit Süßwasser, einige mit Salzwasser gefüllt und alle untergebracht in einem Gewächshaus. Zu dieser Ausstellung hatte ein Aquarium im biologischen Gleichgewicht angeregt, das einem Bekannten des Sekretärs der Zoological Society gehörte. Sein ungeheurer Erfolg öffnete der Wohnzimmeraquarien-Mode Tür und Tor. Geschäfte schossen aus dem Boden, die Aquarien, Salzwasser, Süß- und Salzwasserfische und -pflanzen handelten. Die Preise für ein gebrauchsfertiges Heim-Aquarium beispielsweise bewegten sich zwischen zwei Schilling und zehn Pfund. Die meisten, die sich von dieser Mode infizieren ließen, waren im Grunde nur unzulänglich vorbereitet, ein Aquarium instand zu halten. Und gerade ein marines Aquarium erforderte weit mehr Voraussetzungen, und zu solchen Aquarien entschlossen sich die meisten. Viele dieser begeisterten Unternehmungen schlugen fehl und machten die wenigen Erfolge fragwürdig. Der Trend verlief sich. Nach acht Jahren blieb eine kleine Gruppe Enthusiasten zurück, die das Hobby in England und Schottland weiter pflegten und das Ausland mit Informationen und Anregungen belieferten.
Im Jahre 1860 wurde in Paris für die Öffentlichkeit ein großes Seeaquarium eröffnet. Es war das erste Aquarium, dessen Wasser zirkulierte. Zwei englische Aqua-

Geschichte der Aquaristik

rianer waren auf den Gedanken gekommen, den Druck der Hauptwasserleitungen der Stadt zur Erzeugung von Druckluft einzusetzen, die das Meerwasser aus seinem Reservoir trieb. Noch im gleichen Jahr öffnete ein Seeaquarium in Wien seine Pforten; 1862 folgte allerdings in bescheidenerem Rahmen, Frankfurt. 1863

Aquarium im Frankfurter Zoo, 1858.

wurde in Hamburg ein noch erfolgreicheres Aquarium in Betrieb genommen, dessen Anlage den gleichmäßigen Umlauf von Süß- und Salzwasser gewährleistete. Das Berliner Aquarium, das seine Pforten 1869 öffnete, benützte als erstes in größerem Umfang künstliches Meerwasser, obwohl sich Amateuraquarianer seit 1853 vergeblich um ein positives Ergebnis bemüht hatten. Die deutsche Heim-Aquaristik wurde hauptsächlich durch E. A. Roßmößler begründet. Sein Artikel «Der See im Glase» von 1856 in der damals viel gelesenen Zeitschrift «Die Gartenlaube», löste eine Welle der Begeisterung für die Aquaristik aus. Mit Roßmößlers Buch «Das Süßwasseraquarium», das in mehreren Auflagen, erstmals 1857, erschien, war die erste praktische Anleitung für Aquarianer auf dem Buchmarkt. Um die Jahrhundertwende gehörten die deutschen Aquarianer bereits zu den qualifiziertesten der Welt, ein Rang, den sie bis zum Zweiten Weltkrieg innehatten. Es waren deutsche Matrosen, die in ihrer Freizeit nach interessanten tropischen Fischarten suchten; deutsche Aquarianer, die erstmals auf der Suche nach exotischen Hausfischen Expeditionen unternahmen; deutsche Firmen auch, die erstmals in Südamerika, Afrika und Asien Sammelstationen einrichteten, über die der Hauptteil des tropischen Fischhandels abgewickelt wurde. Zu Beginn des 20. Jahrhunderts noch waren von den tropischen Fischen lediglich der Paradiesfisch, der Buschfisch, der Gurámi, der Schlangenkopffisch, der Zechlide, einige Welsarten und natürlich der Goldfisch erhältlich. Im Jahre 1940 stieg die Zahl auf nahezu hundertfünfzig.

Im Jahre 1865 stellte P. T. Barnum im American Museum in New York die ersten öffentlichen Aquarien der Neuen Welt aus. Er hatte sie zusammen mit einigen Wassertieren (auch die Pfleger kamen aus England) aus London importiert. Unter diesen Fischen, die Barnum der Öffentlichkeit präsentierte, befand sich auch der Goldfisch. Aber Barnum war sicher nicht der erste, der ihn nach Amerika brachte. Denn Goldfische fand man schon 1858 im Suylkillfluß und 1850 im Hudson. Mindestens ein Dutzend weiterer Aquarien wurden noch in Europa eingerichtet. Aber auf nur wenige wartete der Erfolg, und nur wenige hielten sich über längere Zeit. Trotzdem hatte sich das Aquarium als öffentlicher Anziehungspunkt durchgesetzt. Die Zahl der Aquarien nahm von nun an ständig zu.

Bereits vor zweihundert Jahren machte man sich wegen der Zerstörung und des Aussterbens der Fischpopulationen Sorgen. Im 18., 19. und selbst noch im 20. Jahrhundert schien es logisch, den so empfindlich reduzierten Fischbestand mit der Ansiedlung einer beträchtlichen Anzahl junger Fische zu erneuern. Dieser rein äußerliche Eingriff sollte aus den ausgeplünderten Gewässern wieder neue Lebenszentren der Fische machen. Heute weiß man es besser und kennt die Bedingungen, unter denen allein eine derartige Steuerung sinnvoll und effizient ist: den Tieren muß ein angemessener und geeigneter Lebensraum zur Verfügung stehen. – Dennoch bemühte man sich weiter um die Lösung dieses Problems, und allen Pionieren, die in erster Linie nach neuen künstlichen Brutverfahren suchten, lag gleichzeitig sehr an der Aufstockung des Fischbestandes in den Binnengewässern ihrer jeweiligen Heimat. So erfand Leutnant Stephen Ludwig Jacobi aus Westfalen eine Methode für die künstliche Befruchtung von Forellen- und Lachseiern. Er drückte die Geschlechtsprodukte von Männchen und Weibchen in einen Wasserbehälter. Seine

Geschichte der Aquaristik

Illustration aus der *Gartenlaube* (1856): «Der See im Glase».

Geschichte der Aquaristik

Aufzeichnung über dieses Verfahren, die erfolgreiche Ausbrütung und Aufzucht der Jungen während mindestens sechs Monaten, wurde in den Jahren 1763, 1765, 1773 und 1841 veröffentlicht und fand große Beachtung. Ähnliche Experimente wurden in anderen Teilen Deutschlands, in Frankreich und in Schottland durchgeführt. In der Mitte des 19. Jahrhunderts waren die Fischkulturen, hauptsächlich die der Forelle und des Lachses, in Westeuropa fest etabliert. Die folgenden Jahre brachten viele Verbesserungen; die Fischzüchter wurden in der Aufzucht der verschiedenen Süßwasserfischarten (unter ihnen dem Lachs verwandte Familien, der Karpfen, der Barsch und der Stör) immer gewandter. Zu Beginn des 20. Jahrhunderts übertrug man bereits dieselben Methoden auf den Meerfisch, allerdings ohne bemerkenswerten Erfolg. Obwohl es gelang, die Eier weniger Arten künstlich auszubrüten, scheiterte doch in vielen Fällen die Aufzucht der Jungen. Bis 1939 blieben die Versuche erfolglos. Ganz allmählich zeichneten sich Erfolge ab, und eine Brutanstalt für Plattfische auf der Insel Man arbeitete bald mit beachtlicher Effizienz. Die Norweger experimentierten viele Jahre lang mit der Kabeljauzucht, die Engländer und Deutschen mit dem Hering, und in den Vereinigten Staaten suchen heute verschiedene Arbeitsteams von Biologen nach Wegen, Pompanos in Salzwasserteichen aufzuziehen. Neuerungen und neuartige Richtlinien gibt es auch in der Süßwasserteichkultur. In Israel, Deutschland und Polen steigert sich die Karpfenzucht, die mindestens bis ins 15. Jahrhundert zurückreicht, zu immer größerer Leistungsfähigkeit. In Dänemark grenzt die Aufzucht von tischfertigen Regenbogenforellen für den Markt an die Präzision der Bratrostherstellung.

Die höchstentwickelte Teichfischkultur stammt jedoch keineswegs aus unseren Tagen. Hier liegt die Moderne vor ihrer Zeit. Die Chinesen legten als erste den Grundstein und hatten schon im 17. Jahrhundert die Techniken der Karpfenzucht so weit vervollkommnet, wie es sonst kein Volk vermochte. Die chinesischen Fischzüchter früherer Jahrhunderte erwarben sich anscheinend ihr Wissen sukzessiv durch Erfahrung. Wenn sie versuchten, ihr Vorgehen zu begründen, konnte man, wenigstens als Europäer, den Eindruck gewinnen, hier seien Handlungsmotiv und Durchführung nur durch Zufall stimmig. In ihrem System wurden fünf oder sechs verschiedene Karpfenarten ausgewählt, die man im richtigen Verhältnis zueinander in einen Teich setzte, so daß sie ihre Freßgewohnheiten gegenseitig abstimmten, ohne Konkurrenzneid aufkommen zu lassen. Diese Tiere fanden dann regelrecht eine Form der organisierten Futterverteilung. Der Silberkarpfen und der großköpfige Karpfen ernähren sich von Wasserflöhen und winzigen im Wasser schwimmenden Pflanzen; der Graskarpfen verzehrt Blattpflanzen, und der schwarze Karpfen lebt grundsätzlich von Schnecken. (Der gewöhnliche Karpfen ist ein am Boden lebender Allesfresser.) Ob die Chinesen bei der großen Anzahl von Karpfenarten in China und den unabsehbaren Kombinationsmöglichkeiten zufällig auf diese Variante stießen oder ob sie durch mühsames Experimentieren und eine Art sechsten Sinn auf deduktivem Wege von einfachen Kombinationen ausgehend nach und nach zur brauchbarsten Gruppierung vorstießen, ist unbekannt. Denn Aufzeichnungen über Experimente wurden nie aufgehoben.

Von diesen fünf oder sechs Arten chinesischer Karpfen laicht nur der gewöhnliche Karpfen in Gefangenschaft, und nur der gewöhnliche Karpfen wurde domestiziert. Trotz jahrhundertelanger Zuchterfahrung machten sich die Chinesen aber noch immer die Mühe, die frischgeschlüpften Karpfen an Ort und Stelle, in ihren heimischen Bächen und Flüssen, selbst einzusammeln. Heute läßt sich diese Anstrengung umgehen. Die Wissenschaftler haben das Problem gelöst, wie man den Karpfenzüchter mit ausreichendem Nachschub an Fischbrut versorgen kann. Man spritzt den potentiellen Elternfischen Hormone ein und zwingt sie dadurch, zu laichen. Sind die befruchteten Eier erst vorhanden, ist die künstliche Ausbrütung kein Problem mehr. – Nicht das erstemal, daß Endokrinologen den Fischzüchtern halfen, wenn Fische in Gefangenschaft nicht laichen wollten. In Brasilien, Indien, den UdSSR und den Vereinigten Staaten hat die Hormonbehandlung die Aufzucht einer ausreichenden Anzahl von Karpfen, Salmoniden, Stören, Welsen und gestreiften Seebarschen ermöglicht. In Israel und Taiwan brachte man vor einiger Zeit Meeräschen dazu, sich in Salzwasserteichen fortzupflanzen. Es gibt jedoch immer noch wichtige Teichfische (den Milchfisch zum Beispiel) und potentielle Teichfische wie den Pompano, die zu züchten nach wie vor problematisch ist. Und immer wieder dies: Bis auf den heutigen Tag wurde noch keine einzige Art von Seefischen domestiziert. Die Zahl der domestizierten Süßwasserfische stieg hingegen unablässig. Amerikanische Fischzüchter haben Zuchtlinien der Regenbogenforellen fast ein Jahrhundert in Brutanstalten gehalten, und die Siamesen trafen während mehr als hundert Jahren nach Kampflust und Ausdauer eine Auslese unter ihren Kampffischen. Immer mehr Aquarienfische werden Generation um Generation in Gefangenschaft geboren. So wird ganz allmählich und unvermeidlich eine Domestikation eingeleitet. Der Guppy, der Platy, der Schwertträger, der Kärpfling, der Zebrabärbling und der Skalar, die heute in Züchtereien und Aquarien leben, sind wahrscheinlich ähnlich domestiziert wie das Pferd und der Truthahn oder der gewöhnliche Karpfen und der Goldfisch. Sie wurden gekreuzt und selektiv weiter gezüchtet oder einfach den unausweichlichen, langfristig selektiven Einflüssen einer künstlichen Umwelt ausgesetzt. Infolgedessen unterscheiden sich alle notwendigerweise von ihren wildlebenden Verwandten. Sie sind zahmer, ihre Fortpflanzungsintervalle haben sich verändert, und in einigen Fällen ergaben sich neue, unterschiedliche Farben und Formen. Aufschlußreich und wertvoll sind für den Wissenschaftler gerade Untersuchungen dieser Tiere und ihrer evolutionären Prozesse. Ihre Geschichte ist ein bekannter, einsehbarer und nachvollziehbarer Ausschnitt der Gesamtentwicklung und nicht in den Nebeln der Urzeit verlorengegangen wie die entwicklungsgeschichtlichen Anfänge unserer domestizierten Tiere auf dem Bauernhof oder im Haus.

Die Menschen hielten Fische aus Zweckmäßigkeitserwägungen, aber nicht ausschließlich, auch zum Zeitvertreib, aus Liebe zur Natur und aus ästhetischen und sogar Glaubensgründen. Vielleicht haben gewisse Togoländer den hübschesten aller dieser Gründe für sich, obwohl er vielleicht ein wenig ihren Eigennutz und ihre Selbstliebe spiegelt. Diese Dorfbewohner fangen kleine, kräftige Fische lebend, um sie großzügig zu füttern. Schließlich setzen sie den Fisch in den Fluß zurück, aus dem er kam, gleichsam mit dem demonstrativen Auftrag, allen anderen Fischen zu zeigen, wie gut genährt er ist, wie ausgezeichnet man ihn ernährte, um so jeden Artgenossen darüber zu informieren, daß ihn nach dem Netz des Fischers reichliches Futter erwartet ... Eigennutz und Selbstliebe in der Tat – aber bei wem, beim Menschen oder beim Fisch?

Geschlechtsdimorphismus, unterschiedliches Aussehen männlicher und weiblicher Tiere (→ Geschlechtsunterschiede).

Geschlechtsorgane, bei Männchen und Weibchen unterschiedlich gebaut, wenngleich → Geschlechtsunterschiede äußerlich oft nicht erkennbar sind. Bei höher entwickelten Arten werden Eier und Spermien von den meist doppelt vorhandenen G.n direkt in spezielle Ei- bzw. Samenleiter abgegeben. Diese enden in der Nähe des Harnleiters hinter dem After. Bei den meisten Arten findet eine äußere → Befruchtung statt, bei relativ wenigen werden Samenpakete in den weiblichen Eileiter eingeführt. Dies kann für mehrere Würfe ausreichen, denn die Weibchen vieler Arten besitzen Aussackungen in der Eileiterwand, in denen die Spermien aufbewahrt werden. In der Regel werden Eier abgegeben, die außerhalb des Körpers befruchtet werden. Für eine innere Befruchtung bei → lebendgebärenden Arten sind beim Männchen besondere → Begattungsorgane erforderlich, die oft durch Umbildung der Analflosse entstehen (→ Geschlechtsunterschiede).

Geschlechtsreife, tritt bei manchen Arten (→ Saisonfische) bereits sehr früh in einem Alter von 2–3 Monaten ein, bei älter werdenden und langsam wachsenden Fischen entsprechend später. Junge Weibchen bringen bei eierlegenden Arten oft erstaunlich gute Ergebnisse. Ihre Fruchtbarkeit nimmt jedoch, wenn sie zu früh angesetzt werden, oft sehr rasch ab. Bei → lebendgebärenden Arten ist die → Wurfgröße sehr stark von der Körpergröße und damit auch vom Lebensalter abhängig. Obwohl die Zahl der → Eier bei älteren Tieren oft gleich hoch bleibt, nimmt die → Überlebensrate der Jungtiere stark ab. Bei

Geschlechtsumwandlung

kleineren Salmler- und Barbenarten sollte man daher nur relativ junge Tiere bis zu einem Alter von etwa 18 Monaten für eine gezielte Fischzucht verwenden. Größer werdende Arten erreichen in der Regel auch ein deutlich höheres Alter und bleiben länger fortpflanzungsfähig.

Geschlechtsumwandlung, häufig beobachtet bei → Schwertträgern, die zunächst wie Weibchen aussehen, auch Junge bekommen können und sich später dennoch zu männlichen Tieren umbilden. Diese Besonderheit beruht darauf, daß Jungtiere auch bei höher entwickelten Arten (z. B. Vögel) zunächst weiblich erscheinen, wenngleich ihr Erbmaterial eindeutig männlich ist. Die «Weiblichkeit» junger Männchen kann bei vielen Arten so weit gehen, daß funktionsfähige weibliche → Geschlechtsorgane angelegt werden. Mit dem Eintritt der Geschlechtsreife werden diese unter dem Einfluß von Hormonen dann bei den Männchen zu den Hoden weiterentwickelt. Dieser Entwicklungsschritt kann bei den Schwertträgern, besonders bei sehr schlechten Haltungsbedingungen, oft mit monate-, sogar jahrelanger Verspätung einsetzen. In der Zwischenzeit können auch genetisch eindeutige Männchen von anderen Männchen befruchtet werden und lebensfähige Junge gebären. Besonders merkwürdig ist die G., die bei Sägebarschen und Goldbrassen beobachtet wurden. Jungtiere sind zunächst männlich und wandeln sich mit zunehmender Größe in Weibchen um.

Geschlechtsunterschiede, bei vielen Arten äußerlich nicht oder nur sehr schwer erkennbar. Oft sehen männliche und weibliche Tiere völlig gleich aus, unterscheiden sich jedoch zum Teil erheblich durch ihre Größe. Bei manchen Arten sind die Männchen größer, bei anderen wiederum die Weibchen. Da die meisten Aquarienfische als Jungtiere verkauft werden, sind Geschlechtsunterschiede bei solchen Tieren beim Kauf nicht erkennbar. Bei den Arten, bei denen beide Geschlechter gleich groß und gleich gefärbt sind, ist eine Geschlechtsunterscheidung oft aufgrund des → Fortpflanzungsverhaltens möglich. In der Endphase der → Laichreifung sind die Weibchen meist auch wegen des sehr stark aufgetriebenen Unterleibs sowie an der Genitalpapille, an der die Eier bzw. Samen austreten, zu erkennen. In der Regel liegt jedoch starker → Geschlechtsdimorphismus vor, die Geschlechter sind also gut unterscheidbar. Die Männchen zeigen meist eine viel auffallendere → Körperfärbung. Dies betrifft sowohl die Farbverteilung (größere farbige Flächen) als auch die Intensität der Färbung (leuchtender, plakativer). Erhebliche Unterschiede gibt es oft auch in der → Körperform. Besonders die → Flossen können sehr verschiedenartig gestaltet sein. Männliche Tiere haben meist länger ausgezogene Rückenflossen sowie längere, oft fahnenförmige Schwanzflossen. Dies betrifft besonders → Zuchtformen, bei denen die G. durch intensive → Zuchtwahl oft verstärkt werden. Deutlicher sind die G. bei vielen → lebendgebärenden Arten. Bei ihnen muß der Samen bei der → Paarung in den Körper des Weibchens gebracht werden, was in der Regel entsprechend spezialisierte → Begattungsorgane voraussetzt. Probleme bei der Geschlechtsbestimmung gibt es oft dadurch, daß männliche Jungtiere monate-, manchmal sogar jahrelang wie Weibchen aussehen und sich auch so verhalten. Es kommt dann zu einer scheinbaren, in wenigen Fällen aber auch zu einer richtigen → Geschlechtsumwandlung.

Geschmackssinn, in der Regel weniger stark ausgeprägt als der → Geruchssinn und meist auch von geringerer Empfindlichkeit. Der G. setzt einen direkteren Kontakt zum entsprechenden Objekt voraus, so daß er bei vielen Fischen nicht nur in der Mundhöhle lokalisiert ist, sondern auch an anderen Stellen des Körpers. Bei vielen Fischarten gibt es spezielle → Barteln, die reichlich mit Geschmacksknospen besetzt sind. Manche Arten wie z. B. der Katzenwels tragen jedoch auch Geschmacksknospen an der gesamten Körperoberfläche. Bei vielen – meist bodenlebenden – Fischen befinden sie sich auch im Bereich der Brustflossen. Diese werden von vielen Arten als Stützorgane benutzt oder dienen gar, wie beim Knurrhahn, der Fortbewegung. Der Fisch merkt so schnell, wenn er auf etwas Genießbares «tritt».

Gesellschaftsaquarium, die häufigste, aber auch schwierigste Form, Fische zu pflegen. Ziel eines G.s ist, möglichst viele verschiedene Fischarten in einem Becken zu halten. In der Regel verspricht man sich davon besonders attraktive dekorative Effekte. Aquarienfische können jedoch nicht nach Belieben zusammengepfercht werden. Jede Art hält sich nur unter bestimmten Lebensbedingungen, und nur wenn es gelingt, Individuen mit gleichen Lebensansprüchen zu vergesellschaften, werden sie sich länger halten können. Eine Zucht ist unter diesen Bedingungen jedoch nur in Ausnahmefällen möglich. Bei der Auswahl der Tiere muß man jedoch nicht nur auf gleiche Ansprüche an Wassertemperatur, -härte, pH-Wert etc. achten, sondern auch auf Konkurrenzverhältnisse. Verschiedene Fische sind ausgesprochene Einzelgänger, die im Aquarium alle anderen terrorisieren. Dann wiederum gibt es welche, die nur mit anderen gleich großen Arten vergesellschaftet werden dürfen. Gelegentlich lassen sich solche Differenzen vermeiden, wenn man ihnen die jeweils bevorzugte Wasserschicht freihält. Auf keinen Fall soll man Fische nur nach ihren Farbeffekten einkaufen. Ein wichtiges Kriterium ist auch ihre Funktion im Aquarium: So sollte man z.B. je nach Beckengröße einige bodenlebende Fische einsetzen (z. B. den Punktierten → Panzerwels), die herabgefallene Futterreste vertilgen. Weiterhin empfehlen sich → algenfressende Fische zur Scheibenreinigung. Die restlichen Arten wählt man in erster Linie nach dem Kriterium «Verträglichkeit» aus. Dabei empfiehlt es sich, möglichst Arten aus vergleichbaren Lebensräumen zu nehmen, damit die Ansprüche an das Wasser nicht unerfüllbar auseinanderklaffen. Etwas sinnvoller ist schon ein → Erdteil-, ein → Arten- oder ein → Biotopaquarium. In diesen lassen sich ebenfalls verschiedene Fische zusammenhalten. Die Beschränkung in der Auswahl führt jedoch zu einer langfristig besseren Haltung, oft auch zur Zucht.

Gestellaquarium, eine über Jahrzehnte gebräuchliche Form, größere Aquarien herzustellen. Dazu wurde ein Winkeleisenrahmen geschweißt, in den die Scheiben, die man mit Kitt befestigte, eingepaßt wurden. Seitdem man jedoch → rahmenlose Aquarien mit gleich großer Haltbarkeit preisgünstiger bauen kann, hat das G. an Bedeutung verloren.

Gewicht, 1 l Aquarienwasser wiegt etwa 1 kg. Ein 200-l-Becken enthält also bereits 200 kg Wasser; hinzu kommen noch etwa 20% für Dekorationen, das Aquarium selbst sowie die technischen Einrichtungen. Wenn man dann noch den Unterschrank hinzurechnet, kann solch ein Aquarium leicht 300 kg wiegen. Viele Fußböden sind damit überfordert. Es gibt Decken, auf denen lediglich eine Belastung von 150 kg/m^2 zugelassen ist. Auskunft geben die statischen Berechnungen des Architekten. Im Zweifelsfall sollte man lieber etwas vorsichtiger sein und das Aquarium z. B. in eine Zimmerecke rükken, um unliebsame Überraschungen für die Nachbarn im Stockwerk darunter zu vermeiden.

Gezeitenaquarium, simuliert in 6stündigem Rhythmus Ebbe und Flut. Verwendung finden 2 gleich große Aquarien, in denen durch Pumpen der Wasserfluß so gesteuert wird, daß das eine Becken mit dem aus dem anderen Becken auslaufenden Wasser gefüllt wird. In dem einen Becken herrscht also jeweils Flut, in dem anderen gerade Ebbe.

Ghanakärpfling *(Fundulosoma thierry)*, ein Eierlegender → Zahnkarpfen, der sowohl mit den Gattungen *Aphyosemion* und *Nothobranchius* verwandt ist. Die am Boden laichende Art wird nur etwa 3 cm lang und ist sehr leicht zu halten.

Giftdrüsen, entstehen in der obersten Schicht der → Haut, meist im Zusammenhang mit stachelartigen → Waffen.

giftige Fische, selten im Süßwasser, sehr häufig jedoch im Meerwasser zu finden. Die mit → Giftdrüsen ausgestatteten Arten bringen dem Angreifer meist mit Flossenstacheln zunächst eine Verletzung bei. Die Stacheln besitzen eine oder mehrere Rillen, durch die das Gift dann in den Körper des Opfers dringt. Bekannte Giftfische sind Rotfeuerfische, Kugelfische, Steinfische und Petermännchen. Merkwürdigerweise ist das Blut verschiedener Arten giftig, so z. B. beim Neunauge und beim → Aal. $1/10$ cm^3 Blutserum des Aals etwa reicht aus, um ein ausgewachsenes Kaninchen zu töten.

Gitterpflanze *(Aponogeton madagascariensis)*, eine sehr merkwürdige, sehr schöne, aber leider auch sehr schwer zu haltende Art. Auffällig sind die mit zahllosen Löchern übersäten Blätter, bei denen das eigentliche Blattgewebe bis auf Reste um die Blattnerven reduziert worden ist. Es ist weitgehend ungeklärt, ob es sich dabei um eine Anpassung an spezielle Umweltbe-

Glasbärbling

dingungen handelt. Die Blätter werden bis zu 50 cm lang und 15 cm breit und kommen daher nur in großen Aquarien richtig zur Geltung. Ein gutes Wachstum dieser Art muß jedoch mit erheblichem Aufwand erkämpft werden. Wichtig ist ein regelmäßiger → Wasserwechsel, der im Abstand von wenigen Tagen vorgenommen werden muß, so daß im Laufe einer Woche die gesamte Wassermenge zu etwa zwei Dritteln erneuert wird. An der Wasseroberfläche müssen ausreichend Schwimmpflanzen treiben, um die G. zu beschatten, denn sie erträgt keinen starken Lichteinfall. Unverträglich mit der Haltung vieler Fischarten ist dann noch die niedrige Vorzugstemperatur von 22° C, die während der Nachtstunden und von Januar bis März auf 15 bis 18° zu reduzieren ist. Diese Schwierigkeiten sowie die durch Importe bereits stark dezimierten Wildbestände lassen von einer Pflege dieser Art in den üblichen Tropenaquarien abraten.

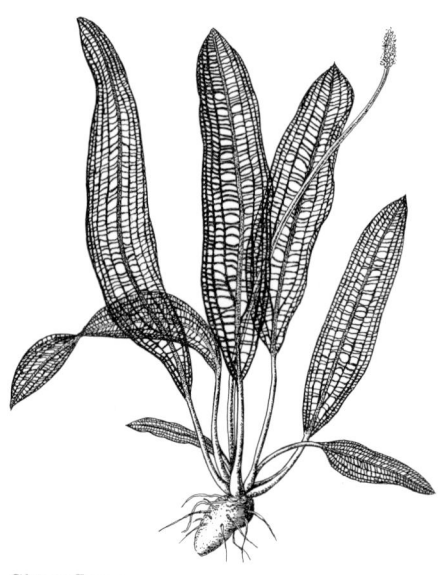

Glasbärbling

Gitterpflanze

Glasbärbling *(Rasbora trilineata)*, ein in der Freiheit bis zu 15 cm langer Schwarmfisch von der malayischen Halbinsel und Sumatra. In Aquarien erreichen die Fische diese Länge bei weitem nicht, so daß sie in mittelgroßen Becken, auch in Gesellschaftsaquarien, als Schwarm gut gepflegt werden können. Der ganze Schwarm steht gern flossenwippend auf einer Stelle. Die G.e halten sich in der Regel in mittleren Wasserschichten auf und fühlen sich bei einer dichten Randbepflanzung und dunklem Boden am wohlsten. Mit der Nachzucht sind unterschiedlichste Erfahrungen gemacht worden. In jedem Fall ist ein größeres → Zuchtaquarium erforderlich, das mit feinblättrigen Wasserpflanzen bestanden ist, in denen die Fische ablaichen.

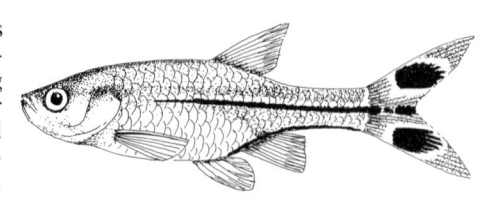

Glasbarbe, Indische *(Chela laubuca)*, nicht nur in Indien, sondern in weiten Teilen Südostasiens verbreitete Art. Ihren Namen hat sie wegen des sehr transparenten Körpers erhalten, der an den Flanken einen leicht bläulichen Schimmer zeigt. Die etwas größeren Weibchen erreichen eine Länge von 6 cm. Die Fische fühlen sich erst dann richtig wohl, wenn die Wasseroberfläche durch Schwimmpflanzen etc. zumindest teilweise beschattet wird. Dennoch muß reichlich Licht geboten werden, denn die Art ist auf die obersten Wasserschichten spezialisiert und hält sich überwiegend dort auf. Empfohlen wird mittelhartes Wasser bei einer Temperatur von 24–26° C, an der Oberfläche dürfen auch noch höhere Werte erreicht werden. Eine Fortpflanzung ist unter Aquarienbedingungen nicht selten. Die Eiablage erfolgt erst nach Einbruch der Dunkelheit. Während das Weibchen vom Männchen umschlungen wird, gibt es 30–40 Eier ab, die sofort besamt werden. Die Jungen schlüpfen nach etwa 1 Tag, nach 3–4 weiteren Tagen schwimmen sie bereits frei im Aquarium herum und akzeptieren als Nahrung auch Trockenfutter, wenngleich kleines Lebendfutter sicherlich günstiger ist.

Glasbarsche *(Chanda-Arten)*, von Ostafrika bis zum Pazifik verbreitet, überwiegend im See- und Brackwasser. Für Süßwasseraquarien wird relativ häufig der Indische Glasbarsch *(Chanda ranga)* eingeführt, der eine Körperlänge von 4 cm erreicht. Die Fische laichen zwar bei Temperaturen um 25° C sehr willig ab, die Aufzucht des Nachwuchses gleicht jedoch einem Lotteriespiel. In den ersten Tagen brauchen sie bestimmte → Hüpferlinglarven, die sich in Freilandfängen in unterschiedlicher Menge befinden können. Außer dieser Art werden gelegentlich verschiedene andere G. eingeführt.

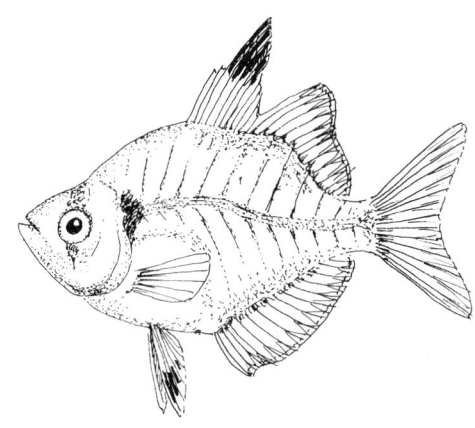

Indischer Glasbarsch

Glassalmler, zwei aus Mittelamerika stammende, sehr nah verwandte Arten, die jedoch wegen deutlicher Unterschiede im Körperbau (Schuppenzahl) in zwei verschiedenen Gattungen geführt werden. Zu ihrem Namen kommen die G. aufgrund ihres sehr lichtdurchlässigen Körpergewebes, einer Eigenschaft, die besonders stark bei Jungtieren ausgeprägt ist. Der Guatemala-Glassalmler *(Roeboides guatemalensis)* kommt aus Mittelamerika und wird etwa 10 cm lang. Der etwas größere G. *(Charax gibbosus)* stammt aus dem Amazonasbecken und erreicht etwa 15 cm. Die Zucht dieser gut zu haltenden Arten ist relativ einfach. Schon nach etwa 1 Tag sind aus den völlig klaren und durchsichtigen Eiern die Jungtiere geschlüpft, die nach 5 Tagen frei im Becken umherschwimmen. Für regelmäßige Fütterung ist zu sorgen, da ansonsten erhebliche Wachstumsstörungen auftreten und kräftigere Jungtiere ihre schwächeren Geschwister fressen. Man benötigt ein sehr wasserpflanzenreiches Aquarium, das relativ weiches Wasser aufweisen muß (Nichtkarbonathärte bis 8 dH, Karbonathärte bis 2 dH. Die Wassertemperatur sollte zwischen 22 und 24° C liegen.

Glaswels, Indischer *(Kryptopterus bicirrhis)*, eine – wie der Name bereits sagt – sehr durchsichtige Fischart, die auch im Aquarium nur in einem Schwarm gehalten werden sollte. Eine Vergesellschaftung mit anderen Arten ist nur dann zu empfehlen, wenn dadurch die sehr ruhige Lebensweise des Fisches nicht beeinträchtigt wird. Wünschenswert ist ein ausreichend großes, gut bepflanztes Becken mit Temperaturen zwischen 25 und 28° C sowie sehr weiches Wasser. Die Art schätzt Lebendfutter, akzeptiert jedoch auch unterschiedliches Trockenfutter. Auf eine Fortpflanzung unter Aquarienbedingungen hat man bei diesem bis 10 cm langen, aus Südostasien stammenden Tier bislang vergeblich gewartet.

Glaswels, Ostindischer *(Kryptopterus macrocephalus)*, mit dem Indischen → Glaswels nah verwandte Art, deren Körper jedoch längst nicht so durchsichtig ist. Sie wird etwas größer und ist im Aquarium unter denselben Bedingungen zu halten.

Glaswelse, eine sehr artenreiche Fischfamilie, deren Vertreter in Afrika und Asien häufig anzutreffen sind. Die Verwandtschaftsverhältnisse sind etwas kompliziert: Die G. sind nicht mit dem → Indischen Glaswels und dem → Ostindischen Glaswels direkt verwandt! Die meisten Arten sind darüber hinaus bei weitem nicht so durchsichtig, wie der irreführende Familienname vermuten läßt. Sie sind meist recht gute Schwimmer, die im Gegensatz zu mehr am Boden lebenden Welsen eine gut funktionierende Schwimmblase besitzen. Kleinere Exemplare der Gattungen *Eutropiellus, Parailia, Physailia* und *Schilbe* werden gelegentlich importiert, haben jedoch in der Aquaristik keine weite Verbreitung gefunden.

Gleichgewichtsorgan, bei Fischen relativ einfach gebaut. Es besteht aus Gehörsteinen, die an elastischen Bändern aufgehängt sind. Sobald der Körper in eine Schräglage gerät, also an einem Ende absinkt oder sich zur Seite neigt, werden diese Gehörsteine *(Otolithe)* aus ihrer Position verschoben. Die dabei wirksamen Scherkräfte werden über die Sinneszellen wahrgenommen. Aus der Intensität des Reizes kann der Fisch die zur Stabilisierung seines Körpers erforderlichen Gegenmaßnahmen «berechnen». Wird ein Sinnesorgan verletzt, so verliert der Fisch

Glühkohlenfisch, Hochroter

seine Fähigkeit zu einer zielgerichteten Fortbewegung. Die Gehörsteine bestehen aus Kalziumkarbonat und wachsen mit zunehmender Körpergröße des Fisches. In den klimatisch gemäßigten Zonen ist das Wachstum der Gehörsteine starken Schwankungen unterworfen. Während der → Ruheperioden wird es deutlich langsamer, so daß sich, ähnlich wie bei den Schuppen, Jahresringe ergeben, mit deren Hilfe man eine genaue → Altersbestimmung des Fisches vornehmen kann.

Glühkohlenfisch, Hochroter *(Amphiprion ephippium)*, für Gesellschaftsbecken geeignet. Artgenossen gegenüber ist er jedoch sehr aggressiv. Er erreicht eine Länge von 8 cm und lebt in den Meeren Ostasiens. Gern hält sich die Art zwischen den Tentakeln von → Purpurrosen auf.

Glühlichtsalmler *(Hemigrammus erythrozonus)*, ein aus Guayana stammender Fisch, der im Aquarium nur dann richtig zur Geltung kommt, wenn er gemeinsam mit anderen Individuen in einem größeren Schwarm gehalten wird. Sinnvoll ist ein möglichst dunkler Bodengrund sowie gedämpfte Beleuchtung. Die Vermehrung kann auch unter Aquarienbedingungen sehr leicht erfolgen, wenn ein Zuchtbecken bereitgestellt wird, das mit Torfextrakten angereichert ist. Als Zuchttemperatur wird 26–28° C empfohlen. Der Laich wird in sehr feinblättrigen Wasserpflanzen abgelegt. Für das Überleben der Jungfische ist die → Wasserhärte von entscheidender Bedeutung. Während die Karbonathärte weitgehend aus dem Wasser entfernt werden sollte, wird für die Nichtkarbonathärte ein Wert von 8° dNKH empfohlen. Andernfalls erkranken die Jungfische an der → Bauchwassersucht und gehen rasch ein. Wichtig sind auch regelmäßige → Wasserwechsel, um schädliche Stickstoffverbindungen zu entfernen.

Gnathonemus-Arten, → Nilhechte.

Gnitzen, kleine, nur etwa 2 mm große Stechmücken. Die etwa 12 mm langen weißlichen Larven bewegen sich sehr rasch mit schlängelnden Bewegungen fort. Sie sind wegen ihrer derben Hülle und räuberischen Lebensweise als Fischfutter nur bedingt geeignet.

Gobio gobio, → Gründling.

Goldfasan-Prachtkärpfling *(Roloffia occidentalis)*, ein ausgesprochener → Saisonfisch aus der Familie der Eierlegenden → Zahnkarpfen. Die Art wird bis 9 cm lang und lebt in austrocknenden Gewässern Westafrikas. Die in den Boden abgelegten Eier entwickeln sich in unregelmäßigen Abständen im Laufe von 3–6 Monaten.

Goldfisch *(Carassius auratus)*, die älteste Zierfischart, die in China bereits vor über 1000 Jahren gehalten wurde. Im 17. Jh. wurden die ersten Exemplare mit portugiesischen Handelsschiffen nach Europa gebracht, wo sie seitdem in zahllosen Gartenteichen und Aquarien gehalten werden. Es gibt nur wenige Fischarten, die eine derartige Anspruchslosigkeit zeigen.

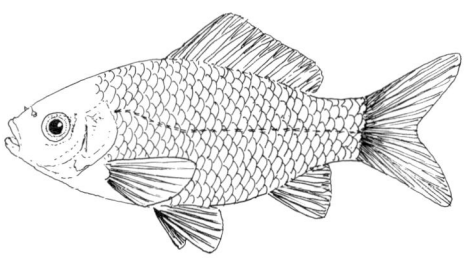

Goldfisch

Der G. überlebt jahre-, auch jahrzehntelang oft nur bei Trockenfutter, hält sich monatelang ohne jeden → Wasserwechsel und erträgt dann sogar noch einen völligen Wasseraustausch mit gechlortem Leitungswasser. Unter diesen erbärmlichen Lebensbedingungen überlebt der Fisch zwar, ist aber natürlich nicht in der Lage, sich fortzupflanzen. Dafür benötigt er ein größeres, dichtbepflanztes Aquarium, dessen Pflanzen nicht zu zartblättrig sein sollten, da sie sonst von ihm gefressen werden. Während sich der G. normalerweise auch bei niedrigen Temperaturen hält und keine zusätzliche Heizung benötigt, ist eine Zucht nur dann möglich, wenn die Temperatur auf über 20° C angehoben wird. Der Laich wird in dichten Wasserpflanzenbeständen abgelegt. Die Eizahl hängt entscheidend von der Größe der Fische ab. Es können mehrere tausend Stück sein. Um Laichräuberei zu vermeiden, müssen die Elterntiere nach dem Ablaichen aus dem Becken entfernt werden. In kommerziellen Fischzuchten wird der Laich auch durch direktes Abstreifen der Weibchen und Männchen gewonnen und befruchtet. Für Gesellschaftsaquarien eignet sich der G. nicht. Neben dieser Art sind aus der chinesischen Silberkarausche auch noch weitere Zuchtformen entstanden, die unter den Bezeichnungen Schleierschwanz, Löwenkopf, Kometenschweif, Himmelsgucker, Drachenaugen etc. bekannt sind. Es handelt sich überwiegend um wenig bewegliche, dickleibige, langflossige Züchtungen, die zum Wohlbefinden allesamt höhere Temperaturen brauchen.

Goldfischaquarium, Bezeichnung für kugelförmige Glasbehälter, die an ihrer Oberseite eine relativ kleine Öffnung besitzen. Dadurch ist ein Luftaustausch nur in geringem Umfang möglich. Der Name trifft insofern zu, als lediglich die besonders zähen Goldfische diese Quälerei längere Zeit überleben. Aber auch ihnen sollte man letztendlich ein anderes Becken zur Verfügung stellen.

Goldflößchen *(Amphiprion sebae),* eine auch für Anfänger geeignete 9 cm lang werdende Art das → Meerwasseraquarium. Jungtiere haben 3, Alttiere 2 Querbinden. Sie neigen zur Anlage von Futterverstecken, die zur Verhinderung von Fäulnisbildung regelmäßig kontrolliert werden müssen.

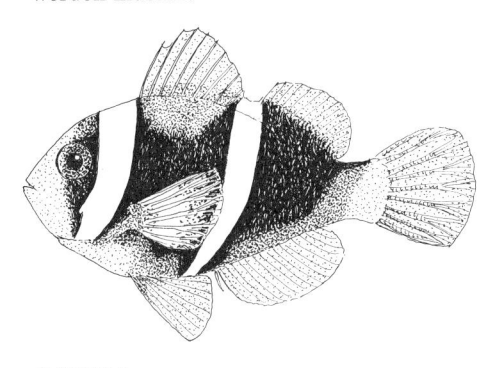

Goldflößchen

Goldringelgrundel *(Brachygobius xanthozona),* lebt in Brackwasserzonen auf den Großen Sundainseln. Auch im Aquarium sollte sie stets einen Zusatz von 10–30 g Seesalz pro 10 l Aquarienwasser erhalten, da sie andernfalls leicht erkrankt. Die Zucht ist bei Temperaturen zwischen 24 und 30° C mehrfach gelungen. Die → Eier werden überwiegend in Höhlen abgelegt. Für Gesellschaftsaquarien ist die Art nicht geeignet, da sie in ihrer bedächtigen Lebensweise immer von anderen Fischen gestört wird.

Goldsalmler *(Hemigrammus armstrongi),* eine sehr merkwürdige, nur etwa 4,5 cm lange Art aus Westguayana, die ihre namengebende goldene Körperfärbung wahrscheinlich einem Parasiten verdankt. Da diesem unter Aquarienbedingungen ein Zwischenwirt fehlt, kann er nicht auf die Jungtiere übertragen werden, die nur noch ein eintönig silbriges Aussehen haben und dementsprechend als Aquarienfische nicht sehr gefragt sind. Die Nachzucht ist jedoch sehr einfach, da die Fische bereitwillig auch in Kleinstaquarien von 10 Litern Inhalt laichen.

Gramma loreto, → Feenbarsch.

Granulatfutter, → Trockenfutter.

Graspflanzen *(Lilaeopsis-Arten),* bilden unter intensiver Beleuchtung im Aquarium einen dichten, rasenähnlichen Bewuchs, der sich besonders als Vordergrundbepflanzung anbietet. Die Pflanze besteht aus einem flach am Boden kriechenden Stengel, der zahlreiche Knoten besitzt, denen die Wurzeln und Blätter entspringen. Die verschiedenen im Aquarium gehaltenen Arten stammen aus Neuseeland und Australien sowie aus Amerika. Dort wachsen sie in der Übergangszone zwischen Land und Wasser, oft auch aus dem Wasser heraus.

Grindalwürmchen, → Zwergenchyträe.

Groppe *(Cottus gobio),* eine einheimische Art im Oberlauf der Flüsse. Sie erreicht eine Länge von 10 bis 15 cm und kann nur in → Kaltwasseraquarien gehalten werden. Die Eier werden unter Steinen abgelegt und vom Männchen bewacht.

Großkopfbuntbarsch, → Senegalbarsch.

Grünalgen *(Chlorophyceen),* eine sehr hoch entwickelte Gattung der → Algen, von der bislang über 10 000 verschiedene Arten bekannt sind. Einerseits handelt es sich um einzellige, freischwimmende Formen, die sich mit peitschenförmig schlagenden Geißeln fortbewegen, andererseits werden aber auch komplizierte Zellver-

Goldringelgrundel

Gründling

bände gebildet; sie erinnern dann in ihrem Aussehen bereits an höhere Pflanzen und zeigen sogar eine Arbeitsteilung, bei der die beteiligten Zellen unterschiedliche Funktionen übernehmen. In Aquarien treten häufig nach der Neueinrichtung lange, fadenförmige G. auf, die in der Regel nach einiger Zeit wieder verschwinden. Eine andere Erscheinungsform ist ein gleichmäßiger, kurzrasiger Belag, der sich auf den Aquarienscheiben, Steinen etc. bildet. Hohe Nährstoffkonzentrationen, vor allen Dingen auch → Nitrat, sowie ein hoher → pH-Wert begünstigen dieses Wachstum. Gelegentlich ist auch eine gleichmäßig grüne Trübung des Wassers festzustellen, eine sog. → Wasserblüte. In den meisten Fällen handelt es sich dabei um G. der Gattung Volvox, die mit Lebendfutter eingeschleppt worden sind und im Aquarium optimale Lebensbedingungen gefunden haben (→ Algen, → Algenbekämpfung).

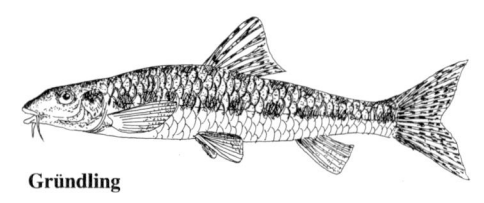

Gründling

Gründling *(Gobio gobio)*, einheimische, meist etwa 10 cm lange Fischart, die auf schnellfließende Bäche spezialisiert ist, aber auch noch in den Uferzonen der Flüsse vorkommt. Während der Laichzeit im Mai/Juni zeigen die Männchen einen deutlichen Laichausschlag am Vorderkörper. Im Lauf mehrerer Tage werden bis zu 3000 Eier gelegt.

Guatemala-Kärpfling *(Phallichthys amates)*, Lebendgebärende → Zahnkarpfen aus Mittelamerika, von denen zwei unterschiedlich große Rassen im Aquarium ohne Schwierigkeiten zu halten sind.

Gürtelrose *(Actinia cari)*, aus dem Mittelmeer stammende Art, die von Anemonenfischen in einer → Symbiose angenommen wird. Es sind verschiedene Farbvarianten bekannt, die teilweise eierlegend, teilweise lebendgebärend sind. Die G. erreicht im Aquarium eine Größe von 12 cm und besiedelt gern überhängende Felsen, so daß ihre Tentakel herabhängen.

Guppy, volkstümliche Bezeichnung nach dem Engländer Guppy für *Poecilia reticulata*, eine bereits zu Beginn dieses Jh.s erstmals aus dem nördlichen Südamerika eingeführte Art, die in den folgenden Jahrzehnten durch umfangreiche Zuchtversuche stark verändert worden ist. Die Männchen sind besonders variabel, da Flossenform und Färbung mit dem männlichen Geschlechtschromosom vererbt werden (→ Vererbung). Die Weibchen sind meist etwa doppelt so groß und gebären je nach Alter und Körpergröße zwischen 30 und 200 Junge. Dies geschieht am besten in einem → Laichkasten, um → Laichräuberei zu verhindern. Eine einmalige Befruchtung reicht für mehrere Würfe aus, die Tragezeit beträgt etwa 30 Tage.

Gurami, Knurrender *(Trichopsis vittatus)*, zwar relativ gut zu halten, jedoch nur schlecht zur Fortpflanzung zu bringen. Beide Geschlechter können knurrende Laute ausstoßen. Die bis zu 6,5 cm langen Fische sind im ganzen südostasiatischen Raum verbreitet.

Gurami, Küssender *(Helostoma temminckii)*, häufig angebotene Art, deren aus Südostasien stammende Wildform eine blaugraue Färbung besitzt. Die im Handel befindlichen Arten sind meist rötlich gefärbt. Der deutsche Artname geht auf die → Maulkämpfe zurück, die bei diesen Tieren häufig zu beobachten sind. Die bis 12 cm lang werdenden Fische legen über 1000 → Eier, bauen jedoch kein Schaumnest.

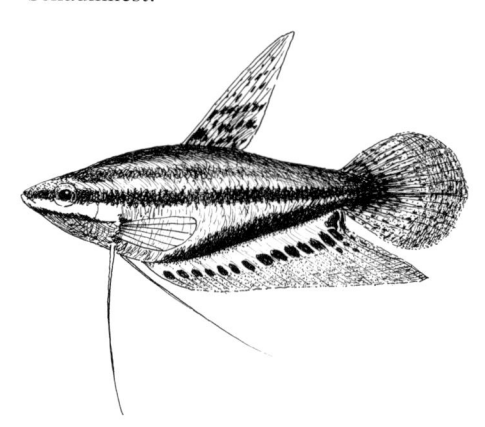

Knurrender Gurami

Gymnocorymbus ternetzi, → Trauermantelsalmer.

Gyrinocheilus aymonieri, → Algenfresser.

Guppy-Zuchtformen

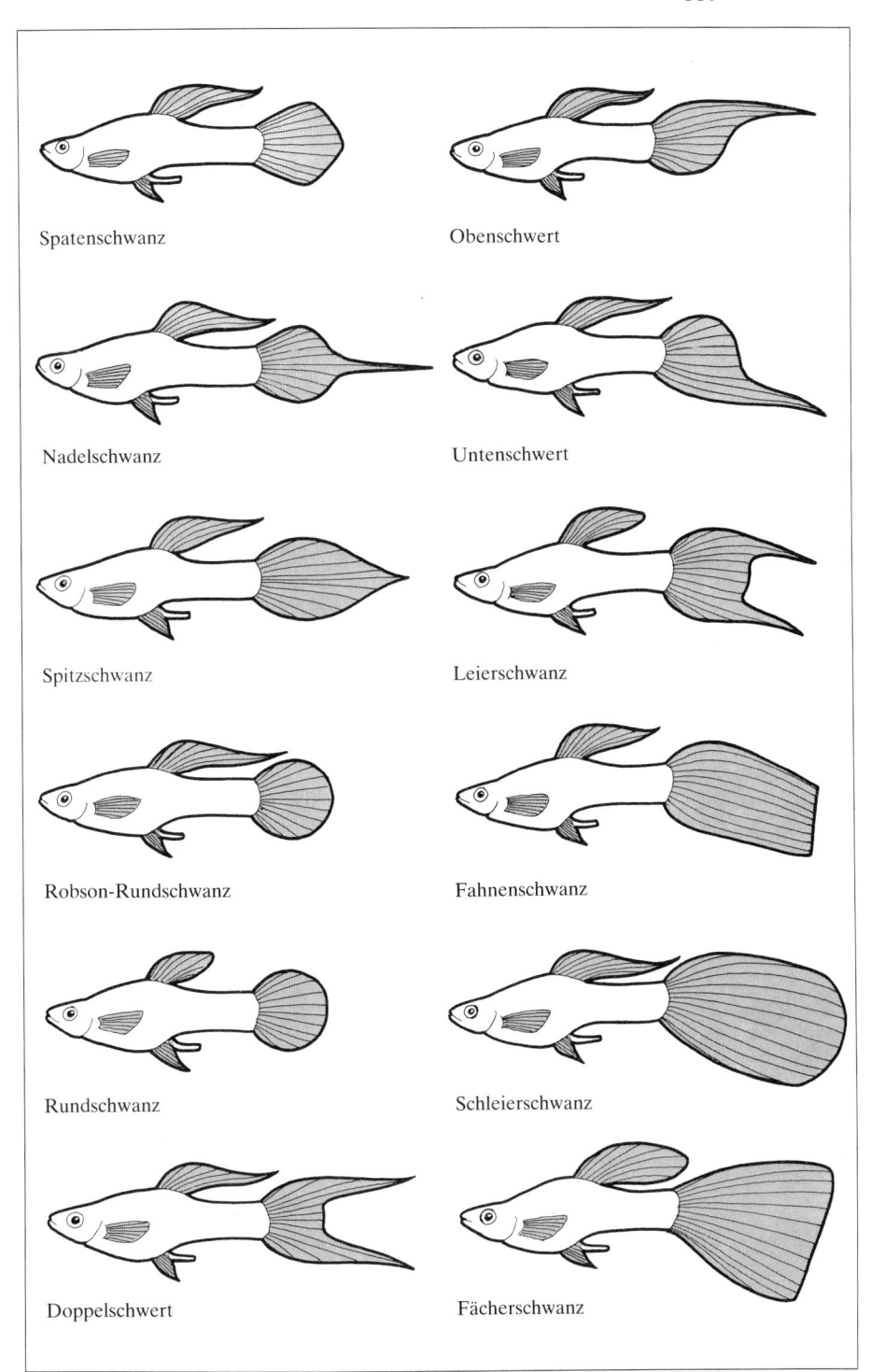

Spatenschwanz

Obenschwert

Nadelschwanz

Untenschwert

Spitzschwanz

Leierschwanz

Robson-Rundschwanz

Fahnenschwanz

Rundschwanz

Schleierschwanz

Doppelschwert

Fächerschwanz

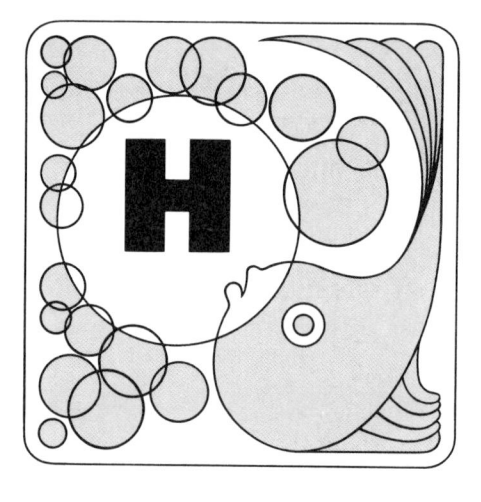

Haarnixen

Haarnixen *(Cabomba-Arten)*, Wasserpflanzen aus dem tropischen und subtropischen Amerika. Zur Zeit wird im Handel etwa ein halbes Dutzend verschiedener Arten angeboten, die sich in ihren Haltungsbedingungen deutlich unterscheiden. Am dekorativsten, aber relativ empfindlich, ist die Buschige Haarnixe *(Cabomba aquatica)*, die aus dem Amazonasbecken stammt und entsprechend ein sehr weiches Wasser benötigt, um ihre volle Pracht entfalten zu können. Der → pH-Wert sollte deutlich unter 7 liegen, was durch → Torffilterung zu erreichen ist. Weiter sind sehr gute Lichtverhältnisse nötig sowie eine Beimischung von etwas → Torf und Ton in tieferen Schichten des grobkörnigen Bodengrundes. Einfacher ist die Haltung der Karolina-Haarnixe *(Cabomba caroliniana)*, die man im Süden der USA findet. Sie kommt mit deutlich weniger Licht aus, verträgt auch mittelhartes Wasser gut und ist gegen niedrigere Temperaturen nicht so empfindlich. Sie bildet während der Blütezeit spezielle, auf der Wasseroberfläche schwimmende Blätter aus, über die sich die Blüten erheben. Die Vermehrung gelingt leicht mit Hilfe von Stecklingen, doch hat es den Anschein, daß die Neigung zur Blüte abnimmt, je häufiger eine Vermehrung durch Stecklinge stattgefunden hat.

Haarwürmer, zählen zu den → Fadenwürmern und sind auch im Darm der Aquarienfische häufig zu finden. Stärkerer Befall führt in der Regel zum Tod der Fische. Eine genaue Diagnose ist mit Hilfe spezieller → Untersuchungsmethoden möglich. Man untersucht dabei vom toten Fisch den Kot auf die Eier und den Darm auf die Weibchen der H. Eine Behandlung

Wasserhaarnixe

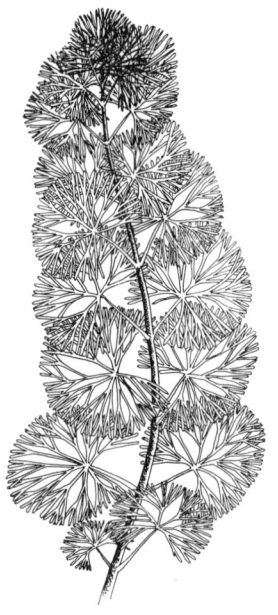

Karolina-Haarnixe

Hakenlilien

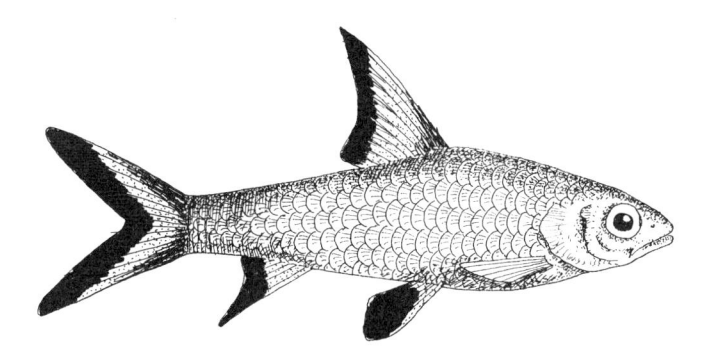

Haibarbe

ist mit einem geeigneten Wurmmittel möglich, z. B. Concurat.
Hälterung, Bezeichnung für die Haltung eines Tieres in der Gefangenschaft.
Hälterungsschaden, Erkrankung durch unzureichende Lebensbedingungen in der Gefangenschaft.
Haftorgane, besonders häufig bei Fischarten, die in stark strömenden Gewässern leben (z. B. verschiedene Welse). Sie treten jedoch auch häufig bei Jungfischen auf, die oberhalb des Mauls H. besitzen, mit denen sie sich bis zum endgültigen Verzehr des Dottersacks an Pflanzen, Steinen etc. festhalten können.
Haibarbe *(Balanthiocheilus melanopterus)*, mit haiähnlichen Bewegungen sehr elegant schwimmende Art aus Südostasien. In großen Aquarien kann der Fisch 20 cm lang werden, bleibt aber friedlich, so daß er sich gut vergesellschaften läßt. Wichtig ist eine geräumige Höhle, in die er sich zurückziehen kann.
Haiwels *(Pangasius sutchi)*, eine mit haiähnlichen Bewegungen in Bodennähe schwimmende Art. Sie stammt aus Thailand und erreicht im Aquarium eine Länge von etwa 20 cm, ist also nur für größere Becken geeignet. Wichtig ist eine ausreichend dichte Hintergrundbepflanzung, allerdings auch ein größerer Freiwasserraum. Die Fische sind sehr elegante Schwimmer, die gelegentlich an die Wasseroberfläche kommen, um dort zusätzliche Luft zu holen. Das Wasser sollte mittelhart und zwischen 22 und 28° C warm sein. Der H. benötigt Lebendfutter, mit zunehmender Körpergröße auch Regenwürmer, Mehlwürmer etc. Er läßt sich auch zum Teil auf Frischfleisch umstellen und nimmt darüber hinaus gern vegetarische Beikost. Die Tiere zeigen gelegentlich ein sehr merkwürdiges Verhalten: Ohne jeden ersichtlichen Grund schießen sie wie wild durchs Becken, um dann einige Minuten lang mit krampfartigen Zuckungen auf der Seite oder auf dem Rücken liegenzubleiben. Anschließend verhalten sie sich ohne sichtliche Beeinträchtigung wieder normal.
Hakenlilien *(Crinum-Arten),* Zwiebelgewächse, die nach einer z. T. sehr langen Eingewöhnungsphase sehr gut im Warmwasseraquarium zu halten sind. Häufig

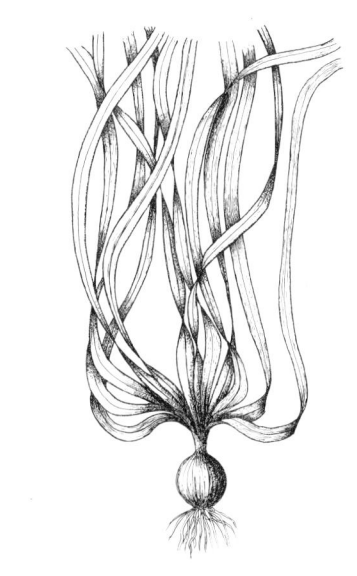

Thailand-Hakenlilie

wird die Thailand-Hakenlilie importiert, die bis zu 2 m lange Blätter ausbildet, also nur in sehr großen Becken überhaupt zu halten ist. Der Boden muß an der Pflanzstelle mindestens 12 cm tief sein.

Halbhechte

Halbhechte, weltweit verbreitet, die meisten Arten dieser Fischfamilie leben allerdings vorwiegend im Meerwasser. Sie haben eine torpedoförmige Gestalt mit sehr weit nach hinten verlagerten Rücken-, Bauch- und Afterflossen. Typisch für die H. sind die weitverlängerten Ober- und Unterkiefer, die mit zahlreichen spitzen Zähnen besetzt sind. Bei Jungfischen ist der Oberkiefer zunächst noch deutlich kürzer. An deutschen Küsten kommt der Hornhecht vor. Von den wenigen Süßwasserarten wird nur → Xenentodon cancila etwas häufiger eingeführt.

Halbschnabelhechte *(Hemirhamphidae),* mit den → Halbhechten verwandt, wie diese von torpedoförmiger Gestalt und überwiegend auf Meerwasser beschränkt. Bei dieser Familie ist jedoch lediglich der Unterkiefer verlängert, welcher starr mit dem Kopf verwachsen ist, der Oberkiefer hingegen ist beweglich. Von den drei verschiedenen Gattungen der H. (→ Dermogenys, → Hemirhamphodon und → Nomorhamphus) werden verschiedene Arten zum Teil sehr häufig importiert. Die zweite, gelegentlich gebrauchte Familienbezeichnung «Lebendgebärende Halbschnäbler» weist bereits auf eine weitere charakteristische Eigenschaft dieser Fische hin, sie gebären lebende Junge.

Halbschnäbler, Hechtköpfiger *(Dermogenys pusillus),* häufig aus dem südostasiatischen Raum eingeführte Art, die dort in Süß- und Brackwasser vorkommt. Im Freiland ernähren sich die Fische von Insekten, die auf die Wasseroberfläche fallen. Eine entsprechende Fütterung ist auch

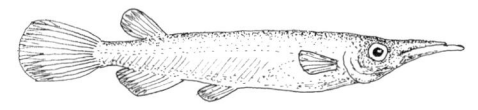

Halbschnabelhecht

im Aquarium erforderlich, erst recht, wenn die Fische zur Fortpflanzung gebracht werden sollen. Dafür empfiehlt sich auch die Zugabe von Seesalz (10–15 g pro 10 l Wasser), was jedoch von den meisten Wasserpflanzen nicht mehr vertragen wird. Die Art ist außerdem sehr schreckhaft, was zu erheblichen Unterkieferverletzungen führen kann, wenn die flüchtenden Fische mit den Glasscheiben des Aquariums kollidieren. Obwohl stets die Haltung eines kleinen Schwarms empfohlen wird, ist davon auszugehen, daß die mit 6 cm etwas kleiner bleibenden Männchen sehr aggressiv sind (in ihrer Heimat werden mit ihnen Schaukämpfe veranstaltet). Wie andere → Halbschnabelhechte gebären sie lebende Junge.

Halfterfisch *(Zanclus cornutus),* von Südafrika bis Hawaii verbreitet und leicht mit dem Wimpelfisch zu verwechseln. Die im Aquarium bis zu 18 cm lang werdenden Fische sind nicht leicht zu halten, da sie oft individuell sehr unterschiedliche Ansprüche an das Futter stellen und reichlich Algen sowie freien Schwimmraum brauchen. Daher sind sie nicht für den Anfänger geeignet.

Haplochromis burtoni, → Maulbrüter, Blaumaul-.

Harnischwelse *(Loricariidae),* aus Südamerika stammende, in der Aquarienhaltung sehr beliebte Fischfamilie, von der viele – oft sehr skurril aussehende – Arten häufig importiert werden. Der Körper der H. ist weitgehend mit Knochenplatten gepanzert, die Flossen tragen mit Ausnahme der Schwanzflosse jeweils einen Stachel. Auffällig ist ein kleines Zäpfchen im Auge der Welse, das die Funktion einer Pupille hat. Bei starkem Lichteinfall dehnt sich dieser Fleck aus und sorgt dadurch für eine relativ konstante Belichtung der Netzhaut. Merkwürdig ist, daß dieses Zäpfchen, der sogenannte Irislappen, immer in einer senkrechten Position ist, gleichgültig ob der Fisch auf dem Boden liegt oder an einer Glasscheibe hängt. Für die Haltung der H. hat sich ein weiches, höchstens mittelhartes Wasser mit Temperaturen zwischen 21 und 25° C bewährt. Unter diesen Bedingungen haben sich einige gut zu haltende Arten der Gattungen *Loricaria, Otocinclus* und *Ancistrus* auch bereits unter Aquarienbedingungen vermehrt. Die weitaus meisten Arten sind nachtaktiv und verbergen sich tagsüber in Verstecken, die man in ausreichender Zahl anbieten sollte. Die Fütterung ist nicht schwierig. Die H. akzeptieren Lebendfutter und Futterreste, fressen aber auch Algen sowie kurz überbrühten Spinat und Salat, der notfalls mit einem Gummiring an einem Stein befestigt und abgesenkt werden muß, damit die typischen Bodenfische an dieses Futter herankommen. Wichtig ist ein ausreichend sauerstoffreiches Wasser, denn alle Arten stammen aus schnellfließenden Bächen. Man kann dies leicht an ihrem Saugmaul erkennen, mit dem sie sich an Steinen festhalten, um nicht ständig gegen die Strömung ankämpfen zu müssen.

Haut, hat die Aufgabe, den Fischkörper vor mechanischen Beschädigungen und chemischen Umwelteinflüssen zu schützen. Sie besteht aus zwei Schichten, der Oberhaut *(Epidermis)* sowie der Unterhaut *(Cutis).* Während die → Schuppen der Haie und Rochen von der Oberhaut gebildet werden, entstammen sie bei allen höher entwickelten Arten der Unterhaut, werden also ihrerseits durch die Oberhaut bedeckt. Diese besteht überwiegend aus sehr weichen großen Zellen, von denen viele den bekannten Schleim absondern. Dieser hat möglicherweise die Funktion, den Körper schlüpfriger zu machen, ist aber andererseits auch ein Schutz vor Bakterien- und Pilzbefall.

Hautschutzmittel, Polyviniylpyrrolidon, PVP, für die Haltung von Meerwasserfischen benutztes Präparat, das deren natürliche Schleimschichten regeneriert und stabilisiert. Dies ist erforderlich, weil diese empfindlichen Arten den durch Fang und Transport bedingten teilweisen Verlust ihrer eigenen Schleimhaut nicht oder nicht schnell genug ausgleichen können.

Hauttrübung, zusammenfassende Bezeichnung für verschiedene einzellige Parasiten. Ihnen ist gemeinsam, daß sie sich bei Fischen auf der Haut festsetzen, die dadurch ihr gallertartiges, glasiges Aussehen verliert und meist milchig-trüb wird. Häufig handelt es sich dabei um das Geißeltierchen Costia necatrix, das eine bohnenförmige Gestalt hat. Die H. ist oft sehr schwach ausgeprägt und dann nur bei entsprechendem Lichteinfall zu erkennen. Gefährdet sind in erster Linie Arten mit sehr langen Flossen, da sich die Geißeltierchen an ihnen bevorzugt absetzen und Entzündungen hervorrufen. Häufig treten auch Brutverluste auf. Ein schwacher Befall ist fast immer vorhanden, nur bei zusätzlicher Schwächung des Tieres breitet sich die Infektion aus. Unter den Wimpertierchen befinden sich verschiedene Arten, die H. verursachen. Allein in der Gattung Chilodonella leben mehrere Arten parasitisch auf Haut und Kiemen. Eine Ausbreitung ist nur bei stark überbesetzten Aquarien zu erwarten, da der birnenförmige Parasit lediglich in geringem Umfang zu Schwimmbewegungen fähig ist. Ganz anders verhalten sich die Arten aus der Gattung Trichodina, deren kreisrunder, kuppelförmig gebogener Körper an seinem äußeren Rand mit rasch schlagenden Wimpern besetzt ist. Dadurch kann sich Trichodina frei im Wasser bewegen und auch ernähren. Der Parasitismus auf Haut und Kiemen der Fische ist also nicht die einzige Existenzmöglichkeit für diese Art. Die meisten Fische sind von wenigen Exemplaren befallen, nur eine Massenvermehrung im Bereich der Kiemen führt zu tödlichen Schädigungen. Ein ähnliches Krankheitsbild wird nur von dem Parasiten Tetrahymena hervorgerufen, der normalerweise auf verwesenden Organismen vorkommt. Kranke Fische mit geschwächter Widerstandskraft werden jedoch ebenfalls besiedelt. Nur wenn dies im Anfangsstadium erkannt wird, besteht die Möglichkeit, das erkrankte Tier zu retten. Die von H. befallenen Fische erscheinen zunächst wie von einem milchigen Schleier überdeckt. Im fortgeschrittenen Krankheitsstadium können die erkrankten Hautstellen schimmelartig weiß wirken. Je frühzeitiger eine Behandlung eingeleitet wird, desto wirksamer ist sie. In praktisch allen Fällen hilft die Zugabe von Malachitgrün, das mehrere Tage einwirken muß, damit alle Vermehrungsstadien mit Sicherheit abgetötet werden. Wer über ein Mikroskop verfügt, kann mit bestimmten → Untersuchungsmethoden eine genauere Bestimmung des Parasiten vornehmen und die Therapie entsprechend steuern. Bei Costia muß die Behandlung z. B. über 7 Tage ausgedehnt werden, bei Chilodonella reicht 1 Tag aus, bei Trichodina muß 3 bis 4 Tage behandelt werden.

Hecht *(Esox lucius),* einheimischer Raubfisch, der in der Unterwasservegetation auf vorbeikommende Beutetiere wartet. Jungtiere lassen sich im Aquarium sehr gut eingewöhnen. Sie werden zunächst mit Kleinkrebsen und Wasserinsekten gefüttert, später benötigen sie in jedem Fall lebende Fische. Bei guter Fütterung kann man innerhalb weniger Monate einen Zuwachs der Körpergröße von 20 cm erreichen. Allerdings darf der H. nicht größer werden, um noch in einem normalen Aquarium gehalten zu werden. Bei großen

Hechtkärpfling

Fischen mit so intensivem Stoffwechsel ist natürlich eine regelmäßige Durchlüftung des Wassers sowie ein häufiger → Wasserwechsel erforderlich.

Hechtkärpfling *(Belonesox belizanus)*, Lebendgebärender → Zahnkarpfen, bei dem die Weibchen eine Länge von 20 cm erreichen. Es handelt sich um einen ausgesprochenen Jagdfisch, der für ein Gesellschaftsbecken völlig ungeeignet ist. Entsprechend wird er auch nur sehr selten gehalten, wenngleich eine Zucht bei Temperaturen zwischen 25 und 30° C problemlos möglich ist. Die Fische werfen dann bis zu 100 Junge, die zum Zeitpunkt der Geburt bereits knapp 3 cm lang sind. Aufwendig ist ihre Ernährung. Sie verlangen Lebendfutter entweder in Form von Wasserinsekten oder aber Jungfische, z. B. aus einer Guppyzucht.

Heizgeräte, bestehen meist aus einem etwa 20 cm langen Glasrohr, das mit einer Gummikappe wasserdicht abgeschlossen wird. Das Rohr ist mit feinem Sand gefüllt, in dem sich die Heizdrähte befinden. Die Anbringung sollte niemals senkrecht erfolgen, da bei → Wasserwechseln die entstehende Hitze durch die Luft nicht abgeführt werden kann. Aus dem gleichen Grund dürfen solche stabförmigen H. auch nicht im Bodengrund angebracht werden. Im Laufe der Zeit kann die Gummiabdichtung schadhaft werden (→ Sicherheit). Die Leistung des Geräts sollte so bemessen sein, daß das Wasser auch bei Dauerbetrieb nicht bis zu einer Temperatur erhitzt werden kann, die für die Fische tödlich ist. Der bisher empfohlene Wert von 1 W/l liegt daher viel zu hoch (Tabelle). Neben dieser üblichen Form der → Heizung können auch Heizkabel im Bodengrund verlegt werden. Letztlich kann man auch das ganze Aquarium auf eine im Fachhandel erhältliche Heizunterlage stellen. Die H. sind am zweckmäßigsten mit einem → Thermostaten zu koppeln und mittels eines → Thermometers zu überwachen.

Heizung, erforderlich, um aus den Tropen stammenden Fischarten gleichmäßig hohe Wassertemperaturen bieten zu können. Benötigt werden das → Heizgerät, welches die Wärme entwickelt, ein → Thermostat, der die Häufigkeit des Anschaltens steuert sowie ein → Thermometer, mit dem sich die Temperatur kontrollieren läßt. Heizgerät und Thermostat werden häufig in Form eines → Regelheizers kombiniert. Damit mit der H. stromführende Teile ins Aquarium gelangen, muß die elektrische → Sicherheit besonders gewährleistet sein.

Helostoma temminckii, → Gurami, Küssender.

Hemianthus micranthemoides, → Perlenkraut.

Hemichromis bimaculatus, → Buntbarsch, Roter.

Hemichromis fasciatus, → Fünffleckenbarsch.

Beckengröße in Liter	Aufheizung des Aquarienwassers gegenüber der Raumtemperatur um									
	1°	2°	3°	4°	5°	6°	7°	8°	10°	12° C
10	1	3	4	5	7	8	10	11	14	17
20	2	4	6	9	11	13	15	17	22	26
40	3	7	10	14	17	20	24	28	35	42
60	4	9	13	18	22	27	31	36	45	54
80	5	11	16	22	27	33	38	43	54	65
100	6	13	19	25	31	38	44	50	63	76
120	7	14	21	28	36	43	50	57	70	85
150	8	15	25	33	41	50	57	66	83	98
200	10	20	30	40	50	60	70	80	100	120
250	12	23	35	46	58	70	80	93	115	140
400	16	32	48	63	80	95	110	130	160	190
600	20	40	62	83	104	124	145	166	200	250
800	25	50	76	100	126	151	176	200	250	300
1000	30	60	88	117	146	175	205	235	290	350

Rechenbeispiel: Ein 100-Liter-Becken benötigt zur Erwärmung um 8° C ungefähr 50 Watt Heizleistung an einem zugfreien Aufstellungsort.

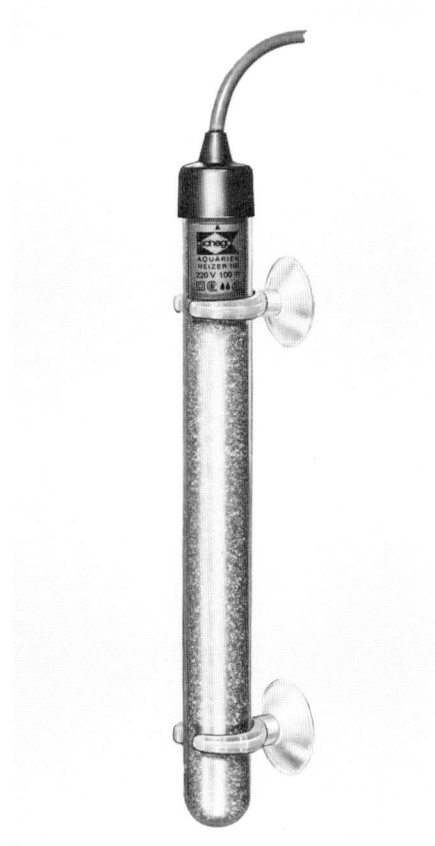

Heizung. Solche Heizstäbe werden am besten deutlich unterhalb der Wasseroberfläche in einer waagrechten Lage befestigt.

Hemichromis thomasi, → Schmetterlingsbuntbarsch, Afrikanischer.
Hemigrammus armstrongi, → Goldsalmler.
Hemigrammus caudovittatus, → Rautenflecksalmler.
Hemigrammus erythrozonus, → Glühlichtsalmler.
Hemigrammus hyanuary, → Neon, Grüner.
Hemigrammus marginatus, → Bassamsalmler.
Hemigrammus nanus, → Kupfersalmler.
Hemigrammus ocellifer, → Schlußlichtsalmler.
Hemigrammus pulcher, → Karfunkelsalmler.
Hemigrammus rhodostomus, → Rotmaulsalmler.
Hemigrammus rodwayi, → Kirschflecksalmler.
Hemirhamphidae, → Halbschnabelhechte.
Heniochus acuminatus, → Wimpelfisch.
Herichthys cyanoguttatus, → Perlmuttcichlide.
Heterandria formosa, → Zwergkärpfling.
Heteranthera zosterifolia, → Trugkölbchen, Seegrasblättriges.
Heteropneustes fossilis, → Kiemensackwels.
Hexamita, → Lochkrankheit.
Himmelsgucker, Zuchtform des → Goldfischs.
Hippolysmata grabhami, → Putzergarnele.
Hochrückensalmler, → Talerfisch.
Höhlensalmler, Blinder *(Anoptichthys jordani)*, ein echter Höhlenfisch aus dem östlichen Mexiko, dem jedes Sehvermögen fehlt. Wahrscheinlich handelt es sich um eine Rasse von Astyanax mexicanus, einem Fisch, der in weiten Teilen Mittelamerikas in Oberflächengewässern vorkommt und auch in deutschen Aquarien gelegentlich gehalten wird. Frisch geschlüpfte Jungtiere dieser Art zeigen noch deutliche Ansätze von Augen, die jedoch nicht weiterwachsen, sondern bald von dickerem Fettgewebe überlagert werden. Der Fisch ist aus diesem Grunde vollständig auf seinen Tast- und Geruchssinn angewiesen, der besonders fein ausgebildet ist. In Gesellschaftsaquarien, für die er allerdings nicht sehr geeignet ist, gelingt es ihm oft, sogar noch vor anderen sich visuell orientierenden Arten das Futter zu finden. Sinnvoll ist die Haltung nur in einem Artaquarium, das lediglich mit Steinen eingerichtet zu werden braucht, deren spitze Kanten möglichst gebrochen werden sollten. Wasserpflanzen werden von fortpflanzungsbereiten Tieren vollständig vernichtet. Um Jungtiere zu erhalten, ist ein hoher Härtegrad des Wassers von mindestens 15–20 dH erforderlich, da frisch geschlüpfte Jungtiere sonst innerhalb weniger Tage sterben. Als Wassertemperatur wird gelegentlich ein zu niedriger Wert empfohlen. Sinnvoll sind Temperaturen um etwa 26° C. Bis zu 1000 Jungtiere kann man von einem einzigen Ablaichvorgang erwarten. Bei guter Durchlüftung des Beckens (wichtig, da keine Wasserpflanzen vorhanden sind) ist der B. H. gut zu halten, zumal er auch willig Trockenfutter aufnimmt.

Holocentrus rubrum

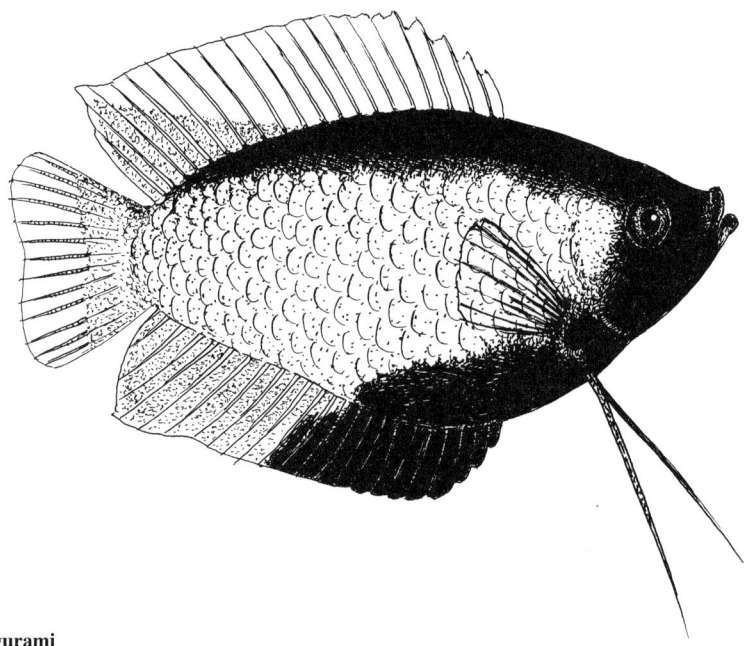

Honiggurami

Holocentrus rubrum, → Soldatenfisch, Rotgestreifter.
Honiggurami *(Colisa chuna)*, ein nur etwa 4 bis 5 cm langer Fadenfisch, der in flachen nordostindischen Gewässern lebt. Die Art ist gut zu halten und baut ein → Schaumnest, in das 200–250 Eier abgelegt werden. Bei der Verwendung von → Lebendfutter sollten keine großen → Wasserflöhe gegeben werden, da die Fische gelegentlich daran ersticken.
Hoplosternum littorale, in Südamerika weitverbreitete → Schwielenwels-Art, die bis zu 20 cm lang wird. Deutlich häufiger als bei der nah verwandten Art → Callichthys callichthys wird vom Männchen ein Schaumnest an der Decke seines Verstecks, z. B. in einer Steinhöhle, angelegt. Während Verhalten und Haltungsbedingungen fast gleich sind, unterscheiden sich beide Arten deutlich in ihrer Produktivität: Im Gelege eines H. l. hat man schon etwa 900 Eier gefunden.
Hoplosternum thoracatum, → Schwielenwels, der sehr eng mit den Arten → Hoplosternum littorale und → Callichthys callichthys verwandt ist. Der Fisch erreicht eine Länge von etwa 18 cm und ist nur in einem ausreichend großen Artaquarium zur Fortpflanzung zu bringen. Wichtig sind großblättrige Schwimmpflanzen an der Wasseroberfläche, unter denen das Männchen ein Schaumnest baut. Verhalten und Haltungsbedingungen sind ansonsten wie bei den anderen nah verwandten Arten angegeben.
Hormon, meist im Körper gebildete Substanz, die bestimmte Verhaltensweisen oder Zustandsänderungen von Geweben verursacht. So wird z. B. durch die Tageslänge die Bildung von Geschlechtsh.en gesteuert, von den H.en dann wiederum das Verhalten des Tieres. Auch → Farbänderungen werden durch H.e bewirkt.
Hornkraut, Hornblatt *(Ceratophyllum-Arten)*, in praktisch allen Teilen der Welt vorkommende Wasserpflanzengattung, die wahrscheinlich nur aus zwei Arten besteht, welche jedoch in so vielfältigen Erscheinungsformen auftreten, daß eine definitive Klärung bis heute aussteht. Das in unseren Gewässern vorkommende Gemeine H. *(Ceratophyllum demersum)* ist für tropische Aquarien nicht geeignet, da es an unsere Kaltwasserbedingungen angepaßt ist. Die im Handel angebotenen Pflanzen stammen mit größter Wahrscheinlichkeit aus tropischen Beständen dieser Art. Das

H. entwickelt kaum Wurzeln und läßt sich im Aquarium freischwimmend halten, wenngleich auch einige zusammengebundene, in den Boden gesteckte Exemplare sehr dekorativ wirken. Die bis zu 2 m lang werdenden Pflanzen wachsen jedoch so schnell, daß ein regelmäßiges Beschneiden erforderlich ist. Die dünnen, in zahlreichen Quirlen um den Stengel angeordneten Blätter eignen sich hervorragend als → Laichsubstrat für verschiedene Fischarten, so daß sie sich bei der Einrichtung von Zuchtbecken besonders bewährt haben. Der Lichtbedarf ist groß.

Hyphessobrycon pulchripinnis

Hornkrautart

Hüpferlinge *(Cyclops-Arten, Diaptomus-Arten)*, verwandt mit den → Wasserflöhen, jedoch von deutlich anderer Gestalt. Die Fortbewegung erfolgt in erster Linie mit zwei antennenförmigen Organen, die ruderartig schlagen. H. der Gattung *Cyclops* bewegen sich auf diese Weise sprunghaft fort, während die Gattung *Diaptomus*, die mit deutlich längeren Ruderorganen ausgestattet ist, eine wesentlich gleichförmigere Fortbewegung zeigt. H. sind als Fischfutter deshalb so wertvoll, weil sie im Gegensatz zu den Wasserflöhen kaum im Sommer, sondern in großer Zahl während der Wintermonate zu finden sind. Im Gegensatz zu den Wasserflöhen treten die H.

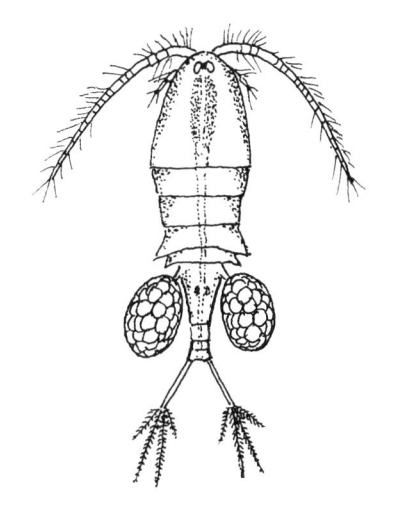

Hüpferling

häufig in größeren Gewässern und weniger in Tümpeln auf. Ihre Larven sind als Jungfischfutter besonders gut geeignet. Bei älteren H.n ist etwas Vorsicht angebracht, da sich einige Arten sehr räuberisch auch von Jungfischen ernähren können.
Hydra → Süßwasserpolypen.
Hydrocotyle leucocephala, → Wassernabel, Südamerikanischer.
Hydrocotyle vulgaris, → Wassernabel, Europäischer.
Hydrogenkarbonat, zusammenfassende Bezeichnung für eine Verbindung aus einem HCO_3-Ion mit z. B. Magnesium oder Kalzium. Die H.e stehen mit der → Kohlensäure und den → Karbonaten in einem Gleichgewicht, das einen optimalen → Puffer darstellt.
Hygrophila corymbosa, → Riesenwasserfreund.
Hygrophila polysperma, → Wasserstern, Indischer.
Hyphessobrycon bifasciatus, → Salmler, Gelber.
Hyphessobrycon callistus, → Blutsalmler.
Hyphessobrycon erythrostigma, → Kirschflecksalmler.
Hyphessobrycon flammeus, → Roter von Rio.
Hyphessobrycon herbertaxelrodi, → Flaggensalmler, Schwarzer.
Hyphessobrycon ornatus, → Schmucksalmler.
Hyphessobrycon pulchripinnis, → Zitronensalmler.

Ichthyologie

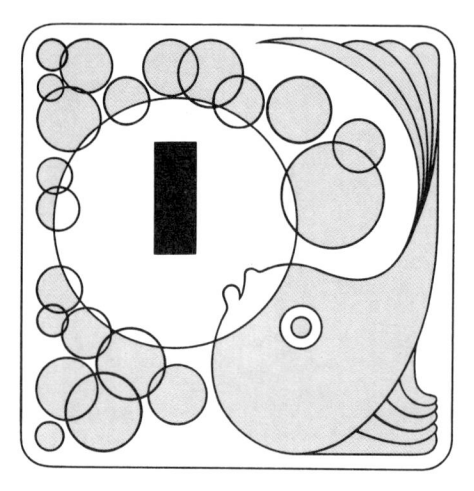

Ichthyologie, Fischkunde.
Ictalurus nebulosus, → Zwergwels.
Importfische, → Wildfänge.
Infusorienzucht, planmäßige Kultur von ein- oder wenigzelligen, tierischen oder pflanzlichen Organismen, die besonders als Futter kleinster und empfindlichster Jungfische von Bedeutung sind. Früher wurde sehr undifferenziert empfohlen, Stroh, Heu oder alte Bananenschalen mit Wasser zu übergießen und die nach kurzer Zeit entstehenden Mikroorganismen in das Aquarienwasser zu schütten. Da verschiedene Jungfische jedoch ein hygienisch sehr sauberes Wasser benötigen, sind solche unkontrollierbaren Zuchtansätze nicht mehr zu empfehlen. Sicherer ist z. B. die gezielte Zucht von → Pantoffeltierchen, → Augentierchen, → Salinenkrebsen oder → Mikronematoden, da diese Futtertiere in sehr reiner Form gewonnen werden können. Die immer noch beste Lösung ist der Fang freilebenden Staubfutters aus möglichst fischfreien Gewässern (um das Einschleppen typischer Fischkrankheiten zu verhindern). Ein solches Futter ist sehr nahrhaft und abwechslungsreich, so daß die Jungfische rasch heranwachsen.
Innenfilter, nur bedingt empfehlenswerte Form der → Filterung, wenngleich sie mit minimalem Aufwand betrieben werden kann. Erforderlich ist in der Regel eine → Membranpumpe sowie ein → Steigrohr, welches das angesaugte Wasser durch eine Schicht Kies oder Perlonwatte zieht, wo der bakterielle Abbau erfolgt. Das System hat zwei entscheidende Nachteile: Ein Wechsel des → Filtermaterials ist jedesmal ein schwerwiegender Eingriff in das gesamte Aquarium. Schlimmer ist jedoch noch, daß bei einem immer möglichen Ausfall des Filters im Filtermaterial eine starke Sauerstoffzehrung beginnt, die zur Freisetzung von hochgiftigem → Nitrit führen kann. Ein → Außenfilter kann dagegen immer wieder so in Betrieb genommen werden, daß diese giftigen Abbauprodukte nicht ins Aquarium gelangen, während dies bei einem I. nicht möglich ist.
Instinkthandlung, Erbkoordination, angeborenes Verhalten, das in der Regel ohne individuelle Erfahrung der jeweiligen Situation entsprechend abläuft. Der Ablauf der I. läßt sich in verschiedene Teile gliedern: Das Tier ist zunächst aufgrund innerer Zustände bemüht, eine spezielle Situation herbeizuführen. Je hungriger ein Tier wird, desto stärker entwickelt sich sein Jagdtrieb. Je mehr Geschlechtshormone produziert werden, desto stärker wird sein Sexualtrieb. Das Bemühen, den jeweiligen Trieb zu befriedigen, zeigt sich in Form des → Appentenzverhaltens. Das Tier macht sich z. B. auf die Suche nach einem Geschlechtspartner. Diesen findet es aufgrund spezieller unverwechselbarer Kennzeichen (Färbung, Geruch, Lautäußerungen etc., → Partnerfindung). Auch völlig isoliert aufgezogene Tiere wissen genau, wie ihr Geschlechtspartner auszusehen hat. Diese Kenntnis ist in einen sogenannten → Angeborenen Auslöse-Mechanismus (AAM) festgelegt. Findet das Tier seinen Geschlechtspartner, so wirkt dessen Erscheinen wie ein → Schlüsselreiz. Das Suchverhalten wird beendet, die nächste Stufe des Instinktverhaltens beginnt (z. B. Nestbau, Balz etc.). Eine I. schafft also oft die Voraussetzungen für die nächste, sich zumeist lückenlos anschließt: Auf den Schlüsselreiz «Geschlechtspartner» folgt die I. «Balz und Paarung». An deren Ende steht z. B. der neue Schlüsselreiz «Eier», der wiederum Brutpflegeverhalten auslösen kann. Die I. ist eine zweckmäßige Einrichtung zur Erhaltung der Art. Individuelle Erfahrung wird nur von wenigen Landwirbeltieren von einer Generation zur anderen weitergegeben. Bei Fischen gibt es mit Ausnahme der brutpflegenden Arten praktisch keinen Kontakt zwischen

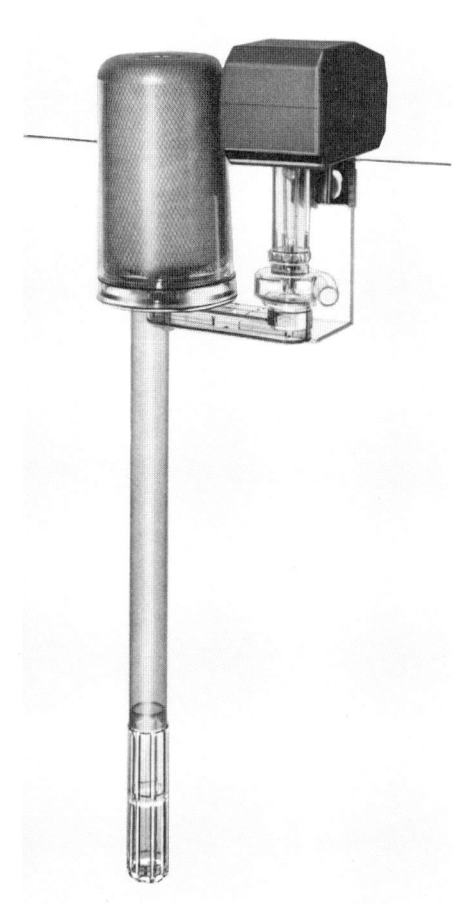

Ionenaustauscher

Ein **Innenfilter,** der mit einer Filterpatrone leicht zu wechseln ist und dessen stromführende Teile oberhalb des Wasserspiegels liegen.

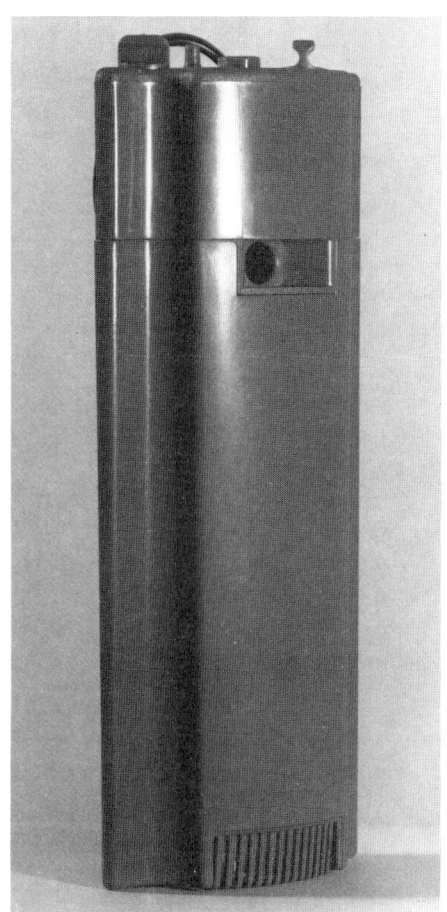

Ein **Innenfilter,** bei dem sich die stromführenden Teile innerhalb des Aquariums befinden (!). Das Wasser wird durch das am Boden des Filters befindliche Gitter angesaugt und, angetrieben durch eine Kreiselpumpe, durch die obere Öffnung ausgestoßen.

den Eltern und Jungtieren. Bei vielen sterben die Eltern nach dem Ablaichen (z. B. Lachse, → Aale, →Saisonfische), so daß die Jungtiere schon aus diesem Grunde auf sich allein angewiesen sind. Ein zu großer Ermessensspielraum der Tiere würde zu viele Fehlentscheidungen zur Folge haben und damit eine starke Gefährdung der Art bewirken. Dennoch kann auch die I. durch individuelle Erfahrung ergänzt werden. So können viele Fischarten z. B. ihre Geschlechtspartner, Rivalen etc. individuell kennenlernen und ihre I.en entsprechend modifizieren.

Ionen, elektrisch geladene Atome oder Moleküle. Die Ladung kommt durch die Abgabe oder Aufnahme von Elektronen zustande. Die Aufnahme eines negativ geladenen Elektrons verursacht eine negative Ladung, es entsteht ein Anion. Durch Abgabe von Elektronen positiv geladene I. nennt man Kationen. Durch Art und Anzahl der I. im Wasser ändert sich dessen Eigenschaft (→ Wasserhärte, → pH-Wert).

Ionenaustauscher, ein inzwischen auch für Aquarianer erschwingliches Verfahren der → Wasseraufbereitung. In erster Linie soll

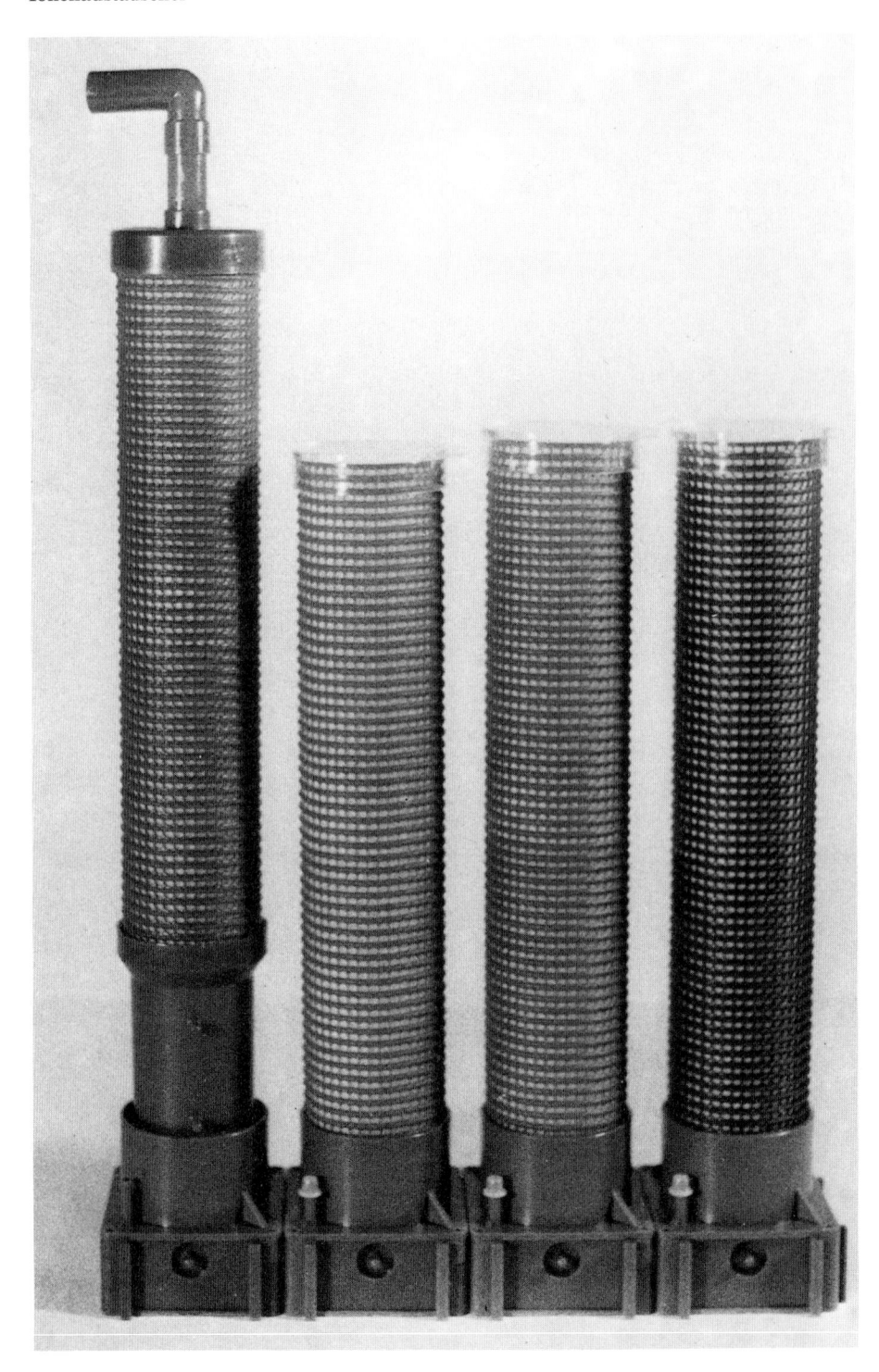

Ionenaustauscher

damit eine Verringerung der → Wasserhärte erreicht werden, gleichzeitig lassen sich dabei auch alle anderen → Ionen aus dem Wasser entfernen. Die wirksame Substanz ist in den meisten Fällen ein Kunstharz, dessen Oberfläche die Eigenschaft besitzt, verschiedene Ionen aufzunehmen bzw. gegen andere auszutauschen. Diese Fähigkeit besteht nicht unbegrenzt. Das aktive Material muß daher gelegentlich (z. B. mit Salzsäure, Natronlauge etc.) regeneriert werden. Das Kunstharz kann daher beliebig oft verwendet werden. Bei einer Vollentsalzung werden dem Wasser sämtliche Salze entzogen und z. B. die positiv geladenen Kalzium-, Magnesium- und Natrium-Ionen gegen positiv geladene Wasserstoff-Ionen ausgetauscht und negativ geladenes Chlorid und Sulfat gegen negativ geladene Hydroxyl-Ionen ausgewechselt. Aus dem I. fließt also letztlich chemisch reines Wasser. Dieses ist zur Haltung von Fischen natürlich in höchstem Maß ungeeignet. Es muß daher mit dem Ausgangswasser so gemischt werden, daß die gewünschte Wasserhärte entsteht. Neben dieser Vollentsalzung besteht auch noch die Möglichkeit einer Teilentsalzung. Dabei werden lediglich die Kalzium-Ionen aus dem Wasser entfernt und durch Wasserstoff-Ionen ersetzt. Die entsprechenden Ionen (Chlorid, Sulfat) verbleiben im Wasser, bilden mit den neu hinzugekommenen Wasserstoff-Ionen jedoch Salz- und Schwefelsäure, die je nach Ausgangswasser in unterschiedlicher Konzentration vorliegen. Eine solche Entkarbonisierung, bei der lediglich die Karbonathärte entfernt wird, ist deshalb nur bei einer kontinuierlichen Kontrolle des → pH-Wertes möglich. Ein relativ elegantes Verfahren ist auch der Neutralaustausch. Dabei werden die Kalzium- und Magnesium-Ionen durch Natrium-Ionen ersetzt, die die Wasserhärte nicht beeinflussen. Dieses Verfahren ist jedoch nur bei Härtegraden unter 12 dGH anwendbar, da sich ansonsten zu viele Natriumsalze im Wasser ansammeln.

Ein großer, luftbetriebener **Innenfilter,** der im Baukastensystem ausgebaut werden kann.

Jamaikakärpfling, Dreifarbiger *(Poecilia melanogaster)*, aus Jamaika stammende Art, die im Aquarium sehr begierig über die Algen herfällt. Das Aquarium sollte in Fensternähe stehen, da der Fisch sehr sonnenhungrig ist. Der dunkle → Trächtigkeitsfleck ist bei den bis zu 6 cm langen Weibchen besonders stark ausgeprägt.

Javafarn

Javafarn *(Microsorium pteropus)*, eine Farnpflanze, die in sumpfigen Wäldern des tropischen Südostasien an schattigen Stellen wächst. Die Ansprüche, die der J. an die Lebensbedingungen im Aquarium

Javamoos

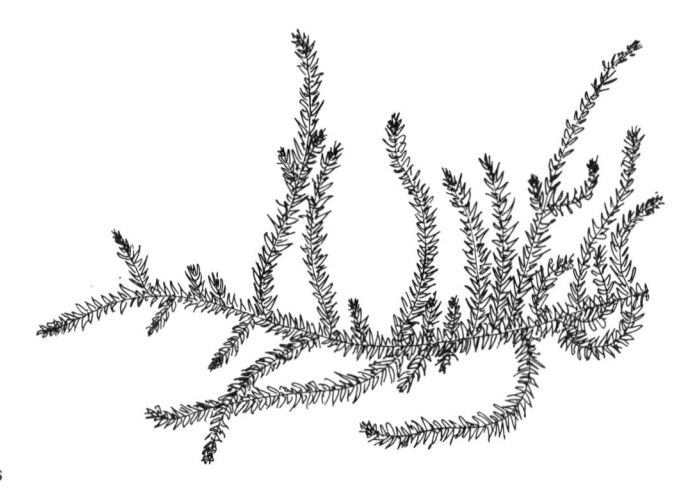

Javamoos

stellt, sind so gering, daß auch Anfänger mit der Bepflanzung keine großen Probleme haben werden. Die Pflanze wächst auch bei geringen Lichtintensitäten und bei eigentlich jedem Härtegrad des Wassers. Wichtig ist nur, daß sie auf keinen Fall in den Boden eingepflanzt wird. Am besten ist eine Befestigung auf Wurzeln, notfalls auch auf Steinen. Sie findet dann im Laufe der Zeit selbst ihren Halt. Die oft dicht zusammenwachsenden Blätter werden bis zu 30 cm lang. Mit zunehmendem Alter bilden sich an ihnen Tochterpflanzen. Absterbende und sich braun färbende Blätter werden entfernt.
Javamoos *(Vesicularia dubyana)*, eine an unser heimisches Quellmoos erinnernde südostasiatische Art, die jedoch wesentlich zarter gebaut ist. Die winzigen Blättchen werden nur 1–2 mm lang, bleiben hellgrün und wachsen auch noch bei wenig Licht. Am sinnvollsten ist die Befestigung von J. auf Holz oder Steinen, auch freischwimmend ist es lebensfähig. Wenn bodenwühlende Fische gehalten werden, sollte das J. an etwas höherer Stelle angebracht werden, damit sich aufgewirbelte Schwebstoffe nicht sofort auf der Pflanze absetzen.
Jordanella floridae, → Floridakärpfling.
Jugendfärbung, bei vielen Fischarten verbreitet. Jungtiere sind meist deutlich unauffälliger gefärbt als erwachsene Individuen (z. B. → Kaiserfische). Bei Arten mit ausgeprägten → Geschlechtsunterschieden sehen auch männliche Jungtiere meist so unauffällig aus wie die Weibchen (→ Geschlechtsumwandlung).

Julidochromis ornatus, → Schlankcichlide, Gelber.
Jungfische, werden in unterschiedlichen Entwicklungsstadien geboren. Bei den → lebendgebärenden Arten sind die Jungen so weit entwickelt, daß sie sofort damit beginnen, Nahrung aufzunehmen. Bei den eierlegenden (oviparen) Arten wachsen die Embryonen zunächst in den → Eiern heran und schlüpfen als Larven. Sie verfügen über einen → Dottersack, aus dem sie noch mehrere Tage lang versorgt werden. Erst dann bilden sich die Verdauungsorgane aus, und dann sind die J. in der Lage, besonderes → Jungfischfutter aufzunehmen. Die Larven sind sehr unbeweglich. Meist heften sie sich mit speziellen → Haftorganen an Pflanzen, Aquarienscheiben etc. Nur bei vergleichsweise wenigen Arten ist die Brut nicht durch Laichräuberei der Elterntiere gefährdet. In der Regel empfiehlt sich deshalb ein geeignetes Aufzuchtaquarium. Auch die J. von Lebendgebärenden Zahnkarpfen, die häufig in Gesellschaftsaquarien gehalten werden, sollten während der ersten Lebenswochen isoliert werden. Damit sollte man am besten schon während des → Ablaichens in einem dafür bestimmten → Laichkasten beginnen. Wenn kein zusätzliches Aquarium aufgestellt werden kann, ist es ratsam, ein größeres Glas in das Aquarium zu hängen, um eine gleichmäßige Temperierung zu gewährleisten. Dieses Aquarienwasser muß dann jedoch regelmäßig gewechselt werden.
juvenil, juv, → adult.

Kaiserfische *(Pomacanthinae)*, mit den → Falterfischen sehr eng verwandt und wie diese nur von erfahrenen Meerwasseraquarianern zu halten. Auffällig ist, daß Jung- und Alttiere sehr unterschiedlich gefärbt sind (→ Tarnung). Verschiedene Arten werden handzahm, man sollte jedoch den Kontakt nicht übertreiben: Am Kiemendeckel besitzen diese großen, wehrhaften Arten einen nicht zu unterschätzenden Stachel. Normalerweise leben die K. einzeln, höchstens paarweise. Auch im Aquarium kann man stets nur Einzeltiere halten. Da die meisten Arten etwa 30 cm lang werden, sind auch nur große Aquarien von mindestens 1,20 m Länge geeignet. Noch nicht ausgefärbte Tiere müssen unbedingt täglich gefüttert werden. Auch die Alttiere brauchen eine abwechslungsreiche Fütterung und regelmäßige → Wasserwechsel. Folgende Arten werden etwas häufiger gehalten: Nicobarenkaiserfisch *(Pomacanthus imperator)*, Franzosen-Kaiserfisch *(Pomacanthus paru)* sowie der Koran-Kaiserfisch *(Pomacanthus semicirculatus)*. Die anderen Kaiserfische (Gattungen *Holacanthus, Centropyge* und *Angelichthys*) sind (mit Ausnahme des Zwergkaiserfisches) so empfindlich in der Pflege, daß sie nicht unbedingt empfohlen werden können.

Kaisersalmler *(Nematobrycon palmeri)*, ein etwa 5 cm langer, sehr dekorativer Aquarienfisch aus Kolumbien. Im Gegensatz zu zahlreichen anderen Salmlern bilden die Männchen zur Fortpflanzungszeit Reviere und verteidigen diese gegen Artgenossen. Auch bezüglich der Haltung im Aquarium ist der K. deutlich empfindlicher als zahlreiche andere Salmlerarten. Während sich diese in der Regel problemlos mit Trockenfutter lange halten lassen, verlangt der K. unbedingt Lebendfutter. Bewährt haben sich gut gereinigte und gehackte Tubifex-Würmer, von denen diese Art ebenfalls im Gegensatz zu den meisten anderen Salmlern große Mengen über einen längeren Zeitraum schadlos vertragen kann. Eine Fütterung überwiegend mit Wasserflöhen hingegen führt zu Verdauungsstörungen und Fischverlusten. Wichtig ist auch eine relativ hohe Temperatur von 26–27° C. Die Nachzucht erfolgt am besten in einem kleinen Becken von 5–10 l Inhalt. Es sollte reichlich mit feinblättrigen Wasserpflanzen eingerichtet werden, an denen die K. ihre bis zu 90 Eier festkleben. Voraussetzung für ein Überleben der Jungtiere ist ein sehr weiches Wasser ohne jede Karbonathärte sowie ein → pH-Wert zwischen 5,5 und 6,5.

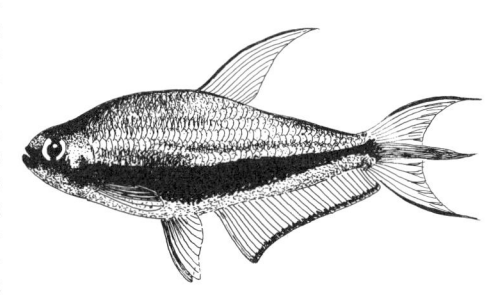

Kaisersalmler

Kalk, → Kalziumkarbonat.
Kalk-Kohlensäure-Gleichgewicht, ein wichtiger → Puffer in unseren Gewässern. Kohlensäure und Kalk stehen so miteinander im Gleichgewicht, daß die Zugabe einer Säure eine vermehrte Kalkbildung, die Zugabe einer Lauge eine verstärkte Kohlensäurebildung zur Folge hat. Das System kann allerdings nur dann funktionieren, wenn ein ausreichender Kalkgehalt vorliegt (→ Wasserhärte). Andernfalls – und das ist sehr leicht in Aquarien mit weichem Wasser der Fall – kann es zu sehr instabilen Verhältnissen kommen. Der Gehalt an Kohlensäure ist in einem solchen Becken entsprechend dem niedrigen Kalkgehalt sehr gering. Wird ein Weichwasserbecken

Kaltwasseraquarium

intensiv beleuchtet, so wird die wenige vorhandene Kohlensäure von den Pflanzen sehr schnell verbraucht, der → pH-Wert steigt und die Gefahr einer → Laugenkrankheit entsteht. Andererseits kann die Zugabe weiterer Säuren (z. B. durch die häufig erforderliche → Torffilterung) einen → Säuresturz verursachen in der Folge mit entsprechenden Krankheiten bei den Fischen (→ Säurekrankheit). Auch bei empfindlichen Weichwasserfischen sollte man zur Zucht das Wasser nicht weicher als 3 dGH machen. Im Normalfall wird man mit 6 dGH, auch bei empfindlichen Arten, auskommen. Eine zu starke → Enthärtung macht das Gesamtsystem zu anfällig.

Kaltwasseraquarium, schwieriger zu pflegen als ein → Warmwasseraquarium. Der Grund dafür liegt in dem hohen Sauerstoffbedarf der einheimischen Fische, die an relativ kaltes Wasser gewöhnt sind. Mit steigenden Temperaturen nimmt die Löslichkeit des Sauerstoffs sehr stark ab, so daß es unter verschiedenen Arten bereits bei Temperaturen von etwa 20° C zu erheblichen Verlusten kommt. Diese treten im Sommer sehr leicht auf, besonders wenn eine künstliche → Beleuchtung eingesetzt wird. Entsprechend den Heizgeräten für Warmwasseraquarien gibt es für Kaltwasseraquarien Kühlaggregate, die allerdings nicht billig sind. Will man diese Ausgabe nicht investieren, bleibt nur noch die Aufstellung in einem kühlen Kellerraum. Ist dieser nicht vorhanden, sollte man die Haltung von Kaltwasserfischen möglichst vermeiden.

Kalziumkarbonat, Kalk, $CaCO_3$, in den meisten Teilen Deutschlands in großen Mengen im Boden enthalten. Es wird dort durch Regen und Grundwasserströme ausgewaschen, so daß unsere Gewässer relativ kalkreich sind. Aufgrund des Kalk-Kohlensäure-Gleichgewichts besitzen die Gewässer einen hervorragenden → Puffer.

Kampffisch *(Betta splendens),* stammt aus Südostasien und erreicht eine Größe von 6 cm. Von ihm sind praktisch ausschließlich Zuchtformen im Handel, die sehr lange farbenprächtige Flossen besitzen und eine extrem hohe Aggressivität aufweisen. Zwei Männchen können unmöglich in einem Becken gehalten werden, da sie sich bis zum Tode eines Tieres bekämpfen. Zur Eiablage baut das Männchen ein großes →

Schaumnest, in das es die vom Weibchen abgelegten Eier bringt. Bei hoher Wassertemperatur von etwa 30° C schlüpfen die Jungen nach 24–36 Stunden. Bis zum Aufzehren des Dotters werden sie vom Männchen bewacht. Sollte es Schwierigkeiten mit dem Weibchen geben, ist dieses aus dem Becken zu entfernen, es kann jedoch nach Herausnahme des Männchens die Brut auch selbst aufziehen. Darüber hinaus werden auch verschiedene andere Kampffischarten angeboten. Einige von ihnen sind → Maulbrüter.

Kampfverhalten, gilt in vielen Fällen der Verteidigung eines → Reviers oder der Festlegung einer → Rangordnung. Es ist also nicht mit dem → Jagdverhalten zu verwechseln, wenngleich es unter Aquarienbedingungen gelegentlich tödlich endet. Es kann davon ausgegangen werden, daß solche Totalverluste im Freiland kaum auftreten. Je gefährlicher die → Waffen sind, die den einzelnen Tieren zur Verfügung stehen, desto ausgeprägter sind allgemein auch die → Demutshaltungen, mit denen unterlegene Tiere einen Kampf jederzeit abbrechen können. Hinzu kommt, daß im Freiland selten um «alles oder nichts» gekämpft wird. Droht ein Männchen beim Kampf um ein Revier zu unterliegen, so kann es in der Regel mühelos fliehen. Es hat dann immer noch die Möglichkeit, an einer anderen eventuell etwas weniger gut geeigneten Stelle ein neues Revier abzugrenzen. Im Aquarium besteht diese Fluchtmöglichkeit nicht, so daß schon aus diesem Grunde das K. viel erbitterter und langwieriger ist. Für den Ausgang eines Kampfes ist oft weniger die Körperkraft als vielmehr der «Heimvorteil» von Bedeutung. Revierbesitzer haben die bessere Ortskenntnis und sind «moralisch im Recht», was dazu führt, daß häufig auch viel stärkere Gegner besiegt werden. Die Bereitschaft zu einem Kampf besteht nicht das ganze Jahr über, sondern ist häufig von der Fortpflanzungszeit abhängig. Auch Arten, die bislang im Schwarm gelebt haben, können dann zu erbitterten Gegnern werden. Ein Kampf verläuft bei den einzelnen Arten sehr unterschiedlich, fast immer jedoch nach festen Regeln. Meist beginnt er mit einer ausgeprägten Phase des Drohens. Die Kontrahenten spreizen die Flossen, um dem Gegner jeweils einen Eindruck von der eigenen Körpergröße zu vermitteln. In den meisten Fällen ist eine beginnende Auseinandersetzung damit schon entschieden. Im Aquarium ist häufig zu beobachten, daß dieses Flossenaufrichten vielleicht nur eine Sekunde währt, in der ein zu nahe gekommener möglicher Gegner sich bereits wieder abgewandt hat. Sollte dieser jedoch einem Kampf nicht ausweichen wollen, so wird auf der nächsten Stufe die Körperkraft demonstriert. Auch dafür ist oft kein körperlicher Kontakt erforderlich. Rivalisierende Fadenfische schwimmen z. B. dicht nebeneinander und erzeugen mit den Flossen einen Wasserdruck gegen den Körper des Rivalen. An der Stärke dieses Druckes kann das schwächere Tier oft schon seine geringen Chancen erkennen. Bei vielen Arten findet zusätzlich oder ergänzend ein → Maulkampf statt, der in unterschiedlichen Formen ausgeübt werden kann und bei dem die Fische ziehend oder schiebend ihre Kräfte vergleichen. Aufgrund der festen Regeln, nach denen solche Kämpfe ablaufen, hat man ihnen auch den Namen Kommentkämpfe gegeben. Sie beinhalten eine «sportliche» Behandlung des Gegners. Falls dieser, etwa wie die Labyrinthfische, zum Luftholen an die Wasseroberfläche muß, wird der Kampf unterbrochen.

Karbonathärte, temporäre Härte, derjenige Anteil der Wasserhärte, der sich leicht aus dem Wasser entfernen läßt. Am einfachsten geschieht dies durch Erhitzen, wobei → Kohlendioxyd aus dem Wasser ausgetrieben wird, so daß schwerlösliches Karbonat ausfällt und sich als der bekannte Kesselstein absetzt. Eine andere Möglichkeit der Entkarbonisierung besteht im Einsatz von → Ionentauschern.

Kardinalfisch *(Tanichthys albonubes)*, eine auch ohne Heizung gut zu haltende Art, die in der Region von Hongkong vorkommt. Die optimalen Haltungsbedingungen liegen bei einer Wassertemperatur etwa um 20° C, unter deutlich höheren Temperaturen läßt die Vitalität spürbar nach. Wenn man die üblichen → Wasserwechsel einhält, wird man auch hinsichtlich der Wasserqualität mit dem K. keine Probleme haben. Er toleriert die unterschiedlichsten Härtegrade und → pH-Werte. Als Zuchtaquarium reicht für die knapp 4 cm langen Fische ein 10-l-Becken völlig aus. Es sollte eine Ausgangstemperatur von 20° C besitzen sowie einen dichten, feinblättrigen Wasserpflanzenbestand. Nach einer Temperaturerhöhung um 2° C setzt intensive Balz ein, auf die das Weibchen nach einigen Stunden eingeht. Zur Eiablage ziehen sich beide Partner in das Wasserpflanzendickicht zurück. Bei mehreren Ablaichvorgängen stoßen die Weibchen jeweils 4–6 Eier aus, ein Vorgang, der sich über zwei Tage hinziehen kann. Da sie gelegentlich anschließend den Laich selbst auffressen, sollten sie aus dem Zuchtaquarium entfernt werden. Nach zwei Tagen schlüpfen die ersten Jungen, die sich auch gut mit Trockenfutter aufziehen lassen.

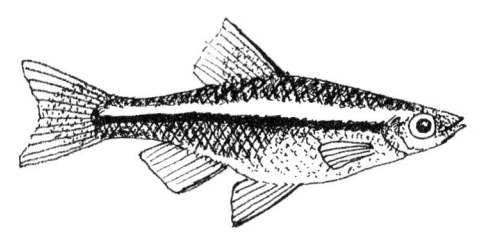

Kardinalslobelie *(Lobelia cardinalis)*, Aquarienpflanze, deren Wildform auf nassen Wiesen in Nordamerika wächst. Dennoch ist sie auch im Warmwasseraquarium gut zu halten, wobei der rasche Wuchs und damit die Bereitschaft, auch weit über die Wasseroberfläche hinauszuwachsen, häufigen Beschnitt erfordern. Die intensiv roten, glöckchenähnlichen Blüten befinden sich an der Spitze eines bis zu 2 m langen Blütenstiels, der über die Wasseroberfläche hinausragt. Auch in Kaltwasseraquarien kann die K. gehalten werden. Beim

Legenden für Bildseiten 97 bis 100

Gabelschwanz-Tanganjikabarsch *(Lamprologus brichardi)*, eine in Höhlen ablaichende Art aus dem Tanganjikasee. Die bis 10 cm langen Fische sind für den Anfänger gut zu pflegen. Beide Eltern kümmern sich (wenn auch nicht sehr intensiv) um die Jungen. Auch während der Folgebrut kann der erste Jungfischschwarm im Becken bleiben.

Kobaltorangebarsch *(Pseudotropheus johanni)*, die aus dem Malawisee stammende, bis 10 cm lange Art zeigt auffällige Geschlechtsunterschiede. Es handelt sich um Maulbrüter, welche Eier und Jungen etwa 3 Wochen im Maul tragen. Am besten in hartem, mit 10 bis 20 g Seesalz angereichertem Wasser zu halten. Nicht für Anfänger geeignet.

Türkisgoldbarsch *(Pseudotropheus auratus)*, bis 11 cm langer Maulbrüter aus dem Malawisee, der dort auf felsigem Untergrund lebt. Die relativ wenigen Jungen verlassen nach etwa 25 Tagen erstmals das Maul der Mutter und sind dann bereits etwa 10 mm lang. Das große Aquarium sollte zahlreiche Verstecke besitzen.

Goldfasankärpfling *(Roloffia occidentalis)*, mit 10 cm Länge gehört diese Art zu den kräftiger gebauten Eierlegenden → Zahnkarpfen. Es handelt sich um einen ausgesprochenen → Saisonfisch, dessen Eier 3–6 Monate lang in feuchtem Torf liegen müssen, bevor die Jungen schlüpfen. Kochsalzzugaben von 5 g/10 l haben sich bei diesem aus Westafrika stammenden Fisch gut bewährt. Benötigt wird darüber hinaus weiches, schwach saures Wasser.

Walters Prachtkärpfling *(Aphyosemion walkeri)*, kommt wild von der Elfenbeinküste bis Ghana vor. Die Art wurde früher häufig mit dem → Nigeria-Prachtkärpfling verwechselt, dem sie sehr ähnlich sieht. Sie erreicht eine Länge bis 6,5 cm und kann sowohl häufig als auch problemlos in Aquarien gehalten werden. Ein idealer Fisch für den Anfänger.

Kap Lopez *(Aphyosemion australe)*, ein Eierlegender → Zahnkarpfen, der als besonders farbenprächtiger Fisch leicht zu halten ist. Er stammt aus moorigen Gewässern an der afrikanischen Westküste, ist im Aquarium friedlich und laicht bei 22–24° C auch problemlos ab. Die Entwicklungszeit der Eier beträgt 12–20 Tage.

Nigeria-Prachtkärpfling *(Aphyosemion gardneri)*, sehr farbenprächtig und leicht zu halten, am besten jedoch in einem Aquarium, das für den nur etwa 6 cm langen Fisch aus dem Niger nicht zu groß sein braucht. Die Ablage der Eier erfolgt sowohl an Pflanzen als auch direkt auf dem Boden. Die Entwicklungsdauer beträgt 12–20 Tage bei 22°C.

Prachtkärpfling, Gebänderter *(Aphyosemion bivittatum)*, im Freiland lebt die bis 4 cm lange Art in den Urwaldtümpeln Togos. Sie ist im Aquarium sehr friedlich und farbenprächtig, liebt jedoch weiches, saures Wasser sowie einen Torfuntergrund. Der Fisch laicht dann gern an Pflanzen ab.

Schmalbarsch *(Pseudotropheus elongatus)*, die bis 10 cm langen Fische stammen aus dem Malawisee. Die Weibchen sind Maulbrüter, die ihre Jungen allein aufziehen. Die Haltung des S.s empfiehlt sich nur für Kenner, die das harte, salzhaltige Wasser des Malawisees herstellen können.

Weißpunkt-Brabantbuntbarsch *(Tropheus duboisi)*, sehr ähnlich dem Brabantbuntbarsch, jedoch deutlich kleiner und im Malawisee nicht häufig vorkommend. Auffallend ist die mit 5–8 Stück sehr geringe Eizahl. Eine intensive Brutpflege dieses Maulbrüters gewährleistet dennoch einen guten Bruterfolg. Wie alle Buntbarsche aus dem Malawisee nur für Spezialisten zu empfehlen.

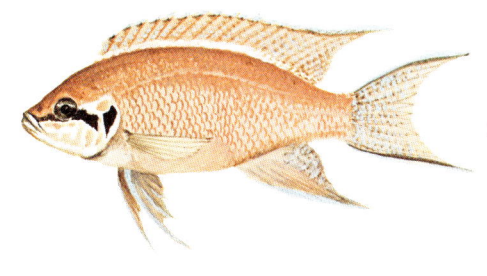

Gabelschwanz-Tanganjikabarsch

Kobaltorangebarsch (männlich)

Türkisgoldbarsch (männlich)

Kobaltorangebarsch (weiblich)

Türkisgoldbarsch (weiblich)

Blauer Zebramaulbrüter

Schmalbarsch

Weißpunkt-Brabantbuntbarsch

Blauer Diskus

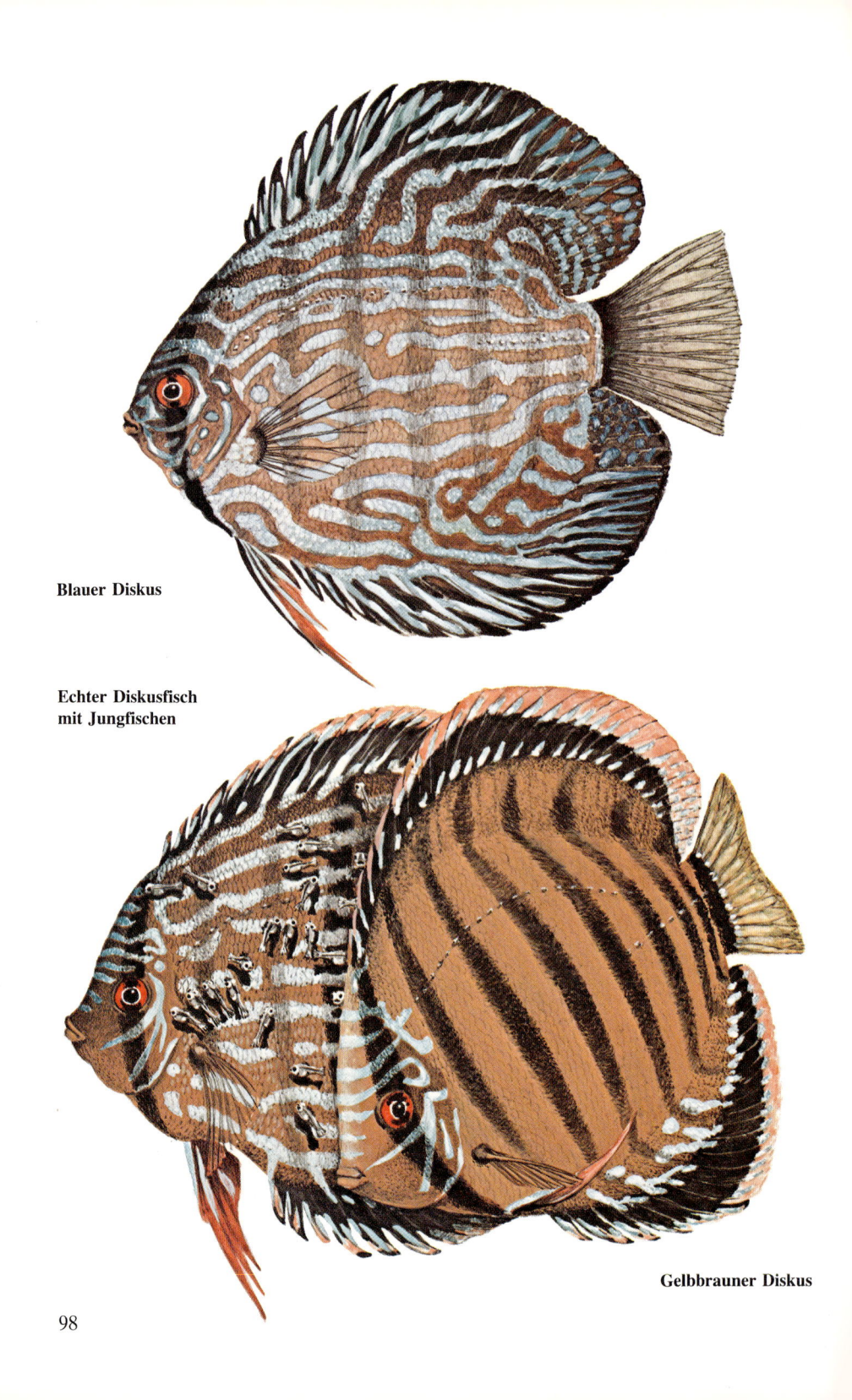

Echter Diskusfisch mit Jungfischen

Gelbbrauner Diskus

Kap Lopez

Goldfasankärpfling

Nigeria-Prachtkärpfling

Prachtgrundkärpfling

Gebänderter Prachtkärpfling

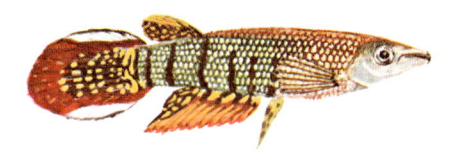

Streifenhechtling

Walters Prachtkärpfling

Querbandhechtling

Gelber Pinzettfisch

Augenfleck-Falterfisch

Gelbschwanz-Demoiselle

Mondsichel-Falterfisch

Weißkehl-Doktorfisch

Eigentlicher Kaiserfisch

Kauf ist zu berücksichtigen, daß unter der Bezeichnung K. eine größere Zahl ähnlich aussehender Pflanzenarten angeboten wird.

Karfunkelsalmler *(Hemigrammus pulcher)*, Schwarmfisch, der nicht so lebhaft ist wie andere Salmlerarten. Die regelmäßig importierten Tiere stammen aus Peru und besiedeln dort den Oberlauf des Amazonas. Für den Anfänger sind sie nur dann geeignet, wenn relativ weiches Wasser bei

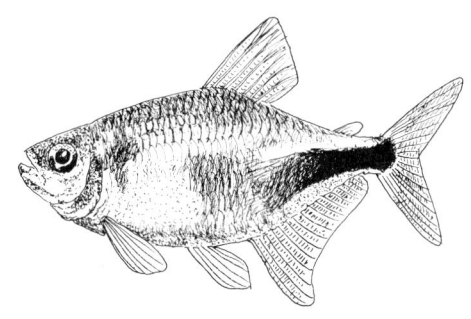

Karfunkelsalmler

schwachsaurem → pH-Wert geboten werden kann, was am einfachsten über → Torffilterung zu erreichen ist. Der bis zu 5 cm lange K. hält sich auch im Gesellschaftsbecken dann sehr gut, wobei er meist in den mittleren Wasserschichten schwimmt. Für die Zucht braucht man ein 30–50 Liter fassendes Becken, in das die Weibchen nur dann eingesetzt werden dürfen, wenn sie wirklich laichbereit sind. Andernfalls kann es nach intensiver Balz der Männchen dazu kommen, daß diese das Weibchen töten.

Karpfenlaus, parasitisch lebender Krebs, der sich an der Haut der Fische festklammert und mit einem Saugrüssel ein Blutgefäß anstichт. Bei kleinen Fischen führt dann der erhebliche Blutverlust häufig zum Tod. Durch ihre nächtliche Lebensweise bleiben sie jedoch lange Zeit verborgen. Sollte der Verdacht eines Befalls bestehen, muß man nachts gelegentlich mit einer Taschenlampe in das Aquarium leuchten und die Fische kontrollieren. Die oft 5 mm große K. ist in der Regel problemlos mit dem Netz zu fangen.

Karussellschwimmen, Teil des → Kampfverhaltens bei Fischen. Die Gegner versuchen zunächst, einander durch starke Flossenbewegungen zu imponieren, was häufig, besonders unter Aquarienbedingungen, auch mit einer wilden Beißerei enden kann.

katadrome Wanderfische, Arten, die normalerweise im Süßwasser leben, jedoch zeitweise auch in Meerwasser eindringen. Ein bekanntes Beispiel ist der → Aal, der fast ausschließlich im Süßwasser lebt, jedoch erst im Meer zur Fortpflanzung schreitet. Die umgekehrte (→ anadrome Wanderfische) Wanderrichtung in Süßwasser ist jedoch wesentlich häufiger.

Katzenwels, → Zwergwels.

Kaudi *(Phalloceros caudimaculatus)*, Scheckenkärpfling, ein Lebendgebärender → Zahnkarpfen aus Südamerika, der beachtliche Geschlechtsunterschiede aufweist: Weibchen werden bis zu 6 cm lang, Männchen erreichen noch nicht einmal die Hälfte. Eine leicht zu haltende Art, die auch Temperaturschwankungen gut verträgt. Eine bereits seit Ende des Jh.s gehaltene Rasse ist der Scheckenkärpfling, der allerdings keine Temperaturen unter 20° C toleriert.

Kauf von Fischen, sollte stets sehr kritisch erfolgen. In einwandfrei geführten zoologischen Fachgeschäften befinden sich keine toten oder sterbenden Fische in den Aquarien. Es wird auch für verschiedene Aquarien nicht das gleiche Netz zum Herausfangen der Tiere benutzt, um eine evtl. Übertragung von Krankheiten zu vermeiden. Man sollte sich die einzelnen Fische sehr sorgfältig anschauen und nicht evtl. «aus Mitleid» einen kranken Fisch akzeptieren. Bei empfindlichen Wildfängen (besonders bei Meeresfischen) muß man prüfen, ob die Fische bereits fressen. Ist dies nicht der Fall, steigt das Verlustrisiko. Der Transport erfolgt heute in den meisten Fällen problemlos in Kunststoffbeuteln, in die Druckluft eingeleitet wird. Der gekaufte Fisch sollte zunächst in → Quarantäne gehalten werden. Der Beutel wird dafür zunächst eine Zeitlang auf die Wasseroberfläche des Quarantänebeckens gelegt, damit sich die Wassertemperatur angleichen kann. Anschließend werden im Zeitraum von etwa einer halben Stunde mehrfach kleinere Wassermengen aus dem Becken in den Plastikbeutel übernommen, so daß sich der Fisch an die Wasserverhältnisse seiner neuen Umgebung gewöhnen kann. Erst dann sollte man ihn in das Aquarium lassen.

Kauf von Wasserpflanzen, in der Regel fällt die Entscheidung hierüber im Zoogeschäft. Das ist nur dann zu vertreten, wenn man dort auf eine reiche Auswahl und einen Händler trifft, der auf die individuellen Wünsche eingehen kann und eine fachkundige Beratung durchführt. Falls dies nicht sichergestellt ist, sollte man sich lieber zunächst in der Fachliteratur informieren, welche Pflanzenarten jeweils besonders geeignet sind. Will man z. B. ein → Biotopaquarium einrichten, in dem Lebensbedingungen des tropischen Südamerika hergestellt werden sollen, so eignen sich südostasiatische → Wasserkelcharten dafür natürlich nicht. Für das normale Zierfischaquarium sind solche an der Geographie orientierten Überlegungen jedoch häufig uninteressant, da sich südamerikanische und asiatische Pflanzenarten gut zusammen in einem Aquarium halten lassen. In allen Bereichen gibt es jeweils Arten, die mehr oder weniger hartes Wasser vertragen, welche die gleichen Anforderungen an den Bodengrund stellen, sich bei derselben Temperatur wohl fühlen und sich in ihrem Wachstum nicht gegenseitig behindern. Beim Kauf sollte darauf geachtet werden, daß man nur wirklich gesunde Pflanzen erhält. Während man sich bei Stengelpflanzen in der Regel durch Triebstecklinge selbst rasch weiteres Pflanzenmaterial heranziehen kann, ist diese Grundbedingung besonders bei den Arten wichtig, die sich nicht so leicht unter Aquarienbedingungen vermehren. Wenn die Pflanze größere Wurzelstöcke, Knollen oder Zwiebeln bildet, sind diese sorgfältig auf etwaige Faulstellen zu untersuchen. Für die Ersteinrichtung eines Aquariums ist die Anschaffung z. B. des Indischen → Wasserwedels zu empfehlen. Diese Art kann bei günstigen Bedingungen pro Tag mehrere Zentimeter wachsen und sorgt rasch dafür, daß das Becken nicht mehr leer aussieht. So gewinnt man Zeit, sich in aller Ruhe dann die Pflanzenarten zu besorgen, die endgültig ins Aquarium eingepflanzt werden sollen. Die raschwüchsigen Anfangsarten werden dann Zug um Zug ersetzt.

Kaulquappenwels, Afrikanische → Harnischwelse, vom Körperbau her sehr ähnlich dem in Südamerika lebenden Harnischwels, jedoch als eigene Familie zusammengefaßt (→ Phractura ansorgei).

Keilfleckbarbe *(Rasbora heteromorpha)*, beliebter Schwarmfisch in vielen Gesellschaftsaquarien. Freilebend findet man die Art von Thailand bis nach Indonesien. Dort lebt sie in unterschiedlichsten Gewässern, teilweise auch auf Reisfeldern. Im Aquarium bevorzugt sie eine sehr dichte Bepflanzung, einen dunklen Bodengrund und eine leichte Beschattung durch Schwimmpflanzen etc. Je nach Beckengröße sollte ein möglichst großer Schwarm gehalten werden, da sich die K. dann am wohlsten fühlt. Der → pH-Wert muß schwach sauer sein. Besonders zur Zucht wird empfohlen, die Karbonathärte fast völlig und die Nichtkarbonathärte bis auf einen Rest von höchstens 6° zu entfernen. Nur dann ist gewährleistet, daß sich die Embryonen ohne Schädigungen entwik-

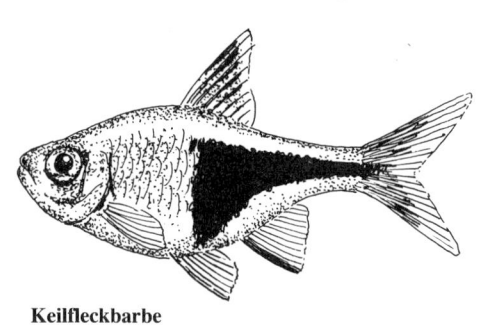

Keilfleckbarbe

keln. Die Eiablage erfolgt nach einer interessanten Balz an der Unterseite größerer Wasserpflanzenblätter. Ein spezielles Zuchtaquarium, wobei 10 l ausreichend sind, kann z. B. sehr gut mit → Wasserkelch-Arten eingerichtet werden. Bei der Ablage der Eier drehen sich beide Partner auf den Rücken. Während das Weibchen das klebrige Ei an die Blattunterseite drückt, wird es vom Männchen befruchtet. Auf diese Weise erhält man gelegentlich über 200 Eier. Nach dem Ablaichen müssen beide Partner sofort aus dem Zuchtbecken entfernt werden, da sie ihren Laich auffressen. Nach etwa einem Tag schlüpfen die ersten Jungfische, die sich zunächst noch einige Tage von ihrem Dottersack ernähren, bis sie mit kleinstem Lebendfutter versorgt werden müssen.

Kiemen, möglichst großflächige Organe, mit deren Hilfe Sauerstoff aus dem Wasser aufgenommen wird (→ Atmung). Bei Amphibienlarven, aber auch bei verschiedenen Jungfischen sind die K. lediglich büschelförmige Hautausstülpungen, die ungeschützt über die Körperoberfläche hinausragen. Sie kommen aufgrund der Fortbewegung des Tieres oder durch natürliche Wasserströmungen ständig mit frischem, sauerstoffreichem Wasser in Kontakt. Normalerweise liegen die K. jedoch deutlich besser geschützt im Körperinneren. In der Regel befinden sie sich in der hinteren Rachenhöhle und werden von Wasser umspült, das vom Fisch regelmäßig durch den Mund aufgenommen wird. Bei dem hochspezialisierten → Algenfresser gibt es eine spezielle Kiemenöffnung, durch die das Wasser eintritt. Die Aufnahme des Sauerstoffs und die Abgabe des Kohlendioxyds erfolgen um so schneller und vollständiger, je größer die Oberfläche der K. ist. Bei den sehr primitiven Larven der → Neunaugen bestehen sie lediglich aus einem sackförmigen Gebilde, dessen Oberfläche durch Hauteinfaltungen etwas vergrößert worden ist. Höher entwickelte Arten, die einen größeren Sauerstoffbedarf haben, besitzen mehrere sogenannte Kiemenbögen. Diese tragen auf der hinteren Seite die atmungsaktiven Organe, an ihrer Vorderseite jedoch in vielen Fällen ein Reusensystem, mit dem sie Nahrungsteile aus dem Atemwasser herausfiltern. Dadurch wird gleichzeitig gewährleistet, daß das empfindliche Atmungsorgan nicht geschädigt wird. Knochenfische besitzen auf der rechten und linken Seite des Rachenraums jeweils 4 Kiemenbögen. An ihnen setzen 2 Reihen jeweils nach hinten gerichteter Kiemenblätter an. Sie werden durch Knorpelstrahlen gestützt. Auf den Kiemenblättern wiederum befinden sich zahlreiche (etwa 150 pro cm) sogenannte sekundäre Lamellen, die besonders dünnhäutig sind und die eigentliche atmungsaktive Oberfläche darstellen. Durch diese platzsparende Aufteilung wird erreicht, daß bei den meisten Fischarten pro Gramm Körpergewicht 1–4 cm^2 Kiemenfläche zur Verfügung stehen. Bei einigen Arten werden sogar Spitzenwerte von 8 cm^2/g erreicht. Der Kiemenapparat kann vom Fisch aktiv jeweils so eingestellt werden, daß er optimal vom Atemwasser durchströmt wird. Die ruckartigen Atembewegungen vermitteln zwar den Eindruck einer unregelmäßigen Wasserströmung, doch der gesamte Mund- und Rachenraum stellt funktionell zwei hintereinandergeschaltete Pumpsysteme dar, die den Wasserdruck jeweils so steuern, daß die K. gleichmäßig mit Wasser versorgt werden.

Kiemenkrebse, im Kiemenraum der Fische lebende Parasiten. Der Verdacht auf einen Befall liegt nahe, wenn Atembeschwerden auftreten, die auch nach einem → Wasserwechsel bestehen bleiben. Eine Behandlung ist mit einer → Trichlorofon-Lösung leicht möglich.

Kiemensackwels *(Heteropneustes fossilis),* häufiger, z. B. auch als albinotische Zuchtformen, im Handel angeboten, jedoch nur für Spezialisten interessant! Der K. paßt überhaupt nicht in ein Gesellschaftsaquarium, wenngleich seine Haltung gelegentlich mit dem Hinweis auf reichliche Fütterung als möglich bezeichnet wird. Die Fische sind derart gefräßige Räuber, daß sie keine Möglichkeit der Nahrungsaufnahme ungenutzt lassen. In ihren natürlichen Lebensräumen – in Afrika und Südostasien – wurde gelegentlich sogar beobachtet, daß sie aus dem Wasser herauskriechen und sich schlängelnd an Land fortbewegen, um dort zusätzliche Beute zu machen. Dazu sind sie wegen eines speziellen Atmungsorgans, dem sie auch ihren Namen verdanken, in der Lage. Die sich von den Kiemen entlang der Wirbelsäule fortsetzenden Säcke können mit Luftsauerstoff gefüllt werden und auf diese Weise die Funktion einer Lunge zumindest teilweise übernehmen. Die meisten Arten werden zwischen 30 und 100 cm lang, sind nachtaktiv und im Aquarium mit einer abwechslungsreichen Nahrung aus Würmern und Frischfleisch, aber auch vegetarischer Beikost wie Haferflocken und Kartoffeln zu füttern.

Kiemenwürmer, → Saugwürmer.

Kieselgel, ein in kleinen, 3–5 mm großen Kugeln hergestelltes Material, das aus Kieselsäure besteht und zahlreiche Poren aufweist: In diesen sammelt sich sehr leicht Wasser an, so daß das K. etwa 20 % seines Volumens zusätzlich an Wasser speichern kann. Es wird in der Aquaristik in erster Linie verwandt, um die einem → Ozonisator zugeleitete Luft zu trocknen oder aber auch, um selbst → gefriergetrocknetes Futter herzustellen. Da man dem K. normalerweise nicht ansehen kann, wann sein Wasserbindungsvermögen erschöpft ist, wird es häufig mit speziellen

Indikatorstoffen behandelt (Kobalt-(II)-Chlorid), die das trockene Material schwach blau, mit zunehmender Wasseraufnahme jedoch schwach rot färben. Das nach genügender Wasseraufnahme funktionslos gewordene K. kann sehr einfach regeneriert werden, in dem es auf etwa 150° C erwärmt wird. Mit zunehmender Trocknung des Materials erfolgt dann auch wieder die Farbänderung nach Blau. Auf diese Weise getrocknetes K. sollte sinnvollerweise luftdicht aufbewahrt werden, damit es keine Luftfeuchtigkeit aufnehmen kann.

Killi-Fische, → Zahnkarpfen, Eierlegende.

Kirschflecksalmler, 1. *(Hyphessobrycon erythrostigma),* eine aus Kolumbien stammende, gelegentlich über 10 cm lange Art, die sich im Aquarium gut hält, wenngleich sie sich auch nicht leicht fortpflanzt. Sie ist auch im Schwarm sehr gut zu halten, wobei sich paarungswillige Männchen zwar

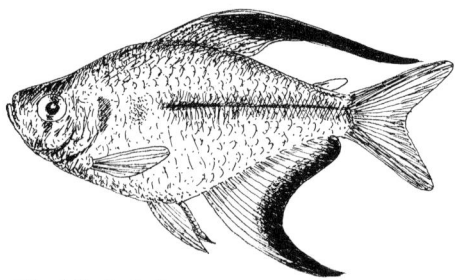

Kirschflecksalmler

gegenseitig bedrohen, jedoch nicht ernstlich bekämpfen. Wichtig sind regelmäßige Wasserwechsel, eine sehr abwechslungsreiche Fütterung – auch mit Lebendfutter – sowie recht hohe Temperaturen von 25 bis 26° C. **2.** *(Hemigrammus rodwayi),* eine früher häufiger importierte Art, die sehr eng mit dem → Goldsalmler verwandt ist, jedoch anstelle des schwarzen Flecks an der Schwanzwurzel einen deutlich auffallenden roten Fleck trägt.

Kitt, früher häufig beim Bau von Gestellaquarien verwendet. Der K. hat jedoch den Nachteil, daß er relativ hart wird und bei Druckänderungen (z. B. Verkanten des Beckens beim Transport) reißt und undicht wird. Da einige Sorten auch giftig sind, sollte man nur → Silikonkautschuk verwenden.

Knochenzüngler *(Osteoglossum-Arten),* eine Fischfamilie mit recht urtümlichem Körperbau. Ihren Namen hat sie aufgrund ihres merkwürdigen zahnbewehrten Gebildes im Bereich der Zunge erhalten. Eine besonders spektakuläre Art ist der größte Süßwasserfisch der Welt, der Arapaima, der in zahlreichen zoologischen Gärten zu sehen ist. Der Riesenfisch, der eine Länge bis zu 5 m erreichen soll (die meisten Exemplare sieht man allerdings mit einer Länge von etwa 2 m), stammt aus dem Amazonas und wird dort als geschätzter Speisefisch auch nachgezüchtet. Während diese Art für normale Zimmeraquarien natürlich ausscheidet, wird häufiger der K. Osteoglossum bicirrhosum angeboten, der ebenfalls im Amazonas vorkommt und dort über 1 m lang werden kann. Aquarienexemplare bleiben natürlich kleiner, stellen allerdings erhebliche Ansprüche an die Pflege. Wichtig ist weiches, über → Torf gefiltertes Wasser mit einer Temperatur von 25° C. Die Ernährung ist nur mit Lebendfutter möglich, bei den meist eingeführten Jungfischen zunächst mit Wasserflöhen und Insektenlarven, später müssen aber auch Lebendfische angeboten werden. Unter geeigneten Bedingungen kommt es im Aquarium sogar zur Nachzucht. Frühere Vermutungen, daß die Eier im Maul des Weibchens bis zum Schlüpfen der Jungen transportiert werden, konnten dadurch inzwischen bestätigt werden.

Knorpelfische *(Chondrichthyes),* Fische, die im Unterschied zu den → Knochenfischen über ein knorpeliges Skelett verfügen. In der Regel handelt es sich um sehr altertümliche Formen, die – wie z. B. die Haie – seit einigen hundert Millionen Jahren von der Grundkonstruktion her unverändert geblieben sind. Die knorpelige Ausbildung des Skeletts ist zwar eine primitivere Form, es hat sich jedoch gezeigt, daß es sich dabei teilweise um Rückbildungen handelt und früher also bereits einmal verknöcherte Bereiche im Skelett vorhanden waren. Typisch für diese Arten ist darüber hinaus, daß sie über keine Schwimmblase verfügen, mit deren Hilfe sie den Auftrieb im Wasser steuern können. Verschiedene Arten (z. B. die Haie) besitzen auch keine ausgebildete Atemmuskulatur (→ Atmung), so daß die meisten von ihnen ständig schwimmen müssen, um ein kontinuierliches Durchströmen der Kiemen mit sauerstoffreichem Wasser zu gewährleisten. Auffallend – allerdings nur auf dem Seziertisch – ist auch noch der besondere Bau des Darms, der durch eine spezielle Ausstülpung wie eine lange Spirale geformt ist. Zu beachten sind noch die verknöcherten → Schuppen, aus denen sich – dies nur am Rande – im Laufe von Jahrmillionen auch unsere menschlichen Zähne entwickelt haben. Für die Aquarienhaltung sind die meisten Arten ungeeignet, da sie in der Regel sehr groß werden. Lediglich der Kleingefleckte Katzenhai und der Nagelrochen sind – aber auch nur in großen Aquarien – relativ leicht zu halten.

Knurrhahn, Roter *(Trigla lucerna)*, bis zu 60 cm langer Fisch, der von der Nordsee bis Südafrika verbreitet ist. Die direkt hinter den Kiemen ansetzenden → Flossen sind zu Schreitorganen umgewandelt, mit deren Hilfe der Fisch am Boden laufen kann. Die Ernährung erfolgt überwiegend mit Lebendfutter, notfalls auch mit Muschelfleisch. Das Aquarium muß gut abgedeckt werden, da die Art häufig springt.

Koboldkärpfling *(Gambusia affinis)*, eine früher nur in den südlichen USA vorkommende Art, die jedoch weltweit in Sumpfgebieten angesiedelt worden ist, um Mükkenlarven zu dezimieren. Die Weibchen werden 4,5 cm lang, Männchen nur etwa halb so groß. Die Art ist in einem dichtbepflanzten Becken problemlos zu halten.

Körperfärbung, → Färbung.

Körpertemperatur, sowohl Fische als auch alle anderen normalerweise in Aquarien gehaltene Arten sind wechselwarm, können also ihre K. nicht selbst regulieren. Sie entspricht jeweils in etwa der Temperatur ihrer Umgebung. Da auch die Ablaufgeschwindigkeit biochemischer Reaktionen im Körper stark von der Temperatur abhängig ist, sind solche wechselwarmen Arten bei abnehmenden Bewegungstemperaturen auch deutlich träger. Die meist niedrige K. hat zwar den Nachteil, daß nicht langandauernde Hochleistungen erbracht werden können, sie bietet jedoch erhebliche Vorteile für den Energiehaushalt. Letzterer ist für viele Fischarten entscheidend, wenn sie wie in unseren heimischen Gewässern während des Winters eine längere nahrungsarme Ruhepause einlegen müssen. Warmblütige Tiere würden unter diesen Bedingungen mehr Energie verlieren, als sie um diese Jahreszeit durch Nahrung ersetzen könnten. Die starke Temperaturabhängigkeit des Stoffwechsels gibt dem Aquarianer einen zusätzlichen Spielraum: Verschiedene → Saisonfische, die im Freiland oder bei relativ hohen Wassertemperaturen im Aquarium nur etwa 9 Monate überleben, können in etwas kälterem Wasser durchaus ein Alter von 2 Jahren erreichen. Darüber hinaus läßt sich bei vielen Arten durch eine leichte Temperaturerhöhung von 1–2° eine erhöhte Fortpflanzungsbereitschaft erreichen. Erwähnenswert ist noch, daß verschiedene Fischarten, darunter auch viele heimische, eine mehrmonatige → Ruheperiode mit erheblich geringeren Temperaturen benötigen, um in den Folgemonaten überhaupt zur Fortpflanzung zu schreiten. Die niedrige K. der Fische (Säugetiere 37° C, Vögel 42° C) erklärt auch, warum sie körperliche Höchstleistungen nur über relativ kurze Zeit erbringen können. Während einer hohen Belastung sammelt sich Milchsäure in der Muskulatur an (welche bei uns den «Muskelkater» erzeugt), die bei niedrigen Temperaturen nur langsam wieder abgebaut werden kann. Fische erholen sich also wesentlich langsamer als Säugetiere oder gar Vögel. Bei jeder Muskelarbeit wird allerdings auch Wärme frei. Dadurch ist es zu erklären, daß schnelle Schwimmer eine höhere Temperatur aufweisen können als ihre Umgebung. Bei Thunfischen hat man so einen Temperaturunterschied von 9° C festgestellt. Merkwürdigerweise hat man aber bei anderen Fischen gefunden, daß die K. deutlich niedriger war als das umgebende Wasser.

Kohlendioxyd, CO_2, Verbindung aus einem Kohlenstoff- und zwei Sauerstoffatomen. Innerhalb der Gewässer, besonders auch im Aquarienwasser, nehmen die verschiedenen Reaktionen des K.s eine zentrale Stellung ein. Die in der Luft und im Wasser befindlichen Konzentrationen von K. stehen miteinander in einem Gleichgewicht. Wird Luft intensiv mit dem Wasser vermischt, so wird K. aus dem Wasser ausgetrieben und steht nicht mehr für die → Photosynthese der Pflanzen zur Verfügung. Aus diesem Grund ist von einer Verwendung der beliebten → Ausströmersteine abzuraten. Im Wasser selbst liegen 99,3 % des K.s als im Wasser gelöstes Gas

Kohlendioxyddiffusor

vor, die restlichen 0,7 % reagieren mit dem Wasser zu → Kohlensäure. Diese wiederum steht mit → Hydrogenkarbonaten in einem → Kohlensäure-Kalk-Gleichgewicht, das als → Puffer eine besonders wichtige Rolle spielt. Die Beweglichkeit des gasförmigen K.s im Wasser (die Diffusionsgeschwindigkeit) ist 8640mal langsamer als in der Luft. Bei intensiver Beleuchtung ist daher auch eine stärkere Wasserbewegung durch → Filterung vorzusehen, damit eine regelmäßige Versorgung gewährleistet ist. Falls dies nicht mehr der Fall ist, können die Pflanzen auch dazu übergehen, K. durch → biogene Entkalkung zu bewinnen.

Kohlendioxyddiffusor, ein zur → Kohlendioxyddüngung eingesetztes Gerät, das eine kontinuierliche Abgabe der wichtigen Pflanzennährstoffe an das Wasser gewährleisten soll. Derzeit im Handel angebotene Geräte müssen regelmäßig gelüftet werden, da die Kohlendioxydabgabe durch die Ansammlung anderer Gase behindert wird.

Kohlendioxyddüngung, im Interesse eines guten Pflanzenwachstums erforderlich. Das von den Fischen abgegebene → Kohlendioxyd reicht in der Regel längst nicht aus, um den Bedarf der Wasserpflanzen zu decken. Diese stellen aus diesem Grunde häufig das Wachstum ein oder verlangsamen es zumindest. Eine kostspielige Methode besteht darin, eine der im Handel erhältlichen Kohlendioxydpatronen in einen speziellen → Kohlendioxyddiffusor zu schrauben. Einfacher, billiger und meist auch zuverlässiger ist folgende Methode: In eine etwa 2 l fassende Flasche werden 200 g Zucker sowie 1 g Dauerbackhefe gefüllt (frische Hefe läßt sich relativ schlecht dosieren). Anschließend wird mit Wasser auf 1 l aufgefüllt und gut umgerührt, so daß sich der Zucker möglichst weitgehend löst. Die Flasche verschließt man mit einem Korken, der eine Bohrung besitzt. Durch diese wird ein Röhrchen so weit in die Flasche eingeführt, daß sich sein Ende noch deutlich oberhalb der Wasseroberfläche befindet. In der Zuckerlösung beginnt bereits nach wenigen Stunden eine Gärung, deren Intensität unter anderem von der Zuckermenge sowie der Qualität und

Kohlendioxyddüngung. Es gibt käufliche Diffusionsgeräte, die das Kohlendioxyd aus einem Druckbehälter beziehen. Es sind z. T. nur sehr unbefriedigend arbeitende Konstruktionen erhältlich.

Ausströmer

Menge der verwendeten Hefe abhängt. Außerhalb der Flasche wird an dem Röhrchen ein Schlauch befestigt, der an seinem anderen Ende einen feinen Holzausströmer trägt (siehe Zeichnung). Das bei der Gärung entstehende Kohlendioxyd kann auf diese Weise möglichst feinperlig im Aquarium verteilt werden. Eine einmal angesetzte Lösung hält wochenlang. Die Kohlendioxydabgabe ins Wasser wird mit einer → Schlauchklemme so reguliert, daß nur sehr feine Blasen aufsteigen, die sich möglichst bis zur Wasseroberfläche völlig aufgelöst haben sollten. Vorsicht ist bei luftatmenden Fischen geboten. Aus dem Wasser entweichendes Kohlendioxyd lagert sich direkt über der Wasseroberfläche ab und kann zum Ersticken der Tiere führen. Notfalls muß man mit einer speziellen → Lüftung die Wasseroberfläche freiblasen.

Kohlendioxydvergiftung, davor wurde oft in der älteren Fachliteratur gewarnt, ist für die Praxis jedoch ohne Bedeutung. Normalerweise liegt der Kohlendioxydgehalt in Aquarien unter 1 mg/l, durch eine → Kohlendioxyddüngung steigt er in der Regel nicht über 6 mg/l an. Tödlich sind jedoch erst Konzentrationen von 0,1 g/l.

Kohlensäure, relativ schwache Säure, die sich aus → Kohlendioxyd und Wasser bildet.

Kolorimeter, Gerät, das zur Messung verschiedener Eigenschaften des Wassers dient. Dem Wasser wird zunächst eine gewisse Menge einer sogenannten Indikatorflüssigkeit beigegeben, die mit bestimmten im Wasser vorhandenen Chemikalien reagiert, wodurch sich ihre Farbe in genau festgelegter Weise ändert. Die Wasserprobe wird in einem K. mit unterschiedlich gefärbten Glasscheiben verglichen. Wenn die Färbung von Glasscheibe und Wasserprobe übereinstimmt, kann man die im Wasser enthaltene Menge des gesuchten Stoffes direkt ablesen. Ein K. ist ein sehr einfaches und zuverlässiges Verfahren der → Wasseranalyse.

Kometenschweif, Zuchtform des → Goldfischs.

Kommentkampf, stark ritualisiertes → Kampfverhalten, das die Ermüdung, nicht aber die Vernichtung des Gegners zum Ziel hat.

Kommunikation, erfolgt viel häufiger als angenommen durch → Lauterzeugung. Verschiedene Fische geben auch Stoffe ins Wasser ab, die der Fortpflanzung oder der Warnung von Artgenossen dienen (→ Geruchssinn, → Schreckstoffe). Von Bedeutung ist sehr häufig auch die Signalfunktion, die von der → Färbung des Körpers ausgeht. In vielen Fällen handelt es sich dabei um → Schlüsselreize, die ein situationsspezifisches → Instinktverhalten auslösen.

Kongocichlide, Blauer (*Nannochromis parilius*), nicht ganz leicht zu haltende Art aus dem Unterlauf des Kongo, die weiches, schwach saures Wasser und Temperaturen zwischen 24 und 28° C benötigt.

Kongosalmler (*Micralestes interruptus*), selten eingeführter, sehr schöner → Salmler aus dem Flußsystem des Kongo. Im Freiland ernährt sich die Art von Fluginsekten, die auf die Wasseroberfläche fallen. Auch unter Aquarienbedingungen ist eine regelmäßige Versorgung mit Lebendfutter (auch Ameisenpuppen etc.) unentbehrlich. Die Wasserqualität, die man dem K. bietet, ist direkt an der Ausbildung seiner Flossen abzulesen. Wird er in optimal giftfreiem, häufig gewechseltem, schwach saurem Wasser gehalten, kann besonders die Schwanz- und Rückenflosse nahezu doppelt so groß werden wie unter schlechteren Haltungsbedingungen. Für die Nachzucht, die nur gelegentlich glückt, ist besonders weiches Wasser erforderlich. Das → Zuchtaquarium sollte mindestens 50 l fassen, da es während der Balz zu längeren Verfolgungsjagden kommen kann. Wenn das Weibchen laichbereit ist, legt es einen Platz fest, an dem die Eier abgelegt werden. Auch in den folgenden Tagen kann es noch zum Ablaichen kommen, wobei jeweils 40–100 Eier ins Wasser abgegeben werden, zu Boden sinken und sich dort bei 25° C etwa 6 Tage lang entwickeln. Die Jungfische sind mindestens genauso gefräßig wie ihre Eltern, sie müssen 3–4mal pro Tag gefüttert werden.

Kongosalmler, Gelber (*Petersius caudalis*), ein etwa 8 cm langer Schwarmfisch, der eine ähnliche Lebensweise wie der → Kongosalmler führt und praktisch gleiche Ansprüche an die Wasserqualität stellt. Auch bei dieser Art ist ein volles Wachstum der Flossen nur in sehr weichem, chemisch sehr reinem Wasser zu erwarten. Über Nachzuchten wird nur sehr selten berichtet.

Kongowels, Rückenschwimmender *(Synodontis nigriventris)*, ein → Fiederbartwels, der sich auf das Leben an der Wasseroberfläche spezialisiert hat. Die meiste Zeit hält er sich dort in der Rückenlage auf, teilweise ruhend, teilweise die Wasseroberfläche nach Nahrung absuchend. Die Art ist eigentlich ein Schwarmfisch, und wer über ein ausreichend großes Becken verfügt, sollte eine kleine Gruppe von 2–5

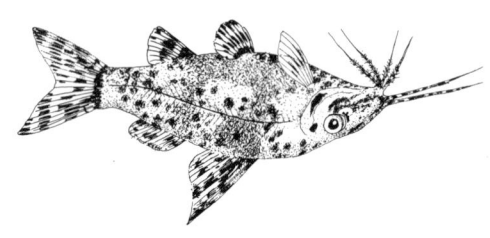

Rückenschwimmender Kongowels

Tieren halten. Der Fisch ist sehr zäh und daher auch von Anfängern leicht zu pflegen. Für das Gesellschaftsaquarium eignet er sich allerdings nur dann, wenn die anderen Arten nicht so klein sind, daß sie mit Nahrung verwechselt werden können. Während der Tagesstunden hält sich dieser nachtaktive Wels meist zwischen dichten Wasserpflanzenbeständen verborgen. Zusätzlich sollte man ihm aus Wurzeln und Steinen einige weitere Versteckmöglichkeiten bieten. Obwohl er auch willig Trockenfutter aufnimmt, sollte man darüber hinaus regelmäßig Lebendfutter geben. Hierfür eignen sich besonders Stechmückenlarven, die an der Wasseroberfläche leben und dort leicht von ihm erbeutet werden können. An die Wasserqualität stellt diese Art keine großen Ansprüche, die Temperatur sollte zwischen 23 und 26° C liegen. Die Zucht ist nur vereinzelt, und dann eher zufällig gelungen. Die → Eier wurden wahrscheinlich an die Oberfläche einer Höhle geklebt. Die Jungfische schwimmen in der ersten Zeit normal und beginnen erst in der 7. Woche, sich auf den Rücken zu drehen. In diese Zeit fällt auch die zunehmende Dunkelfärbung der Bauchseite, eine weitere Anpassung an die besondere Schwimmweise.

Kopfbindensalmler *(Pyrrhulina vittata)*, eine häufiger gehaltene Art aus Amazonas und Rio Tapajoz. Die Haltung dieser ca. 7 cm langen Fische ist in mittelgroßen Aquarien problemlos möglich. Dennoch wird es immer zu Ausfällen kommen, denn die meisten Tiere werden nur ein bis höchstens zwei Jahre alt. Vor der Eiablage säubert das Männchen die Oberseite eines großen Blattes, auf dem das Weibchen ablaicht. Die nach 18–24 Stunden bei 24 bis 27° C schlüpfenden Jungfische sind sehr klein und benötigen auch eine entsprechende Nahrung (Rädertiere). Am sinnvollsten ist es, eine kleine Gruppe dieser Fische zu halten, die auch mit anderen Arten gut vergesellschaftet werden können.

Kopfdarm, → Maul.

Kopfsteher, Punktierter *(Chilodus punctatus)*, nicht direkt mit dem → Prachtkopfsteher verwandt, hat jedoch eine sehr ähnliche Lebensweise. Die Fische ernähren sich in erster Linie auf dem Boden, benötigen dabei aber reichlich Lebendfutter und auch zusätzliche vegetarische Nahrung. Die bis zu 12 cm langen Fische stammen aus dem Oberlauf des Amazonas und Orinoko und benötigen entsprechend ein sehr weiches Wasser, das zur schwachen Ansäuerung über → Torf gefiltert werden sollte. Besondere Beachtung muß dem Wasser zukommen, wenn man eine Zucht versuchen will. Etwaige nicht entfernte Karbonate führen dazu, daß die Jungen nicht rechtzeitig aus den Eihüllen herauskommen und eingehen. Während ein auf 23–28° C erwärmtes Zuchtbecken ausreichend feinblättrige Wasserpflanzen aufweisen sollte, ist eine dichte Bepflanzung normalerweise nicht erforderlich, da die

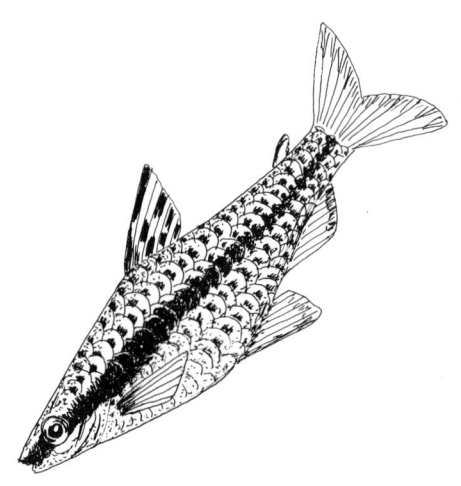

Punktierter Kopfsteher

Art bei ihrer Größe einen ausreichenden Freiraum zum Schwimmen benötigt. Wichtiger sind schon Verstecke unter Baumwurzeln sowie ein möglichst dunkler Aquarienboden. Obwohl es sich bei dieser Art um einen Schwarmfisch handelt, muß besonders bei kleineren Aquarien davor gewarnt werden, zu viele Tiere zu halten. Sie werden dann leicht aggressiv und versuchen auch aus dem Aquarium zu springen.
Kopulation, → Paarung.
Korallen, lebend auch in Meerwasseraquarien nur für kurze Zeit zu halten. Lediglich die verkalkten oder verhornten Skelette können als → Dekoration verwendet werden.
Korallenfisch-Krankheit, → Samt-Krankheit.
Korallenwels *(Plotosus lineatus)*, eine im Meerwasser vorkommende Art, die sich mit Giftstacheln ihrer Feinde zu erwehren weiß. Der K. dringt auch in relativ salzarme Brackwasserregionen ein. Für die Haltung im Aquarium sind zahlreiche Versteckmöglichkeiten sowie Temperaturen

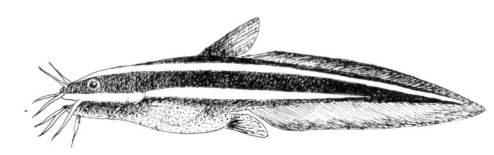

Korallenwels

zwischen 22 und 26° C erforderlich. Freilebend kommt der Fisch nur in Schwärmen vor, und auch im Aquarium sollte man ihn nur gemeinsam mit Artgenossen halten. Einzeltiere gehen meist schon nach wenigen Monaten ein.
Krake, Gemeiner *(Octopus vulgaris)*, eine ebenso wie der → Tintenfisch bezüglich des Fortpflanzungsverhaltens sehr interessante Art. Das Aquarium muß eine ausreichend große Höhle bereithalten, in der auch die Eier abgelegt und vom Weibchen bewacht werden. Besonders wichtig ist eine dichte, schwere Abdeckung des Aquariums, da das Tier sonst leicht entflieht.
Kreiselpumpe, hat die früher übliche Mammutpumpe inzwischen weitgehend abgelöst, zumal sie mittlerweile recht preisgünstig angeboten wird. Die meisten K.n sind nicht in der Lage, Wasser selbst anzusaugen, sie müssen also zunächst ein-

mal gefüllt werden und können dann jedoch beliebig an- und ausgeschaltet werden. Der bei der Wasserförderung wirksame Teil besteht aus einem Schaufelrad, das von einem Motor angetrieben wird. Bei besonders sinnvollen Konstruktionen besteht keine direkte Verbindung zwischen Schaufelrad und Motor. Beide Teile sind vielmehr durch eine Plastikwand getrennt, um einerseits den Motor nicht durch Wassereintritt zu gefährden, andererseits den Eintritt von Öl ins Wasser zu verhindern. Am Motor befindet sich ein rotierender Magnet, der das ebenfalls magnetische Schaufelrad bewegt. Je nach Leistung der K. können mit diesem Prinzip mehrere tausend Liter pro Stunde transportiert werden. Je nach Standort des → Filters ist auf eine ausreichend große Förderhöhe der K. zu achten.
Kreuzwelse *(Ariidae)*, werden wegen ihrer Größe nur selten in Aquarien gehalten. Die Männchen tragen die etwa 50 Eier bis zu 4 Wochen lang im Maul umher und brüten sie dort aus. Die Arten gelangen bei uns nur selten in den Handel.
Kriechsproßalge *(Caulerpa prolifera)*, sehr dekorative höhere Alge mit länglichen, ellyptischen Blättern. Sie ist die einzige größere Pflanzenart, die sich im Meerwasseraquarium auch mit relativ bescheidenen Mitteln halten läßt.
Kryptopterus bicirrhis, → Glaswels, Indischer.
Kryptopterus macrocephalus, → Glaswels, Ostindischer.
Kubakärpfling *(Cubanichthys cubensis)*, eine aus Westkuba stammende Art mit einem interessanten Fortpflanzungsverhalten: Während der mehrere Wochen dauernden Laichperiode trägt das Weibchen die zu einer Traube gebündelten → Eier an einem Faden mit sich herum. Später werden sie an Wasserpflanzen aufgehängt, an denen die Jungen nach insgesamt 10–12 Tagen schlüpfen. Die Aufzucht gelingt mit feinstem Staubfutter.
Kühlung, erforderlich für → Kaltwasseraquarien, aber auch für Meerwasseraquarien, in denen z. B. Nordseetiere gehalten werden. Die wenigsten dieser Arten vertragen mehr als 20° C, viele sind nur bei Temperaturen unter 16° C gut zu halten. Im Notfall kann man einen mit Eiswasser (und etwas Luft) gefüllten Plastikbeutel an der Wasseroberfläche treiben lassen. Sol-

Kugelfisch, Kamm-

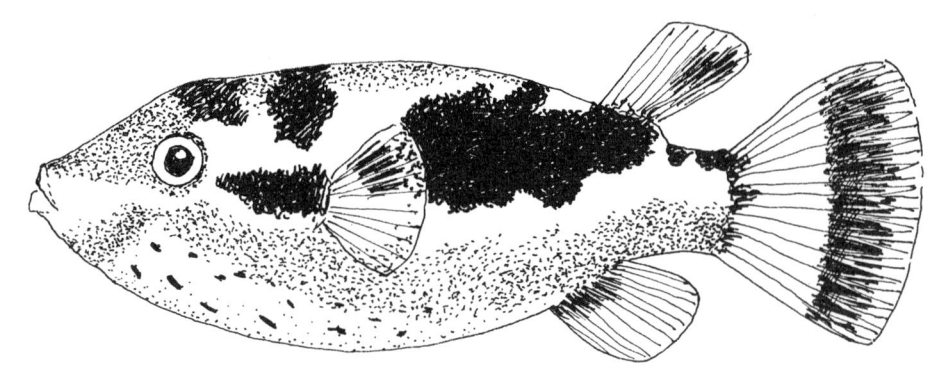

Kamm-Kugelfisch

Ring-Kugelfisch

len solche Tiere jedoch längerfristig gehalten werden, so benötigt man entweder einen sehr kühlen Keller oder ein Kühlaggregat, das es auch für Aquarien gibt.
Kugelfisch, Kamm- *(Carinotetraodon somphongsi)*, aus Thailand stammende Art, die wie andere Kugelfische auf den Verzehr von Schnecken spezialisiert ist. Diese sind zwar gelegentlich in großer Zahl vorhanden, stellen jedoch keine unbegrenzte Nahrungsquelle dar, weshalb die Haltung in den meisten Fällen nicht vertretbar erscheint.
Kugelfisch, Ring- *(Tetraodon palembangensis)*, eine in südostasiatischen Brackwasserzonen lebende Art, die im Aquarium eine Seesalzzugabe von 4 g/10 l Wasser benötigt. Auch dieser Fisch ist auf Schnecken spezialisiert und sollte nur dann gehalten werden, wenn eine kontinuierliche Nahrungsbeschaffung gesichert ist.

Kupfersalmler *(Hemigrammus nanus)*, eine sehr einfach gefärbte Salmlerart, die aus dem Südosten Brasiliens stammt. Je nach Fundort kann die Färbung sehr stark variieren, so daß der K. früher unter mehreren Bezeichnungen geführt wurde. Die Männchen sind intensiv kupferfarben, die Weibchen viel blasser mit gelbgrünlichen Farbtönen. Auch im Aquarium ist der K. leicht zu halten und zu vermehren. Empfehlenswert ist ein kleiner Schwarm bei Temperaturen zwischen 22 und 28° C.
Kupfervergiftungen, werden häufig unterschätzt. Der Wasserdurchlauf in frisch entkalkten Kupferrohren kann bereits ausreichen, um tödliche Giftkonzentrationen zu erreichen. Daher sollte man möglichst kein Wasser aus Kupferleitungen verwenden, zumindest kein Wasser, das dort bereits längere Zeit gestanden hat (größere Mengen vorher abfließen lassen).

Labeo bicolor, → Feuerschwanz.
Labroidea, → Lippfische.
Labroides dimidiatus, → Putzerlippfisch.
Labyrinthfische *(Anbantoidea)*, besitzen relativ kleine Kiemen, dafür jedoch ein zusätzliches Atmungsorgan, mit dem sie Luftsauerstoff aufnehmen. Sie sind darauf zwingend angewiesen und im Aquarium zum Tode verurteilt, wenn die Abdeckscheibe direkt über der Wasseroberfläche liegt. Die über der Wasseroberfläche befindliche Luft sollte auch warm sein, da es andernfalls zu einer Erkältung des Atmungsorgans kommen kann. Gefährlich ist auch die Ansammlung von → Kohlendioxyd direkt über der Wasseroberfläche, so daß die L. nicht an den Sauerstoff herankommen. Die wichtigsten Vertreter dieser Gattung sind im Aquarium die Fadenfische, der Paradiesfisch sowie Kampffische.
Längsband-Ziersalmler *(Nannostomus beckfordi)*, Fischart aus dem mittleren Amazonasgebiet sowie aus Guayana und dem Rio Negro. Die Art tritt in verschiedenen Farbvariationen auf, so daß zwei Rassen unterschieden werden: Roter Ziersalmler *(Nannostomus beckfordi aripirangensis)* und Goldziersalmler *(Nannostomus beckfordi anomalus)*. Für die Aquarienhaltung wird ein 25–28° C warmes, sehr klares und gut durchlüftetes Wasser empfohlen. Weiterhin muß ein größerer Freiwasserraum zum Schwimmen vorhanden sein, zusätzlich aber auch dichte Pflanzenbestände, in die sich die Fische zurückziehen können. Der L.-Z. akzeptiert zwar auch gutes Trockenfutter, die besondere Lebhaftigkeit, Farbenpracht und Fortpflanzungsbereitschaft wird man jedoch nur dann erreichen, wenn man regelmäßig für Lebendfutter sorgt. Im Gesellschaftsaquarium erlebt man die Fortpflanzung nur dann, wenn die Art gemeinsam mit sehr kleinen Fischen lebt. Besser ist es, dafür ein spezielles → Zuchtaquarium bereitzustellen, dessen Wasser über → Torf gefiltert und bei 25–28° C gehalten wird. Empfehlenswert ist außerdem eine weitgehende Enthärtung sowie ein schwachsaurer → pH-Wert zwischen 6,6 und 6,8. Bei dem mehrere Stunden dauernden Laichvorgang werden mehrfach hintereinander jeweils nur wenige Eier an möglichst feinfiedrige Wasserpflanzen geklebt. Bei guter Haltung wird innerhalb recht kurzer Zeit mehrfach abgelaicht.
Lagenandra-Arten, eng verwandt mit den → Wasserkelch-Arten, mit einem vergleichbar komplizierten Bau der Blüte. Besonders häufig wird die L. ovata importiert, deren Blätter im Freiland nahezu 1 m lang werden können. Verständlich, daß diese großwüchsige Art auch im Aquarium immer versucht, über die Wasseroberfläche hinauszuwachsen. Nur durch einen Wasserstand von über 50 cm Höhe läßt sich dies annähernd verhindern. Dadurch werden jedoch wiederum Lebensbedingungen geschaffen, die für die Pflanze längerfristig tödlich sind. Deshalb ist vom Kauf abzuraten, wenn eine ausschließlich → submerse Haltung gewünscht wird. Einige L.-A. sind darüber hinaus sehr giftig.
Laichkasten, meist aus Plastik bestehendes kleines Becken, das einen mit Schlitzen versehenen Zwischenboden besitzt, durch den → Eier und Jungtiere in einen darunter befindlichen Raum fallen. Er ist unbedingt erforderlich bei den Arten, die über Eier und Jungtiere sofort herfallen, z. B. bei den Lebendgebärenden → Zahnkarp-

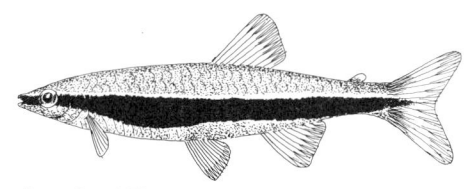

Laichsubstrat

Laichkasten. Dieser Ablaichkasten besitzt an seinem oberen Rand luftgefüllte Schwimmkammern, so daß er ohne weitere Befestigungen im Aquarium schwimmt.

fen. Die Umsetzung in den L. muß sehr vorsichtig erfolgen, da die Fische gelegentlich einen Schock bekommen.

Laichsubstrat, belebte oder unbelebte Objekte, an denen die → Substratlaicher ihre → Eier ablegen. Diese besitzen oft klebrige Oberflächen, damit sie am L. haften, gelegentlich auch kleine Fortsätze, die ihnen klettenähnliche Eigenschaften verleihen (verschiedene afrikanische → Saisonfische). Die Fische verfügen über eine angeborene Kenntnis des für sie geeigneten L.s. Dem muß bei der Einrichtung des → Zuchtaquariums Rechnung getragen werden. Neben den natürlichen L.en (Pflanzen, Steinen, Wurzeln etc.) werden bei der systematischen → Fischzucht häufig auch synthetische L.e verwandt – in erster Linie Perlonwatte –, in der die Eier abgelegt werden.

Laichverhärtung, tritt bei Salmlern und Barben relativ häufig auf. Die Weibchen bilden zwar Laich, setzen diesen jedoch aufgrund ungünstiger Bedingungen (Überbesatz, schlechte Wasserqualität etc.) nicht ab, so daß er im Körper verhärtet. Diese Entwicklung beginnt zunächst am Ausgang des Eileiters und setzt sich dann zunehmend in den Körper des Weibchens fort. Im Anfangsstadium kann man bei Salmlern diesen Pfropf oft durch eine schwanzwärts gerichtete Massage aus dem Körper herausdrücken und auch noch den tieferliegenden Laich abstreifen. Bei älteren Weibchen mit oft stark aufgetriebenen Bäuchen ist dies nicht mehr möglich. Sie sind für die Zucht verloren, können aber noch monatelang weiterleben.

Laichzeit, → Ruheperiode.

Laichzyklus, bei vielen Fischen vorhanden. Die → Eier werden bei diesen Arten während der → Fortpflanzungsperiode nicht regelmäßig gebildet und abgestoßen, sondern es wachsen stets mehrere Eier heran, die mit Unterbrechungen von oft nur wenigen Tagen abgegeben werden. Bei der → Fischzucht muß auf diese Besonderheit der → Eiablage Rücksicht genommen werden. Bei vielen → Freilaichern dauert es nur etwa 1 Woche, bis die Geschlechtspartner erneut ins → Zuchtaquarium umgesiedelt werden können. Für einige häufiger gehaltene Arten wurden folgende L.en ermittelt: 6–8 Tage: Dreibandsalmler, Gelber Salmler, Glühlichtsalmler, Grüner Neon, Längsband-Ziersalmler, Schwarzer Neonsalmler, Zitronensalmler; 8–11 Tage: Blutsalmler, Karfunkelsalmler, Kupfersalmler, Laternensalmler, Rotaugen-Mönckhausia, Roter Neon, Roter von Rio, Sternflecksalmler, Trauermantelsalmler; 12–15 Tage: Brillantsalmler, Kaisertetra, Keilfleckbarbe, Kirschflecksalmler, Purpurkopfbarbe, Roter und Schwarzer Phantomsalmler, Rotflossensalmler, Schillerbärbling, Tüpfelbärbling, Zebrabarbe. Bei vielen → Saisonfischen gibt es zwar auch deutliche L.en, das Ablaichen kann sich jedoch über einen Zeitraum von 2–4 Wochen hinziehen. Durch eine ein- bis zweiwöchige Trennung der Geschlechter vor der Eiablage kann jedoch erreicht werden, daß die meisten Eier schon in den ersten Tagen abgelegt werden.

Lamprologus leleupi, → Zitronenbarsch.

landlebende Fische, es gibt keine Fische, die ausschließlich auf dem Land leben, aber viele Arten, die zeitweise das Wasser verlassen. Dies geschieht in der Regel zur Nahrungssuche, viel seltener zur Eiablage. Eine solche amphibische Lebensweise setzt eine entsprechend angepaßte → Atmung sowie ein geeignetes Verfahren zur Fortbewegung voraus. Praktisch alle zeitweilig auf dem Land lebenden Fische verfügen über → akzessorische Atmungsorgane, mit denen sie Luftsauerstoff aufnehmen können. Zur Fortbewegung an Land stehen 3 verschiedene Techniken zur Verfügung: Bei sehr langgestreckten Fischen wie Aalen oder Kiemensackwelsen erfolgt die Fortbewegung durch schlängelnde Bewegung des ganzen Körpers. Kürzere, gedrungene Fische wie die → Schlammspringer schieben sich mit Hilfe ihrer kräftig gebauten Brustflossen vorwärts. Sie können sich aber auch, und dieses Verfahren wird von verschiedenen anderen Arten ausschließlich angewandt, mit ihrem Schwanz ruckartig vom Boden abstoßen, so daß sie eine größere Strecke durch die Luft fliegen. Neben dem Nahrungserwerb spielt häufig das Austrocknen des Gewässers eine entscheidende Rolle für eine amphibische Lebensweise. Die → Lungen- und → Molchfische haben unterschiedliche Verfahren entwickelt, um – oft eingegraben im Schlamm – eine Austrocknung zu überstehen. Andere Arten kriechen oder springen über Land zielgerichtet auf andere Gewässer zu, deren genaue Lage sie mit uns noch unbekannten Fähigkeiten feststellen können. Wichtig ist das oft in der Gezeitenzone, wo viele Tiere durch das ablaufende Wasser in kleinen Bodensenken eingeschlossen werden. Die Fortpflanzung an Land ist der Ausnahmefall. Es ist eine Eiablage im feuchten Uferbereich bekannt (Ablaichperiodik) sowie an Blättern oberhalb der Wasseroberfläche (Spritzsalmler).

Landschaftsaquarium, ein Becken, in dem Fische nur eine Nebenrolle spielen. Das Schwergewicht liegt auf der Gestaltung einer möglichst faszinierenden Unterwasserlandschaft. Als solche bieten sich vor allen Dingen Bachufer, Tümpel etc. an.

Langflossensalmler, *(Alestes longipinnis)*, Schwarmfische aus dem tropischen Westafrika, die sich gut für reichlich bewachsene Aquarien eignen. Im Freiland erreichen sie eine Länge von etwa 13 cm, bleiben unter Aquarienbedingungen jedoch in der Regel deutlich kleiner. Wichtig sind häufige Wasserwechsel, um das Wasser frei von Schadstoffen zu halten, sowie eine weitgehende Enthärtung und Temperatur um $26°$ C. Unter solchen Bedingungen lassen sie sich gut nachziehen. Im Abstand von wenigen Tagen legen die Weibchen zwischen 50 und 250 Eier, was sich so oft wiederholen kann, daß man von einem Paar innerhalb kurzer Zeit Tausende von Eiern erhält. Für die Jungenaufzucht ist wichtig, daß der Nichtkarbonatgehalt des Wassers auf höchstens $1°$ reduziert wird, während der Karbonatgehalt etwa $3°$ erreichen darf. Empfehlenswert ist auch die Anreicherung

Lanzenfisch

des Wassers mit etwas Torfextrakt. Aus den ca. 2,5 mm großen Eiern schlüpfen bei der hohen Zuchttemperatur von 26–28° C nach ca. 6 Tagen die Jungfische, denen beim Schlüpfen ein reichlich durchlüftetes, sauerstoffreiches Wasser geboten werden muß. Anders als die meisten südamerikanischen Salmlerarten sind die Jungfische schon kurz nach dem Schlüpfen sehr selbständig und können mit den Larven von Salinenkrebsen aufgezogen werden.

Lanzenfisch *(Doryichthys deokhatoides)*, bis 18 cm lange, aus Südostasien stammende Art aus der Familie der → Seenadeln. Sie lebt in Binnengewässern und ist im Aquarium wie alle aus diesem Raum stammenden Seenadeln in Süßwasser bei relativ hohen Temperaturen zwischen 25 und 27° C zu halten. Wie bei nah verwandten Arten empfiehlt sich auch hier eine Beimischung von etwas Seewasser, wenngleich auch dadurch die Bedingungen nicht so optimal werden, daß es bereits zur Fortpflanzung gekommen wäre.

Laternensalmler, → Schlußlichtsalmler.

Laugenkrankheit, wird durch einen zu hohen → pH-Wert verursacht. Äußert sich in → Verhaltensänderungen in Form verzweifelter Fluchtversuche. Die L. ist relativ selten. Sie kann im Aquarium mit weichem Wasser durch zu intensive Beleuchtung entstehen, wenn die Pflanzen zuviel Kohlendioxyd verbrauchen, so daß das Puffersystem überfordert ist. Zu empfehlen ist hier ein sofortiger Teilwasserwechsel, bevor es zu größeren Hautschädigungen kommt.

Lauterzeugung, häufig bei tropischen Süßwasserfischen, die in trüben, schlammigen Gewässern leben. Die L. dürfte bei ihnen ein wichtiger Teil der → Kommunikation sein, um während der Fortpflanzungszeit mit Artgenossen in Verbindung zu treten. Besonders häufig sind sie bei verschiedenen Welsarten zu hören. Meist handelt es sich um wenig klangvolle Geräusche, die auf unterschiedlichste Weise erzeugt werden können. Häufig werden, ähnlich wie bei Heuschrecken, verschiedene Körperteile gegeneinander gerieben. Oft werden dazu die Flossen oder die Zähne benutzt. Wohl noch deutlicher ausgeprägt ist die L. bei Meeresfischen. Viele benutzen dafür die Schwimmblase als zusätzlichen Resonanzraum. Bei Trommlerfischen, aber auch vielen anderen Arten, führt über die Schwimmblase eine lose aufliegende Sehne. Durch spezielle Muskeln kann die Sehne so bewegt werden, daß sie schnell hintereinander gegen die Schwimmblase schlägt, wodurch ein prasselndes, trommelndes Geräusch entsteht. Dabei werden Lautstärken erreicht, die mit den gängigen Vorstellungen von «stummen Fischen» überhaupt nicht vereinbar sind: In 60 cm Entfernung von Krötenfischen hat man bereits 100 Phon gemessen, was der Geräuschkulisse eines vorbeidonnernden Zuges entspricht. In den Sommermonaten hat man an der kalifornischen Küste herausgefunden, daß nach Sonnenuntergang mehrere Stunden lang ein «Fischkonzert» zu hören ist, das aus brüllenden, pfeifenden, quakenden und trommelnden Rufen zahlloser Fische besteht. Über der Wasseroberfläche ist davon nur selten etwas zu hören, unter Wasser reichen diese Rufe wegen der dreifach schnelleren Schallausbreitung sehr weit. Den Rekord dürfte wohl der Finnwal halten, dessen «Brüllen» mehrere 1000 km weit reicht. Von Aquarienfischen sind Geräusche nur selten zu hören. Bekannt dafür sind z. B. die Knurrenden → Guramis, die → Tigerschmerle sowie verschiedene Welsarten.

lebendgebärende Arten, weitgehende Embryonalentwicklung innerhalb des mütterlichen Körpers. Die Jungen werden in einem Entwicklungsstadium geboren, in dem sie sich sofort selbst ernähren können. Diesem Vorteil der größeren Selbständigkeit steht der Nachteil der nur relativ geringen → Wurfgröße gegenüber. Sie ist stark abhängig von der Größe des Muttertieres. Während junge Guppyweibchen nur etwa 6 Jungtiere gebären, kann in alten Weibchen gleichzeitig die 10fache Zahl heranreifen. Die Übergänge zwischen → eierlegenden und l. A.en können fließend sein. Es ist ausschließlich abhängig davon, wie lange die Eier im weiblichen Körper heranreifen können. Bei vielen Fischen (so auch bei den meisten Lebendgebärenden → Zahnkarpfen) wachsen die Jungen in den → Eiern heran und schlüpfen in dem Augenblick, in dem das Ei ausgestoßen wird. Solche Arten grenzt man von den eigentlichen lebendgebärenden *(viviparen)* Fischen ab und bezeichnet sie als *ovivipar*.

Lebensdauer, oft mit der Körpergröße zusammenhängend. Große Welse und Störe

sollen über 100 Jahre alt werden können, Schollen und Karpfen erreichen mehr als 50 Jahre, bei Heringen sind etwa 20 Jahre nachgewiesen. Die meisten Aquarienfische leben deutlich kürzer, meist nur wenige Jahre. Die sehr farbenprächtigen → Saisonfische sterben im Freiland oft schon nach 6–8 Monaten. Bei ihnen kann durch eine Verringerung der → Körpertemperatur das erreichbare Alter mehr als verdoppelt werden. Buntbarsche werden häufig über 10 Jahre alt.
Leitungswasser, hat oft stark schwankende Qualität, da es über Verbundsysteme z. T. über weite Entfernungen herangeschafft wird. Fast immer ist das L. mehr oder weniger stark gechlort, was zu Fischvergiftungen führen kann, wenn es unbehandelt in das Aquarium eingeleitet wird. Darüber hinaus steht es unter starkem Druck, so daß sich zunächst eine → Entgasung empfiehlt, um das Auftreten der → Gasblasenkrankheit zu verhindern. Durch intensive Belüftung wird auch das Chlor innerhalb eines Tages ausgetrieben. Falls man Leitungswasser verwenden muß, sollte es zumindest ein bis zwei Tage lang abgestanden sein. Wasser, das längere Zeit in den Leitungen gestanden hat, kann zu → Vergiftungen führen. Dies ist besonders bei Kupfer-, Zink- und Bleileitungen der Fall. Deshalb muß man unbedingt zunächst einen Teil des Wassers abfließen lassen. Bei empfindlichen Fischen ist es notwendig, noch eine spezielle → Wasseraufbereitung erfolgen zu lassen, bevor das Aquarium gefüllt werden kann.
Leopardbärbling *(Brachydanio frankei)*, Perldanio, eine farblich sehr attraktive Art, nach deren natürlichem Vorkommen

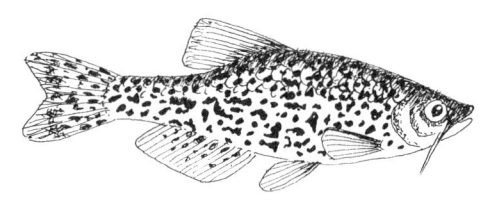

Leopardbärbling

man jahrelang vergeblich gesucht hat. Inzwischen ist man zu der Auffassung gelangt, daß es sich bei ihr mit großer Sicherheit um eine Zuchtform des → Zebrabärblings handelt, also nicht um eine eigene Art. Verhalten und Zucht entsprechen daher dem Zebrabärbling weitgehend, wenngleich der L. die tieferen Temperaturen schlechter verträgt.
Lepomis gibbosus, → Sonnenbarsch, Gemeiner.
Lernen, Sammlung individueller Erfahrungen. Aufgrund seines → Instinktverhaltens verfügt das einzelne Tier über angeborene Reaktionsmuster in besonderen Situationen. So werden Beutetiere, Geschlechtspartner, Rivalen etc. aufgrund bestimmter → Schlüsselreize erkannt, die ein Verhalten auslösen, das fast immer biologisch sinnvoll ist und mehr oder weniger automatisch abläuft. Dennoch sind auch bei Fischen häufig Lernvorgänge zu beobachten. Sie beziehen sich z. B. auf die Auswahl des Futters. So müssen Beutegreifer erst lernen, stark gepanzerte und stachlige Arten wegen der damit verbundenen Verletzungsgefahr nicht zu verschlucken. Giftige Tiere tragen oft eine ausgeprägte → Warnfärbung, die zumindest das reflektorische Zuschnappen verhindert. Je enger die Beziehungen zwischen den Geschlechtspartnern sind (→ Brutpflege), desto wichtiger wird das L. auch in diesem Bereich. Der Partner muß mittels oft minimaler individueller Eigenschaften von anderen Tieren unterschieden werden können. Gleiches trifft auch auf rivalisierende Tiere (→ Kampfverhalten) zu. Wichtig ist das L. auch bei ortsgebundenen Arten. Die meisten Reviergrenzen liegen im Bereich größerer Steine, Wurzeln, auffälliger Pflanzen etc. Solche Grenzen sind wegen ihrer Unverwechselbarkeit leichter zu erkennen (→ Revier). Auch die in Verstecken lebenden Arten müssen ihre Umgebung präzise auswendig lernen, damit sie sich im Fall eines Angriffs sofort zurückziehen können. Auch Futterquellen können, und dies zeigt sich im Aquarium sehr deutlich, sehr rasch eingeprägt werden. Die Fische sammeln sich bei Annäherung oder auf ein (leises) Klopfen sehr schnell in der Aquarienecke, in der sie normalerweise gefüttert werden. Diese Eigenschaft wird häufig für Dressurversuche benutzt, um u. a. die Leistungsfähigkeit von Sinnesorganen zu ermitteln.
Leucaspius delineatus, → Moderlieschen.
Leuchtaugenfische *(Aplocheilichthys-Arten)*, im Aquarium nur sehr schwer zu haltende Arten aus rasch fließenden Gewäs-

Leuchtstoffröhre

sern des tropischen und subtropischen Afrika. Das Wasser muß relativ hart und leicht alkalisch sein. Zusätzlich ist eine starke Strömung und Sauerstoffanreicherung erforderlich, damit kein schädliches → Nitrit entsteht, auf das die Tiere sehr empfindlich reagieren. Die zahlreichen verschiedenen Arten sind deshalb aquaristisch ohne große Bedeutung.
Leuchtstoffröhre, häufig zur → Beleuchtung von Aquarien verwandt. Sie ist zwar billig in der Anschaffung und in verschiedenen Farbtönen zu erhalten, hat jedoch den Nachteil, daß ihre → Lichtintensität nur schlecht kontrollierbar ist. Bereits nach 6 Monaten haben viele L.n die Hälfte ihrer Leuchtkraft verloren. Hinzu kommt, daß sie nur bei einer Temperatur von 18° C die höchste Lichtausbeute liefern. In den Lichtkästen der Aquarien treten jedoch bei unzureichender Lüftung oft so hohe Temperaturen auf, daß die Leistung der L. um weitere 30% absinken kann. Besser ist die Verwendung von → Quecksilberdampflampen.
Lichtintensität, ist in den meisten Aquarien viel zu gering, da die → Beleuchtung oft zu schwach ausgelegt ist. Mit menschlichen Sinnesorganen ist keine ausreichende Wahrnehmung möglich. Eine Verzehnfachung der Lichtintensität erscheint lediglich als Verdoppelung, die hundertfache Lichtmenge lediglich als die vierfache. Besonders Pflanzen reagieren sehr empfindlich, so daß man eine Lichtquelle verwenden sollte, deren Verluste durch Alterung nur sehr gering sind (z. B. → Quecksilberdampflampen). Andernfalls wird die Anschaffung eines Luxmeters empfohlen, mit dem sich die L. auch in verschiedenen Wasserschichten messen läßt. Manche Fischarten reagieren sehr empfindlich auf das Ein- bzw. Ausschalten des Lichtes. Für → Leuchtstoffröhren gibt es Dimmer, mit deren Hilfe die L. langsam gesteigert und abgesenkt werden kann. Quecksilberdampflampen erreichen erst nach einigen Minuten ihre volle Intensität (→ Lumen).
Lichtrückenreflex, Bezeichnung für die Lichtabhängigkeit der Körperhaltung vieler Fische. Fällt das Licht von der Seite ein, so nehmen die Fische eine schräge Stellung ein (→ Gleichgewichtsorgan).
Lilaeopsis-Arten, → Graspflanzen.
Limnobium laevigatum, → Froschbiß, Südamerikanischer.

Limnologie, Gewässerkunde.
Limnophila-Arten, → Sumpffreund-Arten.
Linienbarbe *(Puntius eugrammus)*, ostasiatischer, bis 12 cm langer Schwarmfisch, dem im Aquarium dichte Wasserpflanzenbestände als Versteckmöglichkeiten geboten werden sollten. Die L. ist auch gut von Anfängern zu halten.

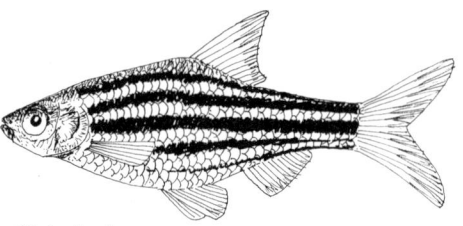

Linienbarbe

Lippfische *(Labroidea)*, etwa 600 verschiedene Arten, die sich durch sehr interessante und auffällige Färbungen auszeichnen. Nicht nur die Alt- und Jungtiere sind unterschiedlich gefärbt, auch die beiden Geschlechter. Typisch ist die Fortbewegungsweise: Die Schwanzflosse wird fast nur zum Steuern benutzt, der Antrieb erfolgt mit Hilfe der Brustflossen. L. brauchen im Aquarium unbedingt einen feinkörnigen Sandboden, in den sie sich ein-

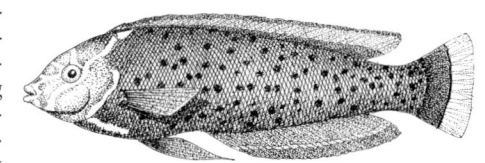

Bijouteriefisch

graben können. Dies tun sie nachts, oft aber auch tagsüber, besonders während der Eingewöhnungszeit. Die meisten häufiger gehaltenen Arten werden etwa 25 cm lang und stammen aus dem Pazifischen Ozean. Häufiger gehalten wird der Bijouteriefisch *(Coris formosa)* sowie der Meerjunker *(Coris julis)*, dessen nördliche Verbreitungsgrenze bis Holland reicht. Zu den L.n gehört auch der bekannte → Putzerlippfisch. Die Haltung der Arten ist zum Teil sehr problematisch (Wasser- und Futterqualität), so daß sie für Anfänger ungeeignet sind.
Lobelia cardinalis, → Kardinalslobelie.

Lochkrankheit (Hexamita, Spironucleus), häufig bei → Diskusfischen, afrikanischen → Buntbarschen, → Labyrinthfischen, aber auch noch bei verschiedenen anderen Arten. Es handelt sich um eine parasitische Erkrankung, die durch Geißeltierchen der Gattung Hexamita sowie Spironucleus symphysodonis hervorgerufen wird. Diese sind im Darm praktisch aller Wildfänge vorhanden, können sich aber nur dann explosionsartig vermehren, wenn das Tier z. B. durch den Import stark geschwächt wird. Es empfiehlt sich daher bereits in der Quarantäne eine Behandlung mit einem Medikament, das → Metronidazol enthält. Im Anfangsstadium lassen sich die Erreger noch relativ leicht abtöten. Wenn es zu einer starken Vermehrung kommt, durchbrechen sie die Darmwand, was ihnen besonders leicht dann gelingt, wenn diese durch Würmer beschädigt ist. Sie dringen in der Folge in verschiedene Teile des Körpers vor und zerstören häufig Nieren und Kiemen, ohne daß die eigentliche L. überhaupt in Erscheinung tritt. Typisch ist jedoch, daß sich im Kopfbereich zunächst kleine Löcher ausbilden, durch die eine wurmförmige weiße Masse austritt. Da die Erkrankung zyklisch erfolgt, kann es oft mehrere Wochen dauern, bis die inzwischen abgeheilten Wunden erneut aufbrechen. Bei weiter fortschreitender Krankheit wird der größte Teil des Kopfes u. U. zu einer solchen eitrigen Wundfläche werden. In diesem Stadium kommt jede Hilfe zu spät. Sollte Metronidazol nicht anschlagen, müßte man es mit → Nitrofuran versuchen. Hilfe bringt gelegentlich auch eine Einpinselung mit Rivanol.

Löwenkopf, Holländischer, Zuchtform des → Goldfischs.

Löwenkopfcichlide *(Steatocranus casuarius)*, bis 9 cm lange Art, die in schnellfließenden Abschnitten des Kongo lebt. Beim Männchen sind die auch bei verschiedenen anderen Buntbarschen zu findenden Fettpolster auf der Stirn besonders ausgeprägt. Die → Eier werden zunächst in einer Höhle abgelegt und vom Männchen bewacht. Später wird vor der Höhle eine Grube ausgehoben, in der die Jungen, von beiden Elterntieren bewacht, aufwachsen.

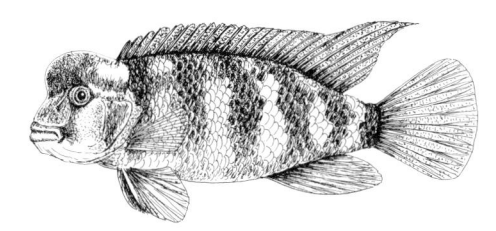

Loricaria-Arten, → Brustharnischträger.

Loricaria-Arten, Gattung aus der Familie der → Harnischwelse, die durch neuere Untersuchungen stark umgruppiert wurde. Wichtig für die Aquarienhaltung sind die Arten *Dasyloricaria filamentosa* sowie der Zwerg-Harnischwels *(Rhinoloricaria parva)*.

Ludwigia, etwa 20 verschiedene Arten, die auf fast allen Kontinenten vorkommen. Die am häufigsten gehaltene Art, L. repens, stammt aus Mittelamerika und ist besonders leicht zu halten, da sie rasch wächst, gut über Stecklinge zu vermehren ist und als ursprüngliche Uferpflanze auch nur geringe Ansprüche an die Qualität und Temperatur des Wassers stellt. Eine vieldiskutierte Art ist L. mullertii, die wahrscheinlich ein Bastard aus L. repens und L. palustris ist. Die besonders attraktive Rotfärbung der Blattunterseiten ist bei dieser Pflanze jedoch nur unter optimalen Lichtbedingungen zu erhalten.

Löwenkopfcichlide

Kriechende Ludwigia

Lüftung

Lüftung, dient dem → Sauerstoffeintrag in das Aquarium, ist aber nur dann erforderlich, wenn relativ viele Fische zusammen mit einem ziemlich kleinen Pflanzenbestand gehalten werden. Eine ausgesprochene Notlösung stellt ein → Ausströmerstein dar, besser ist ein schräges Aufspritzen feiner Wasserstrahlen auf die Wasseroberfläche. Für Ausströmersteine und eine mit Luft betriebene → Filterung ist eine → Membranpumpe erforderlich. Die Luft wird durch → Schläuche verteilt, wobei Abzweigungen leicht durch → T-Stücke und → X-Stücke hergestellt werden können. Die Regulierung des Luftstroms erfolgt mit Hilfe von → Schlauchklemmen.

Luftatmung, häufig bei Fischarten anzutreffen, die in flachen, zumindest zeitweise sauerstoffarmen Gewässern leben. Die meisten Arten verfügen über sogenannte akzessorische Atmungsorgane, in denen der Sauerstoff aus atmosphärischer Luft gewonnen wird. Bekannt sind lungenähnliche, sackförmige Ausstülpungen bei Lungen- und Molchfischen sowie verschiedenen Welsarten (z. B. Kiemensackwelse). L. ist spätestens dann erforderlich, wenn der Sauerstoffgehalt des Wassers so weit abgesunken ist, daß er nicht einmal mehr zur Durchführung der Atmungsbewegungen ausreicht. Viele Fische, die im Prinzip zur L. in der Lage sind, machen auch erst dann von ihrer Fähigkeit Gebrauch. Andere Arten wie die → Labyrinthfische besitzen relativ kleine → Kiemen. Sie müssen auch in sauerstoffgesättigtem Wasser im Abstand von wenigen Minuten zur L. an die Wasseroberfläche kommen. Im Aquarium muß man bei entsprechend spezialisierten Fischen darauf achten, daß der über der Wasseroberfläche befindliche Luftraum nicht lange Zeit völlig unbewegt steht. Das schwere Kohlendioxyd lagert sich sonst direkt über der Wasseroberfläche ab, so daß die Fische gar nicht mehr an den Sauerstoff herankommen.

Lufthahn, eine zur Druckminderung und -verteilung in Luftschläuchen sehr gut geeignete Einrichtung. Wegen des Kostenvorteils werden jedoch meist → Schlauchklemmen eingesetzt.

Lumen, bei → Leuchtstoffröhren Maß für den Lichtstrom (zuverlässigeres Maß als die Wattzahl).

Lungenfische *(Dipnoi),* Lurchfische, sehr primitive Fischform, deren Körperbau oft eher an Schwanzlurche erinnert als an Fische (wenngleich sie eindeutig enger mit den Fischen verwandt sind). Sie besitzen noch kein knöchernes Skelett, sondern ein aus Knorpel bestehendes stabähnliches Gerüst, die Chorda. Die Lungen sind unterschiedlich weit entwickelt. Bei einigen Arten sind es zwei sackartige Ausstülpungen, andere haben nur einen Lungensack, zusätzlich aber noch gut entwickelte Kiemen. Verschiedene Arten kommen in Australien, Afrika und Südamerika vor, ein Relikt aus einer Zeit, als diese Kontinente noch als eine einzige Landmasse miteinander verbunden waren. Für die Aquarienhaltung sind die L. nur schlecht geeignet.

Lurchfische, → Lungenfische.

Durchlüftung. Beim Kauf einer solchen Luftpumpe sollte man darauf achten, daß sie eine Möglichkeit zur Einstellung der Luftmenge besitzt sowie einen Ein- und Ausschalter.

Maul

Macropodus opercularis, → Paradiesfisch.
Makropode, → Paradiesfisch.
Malabarbärbling *(Danio malabaricus)*, mit dem → Zebrabärbling verwandter, ähnlich lebhafter Schwarmfisch. Die Voraussetzungen für die Haltung dieser Art sind etwas schwieriger, weil die Fische viel mehr Platz im Aquarium brauchen, das deshalb deutlich größer sein muß. Interessant ist das Schwarmverhalten des M.s. Die ranghöchsten Tiere schwimmen in einem Schwarm jeweils in der Mitte in einer waa-

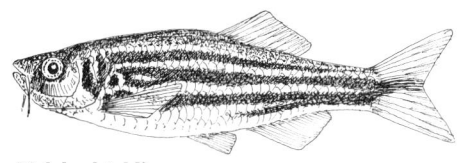

Malabarbärbling

gerechten Grundhaltung. Rangniedrigere Tiere dürfen sich nur in den Randbereichen des Schwarms aufhalten, und das auch nur in einer schräg aufwärts gerichteten Grundhaltung.
Malachitgrün, in vielen zur Bekämpfung von Fischkrankheiten angebotenen Medikamenten enthalten. Es führt zu einer blaugrünen Färbung des Wassers und bekämpft in erster Linie freischwimmende und auf der Haut sitzende, meist einzellige Parasiten. Man kann es als Kristallpulver erhalten, aber auch als fertige Lösung. Letztere muß unbedingt in einer dunklen Flasche kühl aufbewahrt werden, dies gilt auch für fertige Medikamente. Die wirksame Substanz wird sonst schnell zerstört. Das Pulver ist als gelbes Chlorid oder als grünes Oxalat erhältlich. Letztgenanntes ist deutlich wirksamer, kann aber höchstens in der halben Konzentration gegeben werden. Beim Umgang mit M. ist höchste Sorgfalt angebracht! Farbflecken auf Teppichen etc. sind kaum noch zu entfernen und, schlimmer: Die Substanz kann Krebs erregen, so daß sie nicht mit den Händen berührt, geschweige denn eingeatmet werden darf. Man sollte sich eine Stammlösung ansetzen, in der 1 g in 1 l Wasser gelöst wird. Pro 100 l Aquarienwasser gibt man höchstens 10 ml ins Becken. Es kann durch → Filterung über → Aktivkohle leicht wieder entfernt werden.
Malapterurus electricus, → Zitterwels.
Mammutpumpe, → Filter, → Überlaufrohr, → Steigrohr.
Mastacembelus-Arten, → Stachelaale.
Maul, Kopfdarm, entsprechend der Spezialisierung der einzelnen Arten sehr unterschiedlich gestaltet. Bei den Fischen, die ihre Nahrung von der Wasseroberfläche aufnehmen, liegt die Mundöffnung (oberständig) meist an der Kopfoberseite (z. B. → Halbschnabelhechte). Bei bodenlebenden Arten wie vielen Welsen befindet sich die Mundöffnung auf der Unterseite (unterständig). Bei vielen Arten, die normalerweise in rasch fließenden Gewässern leben, kann der Mundbereich auch als Saugmaul ausgebildet sein. Man findet dies besonders deutlich bei → Harnischwelsen, → Algenfressern und → Neunaugen. Im M. selbst befinden sich bei den meisten Arten zahlreiche → Zähne, die meist nur dem Festhalten, selten der Zerkleinerung der Nahrung dienen. Im hinteren Teil des Rachenraums liegen die → Kiemen. Der vordere Teil der Kiemenbögen ist meist mit reusenähnlichen Sieben ausgestattet, die dafür sorgen, daß nur reines Atemwasser mit dem atmungsaktiven Gewebe in Kontakt kommt. Bei vielen Arten wird mit diesen Reusen auch systematisch das Futter herausgesiebt. Bei verschiedenen, in sehr schlammigen Gewässern lebenden Arten wie den Karpfenfischen tritt an die Stelle dieses Reusenapparates eine größere Zahl von Hautwülsten, die auch feine Schwebstoffe zurückhalten können. Die Zunge selbst ist nicht beweglich, befindet sich aber auf einem

119

Maulbrüter

beweglichen Knochen, so daß sie beim Verschlucken der Beute behilflich ist. An diesen – auch Kopfdarm genannten – Abschnitt schließen sich die eigentlichen Verdauungsorgane an, die bei Beutegreifern oft kürzer als die Körperlänge sind.

Maulbrüter, Bezeichnung für Fischarten, die → Eier und Jungtiere zumindest zeitweise im Maul aufbewahren. Es handelt sich um eine hochspezialisierte Form der → Brutpflege. Besonders häufig ist dieses Verfahren bei → Buntbarschen, aber auch bei verschiedenen Welsen und Labyrinthfischen zu finden. Die M. gewähren ihren Jungen damit einen gleichwertigen Schutz wie z. B. die → lebendgebärenden Arten. Vorstufen dieses Verhaltens sind bei mehreren Fischen zu beobachten. Sie nehmen Jungtiere auf, die sich zu weit vom Nest entfernt haben, und bringen sie dorthin zurück. Andere nehmen nur bei Gefahr Eier oder Jungtiere ins Maul. Bei den M.n vollzieht sich dort der größte Teil der Entwicklung. Die Eier werden durch die Atembewegungen des Fisches laufend mit sauerstoffreichem Wasser versorgt und darüber hinaus mit heftigen Kaubewegungen gelegentlich umgeschichtet. In der Regel nimmt die Eier nur das Weibchen auf, aber auch manchmal das Männchen, selten gleichzeitig beide Eltern. Obwohl bei vielen Buntbarschen die Jungen bereits nach etwa 5 Tagen schlüpfen, werden sie häufig noch etwa 14 Tage im Maul aufbewahrt. Erst dann gibt das Weibchen sie frei, ist aber stets bereit, sie bei Gefahr erneut aufzunehmen. Zahlreiche Versuche sind unternommen worden, um die → Schlüsselreize zu ermitteln, mit denen die Jungfische ihre Eltern und diese wiederum ihre Jungen erkennen. Durch Attrappenversuche konnte man feststellen, daß z. B. viele junge Buntbarsche ihre Eltern nicht nur an deren Färbung sondern auch an deren ruckartigen Bewegungsweise ausmachen. Bei Kampffischen sind es vibrierende Flossenbewegungen, welche die Jungen auch aus größeren Entfernungen anlocken. Der Nachwuchs wiederum wird bei vielen Arten oft zunächst mit den Augen, mit letzter Sicherheit aber erst am Geschmack erkannt. Wenn die M. ihr gesamtes Gelege im Maul tragen, können sie keine Nahrung aufnehmen. Sollten sich jedoch nur wenige Jungen in ihrem Maul befinden, sind sie in der Lage, zusätzlich Lebendfutter aufzunehmen und zu verschlucken. Eine mit diesem Brutpflegeverhalten im Zusammenhang stehende Erscheinung sind die → Eiflecken, die man bei vielen Buntbarschen findet.

Maulbrüter, Blaumaul- *(Haplochromis burtoni)*, im tropischen Afrika sehr weitverbreitete Art, die eine Länge von 12 cm erreicht. In einem guteingerichteten Aquarium (viele Verstecke) ist sie relativ leicht zu züchten. Die Temperatur dafür sollte auf 27° C angehoben werden. Bevor die Eiablage auf einem flachen Stein erfolgt, versucht das Weibchen die → Eiflecken des Männchens aufzunehmen, wobei dieses Sperma ausstößt, das vom Weibchen ins Maul genommen wird. Die Eiablage wird vom Weibchen mehrfach unterbrochen, damit es die → Eier sofort ins Maul nehmen kann. Auch das Männchen stößt während des über 1 Stunde dauernden Ablaichvorgangs mehrfach Samen aus, der vom Weibchen aufgenommen wird. Die Entwicklung der Eier dauert 2–3 Wochen (→ Maulbrüter). Auch noch 1 Woche nach dem Freilassen werden die Jungen bei Gefahr von der Mutter wieder eingesammelt.

Maulbrüter, Kleiner *(Pseudocrenilaerus multicolor)*, eine aus Ostafrika stammende bis 8 cm lange Art, die Laichgruben anlegt, in welche die → Eier abgelegt und

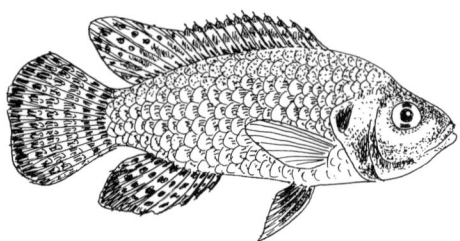

Kleiner Maulbrüter

vom Männchen besamt werden. Das Männchen sollte dann herausgefangen werden, um eine Beunruhigung des Weibchens nach dessen Aufnahme der Eier ins Maul zu vermeiden. Bei 25–26° C schlüpfen die Jungen nach etwa 2 Wochen, kehren aber für eine weitere Woche bei Gefahr und nachts stets ins Maul der Mutter zurück.

Maulkampf, Teil des → Kampfverhaltens vieler Fischarten. Zweck ist nicht die Verletzung des Gegners, sondern eine Demonstration der jeweiligen Körperkräfte. Die einfachste Form ist das sogenannte Maulklatschen. Beide Gegner schwimmen rasch aufeinander zu und stoßen mit den weitgeöffneten Mäulern gegeneinander. In einer anderen Phase des M.s können die Kontrahenten auch in den Kiefer ihres Gegners beißen. Beabsichtigt ist nicht eine Verwundung, sondern eine Demonstration der Kiefermuskulatur. Häufig können sich auch die Fische im Maulbereich ineinander verbeißen und versuchen, den Gegner durch Drücken oder Ziehen zur Aufgabe zu zwingen. Die Richtung der Kraftanwendung ist oft für die einzelnen Arten typisch. Die meisten amerikanischen Buntbarsche versuchen ihren Gegner wegzuziehen, während die meisten afrikanischen danach trachten, ihn wegzudrücken.

Medikamente, zur Behandlung von → Fischkrankheiten eingesetzte Stoffe. Im Handel werden M. unter zahlreichen Phantasienamen angeboten. Sie enthalten oft die gleichen wirksamen Substanzen (z. B. Methylenblau, → Malachitgrün sowie Trypaflavin). Häufig sind diese Substanzen noch mit anderen kombiniert, um ihre Wirksamkeit zu erhöhen (was allerdings längst nicht immer der Fall ist). Verschiedene Mittel sind nicht im Handel erhältlich, obwohl sie gegen gefürchtete Fischkrankheiten sehr wirksam sind. Dies liegt z. T. daran, daß die in ihnen enthaltenen Stoffe rezeptpflichtig sind, andererseits aber sicherlich oft daran, daß sie zu selten benötigt werden. Gelegentlich kann man auf bestimmte Präparate aus der Humanmedizin zurückgreifen, die allerdings für unseren Fall häufig den Nachteil haben, mit anderen Chemikalien vermischt zu sein, die wiederum von Fischen nicht vertragen werden. Problematisch sind weiterhin die notwendigen geringen Konzentrationen, die ohne feine Waagen nicht genau genug ermittelt werden können. Oft erweist es sich als einfacher und billiger, sich mit einer systematischen Verdünnung zu helfen. Die Behandlung sollte man immer möglichst in einem separaten Gefäß durchführen, es sei denn, das gesamte Aquarienwasser ist verseucht. Es muß unbedingt berücksichtigt werden, daß bakterientötende Mittel fast immer auch die Pflanzen angreifen, da sie deren symbiotische Bakterien im Wurzelbereich töten. Auch die → Filterung muß während einer solchen Behandlung abgehängt werden, weil die dort lebenden Bakterien ebenfalls eingehen würden.

Meeresfische, in der Regel nur mit sehr viel größerem Aufwand zu halten als Süßwasserfische. Meeresströmungen und -wellen bringen (auch in der Tiefsee) immer neues Wasser heran, so daß durch den → Eiweißabbau anfallende schädliche Stoffe sofort weggeschwemmt werden. Im → Meerwasseraquarium ist dieser Effekt auch mit der besten → Filterung nicht möglich. Die M. erkranken daher sehr leicht, nur in sehr seltenen Fällen ist es überhaupt gelungen, sie unter Gefangenschaftsbedingungen zur Fortpflanzung zu bringen. Dies wiederum bedeutet auf der anderen Seite ständige Entnahmen aus der freien Natur, was dazu geführt hat, daß ganze Riffe bereits leergefischt worden sind (→ Naturschutz). Die meisten Arten sehen zwar sehr farbenprächtig und bizarr aus, es sind dann jedoch klassische Einzelgänger, die besonders Artgenossen gegenüber sehr unverträglich sind. Schwarmfische sind in der Regel nur in der Hochsee zu finden und eignen sich überhaupt nicht für Aquarien. Sie begreifen nie, daß an der Glasscheibe «die Welt zu Ende ist». Nur wenn sie in einem ringförmigen Aquarium ununterbrochen vorwärts schwimmen können, halten sie sich längere Zeit, andernfalls sterben z. B. Heringe bereits nach wenigen Wochen. Sicherlich können Korallenfische bei guter Haltung auch im Aquarium über 10 Jahre alt werden, darin stecken dann jedoch ein paar tausend Arbeitsstunden. Wer so viel Zeit nicht regelmäßig (!) erübrigen kann, der sollte die M. dort lassen, wo sie hingehören.

Meerwasseraquarium, bleibt trotz aller technischen Fortschritte immer noch denjenigen vorbehalten, die über ausreichend Zeit, Kenntnisse und Erfahrungen verfügen. Die ersten Probleme beginnen bereits bei der → Meerwasserzusammensetzung. Wird eine falsche Konzentration erreicht oder fehlen bestimmte wichtige Spurenelemente, so sind Verluste vorprogrammiert. Am besten eignen sich → rahmenlose Aquarien. Die früher verwendeten → Gestellaquarien müßten schon aus Nirosta-Stahl hergestellt sein, um ein Rosten zu vermeiden. Das aggressive Meerwasser dringt im Laufe der Zeit fast durch jede Schutzschicht. Bereits bei der Einrichtung

Meerwasserzusammensetzung

des M.s muß man dafür sorgen, daß ein → Eiweißabbau nur in sehr geringem Umfang erfolgt. Dabei entsteht zunächst → Ammoniak, das in Süßwasseraquarien fast restlos in ungiftiges Ammonium umgewandelt wird. Im Meerwasser jedoch, bei höheren → pH-Werten, wird zunehmend weniger Ammoniak entschärft und führt zu den häufigen Fehlschlägen. Nur durch die sofortige Entfernung von Futterresten, Kot etc. läßt sich diese Giftbildung hinauszögern. Die → Pflege des M.s ist schon aus diesem Grunde viel zeitaufwendiger, die → Dekoration in der Regel viel spärlicher, um alle Stellen mühelos erreichen zu können. In den meisten Fällen fällt die Entscheidung für ein M. aufgrund der plakativen Farben und bizarren Formen der Meeresfische. Auch die Auswahl an → niederen Tieren ist im Meerwasser viel größer als im Süßwasser. Das Meerwasser hat jedoch andererseits wieder den Nachteil, daß mit Ausnahme der Kriechsproßalge Caulerpa kaum größere Pflanzen zu halten sind. Man muß sich also mit einem relativ bescheidenen Algenwuchs zufriedengeben. Damit fallen natürlich auch alle Funktionen, die die Pflanzen im Süßwasseraquarium übernehmen, weg. Der → Filterung kommt daher eine entscheidende Bedeutung zu. Neben der Wasserreinigung dient sie gleichzeitig der → Sauerstoffanreicherung sowie der Erzeugung einer ausreichend großen → Strömung. Die → Temperatur kann stark schwanken. Während im Mittelmeer lebende Arten oft ohne zusätzliche Heizung bei Zimmertemperaturen gehalten werden können, muß ein tropisches M. aufgeheizt, eines aus nördlichen Breiten (z. B. Nordsee) jedoch gekühlt werden. Lediglich die → Beleuchtung ist etwas leichter zu handhaben. Vor der Entscheidung für ein M. sollte man sich auch darüber im klaren sein, daß ein Becken allein nicht ausreicht! Man braucht darüber hinaus noch ein zweites Becken für die unbedingt erforderliche Quarantäne sowie für sicherlich irgendwann einmal auftretende Notfälle. Die meisten Meerwasserfische haben durch den Transport mehr oder weniger stark gelitten. Während der → Eingewöhnung treten daher häufig → Fischkrankheiten auf, die im M. nur sehr schwer zu bekämpfen sind. Ein bekanntes Mittel ist → Kupfersulfat, das jedoch nur sehr schwer zu dosieren ist. Vorbeugend sollte man für die Fische ein → Hautschutzmittel beifügen. Und noch eine Warnung sei hier angebracht: Im Gegensatz zu Süßwasserfischen sind viele Meerwasserfische giftig! Die Giftwirkung besteht auch noch dann, wenn verendete Fische wochenlang in Alkohol aufbewahrt worden sind. Falls solche → giftigen Fische gehalten werden, sollte man niemals mit der Hand ins Becken greifen!

Meerwasserzusammensetzung, entscheidend für die Lebensdauer der gehaltenen Tiere. Salinengetrocknetes Meersalz ist ungeeignet, da sich die Einzelbestandteile zu einem unterschiedlichen Zeitpunkt absetzen und auf diese Weise niemals in gleicher Mischung abgepackt werden können. Meersalz wird daher aus den verschiedenen Einzelbestandteilen zusammengemischt. Besonders wichtig sind Natrium-, Kalium- und Magnesiumsalze, die zusammen mit Strontium und Bor etwa 10 verschiedene Verbindungen bilden, welche den Hauptteil des Meersalzes ausmachen. Hinzu kommen dann noch einige weitere Verbindungen, die teilweise im Meerwasser gar nicht in der Form vorliegen, jedoch die Aufgabe anderer im Meerwasser vorhandener Stoffe übernehmen können. Das Meerwasser in den Aquarien ist aus diesem Grunde ein künstliches, das jedoch in der Regel allen Anforderungen entspricht.

Megalamphodus megalopterus, → Phantomsalmler, Schwarzer.

Megalamphodus sweglesi, → Phantomsalmler, Roter.

Melanoides tuberculata, → Turmdeckelschnecken.

Melanotaenia macculochi, → Regenbogenfisch, Zwerg-.

Membranpumpe, mit zahlreichen Modellen unterschiedlicher Leistung im Handel. Die Geräte bestehen im Einzelfall aus einer Magnetspule, die eine Gummimembrane in sehr rascher Folge jeweils wenige Millimeter an sich heranzieht und wieder wegdrückt. Durch das Anziehen entsteht ein Vakuum, so daß Luft in einen unter der Membrane liegenden Hohlraum eindringt. Durch den anschließend ausgeübten Druck wird diese Luft durch eine andere Öffnung in das Schlauchsystem geleitet. Die M. kann über Jahre hinweg völlig verschleißfrei arbeiten. Lediglich die Gummimembrane kann porös werden, so daß die

Membranpumpe

Das «Innenleben» einer Doppelpumpe: Unten ist der Elektromagnet zu erkennen, in der oberen Bildhälfte sitzen rechts und links die beiden Pumpen, deren Gummimembranen durch die pendelnden Bewegungen des Metallstabs eingedrückt und herausgezogen werden.

Mesogonistius chaetodon

Leistung absinkt. Am besten legt man sich dieses Ersatzteil frühzeitig bereit. Unangenehm ist das ständige Brummen, das vom Gerät selbst, aber auch von der ruckartig bewegten Luft in den Schläuchen ausgeht. Einige Geräte besitzen eine Druckausgleichskammer, die diesen Nachteil etwas mindert. Das Gerät kann jedoch, da es wartungsfrei läuft, auch problemlos außerhalb des Raumes aufbewahrt werden. Stark verschmutzte Luft (→ Sauerstoffeintrag) sollte durch eine → Gaswaschflasche gereinigt werden. An die M. läßt sich eine luftbetriebene → Filterung oder auch ein → Ausströmerstein anschließen. Die Leistung der M. hängt vom Gegendruck des Wassers ab. Je tiefer z. B. ein Ausströmerstein in das Wasser gesenkt wird, desto weniger Luft perlt aus, da die Druckluft den Widerstand des Wassers überwinden muß. Die Herstellerangaben über die Leistung von M.n sollten sich möglichst auf eine Wassersäule von 1 m beziehen (→ WS).

Mesogonistius chaetodon, → Scheibenbarsch.

Messeraale, → Messerfische, Amerikanische.

Messerfische *(Notopterus-Arten)*, sind mit insgesamt 5 verschiedenen Arten in Afrika und Südostasien vertreten. Sie zeichnen sich durch einen Flossensaum aus, der sich über einen großen Teil der Körperunterseite erstreckt. Dieser Flossensaum befindet sich in einer ständigen wellenförmigen Bewegung, die das Tier so steuern kann, daß es sowohl vorwärts als auch rückwärts schwimmen kann. Die Gattung *Notopterus* hat zusätzlich eine kleine Rückenflosse. Die meisten Arten sind nur während der Nacht aktiv, wobei sie durch ein elektrisches Ortungssystem unterstützt werden. Sie leben räuberisch, was unter Aquarienbedingungen durch ein reichliches Angebot an Lebendfutter unterstützt werden muß. Einige Arten sind bis zu 1 m lang, so daß sie für die normale Aquarienhaltung ausscheiden. Relativ häufig wird *Xenomystus nigri* gehalten, der lediglich eine Länge von 20 cm erreicht und aus dem tropischen Afrika stammt. Die Haltung gelingt nur bei hohen Temperaturen von 25 bis 28° C sowie leicht saurem, torfgefiltertem Wasser. Auffällig ist noch die Brutpflege, bei der ein Elterntier die auf einer Unterlage festgeklebten Eier bis zum Ausschlüpfen der Jungen bewacht.

Messerfische, Amerikanische, Messeraale und Nacktaale *(Gymnotidae)* zwei Fischfamilien aus Südamerika, die nicht mit den afrikanischen und asiatischen Messerfischen verwandt sind, sondern zwischen den Salmlern und den → Karpfenfischen eingeordnet werden. Wegen ihres langgestreckten, meist nur von einem Flossensaum umgebenen Körpers werden sie zur Unterordnung der Nacktaalähnlichen zusammengefaßt. Obwohl immer wieder solche Fische importiert werden, sind sie für Privataquarien nur von untergeordneter Bedeutung. Die meisten Arten sind unverträglich, nachtaktiv und nur einzeln zu halten.

Messingbarbe *(Capoeta semifasciolata)*, aus Ostchina importierte Barbenart, die in der Aquarienhaltung früher eine zentrale

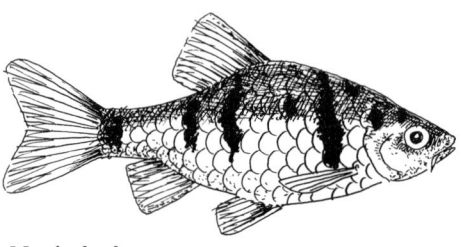

Messingbarbe

Rolle gespielt hat. Da sie sich unter Aquarienbedingungen sehr gut vermehrt, gibt es seit einiger Zeit eine deutlich farbenprächtigere und kontrastreichere Zuchtform, die Brokatbarbe *(Capoeta schuberti)*. Sie

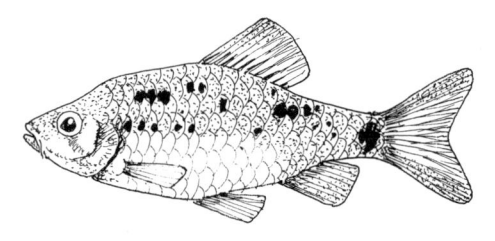

Brokatbarbe

erreicht zwar nicht ganz die Körperlänge der Wildform, besticht jedoch immer wieder durch ihre Lebhaftigkeit und Friedfertigkeit, so daß sie sich auch für das Gesellschaftsbecken sehr gut eignet. Wie viele andere Barbenarten stöbert sie sehr gern auf dem Boden herum; dadurch wird häufig Mulm aufgewühlt, der sich auf feinblättrigen Pflanzenarten ablagert. Weil dies von verschiedenen Wasserpflanzen nur sehr schlecht vertragen wird, ist eine sorgfältige Auswahl der Bepflanzung erforderlich.

Metridium senile, → Seenelke.

Metronidazol, ein gegen → Geißeltierchen wirkendes Mittel. Es wird normalerweise nicht zur Bekämpfung von → Fischkrankheiten verwendet, sondern dient beim Menschen der Bekämpfung von Flagellaten-Infektionen im Genitalbereich. Nur die Tablettenform ist für den Einsatz im Aquarium geeignet. Ihr Gehalt an wirksamer Substanz ist so umzurechnen, daß man eine Lösung von 4 mg/l enthält. Die Behandlung muß über 3–4 Tage andauern. Das Pflanzenwachstum kann in der Zeit stocken.

Metynnis hypsauchen, → Scheibensalmler.

Micralestes interruptus, → Kongosalmler.

Microgeophagus ramiriezi, → Schmetterlingsbuntbarsch.

Microsorium pteropus, → Javafarn.

Mikronematoden *(Anguilla rediviva),* ein mit nur 2 mm Länge ideales Jungfischfutter, das sehr leicht herangezogen werden kann. In einer flachen Schale wird eine etwa 0,5 cm hohe Schicht aus mit Milch aufgequollenem Haferflockenbrei angesetzt, die mit 1–2 g M. geimpft wird. Die Schale ist mit einer Glasplatte abzudecken. Bei Temperaturen zwischen 25 und 30° C vermehren sich die Tiere so schnell, daß sie bereits nach wenigen Tagen an den Schalenrändern emporzukriechen beginnen. Dort können sie mit einem Pinsel, einer Rasierklinge etc. abgenommen werden. Es wird auch empfohlen, in die Mitte dieser Schale eine zusätzliche leere, sehr flache Schale einzubringen (umgedrehter Deckel eines Einmachglases), in der sich die M. ebenfalls sammeln. Der Haferflockenbrei geht innerhalb weniger Tage in Gärung über. Das macht ihn für die Zucht noch nicht untauglich, denn die M. ernähren sich von den Endprodukten dieser Gärungsvorgänge. Erst wenn Schimmelbildung einsetzt und die Vermehrungsrate geringer wird, sollte man den Zuchtansatz entfernen, einen kleinen Teil davon jedoch zum Impfen der neuen Kultur bereitlegen. Nicht ganz einfach ist die Verfütterung der M.: Der Haferflockenbrei ist sehr bakterienhaltig, und viele Jungfische reagieren auf solche Infektionen äußerst empfindlich. Die M. sollten daher zunächst in ein relativ hohes Gefäß gebracht und mit einem Wasserstrahl aufgewirbelt und abgewaschen werden. Da sie ziemlich schwer sind, sinken sie zu Boden und die im Wasser befindlichen Schwebstoffe können abgegossen werden. In der Regel sind mehrere solcher Waschvorgänge erforderlich, um eine ausreichende Reinigung zu erzielen. Auch im Aquarium sinken die M. sehr schnell auf den Boden, so daß sie nur für die Fütterung junger Bodenfische (z. B. verschiedene Welsarten) sehr gut geeignet sind. Vielen Jungfischen fehlt anscheinend oft der Mut, in die heftig zuckenden M. hineinzubeißen.

Mimikry, weitgehende Nachahmung einer anderen Art. Ein bekanntes Beispiel ist der Säbelzahnschleimfisch *(Aspidontus taeniatus),* der seinem «Vorbild», dem → Putzerlippfisch *(Labroides dimidiatus),* zum

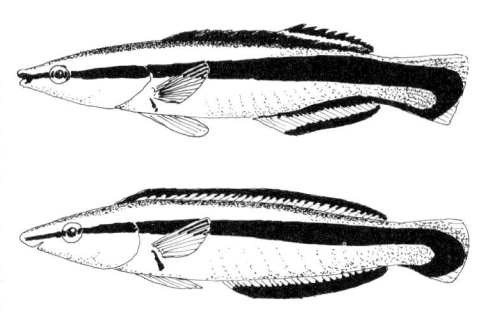

Mimikry:
oben Putzerlippfisch,
unten Säbelzahnschleimfisch

Verwechseln ähnlich sieht. Der Putzerlippfisch reinigt die Haut zahlreicher an Korallenriffen lebender Fische von Außenparasiten. Die Fische fordern ihn durch eine spezielle Körperstellung zu dieser Tätigkeit auf und öffnen für eine umfassende Reinigung sogar Rachenraum und Kiemenspalten. Diese «Vertrauensstellung» nutzt der Säbelzahnschleimfisch aus, um sich seinen Opfern zu nähern. Anstatt diese zu putzen, beißt er ihnen dann jedoch Stücke aus Haut, Augen und Flossen (→ Schutzanpassung). In anderen Fällen sehen ungiftige Fische besser geschützten giftigen Arten zum Verwechseln ähnlich.

Misgurnus fossilis, → Schlammpeitzger.

Mochocidae, → Fiederbartwelse.

Moderlieschen

Moderlieschen *(Leucaspius delineatus)*, bis 9 cm lange einheimische Art, die ihre → Eier ring- oder spiralförmig an Wasserpflanzen befestigt. Das Männchen betreibt eine interessante Form der → Brutpflege, indem es die Eier mit einer keimhemmenden Schleimschicht umgibt.

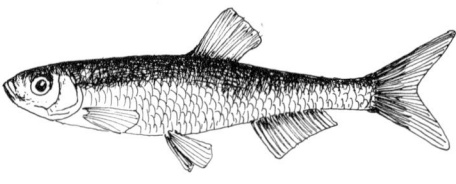

Moderlieschen

Moenkhausia sanctaefilomenae, → Rotaugen-Mönkhausia.
Monocirrhus polyacanthus, → Blattfisch.
Monodactylus argenteus, → Silberflossenblatt.
Moorkienwurzeln, sind häufig viele tausend Jahre alt. Man findet sie in Mooren unter oft dicken Torfschichten, wo ihre ursprüngliche Form in erster Linie durch Huminsäuren konserviert worden ist. Im Gegensatz zu frischen Wurzeln eignen sie sich hervorragend zur → Dekoration in Aquarien. Die zunächst trockenen Wurzeln müssen erst eine Zeitlang gewässert werden, damit sie nicht schwimmen.
Mormyrus-Arten, → Nilhechte.
Mormyrus tapirus, → Tapirfisch.
Mosaikfadenfisch *(Trichogaster leeri)*, eine für Gesellschaftsaquarien geeignete, sehr friedliche Art aus Südostasien. Die bis zu 11 cm lang werdenden Tiere gehen eine langdauernde → Ehe ein. Das Männchen baut ein → Schaumnest, unter dem das Weibchen ablaicht.
Mückenlarven, als Fischfutter sehr geeignete Insektenlarven, die nach ihrer Körperfarbe meist in drei Gruppen unterteilt werden: Bei den überwiegend im Schlamm

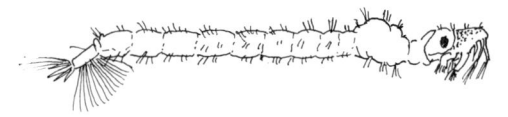

Büschelmückenlarve

lebenden «roten Mückenlarven» handelt es sich um die Larven der → Zuckmücken, bei den freischwimmenden, durchsichtigen «weißen Mückenlarven» um die Büschelmücken und bei den meist an der Wasseroberfläche lebenden «schwarzen Mückenlarven» um → Stechmücken der Gattungen *Culex* und *Anopheles*. Bei diesen M. sollte man schon im eigenen Interesse darauf achten, daß das gesamte Futter gefressen wird.

Mulm, im Aquarium Futter- und Pflanzenreste, die auf den Boden sinken und sich dort als leicht aufwirbelbare Schwebstoffe sammeln.

Muränen, nur im Meerwasser vorkommende Arten, die z. T. außerordentlich giftig sind, im Aquarium jedoch sehr zahm werden können. Sie leben überwiegend in Felsspalten und können problemlos mit Frischfleisch gefüttert werden. Häufiger gehalten wird die Mittelmeer-Muräne *(Muraena helena)*, die eine Länge von 130 cm erreicht. Andere M. sind z. T. sehr schwer zu halten.

Muschelblume *(Pistia stratiotes)*, Wassersalat, eine beliebte Schwimmpflanzenart, die eine dichte Blattrosette bildet. Die Blätter sind bis zu 20 cm lang und fein behaart. An der Basis der Rosette bilden sich häufig Ausläufer und an ihnen Tochterpflanzen, die sich so rasch vermehren können, daß wöchentliche Eingriffe erforderlich werden. In der Regel benötigt die M. eine längere Eingewöhnungszeit, reichlich Licht sowie einen ausreichenden Freiraum über der Wasseroberfläche, obwohl sie unter Aquarienbedingungen etwas flacher wächst als im Freiland. Die Nährstoffversorgung erfolgt über die tief ins Wasser hineinhängenden Wurzeln, so daß durch regelmäßige → Wasserwechsel und Düngerzugabe für ein ausreichendes Angebot gesorgt werden muß.

Muschelkrebse *(Ostracoden)*, zahlreiche verschiedene Arten, deren Körperlänge meist bei etwa 1 mm liegt. Sie leben in Bodennähe stehender Gewässer und können gelegentlich einen erheblichen Teil des Lebendfutters bilden.

Muscheln, von ca. 20 000 bekannten Arten leben die weitaus meisten im Meer. Süßwasserm. sind langfristig im Aquarium nur sehr schwer zu halten, da sie ein sehr bakterienreiches Wasser bzw. eine entsprechende Nährlösung benötigen. Zur Vergesellschaftung mit → Bitterlingen bieten sich die Teich- sowie die Flußm. an. Im Meer lebende M. sind nur sehr schlecht zu

Myripristis murdjan

halten, sie können jedoch zur → Filterung des Meerwassers eingesetzt werden.
Mutation, plötzliche Änderung des Erbmaterials, so daß das betroffene Individuum andere Eigenschaften als seine Geschwister besitzt. Da die Arten auch heute schon weitgehend an ihre Umgebung angepaßt sind, stellt die M. in den meisten Fällen eine Benachteiligung für die betroffenen Individuen dar, so daß diese unter Freilandbedingungen sehr schnell eliminiert werden.
Mutterfamilie, Familienform, bei der nur das Weibchen die → Brutpflege ausübt.
Myriophyllum-Arten, → Tausendblatt-Arten.
Myripristis murdjan, → Eichhörnchenfisch.

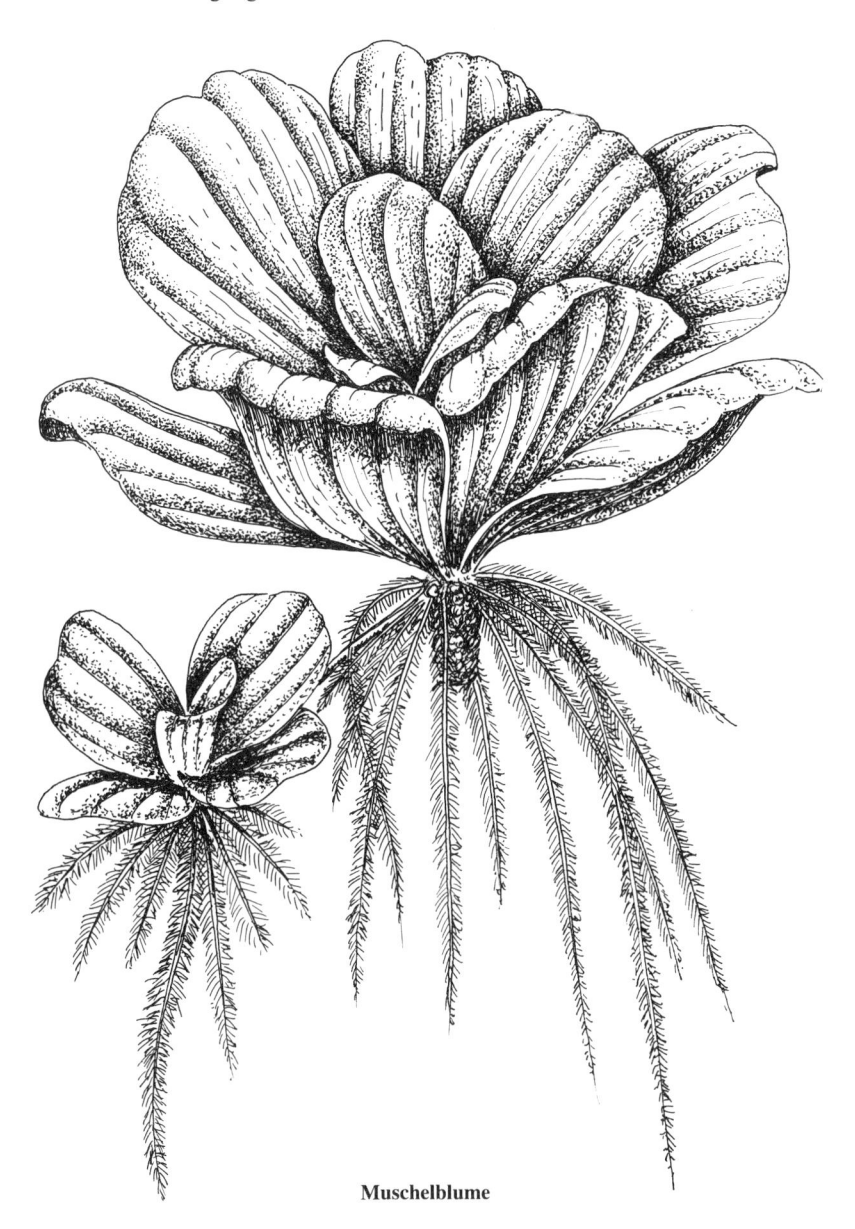

Muschelblume

Nachtfärbung

Nachtfärbung, → Tarnung.
Nacktaale, → Messerfische, Amerikanische.
Najas microdon, → Nixkraut, Feinzähniges.
Nannacara anomala, → Zwergbuntbarsch, Gestreifter.
Nannobrycon eques, → Schrägsteher.
Nannocharax-Arten, → Geradsalmler.
Nannochromis parilius, → Kongocichlide, Blauer.
Nannostomus beckfordi, → Längsband-Ziersalmler.
Nannostomus marginatus, → Zwergziersalmler.
Nannostomus trifasciatus, → Dreibinden-Ziersalmler.
Narbe, derjenige Teil der Blüte, der den Pollen aufnimmt.
Naturschutz, im Zusammenhang mit der Beschaffung der Fische häufig ein drängendes Problem. Für jeden Meerwasserfisch, der bei einem Händler den Besitzer wechselt, sind zu dem Zeitpunkt bereits drei andere auf der Strecke geblieben. Die ständig hohe Nachfrage aufgrund völlig unzureichender Haltungsbedingungen hat dazu geführt, daß bereits ganze Korallenriffe leergefischt worden sind. Die Haltung empfindlicher Meeresfische, so attraktiv sie auch aussehen mögen, ist aus ökologischen Gesichtspunkten daher nicht mehr vertretbar! Man sollte sich auf die Arten beschränken, die in Gefangenschaft in ausreichender Zahl nachgezüchtet werden können bzw. Bedingungen schaffen, die diese Nachzucht wenigstens für den eigenen Bedarf sowie den Tausch garantieren.
Nauplius, Bezeichnung für eine Krebslarve. Besonders die Nauplien von → Hüpferlingen und → Salinenkrebsen sind ein wichtiges → Jungfischfutter.
Nematobrycon palmeri, → Kaisersalmler.
Nematoden, → Fadenwürmer.
Neolebias-Arten, → Geradsalmler.
Neon, Grüner *(Hemigrammus hyanuary)*, eine Salmlerart, doch mit dem Roten → Neon und dem → Neonsalmler nicht direkt verwandt. Sie haben jedoch eine sehr ähnliche Körperform und einen in Höhe der Seitenlinie verlaufenden, auffällig rotschimmernden Längsstreifen. Der G. N. eignet sich gut als Schwarmfisch, benötigt jedoch ein sehr ruhiges Aquarium, da er äußerst schreckhaft reagiert und bei vermeintlicher Gefahr (Fangversuch) auch versucht, sich in den Boden einzugraben. Die Eiablage erfolgt im freien Wasser.

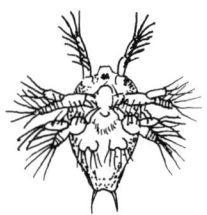

Nauplius-Larve der Ruderfüßer

Neon, Roter *(Cheirodon axelrodi)*, ein wegen seiner Farbenpracht besonders beliebter Aquarienfisch. Das kristallklare Wasser, das er in den meisten Aquarien vorfindet, entspricht allerdings in keiner Weise seinen ursprünglichen Lebensbedingungen. Der R. N. lebt in verschiedenen Flüssen, die von Norden her in den Amazonas münden. Bevorzugt hält er sich in kleinen Bächen auf, in die von überhängenden Zweigen reichlich Laub hineingefallen ist, dessen bakterieller Abbau das Wasser so schmutzigbraun färbt, daß die Sichtweite nur wenige Millimeter beträgt. Mit Einsetzen der Überschwemmungen weichen die Fische dann auf die überfluteten Uferbereiche aus, wo sie reichlich Nahrung finden. In Aquarien ist die Art sehr gut zu halten. Weit schwieriger ist es jedoch, die Bedingungen herzustellen, die für eine Fortpflanzung und besonders für die Aufzucht der Jungfische erforderlich sind.

Entsprechend der Wasserqualität in den natürlichen Lebensräumen muß das Aquarienwasser fast völlig enthärtet sein, was natürlich erhebliche Probleme für die Stabilisierung des → pH-Wertes bringt. Glücklicherweise verträgt der R. N. jedoch sehr niedrige Werte, die Jungtiere brauchen sogar nur einen pH-Wert von 5–5,5, um die ersten Tage überleben zu können. Das → Ablaichen erfolgt meist in der Abenddämmerung und kann sich bis in die Nacht hinein fortsetzen. 400–500 Eier werden dabei ins freie Wasser abgegeben, die bei der optimalen Temperatur von 27–28° C schon in 18–20 Stunden so weit heranreifen, daß die Jungfische schlüpfen. 5–6 Wochen müssen sie sehr vorsichtig und sparsam mit Kleinstlebewesen wie Rädertierchen und Krebslarven gefüttert werden. Bemerkenswert ist noch, daß dieser Fisch eine sehr unterschiedliche Länge erreichen kann, je nachdem aus welchen Beständen er stammt.

Neongrundel (*Elacatinus oceanops*), Putzergrundel, aus dem Westatlantik stammender, bis 5 cm langer Fisch, der die Haut größerer Arten von → Ektoparasiten säubert. Im Aquarium kann man ihn nur bei hervorragender Wasserqualität halten, bei der auch mehrfach die Nachzucht gelungen ist. Ißt am liebsten kleines Lebendfutter, jedoch gelingt es auch, ihn auf Trockenfutter umzugewöhnen. Verstecke sollten unbedingt angeboten werden.

Neon-Krankheit, → Pleistophora-Krankheit.

Neonsalmler (*Paracheirodon innesi*), ein sehr farbenprächtiger und hochgeschätzter Aquarienfisch aus dem Oberlauf des Amazonas. Obwohl der N. dem Roten → Neon sehr ähnlich sieht, hat man ihn dennoch aufgrund einer unterschiedlichen Anordnung der Zähne einer anderen Gattung zugerechnet, die jedoch nur durch diese Art vertreten ist. Abgesehen von dieser grundsätzlichen Abweichung, die für den Aquarianer nur von untergeordneter Bedeutung sein dürfte, zeigt der N. einen deutlich kürzer ausgebildeten roten Längsstreifen, der sich auf die hintere Körperhälfte beschränkt. Die Nachzucht war wie beim Roten Neon lange Zeit ein Problem, bis man entdeckte, daß nur praktisch vollständig enthärtetes Wasser ein Überleben der Jungfische ermöglicht. Der → pH-Wert sollte in solchen → Zuchtaquarien zwischen 6,2 und 6,8 liegen, wozu in geringem Umfang über → Torf gefiltert werden kann. Zu einer Laichbildung kommt es beim Weibchen nur dann, wenn beide Tiere über längere Zeit bei einer recht niedrigen Temperatur von 16–22° C gehalten werden. Sobald das Weibchen laichreif ist, wird die Temperatur auf 24° C erhöht. Nach wenigen Stunden schon beginnt der Ablaichvorgang. Bei Anwesenheit des Männchens werden die Eier an feinen Wasserpflanzenblättern befestigt. Ohne Männchen werden die Eier einfach abgestoßen. Die heute bei uns gehaltenen N. stammen kaum noch aus ihren natürlichen Lebensräumen in Südamerika. Längst gibt es große Zuchtfarmen in Südostasien, die sich auf die Zucht dieser Art spezialisiert haben und von dort aus auch den deutschen Markt versorgen.

Nerophis ophidion, → Schlangennadel, Kleine.

Nesselgift, bei zahlreichen → niederen Tieren vorhanden. Es dient der Betäubung der mit den → Tentakeln berührten Opfer.

Netze, werden in der Aquaristik eingesetzt, um Fische im Aquarium und Futter im Freiland zu fangen. Entsprechend der unterschiedlichen Aufgabenstellung haben sie verschiedene Maschenweiten und Formen. Für den Fang von Aquarienfischen empfiehlt sich weitmaschige N., die rasch durch das Wasser gezogen werden können, ohne daß das Gewebe einen nennenswerten Wasserstau verursacht. Ein solcher wäre für den Fisch eine viel stärkere Fluchtmotivation als die optische Wahrnehmung des Netzes. Empfehlenswert ist weiterhin eine rechteckige oder quadratische Öffnung des Netzes. Die u. a. angebotenen runden oder dreieckigen Formen haben den Nachteil, daß der Fisch fast immer eine Lücke findet, durch die er entkommen kann. Um den Fluchtweg möglichst vollständig versperren zu können, sollte die Netzöffnung auch für kleinere Fische eine Größe von ca. 8 × 5 cm nicht unterschreiten. Durch kleine N. gewinnt man zwar eine größere Beweglichkeit auch in Wasserpflanzenbeständen, die Fische können jedoch leichter entkommen. Dadurch ergeben sich längere Jagdzeiten, die einen erheblich größeren Störfaktor darstellen. Der Fang von Futtertieren setzt in der Regel eine deutlich geringere Maschenweite voraus. Am zweckmäßigsten für → Staubfutter sind → Planktonnetze, die eine sehr geringe Maschenweite haben und zusätzlich an ihrem spitz zulaufenden Ende einen Behälter, in dem sich die Futtertiere sammeln. Für den Fang von → Wasserflöhen etc. kommt man allerdings auch mit wesentlich einfacheren und kostengünstigeren Konstruktionen aus. Dort reicht oft das Material aus einem alten Damenstrumpf oder feinmaschige Gardinenstoffe aus Perlon. Je größer die Futtertiere sind, desto beweglicher sind sie in der Regel. Deshalb muß die Öffnung des Netzes größer sein, und es empfiehlt sich ein grobmaschigeres Material, um das Netz ohne starken Rückstau des Wassers vorwärtsbewegen zu können. Wenn sich am Ende des Netzes kein Gefäß befindet, sollte man möglichst einen spitz zulaufenden Winkel vermeiden, da die Beutetiere dort sehr dicht zusammengepreßt und geschädigt werden können. Dadurch besteht die Gefahr, daß sie auf dem anschließenden → Futtertransport schon aufgrund ihrer Verletzungen eingehen. Besser ist ein mit einem Drahtring stabilisierter flacher Boden, der aber kleiner sein sollte als die Netzöffnung, damit das Netz zur Entleerung problemlos umgestülpt werden kann.

niedere Tiere, sehr einfach gebaute Arten, deren systematische Haltung normalerweise nur im → Meerwasseraquarium betrieben wird. Geeignet sind → Seeanemonen und → Röhrenwürmer. Die meisten Arten reagieren sehr empfindlich, z. B. auf → Nitrat und → Nitrit, erst recht auf eine Krankheitsbehandlung mit Kupfersulfat.

Nilhechte *(Gnathonemus-Arten, Mormyrus-Arten)*, in den letzten Jahren verstärkt importierte Fische, die jedoch leider in vielen Aquarien totgepflegt werden. Besonders beliebt sind Vertreter der Gattung *Gnathonemus* und hier besonders der Elefantenrüsselfisch *(Gnathonemus petersii)*. Zu ihrem merkwürdigen Namen kommt diese Art durch ihr rüsselförmig vorgezogenes Maul, mit dem die Fische im Boden nach Würmern etc. stöbern. Häufig wird der Fehler gemacht, im Aquarium einen zu groben, oft auch scharfkantigen Bodengrund, der den elementaren Lebensbedürfnissen dieser Arten widerspricht, zu legen. Sie bevorzugen einen sandigen oder (noch besser) schlammigen Boden. Im Freiland kommen die N. in der Regel in solchen stark schlammführenden Gewässern vor, in denen die Sichtweite nur wenige Millimeter beträgt. Um sich auch dort orientieren zu können, verfügen sie über ein hochentwickeltes elektrisches Orientierungssystem. Die Aussendung der Stromstöße erfolgt von speziell umgeformten Muskelpaketen im Bereich der Schwanzwurzel. Das Auflösungsvermögen ist so fein, daß nicht nur Artgenossen von anderen Fischen unterschieden werden können, sondern auch – für uns kaum wahrnehmbar – Geschlechtsunterschiede. Darüber hinaus dient dieses System auch der Revierabgrenzung sowie der Balz und zeigt auch das Wohlbefinden des Fisches an. Dies macht man sich in deutschen Wasserwerken seit einiger Zeit zunutze, indem man die Fische in Aquarien setzt, die von Trinkwasser durchströmt werden. Änderungen in der Trinkwasserqualität führen zu einer sofortigen Beunruhigung; die N. stoßen eine Folge elektrischer Impulse aus, die von speziellen Geräten empfangen und in Warnsignale für das dort tätige Personal umgesetzt werden können. Diese Eigenschaft wird von anderen Bewohnern eines Gesellschaftsaquariums, zumindest in der Anfangsphase, allerdings gar nicht geschätzt. Ein neu eingesetzter N. wird mit seinem elektrischen Feld zunächst für einige Verwirrung und Aufregung sorgen, die sich allerdings bald legt. Mehrere Individuen können nur in ausreichend großen Becken zusammengehalten werden, da sie sehr unverträglich sind und sich mit ihren Stromstößen gegenseitig bekämpfen. Da die N. nachtaktiv sind, sollte man ihnen tagsüber eine schwache Beleuchtung bieten oder aber ausreichend höhlenartige Verstecke, in die sie sich zurückziehen können. Wichtig ist eine dichtschließende Abdeckscheibe, da sie sehr gut springen. Die Wassertemperatur richtet sich nach dem genauen Herkunftsgebiet der einzelnen Arten. Die Vorzugstemperatur schwankt zwischen 22 und 28° C, das leicht saure Wasser sollte nicht zu hart sein.

Nitrat, NO_3, letzte Stufe des → Eiweißabbaus. Es entsteht mit Hilfe der Nitrobakter-Bakterien aus dem giftigen → Nitrit. Im Laufe der Zeit kann es zu einer sehr starken Anreicherung im Aquarium kommen, so daß regelmäßige → Wasserwechsel zu empfehlen sind. Andernfalls können neu hinzugesetzte Fische sehr schnell an einer Nitratvergiftung sterben. Bei Sauerstoffmangel kann aus N. wieder giftiges Nitrit entstehen, was häufig im Zusammenhang mit der → Filterung geschieht. Das → Leitungswasser wird oft bereits mit einem hohen Gehalt an N. geliefert, weil es für Menschen angeblich nicht gesundheitsschädlich ist. Besonders empfindlich reagieren jedoch Meerwasserfische, da N. in ihrem normalen Lebensraum praktisch nicht vorkommt. N. kann auch durch → Ionenaustauscher aus dem Wasser entfernt werden.

Nitratvergiftungen, treten relativ häufig auf, obwohl sie sich leicht vermeiden lassen. Der Gehalt an → Nitrat steigt bei unzureichenden → Wasserwechseln sehr stark an, wodurch es bei verschiedenen Arten zunächst zu einem Wachstumsstillstand kommt. Bedenklich sind Konzentrationen von mehr als 80 mg/l Nitrat, dabei können Fische langsam aber auch an deutlich höhere Konzentrationen gewöhnt werden. Neu hinzugesetzte Fische aus nitratarmen Aquarien sterben in diesem Wasser jedoch sehr schnell.

Nitrit, NO_2, entsteht beim → Eiweißabbau bei Anwesenheit von Sauerstoff aus Ammoniumverbindungen. Die Umwandlung erfolgt mit Hilfe der Nitrosomonas-Bakterien. N. führt häufig zu Nitritvergiftungen, wenn der rasche Abbau zu → Nitrat gestört ist. Dies kann aufgrund zu geringen Sauerstoffeintrags der Fall sein, aber auch durch einen Stillstand der → Filterung.

Nitritvergiftung, eine sehr oft in Aquarien auftretende → Vergiftung, die meist an → Verhaltensänderungen der Fische zu erkennen ist. Ein häufiger Grund ist neben unzureichenden → Wasserwechseln ein zu geringer → Sauerstoffeintrag, so daß das giftige → Nitrit nicht zum relativ ungiftigen → Nitrat umgebildet werden kann. Besonders neu eingerichtete Becken sind sehr anfällig, da sie noch nicht über entsprechende Bakterienkulturen verfügen. Falsch in diesem Zusammenhang ist auch eine Unterbrechung der → Filterung. Beim Wiedereinschalten gelangt Nitrit in hohen Konzentrationen ins Aquarienwasser. Mehr als 1 mg/l Nitrit ist ein akutes Warnzeichen, ab 5 mg/l sterben bereits die ersten Fische. Eine rasche Abhilfe bringt in der Regel ein Teilwasserwechsel.

Nitrofurane, eine Gruppe sehr wirksamer bakterientötender Mittel, die jedoch in der Regel nicht wasserlöslich sind und deshalb nicht zum Einsatz gelangen können. Empfehlenswert ist ein Medikament mit dem Handelsnamen Furanace-P, das in einer Konzentration von 2 mg/l einzusetzen ist. Nach 3 Tagen wird annähernd die Hälfte des Wassers ersetzt und über → Aktivkohle gefiltert (→ Medikamente).

Nixkraut, Feinzähniges *(Najas microdon)*, eine für die Aquaristik besonders wichtige Pflanze, unter deren Namen allerdings noch zahlreiche sehr ähnliche tropische Arten angeboten werden. Die Gattung umfaßt insgesamt 30–40 Arten, von denen einige als Aquarienpflanzen allerdings völlig ungeeignet sind. Die etwa 2,5 cm langen, jedoch nur etwa 1 mm breiten Blätter tragen an ihren Rändern winzige Zähnchen und sind in Quirlen um den oft über 50 cm langen Stengel gruppiert. Das F. N. bildet unter natürlichen Bedingungen einen dichten Rasen auf dem Gewässergrund. Auch im Aquarium bietet eine entsprechende Anordnung ein hervorragendes → Laichsubstrat. Während die Pflanze selbst sehr gut und schnell wächst, ist eine Vermehrung nicht so leicht möglich, da die Stengel sehr brüchig sind und eine Bewurzelung nur in geringem Maße erfolgt. Stecklinge sind in jedem Fall so einzupflanzen, daß die ersten Blätter noch vom Boden bedeckt sind. Das F. N. hält sich allerdings auch freischwimmend sehr gut. Das Wasser kann mittelhart sein, die Temperatur sollte zwischen 20 und 25° C liegen.

Nordamerika-Aquarium, ein → Erdteilaquarium, das nur mit nordamerikanischen Fischarten besetzt ist. Es handelt sich um ein typisches → Kaltwasseraquarium, dessen Bewohner in der Regel aber auch Zimmertemperaturen gut vertragen. Zwergwels und Sonnenbarsch als typische Fische eines solchen Beckens sind in unseren Gewässern ausgesetzt worden, halten sich also gut. Das Wasser sollte relativ hart und neutral bis schwach alkalisch sein. Eine Zucht gelingt bei den meisten Arten nur, wenn im Winter eine → Ruheperiode eingelegt wird.

Nothobranchius-Arten, → Prachtgrundkärpflinge.

Notopterus-Arten, → Messerfische.

Nymphaea-Arten, → Seerosen.

Oberflächenspannung

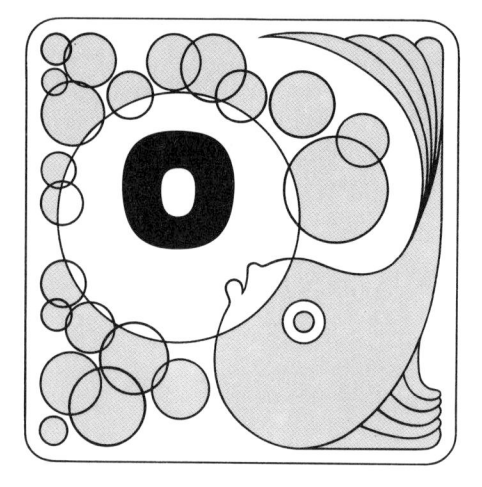

Oberflächenspannung, entsteht durch die gegenseitige Anziehung der Wassermoleküle (Polarität des Wassers). Dieser magnetähnliche Zusammenhalt der Wassermoleküle bewirkt überhaupt erst die Entstehung eines Tropfens, also die Ausbildung einer eindeutig abgegrenzten Oberfläche gegen die umgebende Luft. Die O. nutzen nicht nur verschiedene Tierarten, die auf der Wasseroberfläche laufen (u. a. Wasserläufer). Auch innerhalb des Wassers leben zahlreiche Tiere (z. B. → Wasserflöhe), deren Körperoberfläche nicht benetzbar ist, so daß sie, obwohl ständig im Wasser lebend, trocken bleiben. Dadurch verhindern sie die Algenansiedlung auf ihrem Panzer.

Octopus vulgaris, → Krake, Gemeiner.
Ökologie, Lehre von den Wechselbeziehungen im Naturhaushalt.
Oodinium, → Samt-Krankheit.
Ophiocephalus-Arten, → Schlangenkopffische.
Orange-Ringelfisch *(Amphiprion ocellaris)*, eine lange Zeit unter der Bezeichnung *Amphiprion percula* geführte Art, die bei guten Wasserbedingungen auch für Anfänger einfach zu halten ist. Der aus dem Indischen Ozean stammende Fisch erreicht eine Länge von 7 cm und lebt sehr gern in kleinen Schwärmen, die sich zwischen den Tentakeln großer → Seeanemonen aufhalten. Er ist allerdings auch ohne diesen Partner zu halten.
Orientierung, erfolgt bei Fischen mit sehr unterschiedlichen Verfahren: Die Fernorientierung, z. B. bei den Wanderungen der Lachse, läuft mit Hilfe des → Geruchssinns ab. Auch der sehr feine → Temperatursinn spielt beim Aufsuchen geeigneter Laichplätze sicherlich eine wichtige Rolle. Im Nahbereich orientieren sich die meisten Arten mit Hilfe ihrer → Sehorgane. Verschiedene Fische benutzen dafür → elektrische Organe. Von entscheidender Bedeutung ist weiterhin der → Ferntastsinn sowie das damit in Verbindung stehende → Gehör.
Oryzias-Arten, → Reiskärpflinge.
Osmose, in der Natur weitverbreitetes Verfahren zum Konzentrationsausgleich zweier wäßriger Lösungen durch eine halbdurchlässige Membran. So besteht z. B. ein Konzentrationsunterschied zwi-

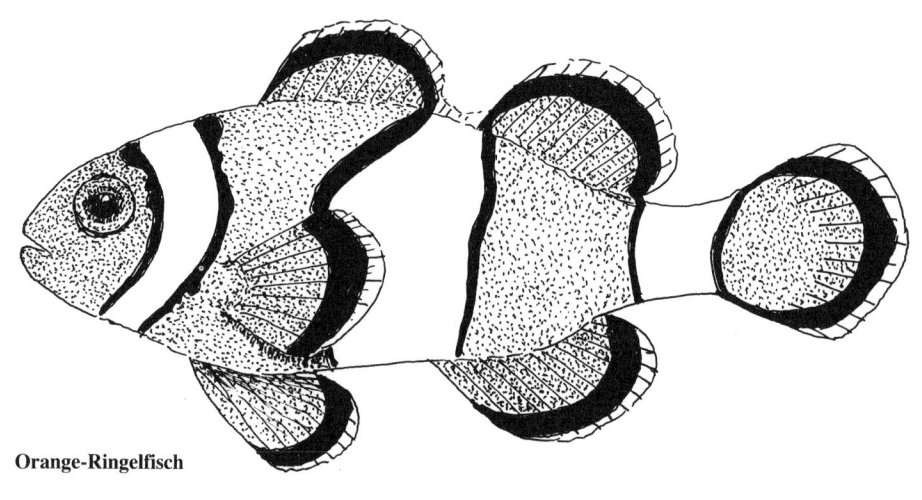

Orange-Ringelfisch

schen der Körperflüssigkeit eines Fisches und dem umgebenden Süß- oder Meerwasser. Die Haut des Fisches ist zwar für Wasser, nicht aber für die im Meerwasser gelösten Salze oder die in den Körperflüssigkeiten transportierten Substanzen durchlässig. Sie ist somit halbdurchlässig *(semipermeabel)*. Das Wasser der schwächer konzentrierten Lösung wird von der stärkeren angezogen, so daß es durch die Haut des Fisches dringt. Dies ist von entscheidender Bedeutung für den → Wasserhaushalt der Fische. Während den Meerwasserfischen ständig Wasser entzogen wird, sickert es in die Süßwasserfische ununterbrochen ein.

Osteoglossum-Arten, → Knochenzüngler.
Ostracoden, → Muschelkrebse.
ovipar, → lebendgebärende Arten.
ovovivipar, → lebendgebärende Arten.
Ozon, eine nicht wie üblich aus 2, sondern aus 3 Sauerstoffatomen bestehende Verbindung. Das dritte Sauerstoffatom wird sehr leicht an Verbindungen abgegeben, die normalerweise nicht oder sehr schwer mit Sauerstoff reagieren. Dadurch kann z. B. der Abbau von Fäulnisstoffen sehr stark beschleunigt werden. Auch giftiges → Nitrit wird durch die Sauerstoffaufnahme zu relativ ungiftigem → Nitrat umgewandelt. Wünschenswert ist außerdem die stark keimhemmende Wirkung des O.s. Mit seiner Hilfe kann nicht nur die Zahl der Bakterien verringert werden, auch viele Parasiten lassen sich mit O. schnell bekämpfen. Die Bildung erfolgt in einem speziellen → Ozonisator, dessen Kapazität auf die Größe des Aquariums abgestimmt sein muß. Bei einem 100-l-Becken sollten pro Stunde nicht mehr als 10 mg/l eingeleitet werden. Größere Konzentrationen sind nur dann vertretbar, wenn der Gehalt an O. laufend gemessen wird. Es kann andernfalls leicht zu einer → Ozonvergiftung kommen.

Ozonisator, Gerät zur Herstellung von → Ozon. Durch einen Transformator wird eine Hochspannung erzeugt, die sich jedoch nicht direkt zwischen den beiden Polen entladen kann, da diese durch eine Glasscheibe getrennt sind. In dieser sogenannten Entladungskammer wird bewirkt, daß sich nicht wie üblich nur 2, sondern 3 Sauerstoffatome aneinanderlagern. Die Ausbeute ist um so höher, je trockener die von einer → Membranpumpe gelieferte Luft ist. Zweckmäßigerweise wird daher eine Trocknungsstufe mit → Kieselgel vorgeschaltet. Die Abgabe ins Aquarium erfolgt möglichst feinperlig über einen → Ausströmerstein aus Kieselgur. Sämtliche → Schläuche dürfen nicht aus PVC bestehen, da dieses Material bei längerer Anwendung brüchig wird. Die Leistung eines O.s läßt sich bei vielen im Handel befindlichen Geräten regulieren. Eine Überdosierung muß unter allen Umständen vermieden werden. Der Entladungsraum sollte (nach Ziehen des Netzsteckers!) zu öffnen sein, um etwaiges eingedrungenes Wasser zu entfernen.

Ozonmessung, entweder mit entsprechenden Chemikalien (→ Kolorimeter) oder aber auch indirekt durch die Messung des Redoxpotentials möglich.

Ozonvergiftung, entsteht durch übermäßige Einleitung von → Ozon ins Aquarium. Sie äußert sich durch Hautschäden, die zunächst an den Flossen auftreten, welche sich in späteren Stadien schwarz färben. Eine Verhinderung ist nur durch eine grundsätzliche Beschränkung oder aber durch laufende Messung des Ozongehalts möglich.

Paarung

Paarung, Kopulation, Begattung, Verhaltensweise, um männliche → Spermien und weibliche Eier miteinander in Kontakt zu bringen. Die Befruchtung des Eis und die P. können zeitlich oft weit auseinanderliegen. Dies ist besonders bei → lebendgebärenden Arten der Fall, bei denen die Weibchen Spermienpakete erhalten, mit denen oft mehrere Würfe befruchtet werden können. Da die → Spermien bei Süßwasserfischen nur 40–50 Sekunden lang lebensfähig bleiben, muß die P. zwischen beiden Partnern so abgestimmt werden, daß Eier und Spermien möglichst gleichzeitig ausgestoßen werden. Dieser Synchronisation dient eine mehr oder weniger umfangreiche → Balz. Bei den meisten eierlegenden Arten schmiegen sich Männchen und Weibchen während der P. eng zusammen und umschlingen sich mit Schwanz und Flossen. Viele Salmlerarten haben an der Afterflosse entsprechende Haken, die dem Zusammenhalt dienen (→ Begattungsorgane). Eier und Spermien werden gleichzeitig ausgestoßen. Bei vielen → Substratlaichern wie z. B. Buntbarschen, Messerfischen, vielen Welsarten etc. werden die Eier vom Weibchen an speziellen Stellen abgelegt und erst dann vom Männchen besamt. Relativ kompliziert ist die P. bei lebendgebärenden Arten. Die Eier werden mit speziellen → Begattungsorganen in den weiblichen Körper gebracht. Viele Männchen sind merkwürdigerweise nur in der Lage, die P. entweder von der linken oder von der rechten Seite vorzunehmen (→ Seitenspezialisierung). Die P. setzt voraus, daß sich die Partner überhaupt finden (→ Partnerfindung).

Pachypanchax-Arten, sehr robuste Fische aus der Familie der Eierlegenden → Zahnkarpfen. Sie leben im Bereich verschiedener Inseln des Indischen Ozeans, dort teilweise auch im Brackwasser, so daß sie an die Wasserqualität keine besonderen Ansprüche stellen. Für ein Gesellschaftsaquarium eignen sie sich jedoch nicht, da sie sehr aggressiv sind. Die Eiablage erfolgt an Pflanzen, die Jungen schlüpfen nach etwa 2 Wochen. Wichtig ist eine gute Aquarienabdeckung, da die Tiere hervorragend springen. Häufiger eingeführt wird der Tüpfelhechtling *(Pachypanchax playfairi)*.
Paginurea, → Einsiedlerkrebse.
Paludarium, → Sumpfaquarium.
Pangasius sutchi, → Haiwels.
Pantodon buchholzi, → Schmetterlingsfisch.
Pantoffeltierchen *(Paramaecium)*, einzelliges Lebewesen, das den Namen wegen seiner schuhsohlenähnlichen Körpergestalt erhalten hat. Große Exemplare können bis zu 0,3 mm groß werden, aber auch kleinere Tiere sind bei Ansammlungen gelegentlich als schwach silbrig schimmernde Wolke zu erkennen. Wichtig sind die P. zur Aufzucht kleiner Jungfische. Eine spezielle Impfung einer mit Tümpelwasser angesetzten Kultur ist in der Regel nicht erforderlich, da die P. in großen Mengen in allen Gewässern vorkommen. Zur Sicherheit kann man jedoch ein wenig Schlammboden beifügen. Bewährt hat sich im Laufe der Zeit der sogenannte Kohlrübenansatz, bei dem eine Kohlrübe in kleine Würfel von 1–2 cm Kantenlänge zerschnitten wird. Solche Würfel können auch problemlos getrocknet werden und sind dann sehr lange haltbar. Zur Zucht eignen sich hohe, säulenförmige Gefäße besonders gut, in die pro Liter Wasser etwa 3 cm^3 Kohl gebracht werden. Durch die bald einsetzenden Fäulnisprozesse entstehen relativ sauerstoffarme Lebensbedingungen, die von den P. noch sehr gut, von anderen Mikroorganismen jedoch nur schlecht vertragen werden, so daß man eine ziemlich reine Kultur erhält. Dennoch sollte auch diese vor dem Verfüttern noch weiter gesäubert werden, was durch einen Trick möglich ist: Die Kulturflüssigkeit wird,

nachdem größere P.-Schwärme schon mit bloßem Auge sichtbar sind, in eine enghalsige Flasche abgefüllt. Die Füllhöhe sollte so bemessen werden, daß ein etwa 5–10 cm hoher Luftraum bis zur Gefäßoberkante erhalten bleibt. Anschließend wird ein Wattestopfen so weit in den Flaschenhals gedrückt, daß er direkt auf der Kulturflüssigkeit aufliegt. Dann wird der Rest des Flaschenhalses mit sauberem Wasser aufgefüllt. In der Kulturflüssigkeit entstehen jetzt rasch sehr sauerstoffarme Verhältnisse, die auch von den P. nicht mehr toleriert werden können. Sie beginnen daher aufwärts zu steigen, passieren dabei den Wattestopfen und gelangen dadurch in den oberen Frischwasserbereich. Dort können sie problemlos mit Pipetten etc. entnommen werden. Ein Zuchtansatz liefert bei Zimmertemperatur bereits innerhalb einer Woche ausreichende Mengen. Die Flaschen sollten nicht in Sonnenlicht aufbewahrt werden.

Panzerwels, Barima- *(Corydoras bondi)*, in zwei Rassen auftretende Art, die zu den Panzerwelsen gehört und in Aquarien sehr gut zu halten ist. Die Nominatform *Corydoras bondi* stammt aus Venezuela. Im Jahre 1970 wurde die Unterart *Corydoras bondi coppenamensis* ausführlich beschrieben, die sich immer stärker durchsetzt, da sie deutlich produktiver ist.

Panzerwels, Leopard- *(Corydoras julii)*, lebhafte und gut zu haltende, jedoch schwer zu züchtende Art aus den Nebenflüssen des Amazonas. Die etwa 6 cm langen Fische fühlen sich in einem Schwarm am wohlsten.

Panzerwels, Metall- *(Corydoras aeneus)*, sehr häufig angebotene Art aus der Familie der Panzerwelse, die in weiten Teilen Südamerikas vorkommt. Die Männchen werden mit 8 cm Länge etwas größer als die Weibchen. Zur Zucht empfiehlt sich ein schwach saures, weiches Wasser, wie es den Bedingungen im natürlichen Lebensraum entspricht. Der Laich enthält bis zu 200 Eier.

Panzerwels, Punktierter *(Corydoras paleatus)*, der wohl in Aquarien am häufigsten gehaltene Panzerwels. Die bis zu 7 cm langen Fische bevorzugen zur Fortpflanzung zwar ein sauberes, möglichst frisch gewechseltes, mittelhartes Wasser mit Temperaturen um 24° C, können notfalls aber auch unter ungünstigeren Verhältnissen lange Zeit gehalten werden. Sie kommen im Südosten Brasiliens sowie in benachbarten Regionen sehr häufig vor.

Panzerwels, Rost- *(Corydoras rabauti)*, ein auch unter Aquarienbedingungen sehr gut zu haltender Fisch, der aus verschiedenen Zuflüssen des Amazonas stammt. Je nach Herkunft können die einzelnen Exemplare eine sehr unterschiedliche Größe, Färbung und Form aufweisen, so daß die Art lange Zeit auch unter den Bezeichnungen *Corydoras myersi* und *Corydoras zygatus* geführt wurde.

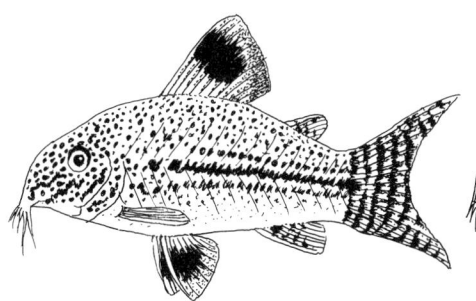

Leopard-Panzerwels

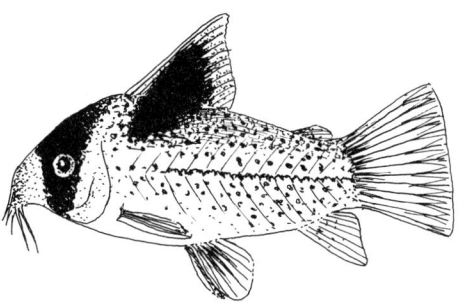

Schwarzbinden-Panzerwels

Panzerwels, Schwarzbinden- *(Corydoras melanistius)*, eine Art, die in zwei unterschiedlich gefärbten Rassen auftritt und die beide im Nordosten Südamerikas heimisch sind. Sie werden häufiger in zoologischen Handlungen angeboten und sind auch in Gesellschaftsaquarien gut zu halten.

Panzerwels, Sichelfleck- *(Corydoras hastatus)*, mit 3 cm sehr kleine Art, die bezüglich der Wasserqualität gelegentlich etwas empfindlicher reagiert als die anderen. Durch regelmäßige Wasserwechsel ist da-

Panzerwels, Smaragd-

her die Anreicherung von Nitrat etc. zu verhindern. Der Fisch stammt aus dem Mato-Grosso-Gebiet in Südamerika und wird häufig mit dem allerdings viel seltener angebotenen → Zwergpanzerwels verwechselt, der ursprünglich als Rasse dieser Art beschrieben worden ist.

Panzerwels, Smaragd- *(Brochis coeruleus)*, relativ hochrückiger Fisch mit türkisgrün schimmernden Flanken. Er stammt aus dem Oberlauf des Amazonas und wurde in Aquarien mehrfach nachgezüchtet (→ Panzerwelse).

Panzerwels, Stromlinien- *(Corydoras arcuatus)*, durch einen schwarzen Längsstreifen in Rückenhöhe charakterisierter Fisch, der sich gut für die Haltung auch im Gesellschaftsaquarium eignet. Die Art stammt aus dem Mittellauf des Amazonas.

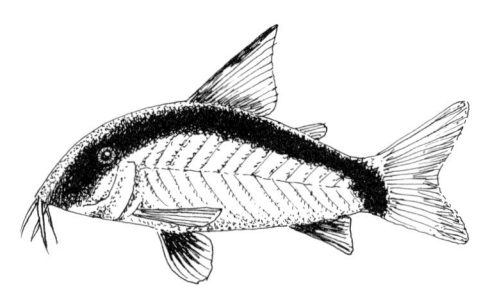

Stromlinien-Panzerwels

Panzerwelse *(Corydoradinae)*, zusammenfassende Bezeichnung für die den → Schwielenwelsen zuzuordnenden Gattungen *Corydoras, Brochis, Chaenothorax* und *Aspidoras*. Die P., besonders die Gattung Corydoras, sind in Aquarien überaus beliebt; 10–20 verschiedene Arten werden regelmäßig gehalten. Sie erreichen durchweg eine Länge zwischen 3 und 7 cm. Im Gegensatz zu den meisten anderen Welsarten sind sie tagaktiv und fühlen sich in einer kleinen Gruppe am wohlsten. Da sie nicht nur untereinander, sondern auch anderen Fischarten gegenüber sehr friedlich sind, eignen sie sich hervorragend für das Gesellschaftsaquarium. Dort machen sie sich auch noch durch eine andere Eigenschaft unentbehrlich: Mit nur kurzzeitigen Unterbrechungen suchen sie den ganzen Tag lang systematisch den Aquarienboden nach Futterresten etc. ab. Wichtig ist, bei der Haltung dieser Arten darauf zu achten, daß der Boden nicht aus scharfkantigem Material besteht. Die P. verletzen sich andernfalls die Barteln. Die Fische sind sehr zäh und somit auch für Anfängeraquarien geeignet. Die Temperaturen können in einem weiten Bereich schwanken, sollten jedoch möglichst deutlich über 20° C liegen. Wünschenswert ist ein mittelhartes Wasser mit einem pH-Wert um 7. Unter solchen Bedingungen gelingt es auch im Aquarium häufig, die Tiere zur Fortpflanzung zu bringen. Das dabei zu beobachtende Verhalten ist sehr interessant: Das Männchen klemmt die Barteln des Weibchens mit seinen Brustflossen ein, um es am Wegschwimmen zu hindern. Während das Weibchen wenige Eier in eine aus seinen beiden Bauchflossen gebildete Tasche gleiten läßt, stößt das Männchen seinen Samen aus. Anschließend begibt sich das Weibchen auf die Suche nach geeigneten Wasserpflanzen (es können auch die Aquarienscheiben sein). Nach Reinigung der als geeignet angesehenen Oberfläche klebt es die Eier dort fest, woraufhin das Ritual erneut beginnt. Einige Arten können auf diese Weise etliche hundert Eier legen. Nach 5–8 Tagen schlüpfen die Jungen, deren Dottersäcke sie nur noch für einen weiteren Tag ernähren. Dann sollte mit jungen Salinenkrebsen zusätzlich gefüttert werden. Am sichersten gelingt die Zucht in speziell eingerichteten Aquarien, in welche die beiden balzenden Tiere, notfalls auch mehrere, gesetzt werden. Sobald sich das Weibchen für einen Partner entschieden hat, sollten die restlichen Männchen herausgefangen werden. Als Einrichtung empfehlen sich weicher Sand sowie feinblättrige Pflanzen. Die Größe eines solchen Zuchtbeckens sollte 50 cm nicht unterschreiten. Empfohlen wird eine nur schwache Beleuchtung. Wichtig für die Einrichtung des Aquariums ist noch, daß die Höhe nicht über 35 cm hinausgeht. Neben der Kiemenatmung verfügen alle P. zusätzlich über die Möglichkeit der Darmatmung, wovon sie regelmäßig Gebrauch machen. Die Fische schwimmen an die Wasseroberfläche, holen dort kurz Luft und verschlucken sie, so daß (im Enddarmbereich) zusätzlicher Sauerstoff gewonnen werden kann. Diese Fähigkeit ist für diese Art in der Freiheit lebenswichtig. Die Fortpflanzung fällt normalerweise mit den Hochwasserperioden zusammen, so daß sich die Jungfische in den Überschwemmungsgebieten weit verteilen können und dort rasch heranwachsen. Nach dem Ablaufen des Wassers werden sie häufig zu Tausenden in Kleinstgewässern eingeschlossen. Die Gattung *Brochis* unterscheidet sich von der viel häufiger gehaltenen Gattung *Corydoras* dadurch, daß auch die vordere Maulregion mit Knochenplatten gepanzert ist.

Papageienblatt-Arten *(Alternanthera-Arten)*, aus Südamerika (vorwiegend Brasilien) stammende Pflanzen, die wie viele andere Aquarienpflanzen eigentlich gar keine echten Wasser-, sondern Sumpfpflanzen sind und über die Wasseroberfläche hinauswachsen. Insgesamt gibt es ca. 160 verschiedene Arten, von denen allerdings nur zwei für die Aquaristik größere Bedeutung haben, nämlich das Kleine P. *(Alternanthera reinickii)* sowie das Große oder Rote P. *(Alternanthera lilacina)*. Beide Arten zeichnen sich durch intensiv rotgefärbte Blattunterseiten aus, die im Aquarium sehr dekorativ wirken. Der Stengel wird bis zu 35 cm lang und erhebt sich auch im Aquarium über die Wasseroberfläche. Beide Gewächse haben einen sehr großen Lichtbedarf und sollten aus diesem Grunde nicht zu dicht gepflanzt werden. Da die P.-A. als Sumpfpflanzen nicht in der Lage sind, sich → Kohlendioxyd durch → biogene Entkalkung aus Bikarbonaten zu beschaffen, ist auch eine regelmäßige Düngung mit Kohlendioxyd erforderlich bzw. ein häufiger → Wasserwechsel unumgänglich. Auch Eisenmangel äußert sich sofort im Verblassen der ansonsten sehr dekorativen Färbung. Die Vermehrung erfolgt am sinnvollsten durch das Abschneiden der über die Wasseroberfläche hinausragenden Spitzen, die eingepflanzt werden und sich rasch bewurzeln. Die relativ langsam wachsenden Pflanzen fühlen sich bei einer Temperatur zwischen 22 und 26° C am wohlsten.

Paracheirodon innesi, → Neonsalmler.

Paradiesfisch *(Macropodus opercularis)*, Makropode, wirkt wie eine langflossige farbenprächtige Züchtung, ist so aber im Bereich der Reisfelder Südostasiens zu finden. Diese relativ aggressive Art eignet sich für ein Gesellschaftsaquarium nur dann, wenn sie gemeinsam mit größeren Fischen gehalten wird. Ansonsten empfiehlt sich ein Artaquarium. Es lohnt sich auch wegen des interessanten Fortpflanzungsverhaltens des Fisches. Das Männchen baut ein → Schaumnest, unter dem das Weibchen ablaicht. Die → Eier werden vom Männchen dann eingesammelt und ins Nest transportiert. Die Haltung erfolgt am besten bei relativ niedrigen Wassertemperaturen unter 20° C. Eine Heizung ist daher nicht erforderlich. Zur Zucht sollte sie jedoch auf etwa 24° C angehoben werden.

Paramaecium, → Pantoffeltierchen.

parasitische Erkrankungen, neben den → Vergiftungen und → Verletzungen die häufigsten → Fischkrankheiten. Nur wenige Parasiten sind äußerlich gut sichtbar. Dazu gehören z. B. die → Karpfenlaus, parasitische → Asseln sowie der Kleinkrebs Lernaea, welcher die Stäbchen-Krankheit hervorruft. Alle anderen Parasiten sind in der Regel nicht als Einzeltier, sondern nur in der Anhäufung an bestimmten Hautstellen zu erkennen. Sie führen dort zu → Hautveränderungen, deren Erscheinungsbild für die einzelnen Arten oft typisch ist.

Partnerfindung, wichtiger Teil des → Fortpflanzungsverhaltens der einzelnen Arten. Während dieses Problem für Schwarmfische nicht existiert, kann es bei selteneren Arten oder in trüben und dunklen Gewässern zu einer zeitaufwendigen Suche kommen. Wenige Arten sind, um eine ständige Fortpflanzungsbereitschaft zu gewährleisten, in der Lage, sich selbst zu be-

Rotes Papageienblatt

pelagisch

fruchten. Bei einem Tiefseefisch ist das winzige Männchen mit dem Weibchen sogar fest verwachsen, um eine Anwesenheit zum Zeitpunkt der → Paarung zu gewährleisten. Sehr verbreitet sind weittragende → Lautäußerungen, die im Extremfall (bei einigen Walen) noch in einer Entfernung von mehreren tausend Kilometern von Artgenossen zu hören sind. Bei vielen Arten spielen auch → elektrische Organe eine wichtige Rolle, so etwa bei den → Nilhechten, die ihre Geschlechtspartner an der Art der Stromimpulse erkennen können. Auch der → Geruchssinn ist von erheblicher Bedeutung. Bei männlichen Zwergfadenfischen ist das Balzverhalten allein durch den Geruch der Weibchen auszulösen. Eine lediglich optische Wahrnehmung reicht dafür nicht aus. Bei vielen Arten spielt jedoch die Körperfärbung eine zentrale Rolle. Der Geschlechtspartner wird anhand bestimmter → Schlüsselreize erkannt, die das Balzverhalten hervorrufen. Bei den → Stichlingen wird dies z. B. durch den stark aufgetriebenen Leib des laichreifen Weibchens bewirkt.

pelagisch, im Freiwasserraum der Hochsee lebend.

Pelvicachromis-Arten, überwiegend in Westafrika verbreitet. Die Eier werden in Höhlen abgelegt, die sich die Tiere notfalls auch selbst bauen. Die Jungtiere schlüpfen nach 2 bis 3 Tagen und haben etwa 5 Tage später ihren Dottervorrat verbraucht. Häufig eingeführt wird der Kamerun-Prachtbarsch *(P. pulcher)* sowie *P. subocellatus* und *P. taeniatus.*

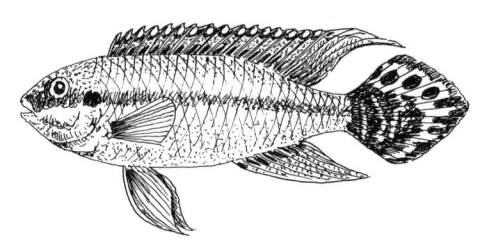

Smaragd-Prachtbarsch

Peplis diandra, → Bachburgel, Amerikanische.

Periophthalmus barbarus, → Schlammspringer.

Perldanio, → Leopardbärbling.

Perlenkraut *(Hemianthus micranthemoides)*, eine aus Nordamerika stammende Wasserpflanze, die unter diesem Namen gemeinsam mit einer anderen nah verwandten Art *(Micranthemum umbrosum)* gehandelt wird. Die Pflanzen wachsen normalerweise im Uferbereich sowie auf sehr feuchtem Waldboden und bilden dort dichte Polster von flach am Boden liegenden Stengeln, die aus allen Knoten Wurzeln treiben. Unterhalb der Wasseroberfläche, also unter Aquarienbedingungen, erfolgt nicht mehr dieses bodennahe, kriechende Wachstum. Die dünnen Stengel richten sich vielmehr auf, so daß sie einen lockeren Bestand bilden. Dieser ist nicht nur dekorativ, sondern auch für Fische sehr attraktiv – leider ebenso für Schnecken, die geradezu gierig über das P. herfallen. Erforderlich sind eine hohe Lichtintensität sowie Temperaturen um 22° C.

Perlmuttcichlide *(Herichthys cyanoguttatus)*, eine im Aquarium bis 15 cm lang werdende Art, die nur in sehr sauberem und häufig gewechseltem Wasser zu halten ist. Während der Aufzucht muß das Becken störungsfrei stehen, da bei Unruhe die Elterntiere sonst die Brut auffressen. Die P. stammt aus Mittelamerika und den Südstaaten der USA.

Perlschuppe, Zuchtform des → Goldfischs.

permanente Härte, Nichtkarbonathärte, Gipshärte, der durch Erhitzen nicht aus dem Wasser entfernbare Anteil von Kalzium- und Magnesiumsalzen. Diese Verbindungen liegen in erster Linie als Sulfate, → Nitrate, Phosphate, Chloride, Silikate, aber auch als Humate vor (→ Wasserhärte).

Petersius caudalis, → Kongosalmler, Gelber.

Petitella georgiae, → Rotkopfsalmler.

Pfauenaugenbarsch *(Centrarchus macropterus)*, eine im Aquarium bis 8 cm lange Art aus der Familie der → Sonnenbarsche. Sie ist mit → Lebendfutter gut zu halten.

Pfeilkraut, Breitblättriges *(Sagittaria graminea)*, eine Sumpfpflanzenart, die in Nordamerika in kleinen Gewässern vorkommt. Sie erreicht eine Höhe von über 50 cm und wächst mit der Blüte wie unsere einheimischen Arten weit über die Wasseroberfläche hinaus. Auch im Aquarium kann dieses volle Wachstum bei reichlicher Beleuchtung erreicht werden. Die Pflanze bildet Ausläufer, an denen sich im Winter kleine Knollen bilden, mit deren Hilfe man die Pflanze vermehren kann. Rein → submerses Wachstum läßt sich durch nährstoffarmen Untergrund und drastisch reduzierte Beleuchtung erreichen. Das Wachstum kommt dann über die Jugendblätter, die sich jahrelang halten, nicht hinaus. Die optimalen Temperaturen für gutes Gedeihen liegen zwischen 15 und 20° C.

Pfriemliches Pfeilkraut

Pfeilkraut, Pfriemliches *(Sagittaria subulata)*, eine echte Unterwasserpflanze aus den Oststaaten der USA. Sie ist durch bis zu 50 cm lange, jedoch nur 1 cm breite Blätter gekennzeichnet, die sich an der Wasseroberfläche umbiegen und horizontal weiterwachsen. Wenn die Pflanze reichlich Licht erhält, bildet der knollenartige Wurzelstock Ausläufer, die zur Fortpflanzung benutzt werden können. Extrem weiches Wasser sollte vermieden werden, die hohen Temperaturen der Tropenaquarien werden jedoch toleriert. Der schmale, hohe Wuchs macht diese Art für Hintergrundbepflanzung besonders geeignet.

Pferdeaktinie, → Purpurrose.

Pflanzenernährung, Wasserpflanzen sind in der Lage, mit der gesamten Oberfläche Wasser aufzunehmen. Eine Voraussetzung für die Photosynthese ist die Anwesenheit von → Kohlendioxyd. In Wasser gelöst, erreicht es deutlich höhere Konzentrationen als in der Luft. Im Aquarium kann sich jedoch aus verschiedenen Gründen ein Mangel einstellen, so daß Kohlendioxyd zugeführt werden muß (→ Kohlendioxyddüngung). Folgende Mineralstoffe sind für die Wasserpflanzen wichtig: Kalium für den Wasserhaushalt in den Zellen und Kalzium für den Aufbau der Zellwände, Magnesium zur Aktivierung verschiedener Enzyme. Eisen findet sich in den Farbstoffträgern der Zelle und ist bei der Photosynthese sowie bei den chemischen Vorgängen der → Atmung von Bedeutung. Das → Nitrat ist Ausgangsstoff für die Bildung von Stickstoff- und Eiweißmolekülen, die Grundbausteine jeden Lebens. Sulfat ist in zahlreichen → Aminosäuren eingebaut, aber auch in anderen Stoffen wie z. B. Vitamin B. Phosphate werden u. a. benötigt, wenn Energie gespeichert oder transportiert wird. Darüber hinaus sollten in der Pflanzenernährung noch Spurenelemente wie Kupfer, Bor, → Zink und Chlor enthalten sein, allerdings in geringen Mengen, da höhere Konzentrationen u. U. zu → Vergiftungen führen können.

Pflanzenfarben, die meisten Aquarienpflanzen sind grün. Dies wird durch den Pflanzenfarbstoff Chlorophyll verursacht, welcher bei der → Photosynthese die Energie des Lichts in chemische Energie umwandelt. Da die Zellorgane, das Chlorophyll beherbergen, Eisen enthalten, kann bei Eisenmangel nicht genug gebildet werden, die Blätter werden hellgrün bis gelb (→ Wasserpflanzenkrankheiten). Zusätzlich zum Chlorophyll, das in verschiedenen Formen vorliegt, gibt es auch noch weitere Pflanzenfarbstoffe. Ihre wohl wichtigste Funktion: das Licht auch noch unter sehr ungünstigen Bedingungen aufzufangen. Dies ist insbesondere im Wasser wichtig, in dem die langwellige Strahlung sehr schnell absorbiert wird. Das kurzwellige blaue Licht, das weiter ins Wasser hineinreicht, kann jedoch vom Chlorophyll kaum in chemische Energie umgewandelt werden, so daß spezielle Farbstoffe zunächst dieses Licht einfangen und an das Chlorophyll weitergeben. Die Stoffe, die diese Hilfsfunktion übernehmen, sind wie das Chlorophyll selbst intensiv gefärbt. Bei den Blaualgen ist es das blaue Phycocyan, bei den Rotalgen das rote Phycoerythrin, bei den Braunalgen

Pflege des Meerwasseraquariums

das braune Fucoxanthin. Diese Pflanzenfarbstoffe können nur bestimmte Wellenlängen des Lichts herausfiltern, und entsprechend kommen die Arten nur in solchen Wassertiefen vor, in denen die jeweiligen Wellenlängen des Lichts besonders häufig anzutreffen sind. Abweichende Blattfärbungen treten auch bei zahlreichen höheren Wasserpflanzen auf. Bei vielen findet man rote oder rotbraune Blätter, die einen interessanten Kontrast zu den grünen Pflanzen darstellen. Es wird vermutet, daß es sich zumindest in einigen Fällen um eine Schutzfärbung vor zu intensiver Lichteinwirkung handelt. Unter den Bedingungen im Aquarium (geringere Beleuchtung als in der freien Natur) verliert sich diese Rotfärbung in vielen Fällen sehr schnell und macht der normalen Grünfärbung Platz (Vergrünung). Bei anderen Arten wiederum, z. B. bei den → Wasserkelch-Arten, hält sich die rote Blattunterseite auch unter den Schattenbedingungen, bei denen sich diese Pflanzen am wohlsten fühlen.

Pflege des Meerwasseraquariums, viel aufwendiger als bei Süßwasseraquarien. Erforderlich sind häufige Wasseranalysen, besonders der Gehalt an → Nitrit ist regelmäßig zu messen. Er kann sich innerhalb weniger Stunden derart drastisch erhöhen, so daß eine tödliche Giftwirkung auftritt (→ Nitritvergiftung). Besonders leicht kann dies kurz nach der Einrichtung des Beckens erfolgen, wenn sich die entsprechenden → Bakterien noch nicht ausreichend vermehrt haben. Auch der → pH-Wert ist regelmäßig zu überwachen. Er wird im Laufe der Zeit absinken, da Ammoniak u. a. auch in Schwefelsäure umgewandelt wird, die den pH-Wert drückt. Aus diesem Grunde müssen bei der → Filterung regelmäßig → Puffer verwendet werden, die nach Erreichen des richtigen pH-Wertes wieder zu entfernen sind. Täglich ist auch zu überwachen, ob die → Strömung des Wassers alle Bereiche des Aquariums erfaßt. Darüber hinaus müssen auch die Fische unbedingt jeden Tag auf Hautveränderungen → Verhaltensänderungen sowie mögliche → Fischkrankheiten genau untersucht werden. Vorbeugend kann man ein → Hautschutzmittel einsetzen. Um das Wasser möglichst keimfrei zu halten, empfiehlt es sich, die Ultraviolettbestrahlung und/oder den → Ozonisator mehrere Stunden am Tag zu betreiben.

Pflege des Süßwasseraquariums, stark abhängig von Fischbesatz und Pflanzenbestand, so daß sich keine allgemeingültige Regel geben läßt. Ein teilweiser → Wasserwechsel sollte wöchentlich erfolgen. Da hierbei das Wasser in der Regel mit dem → Saugheber abgelassen wird, kann man die Gelegenheit nutzen und den am Boden angesammelten → Mulm absaugen. Bei stärkerem Fischbesatz ist eine → Filterreinigung (in Abhängigkeit von der Größe des Filters) alle 2–3 Wochen erforderlich. Der Algenbewuchs auf der Frontscheibe sollte je nach Wachstum ebenfalls frühzeitig entfernt werden, da dies bei zunehmendem Alter der Algen immer schwieriger wird. Eine Beobachtung der Fische muß täglich erfolgen. Aufmerksam muß man auf Hautveränderungen und → Verhaltensänderungen achten, oft die ersten Anzeichen einer → Fischkrankheit. Täglich ist auch die Wassertemperatur zu kontrollieren, da → Thermostate gelegentlich defekt sind und dann eine starke Wasseraufheizung erfolgt. Auch in relativ unübersichtliche Ecken des Aquariums sollte man täglich hineinschauen, um sich zu vergewissern, daß dort keine toten Fische liegen, die das Wasser verderben könnten. Bei geringsten Anzeichen einer Fischkrankheit sind ggf. → pH-Wert-, Härte sowie Nitritgehalt des Wassers zu überprüfen (→ Wasseranalyse). Fische, die regelmäßig durch aggressives Verhalten auffallen oder solche, die ständig unterdrückt werden (und daran ohnehin eingehen), sollte man aus dem Becken entfernen.

Phallichthys amates, → Guatemala-Kärpfling.

Phalloceros caudimaculatus, → Kaudi.

Phantomsalmler, Roter *(Megalamphodus sweglesi)*, sehr nah mit dem Schwarzen → Phantomsalmler verwandt, jedoch weit entfernt von ihm im Rio Meta und Rio Mucu beheimatet. Die Schwierigkeiten bei einer langfristig sicheren Haltung sind keineswegs zu unterschätzen. Erforderlich ist ein stets chemisch sauberes (Wasserwechsel!), weiches und leicht saures Wasser. Eine Nachzucht ist zwar möglich, findet allerdings nicht so regelmäßig statt, daß die Händler daraus versorgt werden könnten, weshalb die Art auch recht selten angeboten wird.

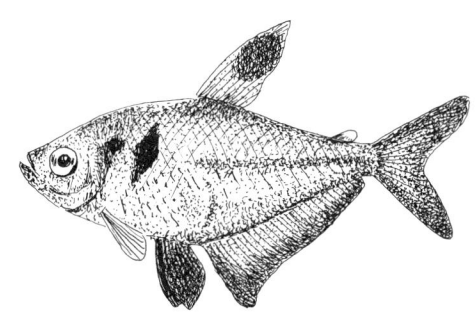

Roter Phantomsalmler

Phantomsalmler, Schwarzer *(Megalamphodus megalopterus)*, eine im Mato-Grosso-Gebiet im Rio Guapore beheimatete Art, die eine Länge von etwa 4,5 cm erreicht. Die normalerweise leicht durchscheinenden großen Flossen des Männchens werden bei der eindrucksvollen Balz tiefschwarz. In ihrem natürlichen Lebensraum leben die Fische in beschatteten Waldgewässern und fühlen sich auch im Aquarium bei leicht saurem weichen Wasser besonders wohl. Besonders wichtig sind solche Bedingungen, wenn man diese Art unter Aquarienbedingungen zur Fortpflanzung bringen will. Die normalerweise bei etwa 24° C gehaltene Temperatur wird dafür noch um etwa 2 Grad angehoben. Nach dem Laichen müssen sie umgehend aus dem Becken entfernt werden, da sie ihre Eier sofort auffressen. Anschließend wird das Becken abgedunkelt, denn der Laich ist sehr lichtempfindlich. Wenn man die Jungfische aufziehen will, muß viel Geduld aufgebracht werden, denn sie wachsen nur sehr langsam.

Photosynthese, ein komplizierter Vorgang, bei dem die Energie des Lichts in chemische Energie umgewandelt wird. Sicher ist, daß bei der P. das → Chlorophyll (→ Pflanzenfarben) eine entscheidende Rolle spielt. Das Licht dient dazu, aus Wasser und → Kohlendioxyd Glucose aufzubauen, einen Zucker, der anschließend noch in Stärke umgewandelt wird, damit er als Reservestoff besser gelagert werden kann. Bei dieser Umwandlung wird Sauerstoff frei. Auf diese Weise leisten die Pflanzen einen entscheidenden Beitrag für das Gleichgewicht im Aquarium. Sie verbrauchen das von den Fischen ausgeatmete Kohlendioxyd und geben ihrerseits wieder Sauerstoff ab, der von den Fischen benötigt wird.

Phoxinus phoxinus, → Elritze.

Phractura ansorgei, stammt aus Afrika und gehört zur Familie der → Kaulquappenwelse. Die Fische ähneln im Aussehen den → Harnischwelsen, ihr Körper ist jedoch nicht mit Knochenplatten gepanzert. Die Art bleibt mit einer Länge von nur 6 cm recht klein und stammt aus dem Unterlauf des Niger. Im Aquarium benötigt sie dichte Wasserpflanzenbestände, in denen sie sich verstecken kann. Unter Gefangenschaftsbedingungen wurde zwar bereits die Ablage von jeweils 200 Eiern beobachtet, die Jungenaufzucht stößt jedoch wegen bislang ungeeigneten Futters auf Probleme.

pH-Wert, Maß für den Säuregrad des → Wassers. Die Wassermoleküle bestehen jeweils aus einem Sauerstoff- sowie zwei Wasserstoffatomen. In den meisten Fällen sind diese fest miteinander verbunden. Ein geringer Teil der Wassermoleküle ist jedoch auseinandergelöst (dissoziiert). In diesen Fällen liegt also nicht das kompakte Wassermolekül H_2O, sondern ein positiv geladenes Wasserstoff-Ion (H^+) sowie der negativ geladene Rest (OH^-) vor. Von beiden Stoffen ist in normalem (neutralem) Wasser jeweils $1/10\,000\,000$ g/l enthalten. Dies läßt sich mathematisch durch den Ausdruck 10^{-7} darstellen. Wird eine Säure hinzugefügt, erhöht sich die Zahl der Wasserstoff-Ionen. Sollte sich deren Zahl verzehnfachen, so läßt sich dies mathematisch durch den Wert 10^{-6} ausdrücken. Der etwas höher geschriebene sogenannte Expo-

Schwarzer Phantomsalmler

Phytoplankton

nent ist also ein direktes Maß für den Säuregehalt des Wassers. Er stellt (als positive Zahl) den sogenannten pH-Wert des Wassers dar. Nur ein Wert von 7 zeigt also neutrales Wasser an. Je niedriger die Werte werden (untere Grenze = 0), desto zunehmend saurer wird das Wasser. Je höher der pH-Wert steigt, desto zunehmend basischer ist das Wasser, wobei ein pH-Wert von 14 die obere Grenze angibt. Der Einfluß des pH-Werts ist in der Vergangenheit häufig überschätzt worden. Oft hat er lediglich eine indirekte Wirkung; so wird bei niedrigen Werten z. B. das Bakterienwachstum gehemmt. Im Normalfall wird er durch einen Puffer auf einer bestimmten Höhe gehalten. Bei einer geringen → Wasserhärte kann es jedoch zu schlecht kontrollierbaren Veränderungen kommen. Die jeweiligen Werte sind durch eine → Wasseranalyse leicht zu ermitteln.

Phytoplankton, pflanzliches → Plankton.
Picassodrückerfisch, → Drückerfische.
Pimelodella lateristeriga, → Fadenwels, Gestreifter.
Pimelodidae, → Antennenwelse.
Pimelodus blochii, → Antennenwels, Gefleckter.
Pinzettfisch, Gebänderter *(Chelmon rostratus)*, sehr attraktive, jedoch auch unglaublich empfindliche Art, die trotz guter Fütterung häufig bereits nach wenigen Monaten eingeht.
Pinzettfisch, Gelber *(Forcipiger longirostris)*, sehr empfindlicher Meerwasserfisch, der zwar bei ausreichender Pflege handzahm wird, aber dennoch nur wenigen Spezialisten zu empfehlen ist.
Piranha *(Serrasalmus nattereri)*, eine Art, die auch jedem Nicht-Aquarianer ein Begriff ist. So unglaublich viele Schauergeschichten klingen, die über den P. berichtet werden, viel Wahres ist daran. Die spitzen, scharfen Zähne im Ober- und Unterkiefer dieser bis zu 30 cm langen Fische passen genau zusammen. Die ungeheure Kraft, die der Fisch beim Zubeißen entwickelt, wird erst dann richtig vorstellbar, wenn man einmal gesehen hat, wie er sich scheinbar mühelos auch größere Fleischstücke aus dem Körper seines Opfers herausbeißt. Die Haltung des P. ist nicht ein-

pH-Wert. Die Messung des pH-Werts mit Indikatorpapier ist relativ ungenau. Genauer, wenn auch erheblich teurer, sind elektronische Meßgeräte.

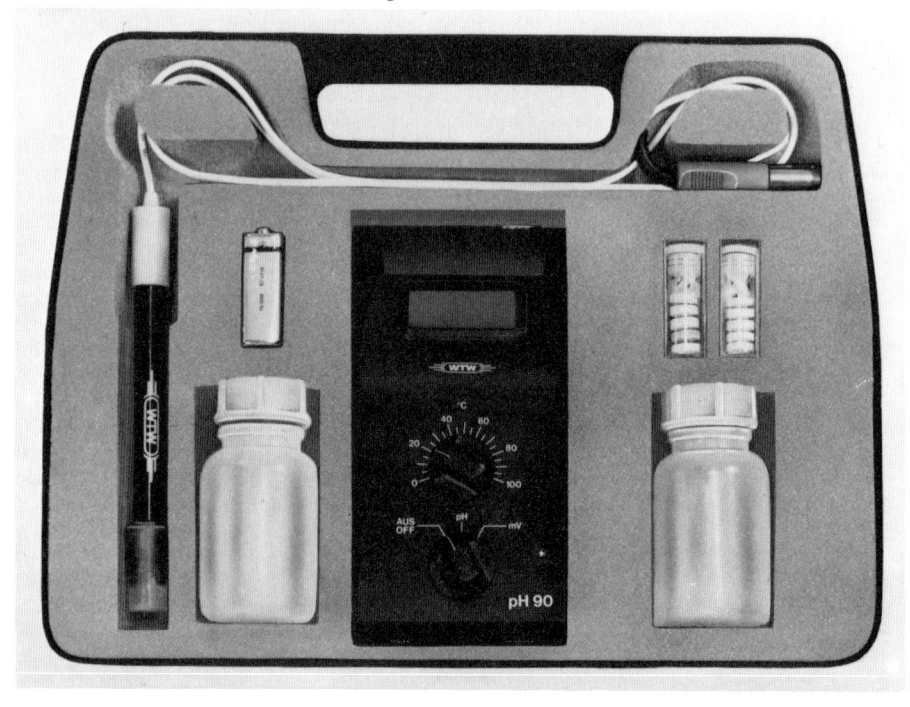

fach. Es wird zwar nicht schwerfallen, ein angemessen weiches und leicht saures Wasser bereitzustellen, die enorme Angriffslust, auch Artgenossen gegenüber, führt jedoch immer wieder zu erheblichen Bestandseinbußen. Für Gesellschaftsaquarien kommt der P. ohnehin nicht in Betracht. Die natürlichste Fütterungsmethode besteht im Bereitstellen lebender Fische. Die Tiere lassen sich jedoch auch gut auf Würmer und Fleischstücke umstellen. Gelegentlich ist auch bereits Nachwuchs im Aquarium gezogen worden.
Pistia stratiotes, → Muschelblume.
Plankton, im Wasser viel häufiger verbreitet als in der Luft. Es handelt sich um Kleintiere, Eier, Larven etc., die zu keiner oder nur geringer → Fortbewegung befähigt sind und die ohne Beziehung zu einem Substrat frei im Wasser treiben. Im Süßwasser besteht das P. zu einem erheblichen Teil aus → Wasserflöhen, → Hüpferlingen und → Rädertierchen. Sie können mit speziellen → Planktonnetzen gefangen werden und bilden den Hauptteil des in der Aquaristik verwendeten Lebend- und Jungfischfutters. Die Schwebefähigkeit des P.s wird durch Lufteinschlüsse (Büschelmücke), Öltröpfchen (→ Eier) sowie unterschiedlich ausgebildete Körperanhänge erreicht. Deren Länge ist oft von der → Viskosität des Wassers und damit dann auch von der Temperatur abhängig.
Planktonnetz, Gerät zum Fang kleiner, meist im Wasser schwebender Organismen. P.e können unterschiedlich groß sein und werden dadurch charakterisiert, daß für ihre Herstellung ein sehr engmaschiges Gewebe gewählt wurde. Dies kann aus Nylon, besonders für wissenschaftliche Zwecke aber auch aus Seidengaze bestehen, die mit verschiedenen standardisierten Maschenweiten zu erhalten ist. Das Material ist unter der Bezeichnung «Müllergaze» bekannt, die Maschenweite wird jeweils mit einer angehängten Nummer gekennzeichnet. Neben dem feinmaschigen Gewebe sollten P.e an der Spitze des Trichters einen kleineren Behälter besitzen, in dem sich der Fang ansammelt. Dieser Behälter kann leicht abgenommen werden, so daß der Fang mühelos in ein Transportgefäß abgegossen werden kann.
Plastikaquarien, kleinere, aus einem Stück gezogene Becken, bestehen meist aus Polystyrol. Sie eignen sich relativ gut für die kurzzeitige Unterbringung kleinerer Fische, sind jedoch als Daueraufenthaltsort unbrauchbar. Ihr Nachteil ist die relativ weiche Scheibenoberfläche, die schnell verkratzt. Dadurch werden Rückzugsmöglichkeiten für Krankheitserreger geschaffen, die in einem → Zuchtaquarium erhebliche Probleme verursachen können. Das früher häufig verwendete Plexiglas hat aus dem gleichen Grund an Bedeutung verloren. Die dem Wasser ausgesetzte Oberfläche quillt zudem stark auf, so daß sich das Material durchbiegt.
Platax orbicularis, → Fledermausfisch, Brauner.
Platy *(Xiphophorus maculatus)*, Spiegelkärpfling, die überwiegend braungrüne Wildform stammt aus Mexiko und Guatemala. Die heute in vielen Aquarien gehaltenen Fische schimmern in allen Farben. Vornehmlich werden rote, auch schwarzgefleckte Formen angeboten, inzwischen

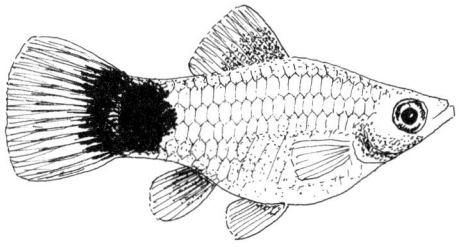

Goldener Mondplaty

wurden jedoch auch blaue und gelbe Mutationen weitergezüchtet. Bei völlig schwarzen Tieren basiert die Körperfärbung auf einer krankhaften Geschwulstbildung, dem Melanomsarkom. Die besten Zuchtergebnisse erhält man in schwach alkalischem Wasser, die Weibchen gebären dann oft über 100 Junge, die sich leicht mit → Trockenfutter aufziehen lassen. Die empfohlene Temperatur liegt zwischen 20° und 26° C.
Pleistophora-Krankheit, Neon-Krankheit, tritt in erster Linie bei → Neonsalmlern auf, nicht jedoch beim Roten Neon. Die parasitischen Erreger gehören zu den Sporentierchen. Sie werden vom Fisch mit der Nahrung aufgenommen, dringen durch die Darmwand in die Rumpfmuskulatur und vermehren sich dort. Durch das massenhafte Wachstum kann der gesamte Vorderkörper des Fisches eine milchigweiße Färbung annehmen, die ihn teilweise

albinotisch erscheinen läßt. Leider hat die Massenzucht dazu geführt, daß wenig resistente Stämme im Handel sind, so daß die Erkrankungen heute gehäufter auftreten als früher. Eine erfolgversprechende Behandlung ist nicht möglich. Man sollte befallene Tiere möglichst frühzeitig aus dem Bestand entfernen.
Plötze, → Rotauge.
Plotosus lineatus, → Korallenwels.
Poecilia latipinna, → Breitflossenkärpfling.
Poecilia melanogaster, → Jamaikakärpfling, Dreifarbiger.
Poecilia nigrofasciata, → Schwarzband-Kärpfling.
Poecilia reticulata, → Guppy.
Poecilia sphenops, → Spitzmaulkärpfling.
Poeciliidae, → Zahnkarpfen, Lebendgebärende.
Poecilobrycon eques, → Schrägsteher.
Polygamie, Vielweiberei, Harem, im Aquarium häufig eine gefangenschaftsbedingte Erscheinung. Im Freiland ist ein Männchen in vielen Fällen zu sehr mit der Abwehr von Rivalen beschäftigt, um sich um mehrere Weibchen kümmern zu können.
Polypterus-Arten, → Flösselhechte.
Polyviniylpyrrolidon → Hautschutzmittel.
Pomacentridae, → Riffbarsche.
Population, räumlich eingrenzbarer Bestand einer Tier- oder Pflanzenart.
Prachtbarbe *(Puntius conchonius)*, ein aus Bengalen, Assam und dem nördlichen Vorderindien stammender Fisch, der ohne nennenswerte Probleme auch von Anfängern gut gehalten werden kann. In den letzten Jahren wird er im Handel zunehmend von einer Weiterzüchtung verdrängt, die deutlich längere Flossen aufweist und viel farbenprächtiger ist, der Schleierprachtbarbe. Wenngleich höhere Wassertemperaturen von etwa 24° C für die Zucht zu empfehlen sind, ist eine Haltung auch ohne Heizung bei normaler Zimmertemperatur möglich. Probleme gibt es gelegentlich mit Wasserpflanzen, die von der Wildform gern als Zusatzkost angefressen werden. Bei der Schleierprachtbarbe ist die Neigung dazu merkwürdigerweise deutlich geringer ausgeprägt. Für die Nachzucht haben sich kleine, etwa 15 Liter fassende → Zuchtaquarien bewährt, die neutrales und mittelhartes Wasser enthalten können. Erforderlich sind weiterhin einige zartblättrige Wasserpflanzen. Es hat sich als zweckmäßig erwiesen, die Partner vor dem Einsetzen in das Zuchtaquarium einige Zeit getrennt zu halten, bis das Weibchen genug Laich angesetzt hat. Ist dies dann der Fall, beginnt das Männchen nach dem Einsetzen sofort intensiv, das Weibchen zu treiben. Oft setzt die Eiablage schon nach wenigen Minuten ein. Das vom Männchen umschlungene Weibchen stößt bei mehreren Laichvorgängen jeweils etwa 20 Eier aus, die sofort besamt werden und zu Boden fallen. Sobald sich das Weibchen dem intensiven Werben entzieht und beginnt, sich in der Vegetation zu verstecken, sind beide Elterntiere herauszufangen, um ein Auffressen der Eier zu verhindern. Nach etwa 30 Stunden schlüpft die Brut, die sich dann noch mehrere Tage lang von ihrem Dottersack ernährt, bis sie frei schwimmt.

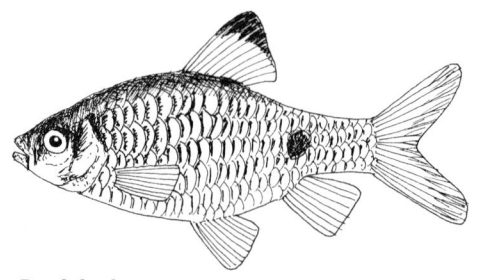

Prachtbarbe

Prachtgrundkärpflinge *(Nothobranchius-Arten)*, etwa 20 verschiedene in Ostafrika lebende Fischarten, die zu den Eierlegenden → Zahnkarpfen gehören. Die Bestimmung der einzelnen Arten ist außerordentlich schwierig, so daß sie meist in 3 größere Formenkreise zusammengefaßt werden. Die Zucht erfolgt am besten in einem mit fasrigem Torf ausgelegten Bekken, wobei einem Männchen mehrere Weibchen zugesellt werden können. Die Fische sind Dauerlaicher, die jeweils nur wenige → Eier im Laufe mehrerer Wochen abgeben, die mit einem Schlag der Schwanzflosse in den Bodengrund befördert werden. Die Temperaturen sollten zwischen 20° und 24° C liegen. Es empfiehlt sich mittelhartes Wasser, da andernfalls häufig Bauchwassersucht auftritt. Die Entwicklungszeit der Eier dauert bei *Nothobranchius orthonotus* und *Nothobranchius palmquisti* 60–90, bei *Nothobran-*

Preußenfisch, Weißschwanz-

chius rachovi 140–180 Tage. Die Jungfische sind bereits nach 3–4 Wochen geschlechtsreif.

Prachtkärpfling, Roloffs *(Roloffia roloffi)*, sehr leicht zu haltende Art, die in unglaublich vielen Farbvariationen vorkommt. Das Wasser sollte relativ hart (und torffrei) sein, bei Werten von 15° dNH und 0° dKH. Der bis 5 cm lange Fisch stammt aus den Urwaldgebieten von Sierra Leone.

Prachtkopfsteher *(Anostomus anostomus)*, eine anderen Fischarten gegenüber meist sehr friedfertige Art, die sich aber dennoch nur bedingt für ein Gesellschaftsaquarium eignet. Der bis zu 12 cm lange Fisch aus dem Stromsystem von Amazonas und Orinoko ist ein Allesfresser, der im Aquarium nicht nur Futterreste vom Boden aufliest, sondern auch Algenbestände an Wasserpflanzen abweidet. Er ist jedoch sehr scheu und sollte nicht zusammen mit großen Fischarten gehalten werden, denen er bei seiner Nahrungssuche gelegentlich Schuppenverletzungen zufügt. Der Fisch hält sich bei hohen Wassertemperaturen von 24–27° C über sehr lange Zeit, wird jedoch zunehmend unverträglicher und insbesondere auch Artgenossen gegenüber sehr aggressiv. Seine besondere Scheu verliert er hingegen nie. Häufig wird er mit der sehr ähnlichen Art *Anostomus ternetzi* verwechselt, deren mittlerer Längsstreifen in Höhe der Seitenlinie jedoch nicht so intensiv gezackt ist.

Prachtschmerle *(Botia macracantha)*, eine Art, die auch im Aquarium ihre Scheu nie völlig verliert. Akzeptable Lebensbedingungen kann man für die P. nur dann

Prachtschmerle

schaffen, wenn sie in einer kleinen Gruppe gehalten wird, der reichlich Versteckmöglichkeiten unter Wurzeln, Steinen und dichten Pflanzenbeständen angeboten wird. Im Freiland wird die Art annähernd 30 cm lang, im Aquarium bringt sie es meist nur auf 12 cm. Wünschenswert ist ein klares, sehr weiches und mit einem → pH-Wert von 6,2 auch leicht saures Wasser, in dem die P. sogar – allerdings selten – zur Fortpflanzung schreitet.

Preußenfisch, Dreibinden- *(Dascyllus aruanus)*, auch für Anfänger zu empfehlender Meerwasserfisch, der in der Gefangenschaft schon 12 Jahre lang gehalten wurde. Seine Verbreitung reicht von der ostafrika-

Dreibinden-Preußenfisch

nischen Küste bis nach Australien, wo er in enger Gemeinschaft mit Korallen lebt, an denen er auch seine Eier ablegt. Der Schwarm hält sich im oberen Bereich der Korallen auf, deren tiefer liegende Teile in einzelne Reviere unterteilt sind. Auch für Anfänger recht gut zu halten.

Preußenfisch, Dreipunkt- *(Dascyllus trimaculatus)*, häufig importierte Art, die auch von Anfängern relativ gut gehalten werden kann. Mit zunehmendem Alter wird sie jedoch deutlich aggressiver und gefräßiger, so daß sie für andere Fische zum Problem werden kann. Jungtiere sind an den weißen Rückenflecken zu erkennen. Der im gesamten indopazifischen Raum verbreitete Fisch wird bis zu 12 cm groß.

Preußenfisch, Vierbinden- *(Dascyllus melanurus)*, unterscheidet sich vom → Dreibinden-Preußenfisch in erster Linie durch den vierten schwarzen Streifen am Schwanzende. Er ist im Aquarium ähnlich gut zu halten.

Preußenfisch, Weißschwanz- *(Dascyllus carneus)* etwas empfindlicher Fisch, der in enger Nachbarschaft mit einem Korallen-

145

Pristella riddlei

stock leben muß. Eine Gruppe kann nur dann gehalten werden, wenn das Becken ausreichend groß ist, da erwachsene Tiere sehr aggressiv werden. Die Kontrahenten knurren sich deutlich hörbar an. Der 7 cm lang werdende Fisch stammt aus dem Pazifischen und Indischen Ozean.

Pristella riddlei, → Sternflecksalmer.
Pseudocrenilaerus multicolor, → Maulbrüter, Kleiner.
Pseudomugil signifer, → Schmetterlings-Ährenfisch.
Pseudotropheus zebra, → Blauer Zebramaulbrüter.
Pterois volitans, → Rotfeuerfisch.
Pterolebias longipinnis, → Schleierkärpfling.
Pterophyllum scalare, → Segelflosser.
Puffer, ein System chemischer Reaktionen, das in der Lage ist, Fremdeinflüsse zu neutralisieren (abzupuffern). Ein geradezu klassisches Beispiel ist das → Kalk-Kohlensäure-Gleichgewicht. Durch die Änderung dieses Gleichgewichts zwischen Kalziumkarbonat, Kohlendioxyd und Kalziumhydrogenkarbonat werden mäßige Einleitungen von Säuren oder Laugen so neutralisiert, daß sie das biologische System nicht schädigen können. Im Aquarium gibt es verschiedene P.-Systeme, die den → pH-Wert an unterschiedlichen Stellen stabilisieren. Das Kalk-Kohlensäure-Gleichgewicht puffert im leicht basischen Bereich, weshalb die bei uns lebenden Fische auch an einen solchen pH-Wert angepaßt sind. Tropenfische hingegen, wie sie überwiegend in unseren Aquarien gehalten werden, kommen meist aus deutlich sauren Gewässern, in denen oft eine Stabilisierung durch Huminsäuren auf leicht saurem Niveau erfolgt (→ Torf, → Torffilterung). Meerwasser hingegen ist wieder durch ein anderes System gepuffert, das den pH-Wert etwa bei 8,3 hält.

Pungitius pungitius, → Stichling, Neunstachliger.
Puntius conchonius, → Prachtbarbe.
Puntius cumingi, → Cumingsbarbe.
Puntius eugrammus, → Linienbarbe.
Puntius filamentosus, → Schwarzfleckbarbe.
Puntius gelius, → Fleckenbarbe.
Puntius nigrofasciatus, → Purpurkopfbarbe.
Puntius oligolepis, → Eilandbarbe.
Puntius roloffi, → Zwergbarbe, Roloffs.
Puntius ticto, → Rubinbarbe.
Purpurkopfbarbe *(Puntius nigrofasciatus)*, aus dem Süden Sri Lankas stammende Art, die seit Jahrzehnten als Aquarienfisch eingeführt ist. Die bis zu 6 cm lang werdenden Fische sind gerade auch für Anfänger hervorragend geeignet, da sie praktisch jede Wasserqualität gut vertragen. Wenn man sie unter Aquarienbedingungen zur Fortpflanzung bringen will, sollte man die Temperatur während der Wintermonate auf 14–16° C absinken lassen. Ei-

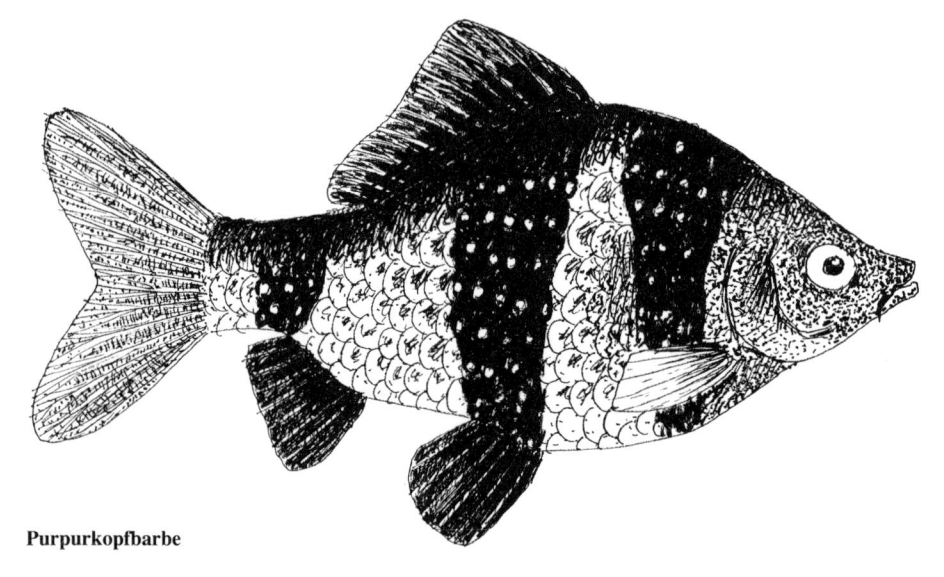

Purpurkopfbarbe

ne solche Winterruhe führt im Frühjahr nach einer Temperaturerhöhung auf 18 bis 22° C zu einer deutlich höheren Fortpflanzungsbereitschaft und einer viel intensiveren Ausfärbung der Männchen. Die sehr lebhafte P. sollte nur in einem kleineren Schwarm gehalten werden. Sie braucht ausreichend großen Schwimmraum sowie eine dichte Hintergrundbepflanzung. Die P.n sind Allesfresser, die problemlos Trockenfutter akzeptieren.

Purpurrose *(Actinia equina)*, Pferdeaktinie, eine mit zahlreichen Rassen weit verbreitete Art, die überwiegend aus dem Mittelmeerraum importiert wird. Sie ist lebendgebärend und erreicht eine Größe von 12 cm. Mit ausgebreiteten Tentakeln ist sie zwar sehr dekorativ, bleibt jedoch meist geschlossen. Ein weiterer Nachteil ist, daß sie leicht an den Aquarienscheiben emporkriecht, gelegentlich auch aus dem Wasser heraus. Ihre intensive Färbung ist nur mit reichlichem Lebendfutterangebot zu erhalten.

Putzergarnele *(Hippolysmata grahbami)*, eine bis 10 cm lang werdende Art, die gegenüber Artgenossen sehr aggressiv ist, die Haut kleinerer Fische jedoch von → Ektoparasiten befreit. Sie ist relativ zäh und akzeptiert vielerlei Futter.

Putzergrundel, → Neongrundel.

Putzerlippfisch *(Labroides dimidiatus)*, der bis 10 cm lange Fisch dient als Musterbeispiel für eine → Symbiose. Er sucht systematisch die Körperoberfläche von Meeresfischen ab und ernährt sich von den dort sitzenden Parasiten. Einige Erfahrung vorausgesetzt, wäre seine – recht problemlose – Haltung im → Meerwasseraquarium schon wünschenswert. Unbedingt erforderlich ist die Vergesellschaftung mit größeren Fischen, die er zum Putzen braucht, wenngleich es auch gelingt, ihn z. T. auf Trockenfutter umzustellen. Unverträglich gegenüber Artgenossen.

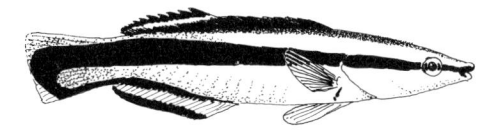

Putzerlippfisch

Pyrrhulina rachowiana, → Augenstrichsalmler.

Pyrrhulina vittata → Kopfbindensalmler.

quadricornis, viereckig.
quadrifolia, vierblättrig.
Quallen, auch in Meerwasseraquarien nur relativ schlecht zu halten. Bei der → Lüftung muß darauf Rücksicht genommen werden, daß keine Luftblasen unter den Schirm dieser Tiere gelangen dürfen. Die meisten Q. setzen sich früher oder später fest und bilden sich in Polypen um, deren Nachwuchs zunächst wieder als Q. lebt.

Quarantäne, besonders bei der Haltung empfindlicher Fischarten unbedingt zu empfehlen. In jedem Fall gilt dies für → Wildfänge. Sie sind durch den Transport stark geschwächt, so daß der Ausbruch von Krankheiten wahrscheinlich ist (→ Fischkrankheiten). Oft werden in einer Kettenreaktion dann auch noch andere Beckenbewohner angesteckt. Das Q.-Becken sollte optimal eingerichtet und gepflegt sein und den Lebensansprüchen des Fisches, falls möglich, noch mehr entsprechen als das zur endgültigen Haltung vorgesehene Aquarium. Dies betrifft sowohl die Größe als auch die Bepflanzung, Wasserqualität etc.

Quecksilberdampflampen, gewinnen bei der → Beleuchtung von Aquarien zunehmend an Bedeutung. Sie sind zwar in der Anschaffung relativ teuer, bieten jedoch eine hohe Lichtausbeute, die erst im Laufe von 2 Jahren um 20% nachläßt. Die Q. werden an der Decke befestigt und hängen so weit über das Aquarium herab, daß notwendige Arbeiten nicht behindert werden.

Querbandhechtling, → Epiplatys-Arten.

Rädertierchen

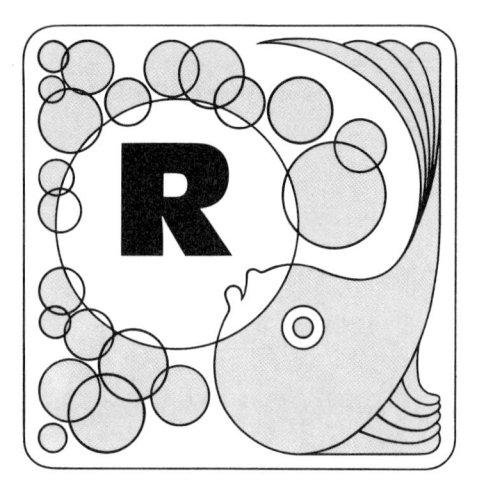

Rädertierchen *(Rotatorien)*, sehr unterschiedlich gebaute, wenigzellige Lebewesen, die eine Größe von 1 mm normalerweise nicht überschreiten. Es gibt etwa 600 verschiedene Arten, darunter zahlreiche, die freischwimmend als Plankton leben und für die Ernährung von Jungfischen eine erhebliche Bedeutung haben. Man gewinnt sie in größerer Menge durch gezieltes Abfischen rotatorienreicher Gewässer. Sinnvoll ist eine mikroskopische Kontrolle (es reicht eine schwache Vergrößerung), um die Zusammensetzung des auf diese Weise gewonnenen Futters überprüfen zu können.

rahmenlose Aquarien, haben die früher üblichen → Gestellaquarien weitgehend abgelöst. Es handelt sich um einfache Glasscheiben, die mit → Silikonkautschuk zusammengeklebt werden. Sie erhalten dadurch eine Festigkeit, die allen Anforderungen gewachsen ist (→ Aquarienbau).

Rangordnung, Bezeichnung für die unterschiedliche soziale Stellung von Tieren innerhalb einer Lebensgemeinschaft. Die R. dürfte bei Aquarienfischen in der Regel eine gefangenschaftsbedingte Erscheinung sein. Bei Schwarmfischen ist sie die Ausnahme, und bei territorialen Arten fehlt in der Freiheit zumeist der Anlaß, da unterlegene Tiere das → Revier verlassen.

Rasbora heteromorpha, → Keilfleckbarbe.

Rasbora maculata, → Zwergbärbling.

Rasbora trilineata, → Glasbärbling.

Rasbora urophthalma, → Schwanzfleckbärbling.

Rautenflecksalmler *(Hemigrammus caudovittatus)*, eine unter Aquarienbedingungen meist etwa 7 cm lange Salmlerart, die nur für größere Aquarien geeignet ist. Da der Fisch keine hohen Ansprüche an seine Ernährung stellt, also auch mit den gängigen Trockenfuttern gut zu halten ist, bietet er sich für größere Anfängeraquarien geradezu an. Beachten sollte man nur, daß

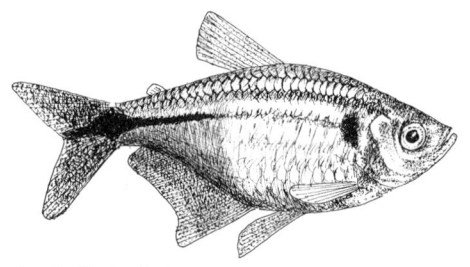

Rautenflecksalmler

der R. nur mit etwa gleich großen Fischen vergesellschaftet wird, da kleinere Arten unter ständiger Verfolgung zu leiden haben. Gelegentlich kommt es zum Verbiß an zartblättrigen Wasserpflanzen. Empfehlenswert ist der R. auch wegen seiner großen Bereitschaft, sich auch dann fortzupflanzen, wenn die Lebensbedingungen deutlich schlechter sind als diejenigen, die in seinen natürlichen Lebensräumen im Stromgebiet des La Plata herrschen.

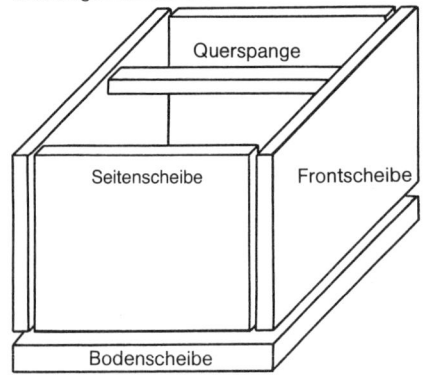

Regelheizer, stabförmiges Gerät, das sowohl ein → Heizgerät als auch einen → Thermostaten beinhaltet. Ein R. eignet sich nur für kleine Aquarien, da Wärmequelle und Meßpunkt sehr eng zusammenliegen. Deshalb ergibt sich ein häufiges An- und Ausschalten durch den Thermostaten, weswegen dieser einem erheblichen Verschleiß ausgesetzt ist. Hinzu kommt, daß bei einem Defekt, z. B. des Heizgeräts, gleichzeitig auch der Thermostat ausgewechselt werden muß.

Regenbogenfisch, Zwerg-, *(Melanotaenia macculochi)*, einer der wenigen Fische, die aus Australien zur Haltung in Aquarien eingeführt worden sind. Die bis zu 7 cm lange Art fühlt sich in klarem, sauerstoffreichem Wasser, das möglichst einige Stunden lang von der Sonne beschienen sein sollte, am wohlsten. Die → Eier werden mit kurzen Fäden an Pflanzen befestigt, die Jungen schlüpfen bei 25° C nach etwa 1 Woche. Sie fressen zunächst lebendes Staubfutter, später wie die Alttiere auch → Trockenfutter.

Regenbogenforelle *(Salmo gairdneri)*, eine aus Nordamerika bereits vor über 100 Jahren eingeführte Forellenart. Sie zeichnet sich durch besondere Schnellwüchsigkeit aus und toleriert im Aquarium selbst Temperaturen bis 28° C. Wichtig ist dann allerdings eine sehr intensive Belüftung, damit ausreichend Sauerstoff zur Verfügung steht. Die R. ernährt sich wie ihre europäische Verwandte, die → Bachforelle, räuberisch. Auch im Aquarium muß dem durch reichliche Versorgung mit Lebendfutter Rechnung getragen werden. Bei dichtschließender Glasscheibe kann man z. B. auch Fliegen im Freiraum über der Wasseroberfläche freilassen, die von der R. dann selbst erbeutet werden. Die Fische werden gelegentlich so zahm, daß sie sogar aus der Hand fressen.

Regenwürmer, mit zahlreichen Arten weltweit verbreitete Familie aus der Klasse der Wenigborster. Als Fischfutter sind vor allen Dingen kleinere Arten wie der Laubregenwurm *(Lumbricus rubellus)* sehr gut geeignet, wenn sie sorgfältig abgewaschen und bis zur weitgehenden Darmentleerung aufbewahrt worden sind. Dabei müssen sie unter allen Umständen im Dunklen gehalten werden, da Regenwürmer zu den wenigen Tieren gehören, die durch Licht getötet werden. Verfüttert werden kann auch die deutlich größer werdende Art Lumbricus terrestris, die vorher aber meist in kleinere Stücke zerschnitten werden muß. Bei der Verfütterung anderer Arten ist Vorsicht angebracht, da sie unter Umständen Giftstoffe enthalten können, so z. B. bei dem häufig in Komposthaufen anzutreffenden Dungwurm *(Eisenia foetida)*. Die Zucht erfolgt ähnlich, wie bei den → Enchyträen beschrieben, jedoch in einer deutlich größeren und höheren Kiste. Die Füllung besteht ebenfalls aus einer stark humushaltigen Erdschicht oder aus einer Bodenschicht mit weitgehend unzersetztem Laub, das mit normaler Gartenerde bedeckt wird. Eine spezielle Fütterung kann mit unterschiedlichsten Küchenabfällen erfolgen, die unter die Erde gemischt werden sollten.

Reiskärpflinge *(Oryzias-Arten)*, trotz ihrer leichten Haltbarkeit nur sehr selten gepflegte Fische, die in Südostasien beheimatet sind. Sie stammen aus der Familie der Eierlegenden → Zahnkarpfen, sind jedoch dadurch gekennzeichnet, daß sie → Eier oft bis zum Schlüpfen der Jungen in einer kleinen Traube mit sich herumtragen. Von manchen Arten werden sie auch kurz vor dem Schlüpfen an Pflanzen angeklebt. Alle etwa 20 verschiedenen Arten leben in sehr flachen Gewässern (Reisfelder, Brackwasserzonen etc.) und sind im Aquarium bei Temperaturen zwischen 18 und 24° C mit Lebend- und → Trockenfutter gut zu halten. Häufiger eingeführt wird der Japankärpfling *(Oryzias latipes)* sowie der Celebeskärpfling *(Oryzias celebensis)*.

Reussia, Rundblättrige *(Reussia rotundifolia)*, eine mit der → Wasserhyazinthe verwandte Art, die jedoch deutlich kleiner ist. Sie verfügt ebenfalls über einen lufthaltigen, verdickten Stengel, der auf der Wasseroberfläche schwimmt. Auch bei relativ geringer Beleuchtung bilden sich interessante blaßrote Blüten. Da die Pflanze recht locker wächst, ist die Beschattung nicht so intensiv wie bei anderen Schwimmpflanzenarten. Für die Aquarienhaltung eignet sie sich daher sehr gut, wenngleich sie z. Zt. nur selten angeboten wird.

Reussia rotundifolia, → Reussia, Rundblättrige.

Revier, Territorium, räumlich meist deutlich abgegrenzter Bereich, der in erster Linie der Sicherung der Fortpflanzung dient. Die R.e können je nach Fischart, Körperkraft des R.-Besitzers und Konkurrenz durch andere Artgenossen unterschiedlich groß sein. In der Regel werden natürliche

Rhodeus sericeus

Grenzen (Wurzeln, Steine etc.) bevorzugt, auch wenn die R.e dadurch etwas kleiner werden. Ihre Besitzer verteidigen sie gegen konkurrierende Artgenossen (→ Kampfverhalten). Je stärker der R.-Besitzer ist, desto größer, nahrungsreicher und geschützter ist sein R. in der Regel. Dadurch wird gewährleistet, daß körperlich gesunde, kräftige Tiere die besten Vermehrungsaussichten haben. Man unterscheidet unterschiedliche R.-Typen. Am bekanntesten sind die Fortpflanzungsr.e, die im einfachsten Fall aus einem Zentrum (z. B. dem Laichplatz) und einem mehr oder weniger großen Umfeld bestehen. Neben solchen klassischen Brutr.en gibt es bei verschiedenen Arten auch noch Balz- und Paarungsr.e, die nur für den jeweiligen Zweck verteidigt und benutzt werden. Ein Brutr. kann noch in weitere Unterr.e aufgeteilt sein. Darüber hinaus gibt es bei vielen Arten noch ausgesprochene Schlaf- und Nahrungsr.e. Bei brutpflegenden Fischen werden R.e auch häufig zwischen Männchen und Weibchen aufgeteilt. Man spricht dann von Männchen- und Weibchenr.en. Diese können so miteinander verbunden sein, daß das Weibchen für die Jungenaufzucht ein kleineres Gebiet beansprucht. In dieses darf auch das Männchen nicht eindringen, das während der Aufzucht ein größeres Umfeld verteidigt. Auch viele Schwarmfische bilden während bestimmter Jahreszeiten R.e, sind aber auch im Schwarm oft darum bemüht, daß ein bestimmter Individualabstand nicht unterschritten wird.

Rhodeus sericeus, → Bitterling.

rH-Wert, Maß für das Redoxpotential (→ Wasseranalyse).

Riccia fluitans, → Teichlebermoos.

Riesenbachling *(Rivulus harti),* eine trotz ihrer Größe von etwa 10 cm sehr friedliche Art, die sich problemlos mit kleineren Fischarten vergesellschaften läßt. Sie stammt aus dem Großraum Kolumbien, Venezuela und Trinidad und wünscht Temperaturen über 24° C. Der R. hält sich am liebsten in Bodennähe auf und verbirgt sich dort gern in dichten Pflanzenbeständen.

Riesenwasserfreund *(Hygrophila corymbosa),* eine der ca. 60 Wasserfreundarten, die alle in den Tropen heimisch sind. Aufgrund der erheblichen Größe (Blattlänge über 10 cm) eignet sich der R. nur für grö-

Riesenwasserfreund

ßere Aquarien, in denen eine kleine Gruppe zusammengestellt werden kann. Da der R. leicht über die Wasseroberfläche hinauswächst, sollte er rechtzeitig beschnitten und die Stecklinge neu eingepflanzt werden. Die Wurzelbildung erfolgt sehr rasch. Auffällig ist, daß bei allen Wasserfreundarten die Blätter in den Abendstunden zusammenklappen. Die Ansprüche an das Aquarienwasser sind nicht besonders groß. Der Abwurf der unteren Blätter läßt auf Nährstoffmangel schließen (insbesondere Kohlendioxydmangel), so daß regelmäßige → Wasserwechsel für die erfolgreiche Haltung dieser Art besonders wichtig sind.

Riffbarsch, Gelber *(Abudefduf sulphur),* Demoiselle, Gelbe, ein aus dem Indischen Ozean stammender Schwarmfisch, der ständig sauberes Wasser benötigt. Für Anfänger ist er daher nicht zu empfehlen.

Riffbarsch, Neon-, ein Artgenossen gegenüber recht unverträglicher Meeresfisch, der eine Länge von 8 cm erreicht. Die verknöcherten Strahlen der Rückenflosse können unangenehme Verletzungen verursachen.

Riffbarsche *(Pomacentridae),* teilweise sehr gut im → Meerwasseraquarium zu haltende Arten, die von der afrikanischen Ostküste bis in den Pazifik weit verbreitet sind. Verschiedene Arten sind mit → Seeanemonen vergesellschaftet, einige können darauf verzichten, andere nicht. Die Nachzucht ist bei mehreren *Amphiprion-*

Arten gelungen, auch → Preußenfische laichen häufiger ab, sind jedoch schwierig aufzuziehen. Zumindest für die ersten Tage werden fast immer einzellige kleine Meerestiere benötigt, bis man die Jungtiere auf Salinenkrebslarven umstellen kann.
Ringelfisch, Sattelfleck- *(Amphiprion polymnus),* stammt aus dem Westpazifik und erreicht eine Länge von 12 cm. Die Art ist recht empfindlich und sehr unverträglich, so daß eine Haltung nicht empfohlen werden kann.
Ringelfisch, Zweifarbenschwanz- *(Amphiprion clarkii),* eine früher auch als *Amphiprion xanthurus* bezeichnete Art, die ebenso für Anfänger geeignet ist. Der bis zu 8 cm lange Fisch ist sehr verträglich und kann selbst in einer größeren Gruppe gehalten werden. Wer über ausreichende Erfahrung verfügt, sollte im selben Becken → Pupurrosen halten, mit denen die Art sehr bald eine → Symbiose eingeht.
Ringelhechtling, → Epiplatys-Arten.
Rivanol, in der Aquaristik sehr bekanntes Desinfektionsmittel. Der wirksame Stoff ist dem Trypaflavin sehr ähnlich. Eine Tablette wird in 100 ml heißem Wasser aufgelöst. Die abgekühlte Flüssigkeit wird mit einem Wattebausch auf die erkrankten Hautstellen aufgetragen. R. darf in dieser Konzentration keinesfalls in die Kiemen gelangen.
Rivulus cylindraceus, → Bachling, Kuba-.
Rivulus harti, → Riesenbachling.
Rivulus urophthalmus, → Bachling, Schwanzfleck-.
Roeboides guatemalensis, → Glassalmler.
Roloffia occidentalis, → Goldfasan-Prachtkärpfling.
Roloffia roloffi, → Prachtkärpfling, Roloffs.
Rotala, Rundblättrige *(Rotala rotundifolia),* eine besonders für kleine Aquarien geeignete Pflanze, die langsam wächst und nicht sehr hoch wird. Die an dünnen Stengeln sitzenden, nur etwa 1,5 cm langen Blätter verfärben sich an der Spitze rötlich. Die Pflanze ist leicht zu halten und über Stecklinge zu vermehren. Die Vorzugstemperatur liegt zwischen 22 und 28° C.
Rotala macrandra, → Rotweiderich, Indischer.
Rotala rotundifolia, → Rotala, Rundblättrige.
Rotatorien, → Rädertierchen.
Rotauge *(Rutilus rutilus),* Plötze, sehr friedlicher einheimischer Schwarmfisch, der als Jungtier gut im Aquarium gehalten werden kann.
Rotaugen-Mönkhausia *(Moenkhausia sanctaefilomenae),* sehr beliebter Aquarienfisch aus dem Paraguay und dem Rio Paranaiba. Die etwa 7 cm langen Fische zeichnen sich gegenüber anderen Salmlern durch besonders große Schuppen aus, deren dunkle Ränder dem Körper ein netzartig strukturiertes Aussehen geben. Im

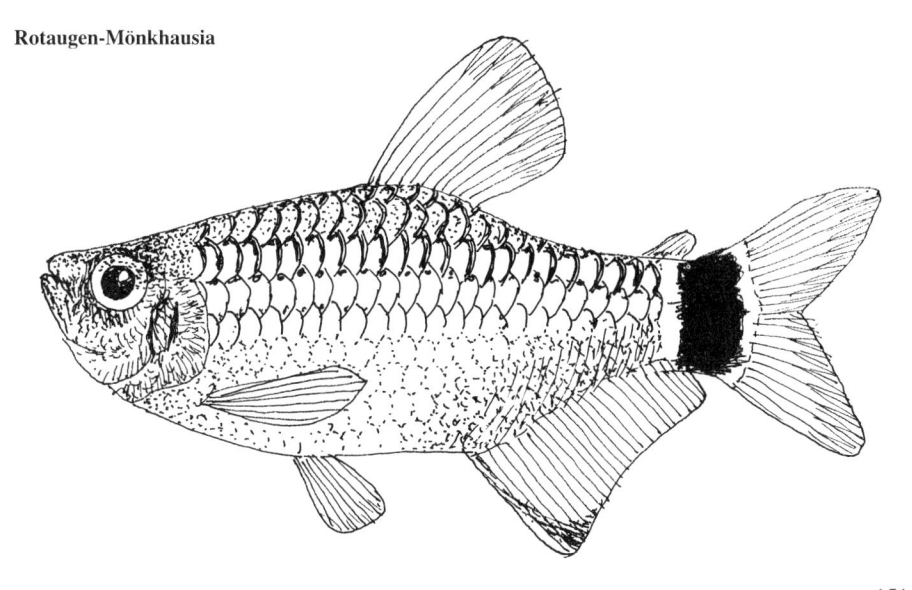

Rotaugen-Mönkhausia

Rotaugensalmler, Arnolds

Aquarium ist diese Art bei 20–25° C sehr gut zu halten. Zum Ablaichen ist die Temperatur um 1–2 Grad zu erhöhen. Die oft 500 Jungfische werden am einfachsten mit Lebendfutter aufgezogen. Falls dieses fehlt, kann man es auch mit einem Brei aus hartgekochtem Eigelb versuchen, der mehrmals täglich angeboten werden muß, damit stärkere Jungtiere nicht schwächere Geschwister auffressen. Zucht an das Aquarienwasser deutlich geringere Ansprüche als viele andere Salmlerarten. Die Optimalbedingungen findet er bei sehr weichem Wasser und einem recht niedrigen → pH-Wert um 6 sowie einer sehr feinblättrigen Bepflanzung. Die nach 1 bis 1½ Tagen schlüpfenden Jungfische kann man, wenn sie nach 5 Tagen im Becken frei umherschwimmen, mit sehr feinem Trockenfutter aufziehen, was nur

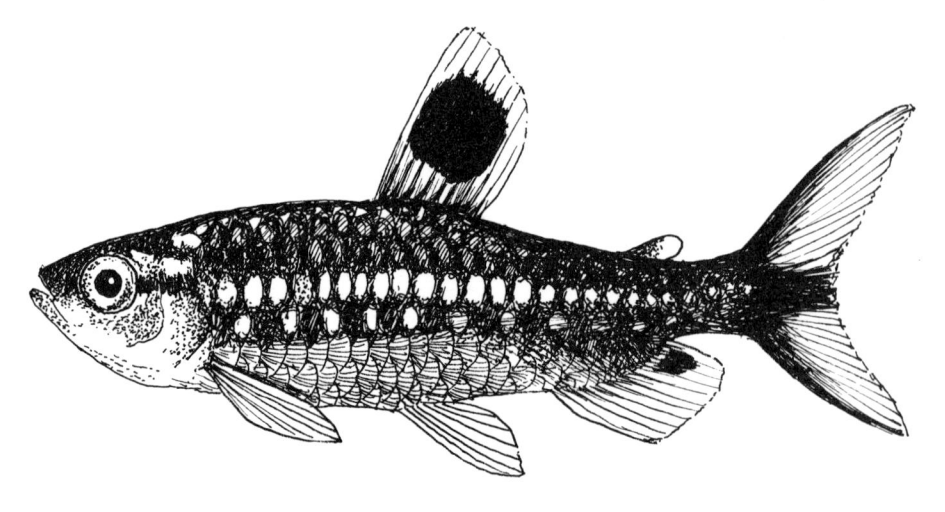

Arnolds Rotaugensalmler

Rotaugensalmler, Arnolds *(Arnoldichthys spilopterus),* eine der attraktivsten afrikanischen Salmlerarten. Der in der Freiheit bis zu 12 cm lange Schwarmfisch erreicht im Aquarium eine Länge von etwa 7 cm. Auffällig sind die sehr ungleich großen Schuppen, die typisch für diese Gattung sind. Die Heimatgewässer dieser Art im tropischen Westafrika haben ein sehr weiches, etwa 25° C warmes Wasser, das schwach sauer ist. Wem es gelingt, diese Bedingungen auch in einem Aquarium herzustellen, wird den Fisch jahrelang problemlos halten können, wenngleich eine Nachzucht nur selten gelingt.
Roter von Rio *(Hyphessobrycon flammeus),* eine für Anfänger sehr gut geeignete Art, die früher regelmäßig gehalten wurde, inzwischen jedoch etwas «aus der Mode» gekommen ist. Sie eignet sich auch für Gesellschaftsbecken, wenngleich ihre vielerorts gepriesene Friedensliebe sicherlich nicht auf alle Individuen zutrifft. Der Fisch ist sehr zäh und stellt auch bei der noch bei wenigen anderen Arten möglich ist.
Roter Weißtupfeneinsiedler *(Dardanus megistos),* bis zu 15 cm groß werdender → Einsiedlerkrebs, der sehr gut zu halten ist. Im Aquarium ernährt er sich von herabgefallenen Futterresten, versucht gelegentlich jedoch auch kleinere Fische zu greifen.
Rotfeder *(Scardinius erythrophthalmus),* einheimischer, als Jungtier gut zu haltender Fisch, der jedoch sehr schnell die Unterwasservegetation dezimiert.
Rotfeuerfisch *(Pterois volitans),* eine in den tropischen Meeren von Afrika bis in den Pazifik weitverbreitete Art. Ihre Haltung im → Meerwasseraquarium wird dadurch erschwert, daß sie ausschließlich lebende Fische frißt und so z. B. eine eigene Guppyzucht erforderlich macht. Die intensive → Warnfärbung weist auf die hohe Giftigkeit des R.s hin, der in den Stacheln seiner Rückenflosse ein kobraähnliches Gift besitzt, das zu Lähmungserscheinungen führt (→ giftige Fische). Nicht zuletzt

aus diesem Grunde ist er keinesfalls für den Anfänger zu empfehlen.
Rotflossensalmler *(Aphyocharax rubripinnis)*, ein etwa 5 cm langer Schwarmfisch aus der La-Plata-Region in Südamerika. Die Männchen sind etwas schlanker als die Weibchen und zeigen ein intensiveres Rot der Flossen. Die Fische schwimmen meist im mittleren bis oberen Bereich des Aquariums, benötigen eine Temperatur von 22–24° C, die zur Einleitung der Fortpflanzungsstimmung um 2° C erhöht werden kann. Das → Ablaichen erfolgt am sinnvollsten in einem speziellen → Zuchtaquarium, das ausreichende Bestände sehr feinblättriger Arten (z. B. → Tausendblatt etc.) aufweisen sollte. Nach der Ablage der 200–300 Eier, die sich entweder in dem dichten Blattwerk verfangen oder aber zu Boden sinken, müssen die Alttiere unbedingt herausgefangen werden, da sie als typische «Allesfresser» auch den eigenen Laich nicht verschmähen. Die Jungen schlüpfen nach etwa 30 Stunden und hängen dann zunächst noch etwa 5 Tage an Wasserpflanzen oder an der Wasseroberfläche, bis sie sich freischwimmend fortbewegen können. Der R. ist ein idealer Aquarienfisch, der jedoch nur im Schwarm gehalten werden sollte.
Rotkopfsalmler *(Petitella georgiae)*, wird häufig mit dem → Rotmaulsalmler verwechselt. Die Art stammt aus dem Oberlauf des Amazonas und aufgrund einer abweichenden Gebißausbildung zu einer eigenen Gattung zusammengefaßt worden. Die etwas kräftiger als die Männchen gebauten Weibchen erreichen eine Länge von 6 cm und verlangen ein sehr reines, weiches, schwach saures Wasser.
Rotmaulsalmler, *(Hemigrammus rhodostomus)*, ein regelmäßig mit dem → Rotkopfsalmler verwechselter Fisch aus dem Unterlauf des Amazonas. Die blutrote Färbung reicht nicht so weit in den Rückenbereich wie bei jener Art, und die Längsbinde im Bereich der Schwanzwurzel ist deutlich kräftiger. Nach einer teilweise etwas schwierigen Eingewöhnungsphase ist der R. auch im Aquarium recht gut zu halten, wenn durch regelmäßige → Wasserwechsel anfallende Giftstoffe frühzeitig entfernt werden. Wichtig ist auch eine weitgehende Reduzierung der Gesamthärte sowie eine schwache Ansäuerung des Wassers.

Rotweiderich, Indischer *(Rotala macrandra)*, eine erst in den letzten Jahren verstärkt importierte Pflanze, die mit ihren roten Blättern sehr dekorativ aussieht. Wie bei den meisten derart gefärbten Arten ist der Rotton nur durch eine relativ intensive kurzwellige Beleuchtung (hoher Blauanteil) zu erhalten. Durch regelmäßigen Beschnitt kann man erreichen, daß an der Schnittstelle Verzweigungen entstehen, so daß mehrere eng zusammenstehende Pflanzen einen dichten Busch bilden. Empfehlenswert sind mittelhartes Wasser, das häufig gewechselt werden sollte, sowie Temperaturen um etwa 25° C.
Rubinbarbe *(Puntius ticto)*, eine mit zwei Rassen und mindestens zwei abweichend gefärbten Zuchtformen bekannte Art, die aus Ostasien stammt. Die Nominatform Puntius ticto wird etwa 10 cm lang und lebt in Indien und Sri Lanka. In der Aquarienhaltung ist sie heute nur noch von untergeordneter Bedeutung, da sie außerhalb der Fortpflanzungszeit nur sehr blaß gefärbt ist und aus diesem Grunde weitgehend von einer viel farbenprächtigeren Zuchtform verdrängt worden ist, die unter der Bezeichnung «Rubinbarbe» im Handel ist. Eine ebenfalls von dieser Art abstammende Zuchtform, die Odessabarbe, die schlichter gefärbt ist, wird weit seltener angeboten. Freilebend gibt es dann noch eine etwas kleinere, nur 6 cm lange Rasse aus Burma, die Sonnenfleckbarbe. Alle Rassen und Zuchtformen sind unter Aquarienbedingungen gut zu halten. Da es sich um einen Schwarmfisch handelt, sollte man auch im Aquarium stets mehrere Tiere zusammen halten. Die Art läßt sich problemlos vergesellschaften. Weil es sich um rasche, lebhafte Schwimmer handelt, ist auf einen ausreichend großen, freien Wasserraum zu achten. Unter diesen Bedingungen kommt es auch regelmäßig zur Fortpflanzung. Es wird empfohlen, dafür die Normaltemperatur von 18–25°C auf 24–26° C anzuheben.
Rückwand, in fertiger Form im Handel erhältlich, jedoch auch mit einfachen Mitteln selbst herzustellen. Durch die R. kann die geringe räumliche Tiefenwirkung des Aquariums erheblich verbessert werden. Dabei kommt es weniger auf detailgenaue Zeichnung als vielmehr auf die Wahl der richtigen Töne an. Ein naturalistischer Hintergrund ist entweder durch eine

Rüsselschmerle

Zeichnung, oft aber auch durch das Bekleben mit Naturmaterialien zu erreichen. So kann eine eingefärbte dünne Holzplatte mit einem Klebematerial bestrichen werden, auf das Sand, Schneckenhäuser, Pflanzenreste etc. gestreut werden. Am wirkungsvollsten ist es, wenn durch eine geeignete → Dekoration des Aquariums ein lückenloser Übergang zu der außerhalb stehenden R. vorgetäuscht wird.

Rüsselschmerle *(Acanthopsis choirorhynchus)*, ein früher unter der Bezeichnung «Wühlschmerle» bekannter Fisch, der einen weichen, möglichst schlammigen Untergrund liebt, den er nach Nahrung durchstöbert. Die Art ist in ganz Südostasien weit verbreitet und erreicht sowohl dort als auch in Aquarien gelegentlich eine Länge von etwa 20 cm. Zur Haltung eignen sich daher nur größere Aquarien. Die R. kann dort gut zur Bodenverbesserung eingesetzt werden, sorgt sie doch mit ihrer intensiven Wühlarbeit dafür, daß die oberen Bodenbereiche umgeschichtet werden und mit sauerstoffreichem Wasser in Verbindung kommen. Andererseits gelangen dadurch viele Schwebstoffe ins Wasser, die einigen sehr feinblättrigen Pflanzenarten schaden können. Wichtig ist daher zur Ergänzung ein ausreichend leistungsfähiges Filtersystem. Da auch gut angewurzelte Wasserpflanzen durch diesen Fisch im Laufe der Zeit ausgegraben werden können, sollten sie von vornherein in spezielle Gefäße gepflanzt und mit Steinen gesichert werden. Der Fisch hält sich bei schlammigem bis sandigem Boden jahrelang und verträgt unterschiedlichste Wasserqualitäten; er sollte aber bei einer recht hohen Temperatur zwischen 25° und 28° C gehalten werden. Über die Fortpflanzung im Aquarium ist nichts bekannt.

Ruheperiode, bei vielen Tier- und Pflanzenarten anzutreffen. In der Regel ist sie mit klimatischen Erscheinungen gekoppelt (Vereisung der Gewässer bei einheimischen, Trockenzeiten bei tropischen Arten). Während viele Arten die R. ohne feststellbare Schäden überspringen können, muß sie bei anderen, besonders zur Erreichung der → Fortpflanzungsstimmung, eingehalten werden. Ein deutliches Beispiel dafür bei den Pflanzen sind die → Wasserähren, die ihre Blätter auch unter den konstanten Bedingungen des Aquariums einziehen und eine Zeitlang bei kühleren Temperaturen gehalten werden müssen.

Ruheverhalten, Schlaf, bei vielen Fischarten zu beobachten. In der Regel ruht die Aktivität während der Nachtstunden. Dementsprechend ist auch die Intensität der → Atmung bei vielen Arten um mehr als die Hälfte reduziert. Eine Vielzahl von Schlafstellungen ist bei Aquarienfischen beobachtet worden: Viele stehen bewegungslos zwischen Wasserpflanzenbeständen oder auch im Freiwasser. Andere stehen oder liegen am Boden (gelegentlich auch auf dem Rücken) oder treiben an der Wasseroberfläche. Die prächtige → Färbung verblaßt häufig während der Nacht (→ Tarnung). Das R. wird bei vielen Fischen durch eine «innere Uhr» gesteuert, die es auch dann einleitet, wenn die Aquarienbeleuchtung noch nicht ausgeschaltet worden ist. Neben der Mehrzahl tagaktiver Arten gibt es auch viele nachtaktive Fische, die tagsüber in Verstecken ruhen. Es handelt sich überwiegend um bodenlebende Tiere, die oft mit hochentwickelten Tast-, Geschmacks- und Geruchsorganen ausgestattet sind (zahlreiche Welsarten). Während des Schlafs sind die meisten Tiere kaum reaktionsfähig und benötigen nach dem Einschalten der Beleuchtung meist mehrere Minuten, um ihre normale Leistungsfähigkeit wieder zu erreichen. Neben dem nur wenige Stunden dauernden Schlaf gibt es auch bei vielen Arten längere → Ruheperioden.

Rutilus rutilus, → Rotauge.

Sägesalmler *(Serrasalminae)*, Fischfamilie aus Südamerika, deren typisches Kennzeichen sägezahnähnliche Schuppen sind, die sich über den gesamten Brustbereich erstrecken. Die Fische sind in der Regel sehr flach und hoch, eine Anpassung an die vegetationsreichen Gewässer in weiten Bereichen der Tropen und Subtropen Südamerikas. Die Arten zeigen ein sehr breites Spektrum des Nahrungserwerbs. Es reicht von den pflanzenfressenden → Scheibensalmlern bis zu extremen Jägern wie den → Piranhas.

Säurebindungskapazität, SBK, Säurebindungsvermögen, Bezeichnung für die Fähigkeit des Wassers, mit Hilfe des → Kalk-Kohlensäure-Gleichgewichts die Einleitung von Säuren zu neutralisieren. Zur Messung wird 0,1n Salzsäure so lange hinzugegeben, bis der → pH-Wert plötzlich abfällt, da das Puffervermögen erschöpft ist (→ Säuresturz).

Säurekrankheit, äußert sich in wilden Fluchtbewegungen (→ Verhaltensänderungen). Sie entsteht durch das rasche Absinken des → pH-Wertes, oft ausgelöst durch einen → Säuresturz aufgrund zu geringer → Wasserhärte und einer entsprechend unzureichenden → Pufferung. Falls man den pH-Wert nicht messen kann, bleibt bei Verdacht auf S. nur ein möglichst rascher Teilwasserwechsel.

Säuresturz, kann leicht bei sehr weichem Wasser auftreten, das nur über ein geringes Puffervermögen verfügt. Bei der Einleitung von Säuren fällt der → pH-Wert plötzlich ab, da keine → Säurebindungskapazität mehr vorhanden ist.

Sagittaria graminea, → Pfeilkraut, Breitblättriges.

Sagittaria subulata, → Pfeilkraut, Pfriemliches.

Saisonfische, in erster Linie Eierlegende → Zahnkarpfen, die in zeitweise austrocknenden Gewässern leben. Sie werden oft nur 6–9 Monate alt und entsprechend früh geschlechtsreif. Während der Trockenzeit sterben praktisch alle erwachsenen Tiere, nur die → Eier überdauern im Schlamm der Gewässer. Die Vermehrung unter → Gefangenschaftsbedingungen kann relativ schwierig sein. Die Eier müssen in den meisten Fällen einer mehrwöchigen Trockenperiode ausgesetzt werden. Vielfach erfolgt die Eiablage in einem fasrigen Torfboden, den man gut abtropfen läßt und in einem verschlossenen Glas aufbewahrt, so daß die Eier nicht völlig austrocknen können. Nach einem Zeitraum, der von der Entwicklungszeit der einzelnen Art abhängig ist, werden die Eier dann wieder mit Wasser übergossen. Die Jungfische schlüpfen im Laufe der nächsten Stunden.

Salinenkrebs *(Artemia salina)*, ein sehr wertvolles und schnell zu züchtendes Lebendfutter. Für relativ wenig Geld kann man im Handel große Mengen Artemia-Eier erwerben, aus denen zunächst etwa 0,5 mm große Larven schlüpfen, die besonders für die Jungfischernährung geeignet sind. Die Zucht gelingt in einfachsten in weithalsigen Flaschen, die mit Salzwasser (15–20 g Kochsalz/l) gefüllt werden.

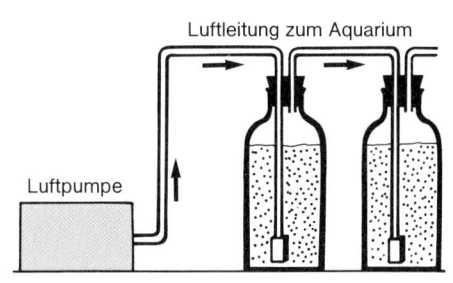

Bei intensiver Belüftung und einer Temperatur von 24° C dauert die Embryonalentwicklung bis zum Schlüpfen etwa 24 Stunden. Wenn lediglich die Larven benötigt werden, so muß vor der Entnahme zunächst die Durchlüftung abgeschaltet wer-

Salinität

den, so daß sich hochgewirbelte Eischalen am Boden absetzen können. Am einfachsten wird das etwa 1 Woche lang verwendbare Wasser mit einem Schlauch abgesaugt und durch ein feinmaschiges Sieb gefiltert. Auf diese Weise können die Junglarven (Nauplien) vom Salzwasser getrennt, problemlos verfüttert werden. Will man größere Tiere heranziehen, sollte man die Nauplien in flache, nur etwa 6 cm hohe Schalen mit Salzwasser bringen, in denen sie am besten durch kleine Algen ernährt werden können. Notfalls ist dies auch mit feinzerriebenem Trockenfutter oder etwas Hefe möglich. In solchen Becken können die S.e bis zur Geschlechtsreife herangezogen werden, so daß man auf diese Weise auch neue Eier produzieren kann. Die etwa 0,3 mm großen Eier sehen zwar alle etwa gleich aus, bringen jedoch sehr unterschiedliche Schlupfergebnisse, je nach

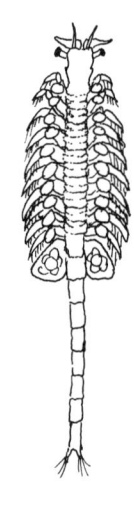

Salinenkrebs

Herkunft und Lagerung. Bewährt haben sich Eier, die in speziellen Farmen an der kalifornischen Küste gewonnen worden sind. Aus ihnen schlüpfen besonders kleine Nauplien, die sich hervorragend als Jungfischfutter eignen. Weitere Bezugsquellen sind Sammelstellen in Portugal und am Roten Meer sowie an stark salzhaltigen amerikanischen Binnenseen, in denen sehr große S.e leben. Die Haltbarkeit der Eier ist sehr unterschiedlich. Während sie in der Originalverpackung bis zu 5 Jahre lang aufbewahrt werden können, verderben sie bei unsachgemäßer Lagerung (Zutritt von Luft und Feuchtigkeit) oft schon innerhalb weniger Monate.
Salinität, Salzgehalt → Meerwasser.
Salmler *(Characoidea)*, eine aus Mittel- und Südamerika sowie Zentralafrika stammende Unterordnung der → Karpfenartigen Fische. Auf die 13 verschiedenen Familien verteilen sich etwa 1400 Arten, die gleichzeitig auch einen erheblichen Teil der Aquarienfische stellen. Meist handelt es sich um Schwarmfische, die auch nur im Schwarm gut zu halten sind, da andernfalls ihre Färbung und Vitalität stark reduziert ist. Während die erwachsenen Fische auch in mittelhartem Wasser gut zu halten sind, hat eine Zucht häufig nur dann Aussicht auf Erfolg, wenn oft über → Torf gefiltertes, sehr weiches und leicht saures Wasser zur Verfügung steht. Andernfalls kommt es zwar auch zur Eiablage, die Jungen sterben jedoch rasch ab, da sie (allerdings nur in den ersten Lebenstagen) härteres Wasser nicht vertragen. Die Verwandtschaftsbeziehungen der einzelnen S.-Arten sind noch nicht bis ins letzte Detail geklärt. Hinzu kommt noch, daß praktisch alljährlich neue Arten entdeckt werden, von denen einige dann auch sehr rasch Einzug in die Aquarien finden.
Salmler, Gelber *(Hyphessobrycon bifasciatus)*, eine Art aus dem Südosten Brasiliens. Die Gelbfärbung, die dem Fisch den Namen gibt, ist nur sehr schwach ausgeprägt, so daß er für die Freunde farbenprächtiger Aquarien nicht viel hergibt. Er ist jedoch besonders für Anfänger gut geeignet, da er sich auch unter Bedingungen fortpflanzt, die für andere Salmler längerfristig tödlich wären. Die Eiablage erfolgt an feinblättrigen Wasserpflanzen, die Jungfische sind viel intensiver gefärbt als ihre Eltern.
Salmo gairdneri, → Regenbogenforelle.
Salmo trutta, → Bachforelle.
Salvinia-Arten, → Büschelfarne.
Samtanemonenfisch *(Amphiprion biaculeatus)*, den Artgenossen gegenüber sehr aggressiv. Er lebt im Pazifik und erreicht eine Länge von 9 cm. Da der S. auf schlechte Wasserqualitäten sehr empfindlich reagiert, kann seine Haltung dem Anfänger nicht empfohlen werden.
Samt-Krankheit, Korallenfisch-Krankheit, *(Oodinium)*, durch verschiedene Geißeltierchen hervorgerufene parasitäre Erkrankung. Im Süßwasser handelt es sich

Sauerstoffeintrag

um *Oodinium pillulares*, im Seewasser um *Oodinium ocellatum*. Die einzelligen Parasiten sind sehr flexibel. Sie können auf der Haut auftreten und bilden dort einen puderzuckerähnlichen Belag, der am besten zu sehen ist, wenn man von vorn oder hinten an einem Fisch entlangschaut. Die kleinen, meist weißlichen Punkte sind in der Regel deutlich kleiner als bei der Ichthyophthirius-Erkrankung. Diese gut erkennbare Form tritt jedoch zunehmend seltener auf. Häufiger sind inzwischen nicht sichtbare Infektionen im Kiemen-, oft auch im Darmbereich. Es ist davon auszugehen, daß praktisch alle Tiere diese Erreger in sich tragen. Zu einem Ausbruch der Krankheit kommt es nur dann, wenn die Widerstandskräfte eines Fisches nachlassen. Es kann dann in dem kranken Tier zu einer raschen Vermehrung der Erreger kommen, so daß auch bislang gesunde Fische durch die Vielzahl der Parasiten geschädigt werden. Die Bekämpfung ist relativ schwierig und sollte möglichst schon im Anfangsstadium einsetzen. Die meisten Präparate wie → Malachitgrün töten lediglich die freischwimmenden Schwärmer ab, nicht aber die innerhalb des Fisches lebenden Parasiten und auch nicht die Dauerstadien, die sich monatelang halten können. Wirksamer ist eine Behandlung mit Chinin und Chloromycetin. Im Seewasser bietet sich die Verwendung von Kupfersulfat an, was jedoch einiges Fingerspitzengefühl erfordert, da dessen optimale Konzentration von 0,8–1,5 mg/l oft nur für kurze Zeit besteht. Die Häufigkeit der Nachdosierung hängt vom Alter des Bekkens ab und sollte vernünftigerweise nur nach entsprechenden Konzentrationsmessungen erfolgen.

Saphir-Riffbarsch *(Abudefduf cyaneus)*, aus dem indomalayschen Raum stammende Art, die notfalls auch im Brackwasser, ja sogar im Süßwasser gehalten werden kann. Erwachsene Männchen sind Artgenossen gegenüber sehr unverträglich. Wegen seiner geringen Größe ist er auch für kleinere Becken geeignet, die aber möglichst einige Höhlen aufweisen sollten.

Sarotherodon heudeloti, → Senegalbarsch.

Sauerstoffeintrag, Versorgung des Aquarienwassers mit Sauerstoff. Häufig wird dafür ein → Ausströmerstein empfohlen, aus dem Druckluft zur Wasseroberfläche perlt. Entgegen weitverbreiteten Annahmen wird aus diesen Luftblasen kaum Sauerstoff an das Wasser abgegeben. Ein positiver Effekt ergibt sich bestenfalls aus der Bewegung der Wasseroberfläche. Die in größerer Wassertiefe freigesetzten Blasen stehen unter einem erheblichen Druck, der nachläßt, wenn sie an die Wasseroberfläche steigen. Sie werden also nicht (durch Sauerstoffabgabe) kleiner, sondern meistens (durch nachlassenden Druck) größer. Dieser Druckabfall verhindert gleichzeitig, daß der Sauerstoff im Wasser gelöst wird. Sinnvoll ist daher die genau umgekehrte Richtung. Wenn ein Wasserstrahl von oben ins Wasser geleitet wird, reißt er Luftblasen mit unter die Wasseroberfläche, die um so mehr Sauerstoff abgeben, je tiefer sie ins Wasser eindringen. Hierfür eignen sich entsprechende → Filter mit → Kreiselpumpen. Die Verwendung eines Ausströmersteins hat darüber

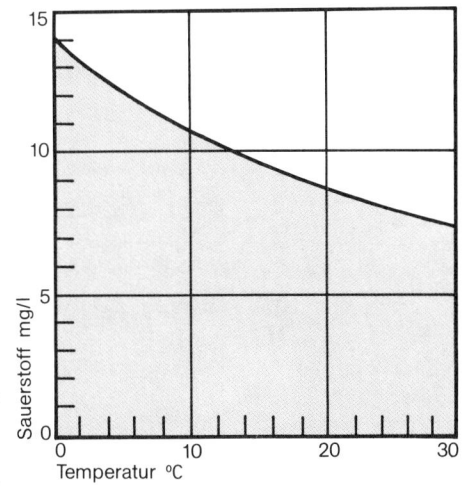

Mit steigender Temperatur nimmt die Lösbarkeit des Sauerstoffs im Wasser ab.

hinaus den Nachteil, daß das für die Pflanzendüngung wichtige Kohlendioxyd aufgrund einer Gleichgewichtsverschiebung aus dem Wasser verdrängt wird. Berücksichtigt werden sollte auch die Sauerstoffzehrung im Filter. Die sich dort ansammelnden Abfallstoffe entziehen dem Wasser oft den gesamten Sauerstoff, so daß vor dem Wiedereintritt in das Aquarium eine intensive Vermischung mit Luft erfolgen muß. Am wirksamsten ist es, das gefilterte

157

Sauerstoffmangel

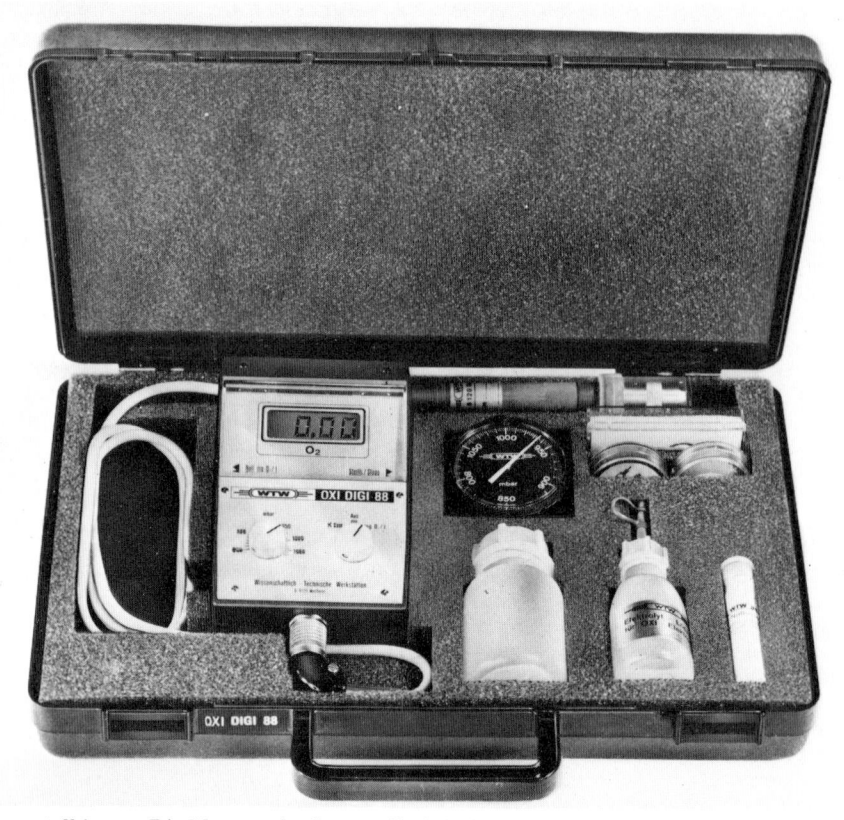

Sauerstoffeintrag. Die Messung des Sauerstoffgehalts ist relativ aufwendig. Eine solche Grundausstattung ist kaum unter 1000 DM zu haben.

Wasser in mehreren dünnen Strahlen auf die Wasseroberfläche zu spritzen.
Sauerstoffmangel, tritt oftmals in überbesetzten pflanzenarmen Aquarien auf. Falls sich größere Fäulnisherde in Bodennähe befinden, zeigt sich der S. zunächst dort und setzt sich langsam nach oben fort. Häufig meiden die Fische dann die unteren Wasserbereiche. Es wäre völlig falsch, in einer solchen Situation das Aquarienwasser mit einem → Ausströmerstein durchzuwirbeln. Dies brächte erst nach einigen Stunden oder Tagen eine Besserung, würde in der Zwischenzeit jedoch noch sauerstoffärmere Bedingungen schaffen. Besser ist ein Teilwasserwechsel, bei dem bodennahe Wasserschichten mit den dortigen Fäulnisstoffen abgezogen werden. Gegebenenfalls sollte man die → Filterung ändern, um einen höheren → Sauerstoffeintrag zu gewährleisten.

Saugheberprinzip, zum → Einfüllen und → Ablassen des Aquarienwassers übliches Verfahren. Ein Schlauch, dessen Länge die mindestens doppelte, möglichst dreifache Höhe des Aquariums betragen sollte, wird so ins Wasser gelegt, daß die Luft aus beiden Öffnungen entweicht. Während das eine Ende im Aquarium verbleibt, wird das andere zugehalten, aus dem Aquarium geholt und in das Auffanggefäß gehängt. Beide Schlauchenden müssen sich unterhalb der Wasseroberfläche befinden. Je größer der Höhenunterschied zwischen beiden Schlauchenden ist, desto rascher fließt das Wasser ab. Vorsicht ist bei kleinen Fischen geboten, die durch die starke Strömung eingesaugt werden können. Zur Sicherung wird an dem im Aquarium befindlichen Schlauchende ein feinmaschiges Netz angebracht. Da Schläuche sehr leicht über den Aquarienrand rutschen, empfiehlt sich der Erwerb eines gekrümmten Plastikrohrs, das sicherer befestigt werden kann.

Saugschmerle, nicht ganz zutreffender Name – meist für den → Algenfresser – der nicht zur Familie der Schmerlen gehört.

Saugwürmer, Kiemenwürmer, zahlreiche verschiedene Arten mit sehr unterschiedlichem Fortpflanzungsverhalten. Es gibt Würmer, die sich nur über mehrere Zwischenwirte vermehren können (außer den Fischen meist auch noch Schnecken und Vögel). Sie sind für die Aquarienhaltung ohne Bedeutung, da bestenfalls einzelne Wildfänge befallen sein können, eine Ausbreitung der Krankheit jedoch nicht möglich ist. Andererseits gibt es aber auch Arten, die mit ihrem gesamten Lebenszyklus auf den Fisch fixiert sind. Dazu gehören z. B. die bei Welsen und Buntbarschen häufiger vorkommenden Kiemenwürmer, von denen normalerweise nur wenige Exemplare auf einem Tier leben. Wird dieses jedoch noch von einer weiteren Krankheit befallen oder unter ungünstigen Lebensbedingungen gehalten, so können sich die Parasiten innerhalb kürzester Zeit rasch vermehren. Gelegentlich ist auch zu beobachten, daß die Brut viel stärker infiziert ist als die Eltern. S. treten bei Süß- und Meerwasserfischen gleichermaßen auf. Sie besiedeln gelegentlich die Haut, häufig die Kiemen, vereinzelt auch den Darmbereich. Haut- und Kiemenerkrankungen sind mit bestimmten → Untersuchungsmethoden relativ leicht festzustellen. Eine Bekämpfung ist sehr schwierig, da durch → Trichlorofon nur die Würmer, nicht aber deren Eier getötet werden. Die Behandlung ist daher im Abstand von jeweils 6 Tagen dreimal zu wiederholen. Tritt keine Besserung ein, so muß notfalls die Konzentration erhöht werden, was jedoch bei einigen Fischarten auf enge Grenzen stößt, da sie das Präparat nur schlecht vertragen.

Saururus cernuus, → Eidechsenschwanz.
Scalar, → Segelflosser.
Scardinius erythrophthalmus, → Rotfeder.
Scatophagus argus, → Argusfisch.
Schaumnest, findet sich regelmäßig bei → Labyrinthfischen, aber auch verschiedenen Welsarten anzutreffen. Die Tiere nehmen Luftblasen in den Mund und bilden viele kleine Einzelblasen, die von einem Sekret umgeben sind. Unterhalb des Nestes werden diese Blasen aus dem Mund entlassen, sie steigen nach oben, wo sie sich unter Wasserpflanzen ansammeln. Häufig werden auch Pflanzenteile zum Bau des Nestes verwendet. Das S. befindet sich in der Regel im Zentrum des → Reviers. Meistens erfolgt das Ablaichen direkt unterhalb, so daß die nach oben steigenden, sehr leichten → Eier direkt hineingelangen. Sie sind vom umgebenden Schaum nur sehr schwer zu unterscheiden und wahrscheinlich schon dadurch geschützter. Darüber hinaus ist zu vermuten, daß das Maulsekret auch eine bakterien- und pilzhemmende Wirkung hat. Nicht alle abgelegten Eier sind leichter als das Wasser. Bei einigen Arten sind sie schwerer, werden durch das S. aber am Absinken gehindert.

Scheckenkärpfling, → Kaudi.
Scheibenbarsch (*Mesogonistius chaetodon*), eine unter Aquarienbedingungen nur etwa 5 cm lange Art, die sich bei häufigen → Wasserwechseln und Lebendfutter auch im Aquarium sehr gut hält. Wichtig ist eine ausgedehnte → Ruheperiode, bei der die Temperaturen auch bis zum Gefrierpunkt des Wassers absinken können.

Scheibenbarsch

Scheibenreiniger, in verschiedenen Ausführungen erhältlich. Am besten wählt man ein Modell mit auswechselbaren Rasierklingen, womit der Algenaufwuchs von der Frontscheibe entfernt wird. Schabeflächen aus Kunststoff reichen besonders bei älterem und hartnäckigem Algenbewuchs nicht aus. Sehr beliebt ist auch die Verwendung von Magneten, die auf beiden Seiten der Scheiben angebracht werden, wobei sich der innere durch die Bewegung des äußeren steuern läßt. Hartnäckige Algenbestände wird man damit allerdings kaum entfernen können. Dafür bergen

Scheibensalmler

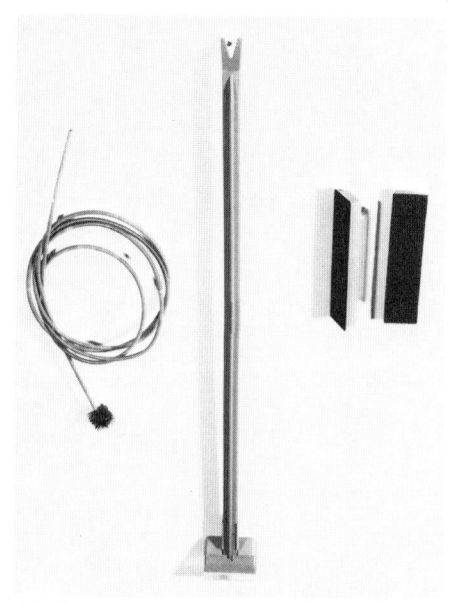

Scheibenreiniger. Zum Reinigen der Scheiben kann man Magnete verwenden oder einen Stab mit einsetzbarer Rasierklinge. Verstopfungen in Schläuchen kann man mit einem flexiblen Rohrreiniger beseitigen.

diese Geräte, mehr noch als andere Scheibenreiniger, das erhebliche Risiko, die Scheiben zu zerkratzen. Man sollte unbedingt darauf achten, daß keine Sandkörner zwischen Scheibe und Reinigungsgerät geraten.

Scheibensalmler *(Metynnis hypsauchen)*, sehr friedliche, von vegetarischer Kost lebende Art aus der Familie der → Sägesalmler. Sie ist auch unter der Bezeichnung Schreitmüllers S. oder Dickkopf-S. in der Literatur bekannt. Die etwa 15 cm

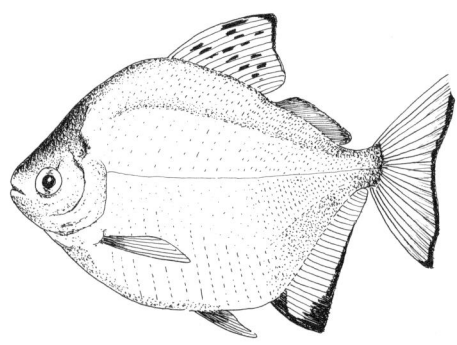

Schreitmüllers Scheibensalmler

langen Fische kann man zwar gut im Aquarium halten, doch niemals Einzeltiere – die dann sehr scheu werden –, sondern besser einen ganzen Schwarm. Dieser wiederum dezimiert die Pflanzenwelt des Aquariums in kürzester Zeit, so daß sich trotz Zufütterung mit Salat etc. auch sehr widerstandsfähige Pflanzen nicht lange halten. Schon aus diesem Grunde scheiden die S. für Gesellschaftsaquarien aus. Man sollte sie besser in ihrer Heimat in Südamerika belassen, wo sie als «Unterwasserrasenmäher» hochgeschätzt sind und unter Naturschutz stehen.

Scheu, bei Fischen in sehr unterschiedlichem Maß ausgeprägt. Manche bleiben lebenslang sehr scheu, andere werden handzahm. Dies ist häufig von der Lebensweise der einzelnen Arten und ihrer → Schutzanpassung abhängig. So ist der Dreistachlige → Stichling hervorragend durch verknöcherte Strahlen der Rückenflosse vor Beutegreifern geschützt. Er ist daher viel weniger scheu als der Neunstachlige → Stichling, der nicht über diesen ausgeprägten Schutz verfügt.

Schillerbärbling *(Brachydanio albolineatus)*, in weiten Bereichen Südostasiens in Fließgewässern vorkommende Art, die je nach Herkunft unterschiedlich gefärbt sein kann. Die etwa 5 cm langen Fische sollten unbedingt in einem Schwarm gehalten werden, was in einem Gesellschaftsbecken nur dann sinnvoll ist, wenn dieses ausreichend groß ist. Andernfalls bringen die sehr raschen, ausdauernden Schwimmer zuviel Unruhe ins Aquarium. Die Zucht gelingt ohne große Probleme. Empfehlenswert ist ein spezielles → Zuchtaquarium, das nicht groß zu sein braucht. Der Boden dieses Beckens sollte mit einem dichten, feinblättrigen Pflanzengewirr bestanden sein; der Wasserstand bleibt am besten sehr niedrig: bei etwa 10 cm. Bei einer leicht erhöhten Temperatur von 24 bis 28° C bringt man neben dem laichbereiten Weibchen am besten gleichzeitig mehrere Männchen in das Zuchtbecken. Nur dann kann man sichergehen, daß das Weibchen alle vorhandenen Eier in der Freiwasserzone oberhalb der Pflanzen auch wirklich abgibt. Sollte die Eiablage nicht vollständig erfolgen, so besteht die Gefahr einer dauerhaften Eileiterverstopfung. Drei Tage dauert es, bis die Jungfische schlüpfen, sechs weitere Tage leben sie dann noch von ihrem Dottersack, bis sie nahe an die Wasseroberfläche kommen, wo man sie notfalls auch mit Trockenfutter aufziehen kann.

Schläuche, stehen aus unterschiedlichen Materialien, in verschiedenen Durchmessern und Färbungen zur Verfügung. In der Regel braucht man in der Aquaristik einen relativ dünnen Luftschlauch sowie etwa 15 mm dicke S. für die Leitung des Wassers. Man sollte ausreichende Mengen bereithalten, um im Ernstfall auch einmal schnell etwas flicken zu können. Grüne S. sind zwar oft aus dekorativen Gründen vorzuziehen, haben jedoch den Nachteil, daß etwaige Fremdkörper nur sehr schlecht erkannt werden können, zumal wenn sie nach längerem Gebrauch innen einen größeren Bakterien- und Algenrasen aufweisen. Überwiegend werden PVC-S. verwendet. Falls mit einem → Ozonisator gearbeitet wird, müssen unbedingt Silikons. Verwendung finden.

Schlaf, → Ruheverhalten.

Schlafbewegung, das abendliche Zusammenfalten der obersten Blätter der Wasserpflanzen. Diese Erscheinung ist besonders stark bei → Wasserfreund- und- → Sumpffreundarten ausgeprägt. In den Blättern kommt es dabei an den Triebspitzen zu einer unterschiedlichen Verteilung der Wuchsstoffe, so daß die Unterseiten etwas rascher wachsen, wodurch sich die Blätter schließen. Die Steuerung dieses Verhaltens ist noch nicht genau geklärt. Die S.en stehen auf jeden Fall nicht mit dem regelmäßigen Ausschalten der Aquarienbeleuchtung im Zusammenhang, sondern werden durch einen anderen Rhythmus gesteuert.

Schlafkrankheit *(Cryptobia),* nur bei Wildfängen vorkommende parasitische Erkrankung. Es handelt sich um Geißeltierchen, die im Blut leben und sich in geschwächten Tieren innerhalb kürzester Zeit explosionsartig vermehren können. Die oft starken Verluste bei Importen afrikanischer → Buntbarsche gehen in erster Linie auf diese Krankheit zurück. Die Tiere zeigen eine deutlich verringerte Vitalität, lassen sich im Endstadium der Krankheit ohne Fluchtversuch mit der Hand greifen. Eine genaue Diagnose kann nur durch eine Blutuntersuchung vorgenommen werden, welche die Möglichkeiten der meisten Aquarianer übersteigt. Am sichersten werden Wildfänge zunächst in → Quarantäne mit → Metronidazol behandelt.

Schlammpeitzger *(Misgurnus fossilis),* einheimische Schmerlenart, die mit Hilfe ihrer Darmatmung im Schlamm vergraben auch Trockenzeiten überstehen kann. Sie läßt sich in stark bewachsenen, auch relativ warmen Becken gut halten.

Schlammspringer *(Periophthalmus barbarus),* sinnvoll ist diese Art nur in einem → Gezeitenaquarium zu halten, denn sie verläßt in der Mangrovenzone des Indischen Ozeans häufig das Wasser. Ihre Brustflossen sind entsprechend zu Schreitorganen umgebildet worden. Die Haltung ist sehr schwierig, da nur Lebendfutter genommen wird. Auch die Zucht ist bislang nicht gelungen.

Schlangenkopffische *(Ophiocephalus-Arten),* etwa 40 verschiedene Arten, die am Boden schlammiger Gewässer leben und durch ein zusätzliches Atmungsorgan auch in 40° C warmem Wasser noch überleben können. Nur kleinere, bis 25 cm lang werdende Arten eignen sich für das Aquarium, größere sind so kräftig, daß sie selbst gläserne Abdeckscheiben zerschmettern, wenn sie versuchen, aus dem Becken zu springen. Beobachtet wurde der Bau von Pflanzennestern, in die bis zu 15 000 Eier abgelegt wurden, aus denen die Jungen bereits nach 2 bis 3 Tagen schlüpfen. Obwohl keine nennenswerten Bedingungen an die Wasserqualität gestellt werden, bereitet die regelmäßige Beschaffung großen Lebendfutters (in erster Linie Fische), doch erhebliche Probleme.

Schlangennadel, Kleine *(Nerophis ophidion),* eine auch bereits in der Ostsee vorkommende Art, die sich im Brackwasser hält. Sie erreicht eine Länge bis zu 25 cm und zeichnet sich durch ein interessantes Fortpflanzungsverhalten aus: Sobald das Weibchen laichreif wird, zeigen sich am Vorderkörper leuchtend blaue Längsstreifen. Nach der Balz werden die Eier am Körper des Männchens festgeheftet, bis die Jungen schlüpfen. Die Ernährung ist mit Kleinkrebsen auch im Aquarium möglich, wenn man auf die geringe Maulgröße der Fische Rücksicht nimmt. Das Becken muß mit Seegras bepflanzt sein, damit die Tiere ausreichenden Halt finden.

Schlankcichlide, Gelber *(Julidochromis ornatus),* eine von mindestens 5 verschie-

Schlauchklemmen

denen Arten dieser Gattung, die im Tanganjikasee vorkommen. Im Aquarium sind sie sehr gut zu halten und zu vermehren, wenn man ihnen mehrere Höhlen anbietet, in denen das Weibchen die Eier ablegt und die Jungen betreut. Meist werden nur

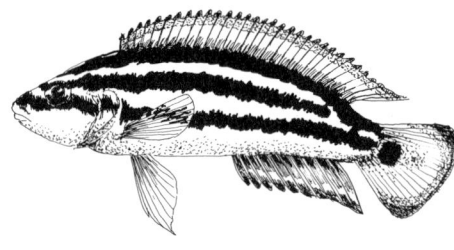

Gelber Schlankcichlide

etwa 20 Eier gelegt. Das Wasser sollte hart und schwach alkalisch sein. Wenn das Becken ausreichend groß ist, können auch noch andere Buntbarscharten darin gehalten werden.

Schlauchklemmen, dienen der Regulierung des Drucks in Luftschläuchen. Sie können aus Metall und (meist weniger haltbar) Kunststoff bestehen. Ihre Wirkung ist nicht so gleichmäßig wie die der → Lufthähne.

Schleierkärpfling *(Pterolebias longipinnis)*, ein Eierlegender → Zahnkarpfen, der in zeitweise austrocknenden Gewässern Brasiliens und Argentiniens lebt. Erforderlich ist ein aus Torf bestehender weicher Bodengrund, in den sich die etwa 10 cm langen Fische während des Ablaichens eingraben. Die Entwicklung der Jungen dauert etwa 60–80 Tage. Da die Fische in Anbetracht ihres kurzen Lebens sehr schnell wachsen, ist für eine qualitativ hochwertige Fütterung, möglichst mit → Mückenlarven, → Regenwürmern etc. zu sorgen. Die Haltung erfolgt bei 21–23° C in weichem, leicht saurem Wasser.

Schleierprachtbarbe, → Prachtbarbe.

Schleierschwanz, Zuchtform des → Goldfischs.

Schleimschicht, dient bei Fischen wahrscheinlich in erster Linie der Abwehr von → Bakterien- und Pilzbefall. Verletzungen der S. (z. B. durch grobes Anfassen) führt häufig zu Pilzinfektionen. Bei einigen Arten ernähren sich die Jungfische zeitweise von der S. der Elterntiere.

Schlußlichtsalmler *(Hemigrammus ocellifer),* Laternensalmler, im Handel werden zwei sehr ähnlich aussehende Rassen angeboten, die beide aus den Stromsystemen von Orinoko und Amazonas stammen. Beide Fische haben an der Schwanzwurzel einen goldfarben schimmernden Fleck. Sie unterscheiden sich allerdings dadurch, daß der Laternensalmler einen schwarzen Fleck im Schulterbereich hat, der dem Flecksalmler fehlt. Letzterer hingegen hat eine deutlich abgegrenzte schwarze Längsbinde im Schwanzbereich. Beide Rassen werden etwa 4 cm lang und eignen sich hervorragend als Schwarmfische für Gesellschaftsbecken. Will man sie züchten, so sollte dies wie üblich bei relativ niedriger Karbonathärte geschehen, während die Nichtkarbonathärte ruhig Werte von 6–8° dNKH erreichen kann. Erwachsene Fische tolerieren auch eine deutlich größere Gesamthärte.

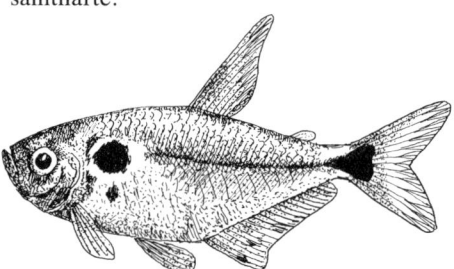

Schlußlichtsalmler

Schlüsselreiz, Signal, das eine bestimmte → Instinkthandlung auslöst. S. ist ein in der Regel unverwechselbares Kennzeichen z. B. des Geschlechtspartners, von Rivalen, Beutetieren etc. Dieses wird durch einen → Angeborenen Auslöse-Mechanismus (AAM) erkannt.

Schmerlenwelse *(Trichomycteridae),* in Südamerika heimische Fischfamilie, in der zahlreiche parasitisch lebende Arten zusammengefaßt sind. Verschiedene leben im Kiemenbereich größerer Fische, rufen dort Verletzungen hervor und ernähren sich von dem ausströmenden Blut. Andere wiederum graben sich von außen in den Körper ihrer Opfer ein, und es gibt sogar Arten, die in den Harn- und Genitalapparat größerer Säugetiere eindringen. Obwohl für die Aquarienhaltung völlig ungeeignet, werden sie dennoch gelegentlich angeboten.

Schmetterlings-Ährenfisch *(Pseudomugil signifer),* aus Australien stammender

Schmucksalmler

Schwarmfisch, der nur bei guter Wasserqualität und Lebendfutter zu halten ist.
Schmetterlingsbuntbarsch *(Microgeophagus ramiriezi)*, häufig angebotener, jedoch auch sehr anfälliger und kurzlebiger Fisch. Er wird bis zu 7 cm lang und stammt aus dem südlichen Mittelamerika. Die oft über 200 → Eier werden in Laichgruben oder auf Steinen abgelegt.

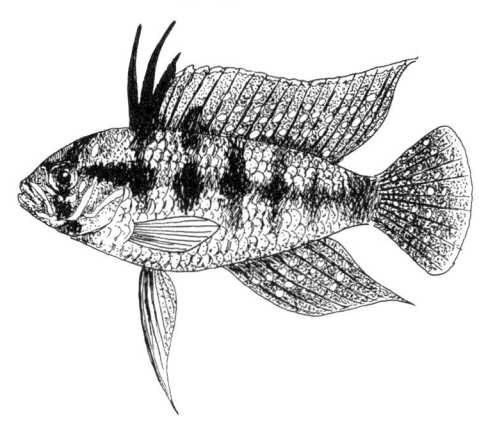

Schmetterlingsbuntbarsch

Schmetterlingsbuntbarsch, Afrikanischer *(Hemichromis thomasi)*, eine zu raschen und unterschiedlichen Farbwechseln befähigte Art aus Sierra Leone. Die oft über 500 Eier werden auf flachen Steinen abgelegt. Die nach 2 Tagen schlüpfenden Jungen sind mit Staubfutter sehr gut aufzuziehen.
Schmetterlingsfisch *(Pantodon buchholzi)*, eine ziemlich einfach gebaute Fischart, die relativ nah mit den → Knochenzünglern verwandt ist. Sie kommt in den Tropen Westafrikas vor und wird seit Jahren importiert. Trotz nachdrücklicher Warnungen in der Aquarienliteratur sterben viele dieser Fische in irgendeiner Zimmerecke, da ihr Sprungvermögen in der Regel weit unterschätzt wird. Bis zu 2 m weit können sie mit Unterstützung ihrer stark vergrößerten Brustflossen springen. Das Aquarium, in dem der S. gehalten werden kann, sollte eine möglichst große Oberfläche besitzen, da sich die Fische in der Regel dort aufhalten. Ungünstig sind Gesellschaftsaquarien, denn die auf Lebendfutter spezialisierten Tiere beginnen sofort mit der Jagd auf andere Fische, wenn ihnen zu wenig oder ungeeignetes Lebendfutter (z. B. in den Wintermonaten) geboten wird. Andererseits werden andere Fische durch die langen Flossenanhänge immer wieder dazu gereizt, in diese hineinzubeißen, so daß auch für den S. ein solches Gesellschaftsaquarium zur Qual wird. Optimal ist ein 20–30 cm hoher Wasserstand, hohe Wassertemperaturen von etwa 28° C sowie weiches bis höchstens mittelhartes, leicht saures Wasser. Gefüttert wird mit Lebendfutter aller Art: von Fliegen über Heuschrecken bis zu Mehlwürmern. Die Zucht gelingt sehr selten. Die Eier treiben etwa 3 Tage lang an der Wasseroberfläche, bis die Jungfische schlüpfen.

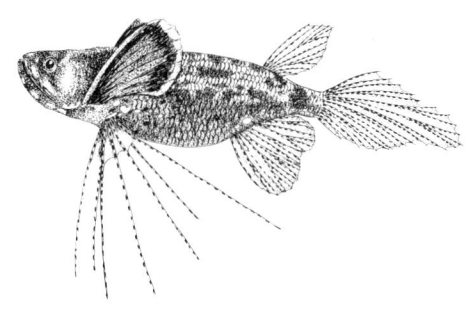

Schmetterlingsfisch

Schmetterlingsfische, → Falterfische.
Schmucksalmler *(Hyphessobrycon ornatus)*, eine für Gesellschaftsaquarien besonders gut geeignete, ausdauernde Art. Ideal ist die Haltung in einem Schwarm, in dem das Balzverhalten der Männchen gut zur Geltung kommt. Wichtig ist eine reiche Bepflanzung des Beckens, wobei aber in der mittleren und unteren Region ein ausreichender Freiwasserraum vorhanden sein sollte, in dem sich die S. bevorzugt aufhalten. Die Zucht ist bereits etliche Male gelungen und benötigt die für viele Salmler typischen Voraussetzungen: eine völlige Entfernung der Karbonathärte, Reduzierung der Nichtkarbonathärte auf maximal 6, einen pH-Wert, der bei dieser Art im neutralen Bereich liegen sollte, sowie ein mit Torfextrakten angereichertes Wasser. Sind diese Bedingungen nicht erfüllt, kommt es zwar zur Eiablage und zum Schlüpfen der Embryonen, sie erkranken jedoch besonders bei härterem und saurem Wasser so schnell, daß sie die nächsten Tage nicht überleben. 500–600 Jungfische kann man aus einem Ablaichvorgang aufziehen. Besonders wichtig sind häufige →

Schnecken

Wasserwechsel sowie eine Entfernung von Futterresten und sonstigen Abfallstoffen, um die Bildung besonders von → Nitrit zu verhindern, auf das die Jungfische sehr empfindlich reagieren.

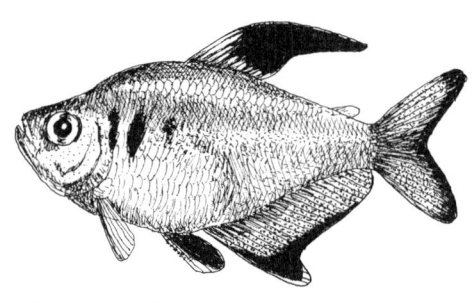

Schmucksalmler

Schnecken *(Gastropoda)*, in Süß- und Seewasser in zahlreichen verschiedenen Arten zu halten. Im Süßwasseraquarium erfolgt bei vielen S. eine sehr rasche Massenvermehrung, durch die wiederum die Pflanzen geschädigt werden können (→ Pflanzenkrankheiten). Meist sind es Posthorn- und Schlamms., die mit neuen → Wasserpflanzen eingeschleppt werden. Man sollte sie so frühzeitig wie möglich aus dem Bekken entfernen. Besser ist die Haltung von → Apfels. Im Meerwasser ist die Auswahl wesentlich größer. Es gibt dort unglaublich farbenprächtige Nackts., die sich aber nur recht schlecht halten lassen, da sie über den im → Meerwasseraquarium hochgeschätzten Algenwuchs herfallen. Viele Arten leben in Tangwäldern, die ebenfalls nicht auf das Aquarium übertragbar sind. Einige scheiden auch Giftstoffe aus. Die im Meer lebenden Gehäuses. sind häufig Allesfresser. Einige fallen aber auch über → Seescheiden und → Muscheln her.

Schneckenübervermehrung, durch Wasserpflanzen wird irgendwann einmal Schneckenlaich in das Aquarium eingeschleppt. Meist handelt es sich um Posthornschnecken, aber auch Schlammschnecken, die sich unter Umständen übermäßig vermehren können. Leider weiden die Schnecken nicht nur den Algenrasen ab, sondern fressen auch Wasserpflanzen an, was nur sehr schnellwüchsige, robuste Arten überleben. Besonders gefährdet sind die zarten Blätter der → Barclaya sowie das → Perlenkraut (→ Wasserpflanzenkrankheiten).

Schneider *(Alburnoides bipunctatus)*, ein auch bei uns in schnellfließenden Bächen vorkommender Fisch, der mit ausreichender Sauerstoffversorgung auch im Aquarium sehr gut gehalten werden kann.

Schönflossenbarbe *(Epalzeorhynchus kallopterus)*, die aus Sumatra und Borneo stammenden Tiere sind gegenüber Artgenossen im Aquarium sehr unverträglich. Als Einzeltiere sind sie jedoch häufig in Aquarien anzutreffen, die sie – ähnlich wie eine nah verwandte Art, der Siamesische → Algenfresser –, den Algenbewuchs durch konsequentes Abweiden kurz halten können. Einzeln ist die S. auch für ein Gesellschaftsaquarium geeignet, da sie dann anderen Fischen gegenüber friedlich ist. Längerfristig kann man sie jedoch nur gut in größeren Aquarien mit höchstens mittelhartem Wasser bei einer Temperatur von etwa 24° C halten.

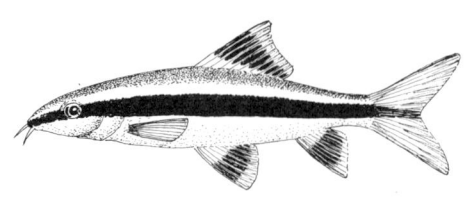

Schönflossenbarbe

Schokoladengurami *(Sphaerichtys osphromenoides)*, eine nur in sauberem, oft gewechseltem Wasser zu haltende sehr wärmebedürftige Art, die eine Wassertemperatur von mindestens 25° C benötigt. Gefangenschaftsnachzuchten sind recht selten. Die → Eier werden zunächst am Boden abgelegt, dann jedoch im Maul ausgebrütet. Ernährung mit Lebendfutter ist notwendig.

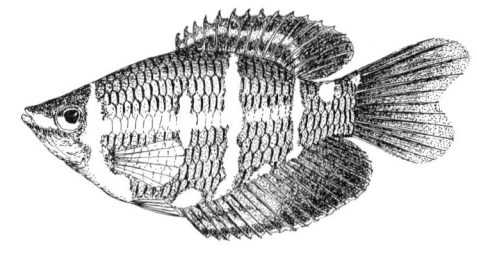

Schokoladengurami

Schrägschwimmer *(Thayeria boehlkei)*, eine Salmlerart, die aufgrund ihres merkwürdigen Schwimmverhaltens auffällt:

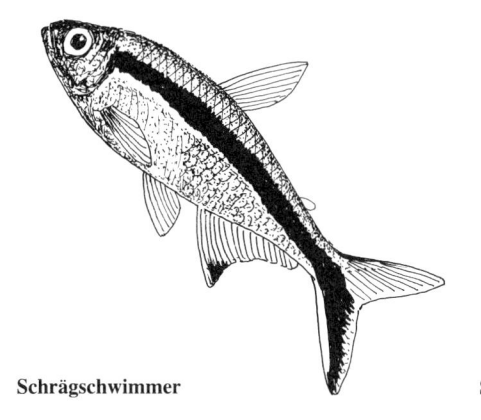

Schreckstoffe

Schrägschwimmer

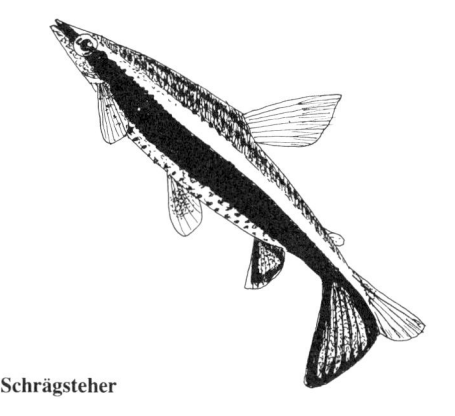

Schrägsteher

Der Körper ist immer leicht nach oben gerichtet. Der S. lebt in Peru im Oberlauf von Amazonas und Rio Araguaia und wird ca. 6 cm lang. Im Aquarium ist die Art recht gut zu halten; die Abdeckscheibe muß jedoch dicht schließen, weil die Fische meterweit springen können. Die Zucht erfolgt in größeren Becken, die keine besondere Bepflanzung benötigen, da die Eier ins Wasser abgegeben werden. Die Karbonathärte sollte völlig entfernt, die Nichtkarbonathärte bei 3–5° C gehalten werden. Sinnvoll ist es, die Zahl der Weibchen deutlich überwiegen zu lassen. Die Embryonen schlüpfen nur dann, wenn der ph-Wert nicht in den sauren Bereich absinkt. Die Aufzucht der sehr rasch wachsenden Jungen erfolgt mit Lebendfutter.

Schrägsteher *(Nannobrycon eques, Poecilobrycon eques)*, aus dem mittleren Amazonasgebiet stammender Salmler, der auf die Nahrungsaufnahme von der Wasseroberfläche spezialisiert ist. Dem entspricht seine Grundhaltung: Der Körper ist stets schräg nach oben gerichtet. Im Aquarium sind die Fische wenig auffallend. Meist findet man sie in der Nähe der Wasseroberfläche zwischen dichten Pflanzenbeständen. Da sie zudem nur eine Länge von 4–5 cm erreichen, lassen sie sich gut mit anderen Arten vergesellschaften, wenngleich sie sich dadurch ständig gestört fühlen und ihre volle Farbenpracht nur in einem Artaquarium erreichen. Besondere Sorgfalt ist bei der Fütterung geboten. Die Fische haben nur ein sehr kleines Maul und werden durch großflockiges Trockenfutter leicht überfordert. Wichtig ist zudem ein ausreichendes Angebot an nicht zu großem Lebendfutter. Der pH-Wert sollte im leicht sauren Bereich liegen, die Wasserhärte bei höchstens 5°. Das Ablaichen erfolgt an der Unterseite größerer Blätter, wobei die Eier einzeln vom Weibchen angeklebt werden. Vorsicht ist bei jüngeren Weibchen geboten, die schon kurz nach dem Ablaichen über die eigenen Eier herfallen. Bei 25° C beginnen nach 1 Tag die ersten Jungfische zu schlüpfen. In den folgenden Tagen leben sie in erster Linie von ihrem Dottersack, benötigen dann jedoch sehr kleines Lebendfutter.

Schraubensabelle *(Spirographis spallanzani)*, ein Meereswurm, der sich eine bis zu 40 cm lange lederähnliche Röhre baut. Aus dieser schauen die blumenähnlich wirkenden Kiemen hervor, die einen Durchmesser von 15 cm erreichen. Die Art wird relativ häufig angeboten und ist auch gut zu halten, wenn sie nicht wegen Sauerstoffmangels während des Transportes ihre Röhre verlassen hat. Das untere Ende der Röhre wird vorsichtig zwischen einigen Steinen festgeklemmt, die endgültige Befestigung erledigt der Wurm selbst. Seine Ernährung erfolgt über die Kiemen, die wie eine Reuse kleines → Plankton auffangen.

Schreckstoffe, besonders bei Schwarmfischen häufig in der Haut vorhandene chemische Substanzen. Bei einer Hautverletzung, wie sie beim Fang durch Raubfische meist unvermeidlich ist, gelangen die S. ins Wasser und warnen die anderen Fische vor der Gefahr. Bei Elritzen hat man festgestellt, daß bereits der Extrakt aus $1/100$ mm^2 Haut eine Schreckreaktion auslösen kann. Diese fällt je nach Fischart sehr unterschiedlich aus: Bei manchen Schwarmfi-

Schützenfisch

schen löst sich der Schwarm auf, bei anderen wie den → Beilbauchfischen schließt er sich eng zusammen. Manche Arten schießen in wilder Flucht davon, andere verharren minutenlang regungslos an einer Stelle.

Schützenfisch *(Toxotes jaculatrix)*, eine von etwa 5 verschiedenen Arten, die an südostasiatischen Küsten (auch im Brackwasser) vorkommen. Bemerkenswert ist das Jagdverhalten dieser Fische: Mit einem Wasserstrahl spritzen sie Insekten an, die sich in einer Entfernung bis zu 1,5 m über der Wasseroberfläche befinden können. Diese fallen auf die Wasseroberfläche und werden vom Fisch ergriffen. Eine Rechts- oder Linksabweichung des Wasserstrahls kann der Fisch durch genaue Orientierung mit den Augen verhindern. Eine Abweichung nach oben oder nach unten ist wegen der unterschiedlichen Lichtbrechung im Wasser und in der Luft jedoch nur schwer möglich. Der S. kompensiert dies dadurch, daß er den Vorderkörper während des Spuckvorgangs dann etwas anhebt, so daß er eine ganze Wassersalve auf das Insekt abschießt. Die einzelnen Arten sind sehr wärmebedürftig und bei Temperaturen zwischen 26 und 28° C zu halten. Die Fortpflanzung in Gefangenschaft ist bislang nicht geglückt.

Schuppen, relativ flexible Panzerung der meisten Fische. Nur einige sehr schnelle Schwimmer (z. B. Makrelen) besitzen keine S. Sie haben dadurch wahrscheinlich einen geringeren Strömungswiderstand. Andererseits sind einige sehr unbewegliche bodenlebende Formen nicht mit S., sondern mit mehr oder weniger dicken Knochenplatten gepanzert. Dies trifft z. B. auf viele Welsarten zu. Die sehr unterschiedlich gestalteten S. aller anderen Arten lassen sich auf 4 Grundtypen zurückführen: Die meisten Haie besitzen auf ihrer gesamten Körperoberfläche winzige Hautzähnchen, sogenannte Placoidschuppen, so daß sich ihre Haut wie Schmirgelpapier anfühlt. Im Laufe der → Evolution sind die Hautzähne weitgehend durch andere Konstruktionen ersetzt worden. Man findet sie nur noch im Mundbereich der Fische als reguläre → Zähne, die dem Festhalten und Zerkleinern der Nahrung dienen. Ein ebenfalls sehr urtümlicher Schuppentyp, der heute nur noch bei den Quastenflossern und wenigen anderen Arten zu finden ist, sind die Kosmoidschuppen, die aus 4 teilweise sehr harten, knochenähnlichen Schichten bestehen und pflasterartig nebeneinanderliegen. Einen ähnlichen Aufbau zeigen die Ganoidschuppen, die bei fossilen Fischarten sehr verbreitet waren und dementsprechend auch bei primitiven Knochenfischen wie den Stören auch heute noch zu finden sind. Die S. der meisten Knochenfische liegen allerdings nicht pflasterartig nebeneinander, sondern dachziegelförmig übereinander. Diese Elasmoidschuppen bestehen aus einer inneren Knochenschicht, die mit einer dünnen Schicht Ganoin überzogen ist. Sie sind durch ein lebenslanges Wachstum gekennzeichnet, das während der Ruheperioden (bei uns im Winter) weniger ausgeprägt ist. Dadurch kommt es wie bei Bäumen zur Bildung von Jahresringen, die Rückschlüsse auf das Alter des Fisches ermöglichen. Dieser Schuppentyp läßt sich seinerseits wieder in 2 Hauptgruppen unterteilen: Bei den Cycloid- oder Rundschuppen ist derjenige Teil, der nicht von anderen überlagert ist, mehr oder weniger glatt. Diese Schuppenart findet man meist bei relativ niedrig entwickelten Fischen (z. B. bei den karpfenartigen Salmlern und Barben). Tragen die S. an der gleichen Stelle kleine zahnförmige Fortsätze, so handelt es sich um Ctenoid- oder Kammschuppen. Sie sind z. B. bei den Barschen zu finden. Zwischen beiden Formen gibt es jedoch zahlreiche Übergänge. In der → Haut der Fische können auch so kleine S. liegen, daß sie kaum sichtbar sind. Dies ist in dieser Form bei den Aalen der Fall, bei denen ein dichtes Schuppenkleid die Beweglichkeit des Körpers stark einschränken würde. Anzahl und Lagerung der S. ist bei vielen Arten eine Möglichkeit der Artunterscheidung, so daß sie für jede Art in einer → Schuppenformel zusammengefaßt werden.

Schuppenformel, international vereinbarte Abkürzung über Zahl und Lage der Schuppen eines Fischkörpers. In Längsrichtung kann im Idealfall die Zahl der Schuppen am → Seitenlinienorgan gezählt werden. Fehlt dieses, so gilt die Schuppenzahl auf der kürzesten Entfernung zwischen Kiemenöffnung und Schwanzflossenansatz. In Querrichtung wird die Schuppenzahl, beginnend am Seitenlinienorgan bis hin zum kopfseitigen Ansatz der

Rückenflosse, gezählt und oberhalb eines Querstrichs angegeben. Für den unteren Teil des Fischkörpers gibt man entsprechend die Schuppenzahl vom Seitenlinienorgan bis zum Ansatz der Bauchflossen an und schreibt sie unter den Querstrich. Eine vollständige Schuppenformel lautet so z. B. für den Lachs: $\frac{120}{130}$. Zusätzlich werden häufig noch Schuppenzahlen im Bereich der Schwanzwurzel und des Kopfes angegeben.

Schutzanpassung, unter allen Tier- und vielen Pflanzenarten weit verbreitet. In der Regel wird der Körper durch → Tarnung schlechter sichtbar gemacht. Eine im Aquarium häufig zu beobachtende S. stellt das → Schwarmverhalten dar. Während viele freilebende Arten zu einer gezielten → Flucht befähigt sind, verbergen sich andere, bodennah lebende in Spalten, Erdlöchern etc. Häufig verfügen sie dafür über abspreizbare Kiemendeckel (Pelzgroppen) oder aufstellbare Rückenflossen (→ Drückerfische). Mit diesen Einrichtungen kann sich der Fisch geradezu festkeilen. Zahlreiche Arten suchen Schutz in → Symbiosen. Verschiedene besitzen → Giftdrüsen, oft in der Nähe stachelartiger Fortsätze (→ giftige Fische). Sehr häufig sind in diesem Zusammenhang → Warnfarben zu finden, und die Tiere zeigen deshalb eine deutlich geringere → Scheu. Oftmals wird auch durch Tricks die Aufmerksamkeit des Beutegreifers abgelenkt. Dies geschieht z. B. bei Tintenfischen durch das Ausstoßen einer dunklen Flüssigkeit, die sich im Wasser wie eine Wolke ausbreitet. Entsprechendes gibt es bei Tiefseegarnelen, die eine leuchtende Substanz ausstoßen können. Auch das Kopfende eines Tieres wird häufig schlechter kenntlich gemacht. Dafür werden in erster Linie die Augen getarnt, bei vielen Arten durch eine schwarze Binde.

Schwämme, meist im Meerwasser vorkommende, relativ primitive Tiere. Wegen großer Probleme mit der → Fütterung sind sie im Aquarium nur für kurze Zeit zu halten.

Schwalbenschwanz, Zuchtform des → Goldfischs.

Schwanzfleckbärbling *(Rasbora urophthalma)*, mit 2,5 cm eine der kleinsten Bärbling-Arten. Sie stammt aus Sumatra und ist unter ähnlichen Bedingungen zu halten wie die → Keilfleckbarbe. Zu beachten ist jedoch, daß sich das Ablaichen an mehreren aufeinanderfolgenden Tagen wiederholt.

Schwanzfleck-Buntbarsch *(Cichlasoma spilurum)*, sehr eng mit dem → Zebrabuntbarsch verwandt, mit dem er auch häufig gekreuzt wird. Die → Eier werden bevorzugt in einer Höhle abgelegt. Die Jungen schlüpfen nach 3 Tagen und das Weibchen transportiert sie in flache Gruben. Nach 3 Tagen ist der Dottersack aufgezehrt, und die Brut wird mit Staubfutter versorgt. Die Art ist in mehreren Farbvariationen erhältlich.

Schwarmverhalten, eine bei vielen Fischarten sinnvolle Anpassung an das relativ ungeschützte Leben in Freiwasserräumen. Beutegreifer kommen nur dann zum Erfolg, wenn sie ihr Opfer genau beobachten, im Auge behalten und gezielt verfolgen können. Dies ist in einem Schwarm gleichartiger Individuen praktisch nicht möglich. Es kommt zu einem sogenannten «Konfusionseffekt», so daß der Beutegreifer aufgrund der Vielzahl von Opfern gar nicht weiß, wo er zuerst zupacken soll. Beim → Jagdverhalten versuchen die Beutegreifer daher fast immer, einzelne Tiere aus dem Schwarm abzuspalten. Auch abweichend gefärbte Individuen können leichter im Auge behalten und ergriffen werden (→ Selektion). Die Schwarmfische sorgen ihrerseits durch spezielle Signale für einen optimalen Zusammenhalt. Viele Salmler tragen z. B. im Bereich der Rücken- oder Schwanzflosse auffallende Farbmarkierungen, die diesem Zweck dienen. Das S. muß nicht während des ganzen Jahres gleich stark ausgeprägt sein. Häufig ist zu beobachten, daß es sich im Zusammenhang mit der → Fortpflanzungsperiode ändert.

Schwarzbandkärpfling *(Poecilia nigrofasciata)*, sehr empfindliche Art aus Haiti, die Wasserwechsel nur schlecht verträgt. Besonders ältere Tiere müssen erst langsam an die neuen Wasserverhältnisse gewöhnt werden. Die Art ist nicht sehr produktiv.

Schwarzbarsch, → Zwergbarsch.

Schwarzfleckbarbe *(Puntius filamentosus)*, ein aus Südwestindien stammender, sehr verträglicher Schwarmfisch, der im Aquarium eine Länge von etwa 10 cm erreicht. Da die Art keine hohen Ansprüche an Wasserqualität und Nahrung stellt, ist sie auch von Anfängern gut zu halten. Oft ist

Schwarzwasser

auch in Gesellschaftsbecken bereits eine Eiablage beobachtet worden, wobei es gelegentlich bei mehreren Paaren gleichzeitig zur Fortpflanzung kommt.

Schwarzwasser, enthält sehr viele Huminstoffe, die ihm die namengebende Färbung verleihen. Es ist besonders aus Südamerika bekannt und bildet dort den Lebensraum vieler in Aquarien gehaltener Arten. Annähernd gleiche Verhältnisse können über Torfextrakte sowie durch → Torffilterung hergestellt werden.

Schwarzwerden des Bodens, typisches Anzeichen unerwünschter Fäulnisbildung. Vergiftungsgefahr für Fische und Pflanzen durch Schwefelwasserstoff (→ Schwefel).

Schwefel, wichtig für die Pflanzenernährung, da verschiedene → Aminosäuren Schwefel enthalten. Dieses Element ist als → Sulfat in der Regel reichlich im Aquarium vorhanden und wird in dieser Form von den Pflanzen aufgenommen. Beim Zerfall tierischer oder pflanzlicher Gewebe wird der Schwefel durch bestimmte Bakterien aus seiner organisch gebundenen Form herausgelöst und wieder in Sulfat verwandelt. Falls besonders im → Bodengrund des Aquariums gleichzeitig zu viele Fäulnisprozesse ablaufen, wird der dafür benötigte Sauerstoff knapp und andere Bakterienarten beginnen, die schwefelhaltigen Eiweißreste auf andere Weise abzubauen. Dabei entsteht Schwefelwasserstoff, ein vor allem für Fische hochgiftiges Gas (→ Vergiftungen). Wenn Spuren von → Eisen und → Zink im Boden vorliegen, wird der Boden an diesen Stellen tiefgrau bis schwarz. Dies ist das verläßlichste Anzeichen dafür, daß das → Gleichgewicht im Aquarium empfindlich gestört ist. Sehr leicht treten diese Bodenveränderungen bei einem feinkörnigen Untergrund (feiner Sand) auf.

Schwertpflanze, Grasartige *(Echinodorus tenellus)*, in weiten Teilen der Neuen Welt verbreitete Aquarienpflanze, deren an Tropenklima akklimatisierte Formen in Aquarien sehr gut gehalten werden können. Die nur wenige Zentimeter langen schmalen Blättchen geben der Pflanze ein grasartiges Aussehen, und entsprechend

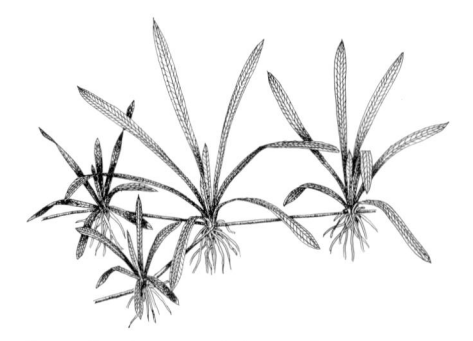

Grasartige Amazonas-Schwertpflanze

Schmalblättrige Amazonas-Schwertpflanze

Mittlere Amazonas-Schwertpflanze

Große Amazonas-Schwertpflanze

wirkt eine größere Gruppe wie ein Unterwasserrasen. Das bodennahe Wachstum sollte jedoch nicht darüber hinwegtäuschen, daß diese Art sehr lichtbedürftig ist.
Schwertträger *(Xiphophorus helleri)*, aus Südamerika und Guatemala stammender Lebendgebärender → Zahnkarpfen. Die Unterseite der Schwanzflosse ist bei den Männchen stark verlängert. Die Wildform zeigt eine überwiegend grünliche Färbung mit einem roten Längsband, etwa in Körpermitte. Die meisten heute im Handel befindlichen Tiere sind Zuchtformen,

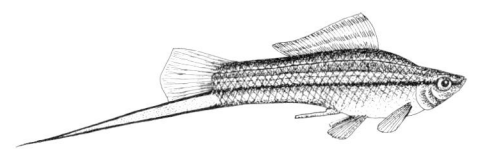

Schwertträger

überwiegend mit rötlichen Farbtönen. Häufig sind auch die Flossen verändert, besonders deutlich beim Lyratail-Schwertträger. Bei dieser Züchtung ist sogar das → Begattungsorgan bis zur biologischen Unsinnigkeit verlängert worden, so daß die Besamung künstlich durchgeführt werden muß. Die Vermehrung ist nicht schwierig, die Jungfische sollten jedoch in einem ausreichend großen Becken heranwachsen, um bei ihnen Degenerationserscheinungen infolge schlechter Wasserqualität zu verhindern.

Schwielenwelse, Familie überwiegend bodenlebender Fische aus Südamerika. Innerhalb dieser Familie wird unterschieden zwischen den → Panzerwelsen und den eigentlichen Schwielenwelsen, von denen gelegentlich in unseren Aquarien die Arten → *Callichthys callichthys* sowie *Hoplosternum thoractum* und → *Hoplosternum littorale* gehalten werden. Die Panzerwelse sind in erster Linie durch die Gattungen *Brochis* und *Corydoras* vertreten.
Schwimmblase, ein für viele Fischarten sehr wichtiges Organ, das es ihnen ermöglicht, in unterschiedlichen Wassertiefen zu schweben. Bodenfische und einige wenige Arten, die nicht über eine S. verfügen, wiegen etwa 5% mehr als das Wasser, das von ihrem Körper verdrängt wird. Um bei einer bestimmten Schwimmhöhe nicht abzusinken, müssen sie ständig leicht nach oben schwimmen. Bei langsamer Fortbewegung (etwa 1 Körperlänge pro Sekunde) benötigen sie etwa 60% ihrer Bewegungsenergie allein dafür, um ihre Schwimmhöhe beizubehalten. Bei schnelleren Schwimmern (etwa 3 Körperlängen pro Sekunde) sind es immerhin noch 20%. Durch eine gasgefüllte S. erhält der Fisch einen stärkeren Auftrieb. Der Gasdruck in der Luftblase kann je nach Schwimmhöhe sehr unterschiedlich sein. Da in größeren Tiefen ein sehr starker → Wasserdruck erreicht wird, muß auch der Druck in der S. entsprechend zunehmen. Er reicht von 0,5 atm bis zu 1100 atm bei den in der Tiefsee lebenden Arten. Die Schwimmblasenfüllung ist daher nur für bestimmte Schwimmhöhen wirksam. Will sich der Fisch 10 m tiefer aufhalten, so muß er entsprechend die doppelte Gasmenge in die S. bringen. Das Organ entsteht bei allen Fischen einheitlich durch eine sackartige Ausstülpung des Darmes. Diese Verbindung bleibt bei vielen Arten (z. B. bei allen karpfenartigen Fischen) zeitlebens bestehen. Sie wird als Luftgang *(Ductus pneumaticus)* bezeichnet und kann zum raschen Ablassen von Luft verwendet werden. Dies ist etwa bei raschem Aufstieg erforderlich, wenn sich die in der S. befindliche Luft ausdehnt. Die Luftblasen treten bei diesen sogenannten *Physostomen* durch den Mund oder durch die Kiemenspalten aus. Bei höher entwickelten Arten, den *Physoclisten* (dazu gehören z. B. die Barsche, Stichlinge etc.), wird

dieser Gang zurückgebildet. Sowohl die Füllung als auch die Leerung der S. erfolgt ausschließlich über Gasdrüsen, die einem Teil der S. aufliegen. Die Gasfüllung besteht z. B. beim Flußbarsch zu 2,5% aus Kohlendioxyd, 19,4% aus Sauerstoff und 78,1% aus Stickstoff. Bei der Abscheidung dieses Gases in die S. spielt eine Vielzahl physikalischer und biochemischer Faktoren eine Rolle. Entscheidend ist ein als «Wundernetz» bezeichnetes Organ, das mit zahlreichen hauchdünnen Blutgefäßen durchzogen ist. Das ganze Organ ist beim Aal nur etwa 0,06 cm^3 groß, enthält jedoch Blutgefäße in einer Länge von weit über 800 m und bildet eine Oberfläche von über 200 m^2. In diesem sehr leistungsfähigen System wie auch in den eigentlichen Gasdrüsen findet, vereinfacht dargestellt, eine starke Ansäuerung des Blutes statt, so daß die Löslichkeit für Gase sehr gering wird und diese in die S. übergehen. Neben der Regulation des Auftriebs wird die S. bei der → Lauterzeugung als Resonanzraum genutzt. Umgekehrt ist sie oft auch Teil des → Gehörsinns. Bei teilweise → landlebenden Fischen dient die S. häufig auch der → Luftatmung. Bei → Fischkrankheiten wird sie oft in Mitleidenschaft gezogen.

Schwimmgeschwindigkeit, da das Wasser eine wesentlich höhere Dichte als die Luft aufweist, stellt es einem sich bewegenden Körper einen viel größeren Widerstand entgegen. Im Wasser können also bei weitem nicht die hohen Geschwindigkeiten erreicht werden, die die Landtiere und erst recht Vögel erzielen. Entscheidend für die Höhe des Strömungswiderstands ist die Form des Körpers. Je stromlinienförmiger dieser gestaltet ist, desto weniger Wasserwirbel gibt es, und desto schneller kann er mit gleicher Kraft vorwärtsbewegt werden. Merkwürdigerweise ist strömungstechnisch weniger das Vorder- als vielmehr das Hinterende von Bedeutung. Der entscheidende Schwachpunkt eines umströmten Körpers ist seine breiteste Stelle. Das an ihm vorbeifließende Wasser verliert an diesem Punkt den Kontakt zum Körper und bewegt sich von ihm fort, wodurch es zur abbremsenden Strudelbildung kommt. Ein im Extremfall pyramidenförmig gestalteter Körper läßt sich an seiner stumpfen Seite viel leichter durchs Wasser ziehen, als wenn seine Spitze nach vorn zeigt.

Entsprechend findet man beim Körperbau der Fische im Kopfbereich eine Vielzahl unterschiedlichster Konstruktionen, die strömungstechnisch alle relativ gleichwertig sind, jedoch nicht im Schwanzbereich, der bei allen schnellen Schwimmern weitgehend gleich gebaut ist. In Versuchen läßt sich zeigen, daß eine weitgegabelte, fast sichelförmige Flosse mit spitz ausgezogenen Enden kaum Strudelbildungen verursacht. Die günstigste Körperform für einen raschen Schwimmer ist also ein möglichst langgestreckter, zum Schwanzende langsam dünner werdender Körper. Zusätzlich sind die Schuppen mit einer Schleimschicht überdeckt, bei einigen sehr schnell schwimmenden Arten können sie allerdings völlig fehlen. Die S. wird bei den meisten Arten nicht durch eine unterschiedliche Flossenstellung, sondern nur durch die Bewegungshäufigkeit (Schlagfrequenz) bestimmt. Bei der Hasel *(Leuciscus leuciscus)* hat man z. B. gemessen, daß mit 5 Schwanzschlägen pro Sekunde die 2,5fache Körperlänge zurückgelegt werden kann, bei 10 Schlägen/s wird eine Strecke von fast der 6fachen Körperlänge bewältigt. Dieser Zusammenhang existiert nur bis zu einer bestimmten Körpergröße, die für die einzelnen Arten sehr unterschiedlich ist. Wird diese Körpergröße überschritten, so kann trotz hoher Schlagfrequenz keine wesentliche Steigerung der S. mehr erfolgen. Bei der Beurteilung der S. muß zwischen Höchst- und Dauerleistung unterschieden werden. Bei einem schnellen Angriff oder rascher Flucht können manche Arten in Sekundenbruchteilen eine Beschleunigung bis zu 36 m/s erreichen. Bei einer Dauerleistung über einen Zeitraum von 1 Minute wird jedoch auch von schnellen Schwimmern in einer Sekunde meist nur die 10fache Länge ihres eigenen Körpers zurückgelegt. So ergeben sich auch für anscheinend sehr schnell schwimmende Arten vergleichsweise niedrige Geschwindigkeiten. Sie liegen beim Hecht bei 7,7 km/h, bei der Regenbogenforelle bei 5,7, beim Goldfisch bei 5,1 und bei der Hasel bei 6,2 km/h. Nur einige Thunfische und andere Hochseeschwimmer erreichen Geschwindigkeiten, die über 60 km/h liegen. Da die → Körpertemperatur der Fische meist sehr niedrig liegt, können Höchstleistungen nur kurze Zeit durchgehalten werden. Wenige

Arten sind in der Lage, auf der Flucht aus dem Wasser herauszuspringen und mit entsprechend konstruierten Flossen auch auf längeren Strecken in der Luft zu gleiten (→ fliegende Fische). Die rasche Startbeschleunigung kann bei der Aquarienhaltung gelegentlich zu Problemen führen. Es gibt Arten, die während ihres ganzen Lebens sehr scheu bleiben und auf unerwartete Störungen mit hektischer Flucht reagieren. Sie können dann leicht aus dem Aquarium herausspringen oder sich auch an den für sie unsichtbaren Glaswänden verletzen (→ Halbschnäbler).

Seeanemonen *(Anemonia)*, insgesamt ca. 1000 verschiedene Arten, von denen zahlreiche im Aquarium gehalten werden können. Am beliebtesten sind → Wachsrose, → Purpurrose, → Gürtelrose und → Edelsteinrose.

Seeigel, z. T. nur sehr schwer in → Meerwasseraquarien zu halten. Sie sind mit den → Seesternen verwandt, besitzen jedoch einen kugelförmigen Körperbau, der in der Regel durch Kalkplatten und Stacheln geschützt ist. Die Fortbewegung erfolgt nicht nur mit den kleinen, auch beim → Seestern vorhandenen Saugfüßchen, sondern (besonders auf der Flucht) mit Hilfe der gut beweglichen Stacheln, die oft in Gelenken sitzen. Einige sehr schnelle Arten können damit 2 m in der Minute zurücklegen. Bei guter Pflege werden sie 4–8 Jahre alt. Häufiger angeboten wird der braune Lanzens. *(Cidaris cidaris)*, der im gesamten Ostatlantik vorkommt und bis 13 cm lange Stacheln besitzt. Ebenfalls aus der Nordsee stammen der Eßbare S. *(Echinus esculentus)* sowie der Strands. *(Psammechinus miliaris)*, der besonders widerstandsfähig ist. Alle Arten ernähren sich in der Freiheit von Algen, sind unter Aquarienbedingungen aber auch u. a. ohne Probleme mit Muschelfleisch und Salat zu halten.

Seekanne, Südamerikanische *(Nymphoides humboldtiana)*, eine häufiger im Handel angebotene Schwimmpflanzenart, mit der die Käufer jedoch nur wenig Freude haben dürften. Die mit den Enzianen verwandte Art hat zwar reizvolle ausgefranste Blüten, die nur unter sehr intensiver Beleuchtung entstehen. Da die Pflanze ausschließlich bei einem Wasserstand von unter 10 cm befriedigend wächst, scheidet sie jedoch für die meisten Aquarien aus.

Seenadeln *(Syngnathinae)*, Familie meist in Seewasser lebender Fischarten. Zu ihr gehören die Unterfamilie der → Seepferdchen, der eigentlichen S. sowie die → Schlangennadeln. Alle Arten besitzen einen Panzer aus ringförmig verwachsenen Knochenplatten und zeichnen sich durch eine hochentwickelte Brutpflege aus. Bei primitiveren Arten legt das Weibchen die → Eier in die Nähe einer Hautfalte des Männchens. Bei höher entwickelten ist aus dieser Hautfalte bereits eine regelrechte Bruttasche entstanden, in der die Eier bis zum Schlüpfen der Jungen transportiert werden. Die Aquarienhaltung ist nicht schwierig, aber sehr zeitaufwendig. Die Tiere benötigen Futter in einer Größe, die sie problemlos mit ihrem langen Rüssel einsaugen können. Für die Haltung im Seewasseraquarium kommen in erster Linie verschiedene Seepferdchen, die Gemeine → Seenadel sowie die Kleine → Schlangennadel in Betracht. Süßwasserformen gibt es nur in der seenadelähnlichen Körpergestalt. Angeboten werden Kleine und Große → Süßwassernadel aus Westafrika, die zwischen 22 und 28° C zu halten sind.

Seenelke *(Metridium senile)*, eine auf der nördlichen Erdhalbkugel weitverbreitete Art. Die bis zu 1000 Tentakel stehen so dicht, daß sie einen pelzähnlichen Eindruck vermitteln. Im Aquarium ist sie nur relativ schwer zu halten, da sie Temperaturen über 20° C nicht verträgt. Zur Fütterung ist kleines → Plankton erforderlich. Unverträglich ist sie gegen andere Aktinien, die von ihr genesselt werden. Die S. pflanzt sich durch Eiablage sowie Abschnürung durch Teilen der Fußscheibe fort.

Seepferdchen *(Syngnathidae)*, Familie aus der Unterordnung der Seenadelverwandten *(Syngnathoidea)* mit insgesamt 35 verschiedenen Arten, deren Hinterleib zu einem Greiforgan umgebildet ist. Entsprechend muß auch das Aquarium so eingerichtet werden, daß sie sich leicht an verschiedenen Stellen festklammern können. S.-Arten wurden teilweise über mehrere Generationen in Gefangenschaft gezüchtet. Der Eiablage geht jeweils eine längere Balz voraus. Die Eier werden in der Bruttasche des Männchens ausgebrütet, was bei den einzelnen Arten zwischen 10 Tagen und 6 Wochen dauert.

Seerosen

♂ ♀

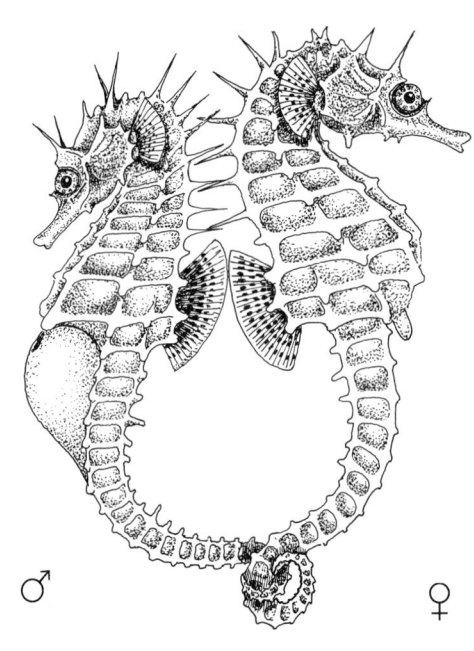

Kurzschnauziges Seepferdchen

Seerosen (*Nymphaea-Arten*), für die Aquarienhaltung in der Regel ungeeignet, da fast alle Arten derart großwüchsig sind, daß sie sich nur für Spezialkulturen anbieten. Eine Ausnahme machen einige Arten, die unter der Sammelbezeichnung «Tiger-

Rote Tigerlotus-Seerose

lotus» angeboten werden. Da die Artzugehörigkeit nicht völlig geklärt ist, werden sie unter der Bezeichnung *Nymphaea lotus*-Gruppe zusammengefaßt. Diese S. werden bis zu 40 cm hoch und besitzen sehr große dekorative Blätter, die rot oder grün gefärbt sein können. Sie kommen nur in entsprechend geräumigen Aquarien zur Geltung.

Seescheiden, trotz ihres sehr einfachen Körperbaus relativ hochentwickelte Tiere. Die freischwimmenden Larven besitzen eine Chorda, ein knorpeliges Stützgewebe, aus dem die Wirbelsäule höherer Tiere entstanden ist. Der ausgewachsene, meist tönnchenförmige Körper hat eine Eingangsöffnung, durch die Wasser mit → Plankton eingesogen wird und eine Ausgangsöffnung, durch die es ohne Plankton wieder hinausgedrückt wird. Die Fütterung ist entsprechend aufwendig. Relativ gut hält sich die Rote Kannenseescheide, (*Halocynthia papillosa*), die wohl am häufigsten im Handel angeboten wird.

Seesterne, nur in → Meerwasseraquarien zu halten. Die meisten sind sehr prächtig gefärbt. An ihren Armen tragen sie zahlreiche Saugnäpfchen, mit denen sie sich fortbewegen. In der Mitte der Unterseite liegt die Mundöffnung, aus der gelegentlich der Magen ausgestülpt wird, der sich über die Nahrung schiebt und diese außerhalb des Körpers verdaut. Im Aquarium sind viele S. recht gut mit Muscheln zu ernähren, die sie auch selbst öffnen. Zusätzlich kann Fisch- und Muschelfleisch verfüttert werden, das viele Arten noch aus einer Entfernung von 50 cm riechen können. Zu nah sollte man die Nahrung nicht legen, da sie dann oft verschmäht wird. Die Fortbewegungsgeschwindigkeit ist sehr unterschiedlich. Manche S. schaffen 2 m in der Minute. Der an unseren Küsten vorkommende Gemeine Seestern (*Asterias rubens*) ist mit 5–8 cm deutlich langsamer. Er ist nur bei Temperaturen unter 18° C gut zu halten. Unter schlechteren Bedingungen kann er einzelne Arme abwerfen (Autotomie), die in der Freiheit zu neuen Tieren heranwachsen. Im Aquarium gelingt dies aber fast nie. Der Arm wandert jedoch noch einige Tage durchs Becken, bevor er stirbt.

Segelflosser (*Pterophyllum scalare*), Scalar, eine sehr große Art aus dem mittleren Amazonasgebiet. Neben der ursprünglichen Wildform gibt es zahlreiche Mutationen, die schwarz, gelb, anders gestreift oder langflossiger sind. Ihnen gemeinsam ist das Bedürfnis nach sehr klarem, nitritarmem Wasser, da andernfalls die Flossenspitzen leicht in Fäulnis übergehen können. Die normale Haltungstemperatur liegt bei 24–26° C, keinesfalls unter 22° C. Zur Zucht muß auf 27–30° C erhöht werden. Das Weibchen laicht dann auf Wasserpflanzen ab, wo die → Eier sofort vom Männchen befruchtet werden. Das bei Wildformen sehr hoch entwickelte Brutpflegeverhalten ist durch die Massenzucht stark degeneriert, so daß die Elterntiere häufig ihre Jungen fressen, statt sie zu führen (→ Zuchtwahl, → Fischzucht). Ein Teil der Eier ist ggf. aus dem Zuchtbecken in ein anderes Gefäß zu übernehmen. Während der 2–3tägigen Embryonalentwicklung muß sorgfältig auf Verpilzung geachtet werden, notfalls ist etwas → Trypaflavin dem Wasser beizufügen. Nach dem Freischwimmen wird die Brut zunächst mit Staubfutter gefüttert. Erwachsene Tiere sind für ein Gesellschaftsbecken ungeeignet, da sie kleinere Fische sofort angreifen und fressen.

Sehorgane, zum Teil sehr hochentwickelte Organe, die in ihrer Funktion oft jedoch hinter den → Geruchssinn zurücktreten. Dies zeigt sich auch bereits in der Größe der verschiedenen Gehirnteile, in denen die Informationen der Geruchs- und Lichtsinnesorgane verarbeitet werden. Riechzentren sind meist deutlich, oft mehrfach größer als die Sehzentren. Dies ist auf die schlechten Sichtbedingungen im Wasser zurückzuführen. Oft beträgt die Sichtweite nur wenige Millimeter, und die unter diesen Bedingungen lebenden Arten haben entsprechend weit rückgebildete Augen. Im Extremfall können diese wie bei den etwa 40 verschiedenen Höhlenfischarten völlig zurückgebildet sein. Die Augen müssen bei den Fischen auch einen Mangel ausgleichen, der zunächst wenig auffällig ist: Fische haben keinen Hals und können ihren Kopf nicht drehen, so daß spezielle Augenkonstruktionen dafür sorgen müssen, daß sie dennoch ein genügend großes Gesichtsfeld haben. Dies beträgt bei vielen Arten in der Tat volle 360°. Dies wird mittels einer kugelförmigen Linse erreicht, die zu einem erheblichen Teil durch die Pupille nach außen ragt. Die Sehzellen sind auf der Netzhaut so verteilt, daß der Fisch die in seiner Umgebung befindlichen Objekte sehr scharf sieht. Von allen seitlich und hinter ihm liegenden Dingen kann er in erster Linie deren Bewegungen wahrnehmen, ein sinnvoller Schutz gegen Beutegreifer. Um ein scharfes Bild auf der Netzhaut zu erzeugen, muß je nach Entfernung des Objektes die Brennweite der Linse verändert werden. Landwirbeltiere verändern dazu die Wölbung der Linse, wozu Fische nicht in der Lage sind. Sie können jedoch mit Hilfe eines besonderen Muskels die Linse mehr kopf- oder schwanzwärts ziehen, womit sie den gleichen Zweck erreichen. Fische sind in der Regel weitsichtig. Dicht vor ihnen liegende Objekte können also nur relativ unscharf wahrgenommen werden. Die Farbtüchtigkeit der Augen ist sehr unterschiedlich. Tagaktive Fische verfügen in der Regel über sehr viele Farbsinnesorgane in der Netzhaut. Nachtaktive Arten und Tiefseefische besitzen meist nur noch auf Helligkeitsunterschiede reagierende Sinneszellen. Zusätzlich verfügen sie oft über eine spiegelartige Schicht hinter der Netzhaut, die das eintreffende Licht reflektiert. Dadurch werden die Sinneszellen ein zweites Mal gereizt. Der Fisch sieht also doppelt soviel Licht wie eigentlich vorhanden ist. Die schlechten Sichtverhältnisse werden in der Tiefsee durch → Leuchtorgane kompensiert, in schlammigen, trüben Gewässern oft durch → elektrische Organe, in sehr vielen Fällen durch den → Geruchs- und → Geschmackssinn sowie durch das → Gehör. Da Wasser und Luft das Licht unterschiedlich brechen, müssen die Augen von Land- und Wassertieren unterschiedlich gebaut sein, um eine maßstabgerechte Abbildung zu erreichen. Wenn wir mit menschlichen Augen in ein Aquarium blicken, werden uns alle Entfernungen darin kürzer erscheinen, als sie in Wirklichkeit sind. Ein ähnlicher, allerdings umgekehrter Effekt ergibt sich für Fische, wenn sie aus dem Wasser herausschauen. Bei den Arten, die regelmäßig das Wasser verlassen, gibt es aus diesem Grunde oft sehr interessante Sonderkonstruktionen. Beim → Vieraugenfisch wird das Auge z. B. in eine obere und eine untere Hälfte unterteilt, die jeweils über bzw. unter der Wasseroberfläche liegt und so den komplizierten Verhältnissen gerecht wird. Glei-

Seitenlinie

ches trifft auch auf den → Schützenfisch zu, dessen Augen ebenfalls spezielle Sonderkonstruktionen aufweisen, um die über der Wasseroberfläche sitzende Beute erkennen und jagen zu können.
Seitenlinie, bei vielen Fischen deutlich sichtbare Unterbrechung der → Schuppen, meist in mittlerer Körperhöhe und von den → Kiemen bis zum Schwanz reichend. Es handelt sich um ein System von Sinneszellen, das unterhalb der Schuppen liegt, jedoch durch Öffnungen mit dem umgebenden Wasser verbunden ist. Druckänderungen im Wasser bewirken aus diesem Grunde auch Druckänderungen an den unter den Schuppen liegenden Sinnesorganen. Die eigentlichen Sinneszellen besitzen bürstenförmige Fortsätze, die von einer gallertigen Hülle umgeben sind. Nähert sich z. B. ein Beutegreifer, so schiebt dieser eine Druckwelle vor sich her. Durch die Hautöffnungen dringt mehr Wasser in den Hohlraum unter den Schuppen des Beutetiers ein, der Fortsatz der Sinneszellen wird dadurch verbogen, wodurch wiederum Impulse an das Hirn des Fisches weitergeleitet werden. Form und Länge der S. ist oft für die einzelnen Arten charakteristisch. Ihre Lage dient auch z. B. zur Bestimmung der → Schuppenformel. Sie ist Teil eines umfassenden → Ferntastsinnes der Fische und übernimmt auch z. T. die Funktion des → Gehörs.
Seitenspezialisierung, eine erstaunlich weitverbreitete Eigenschaft, welche die Zucht von Aquarienfischen erheblich erschweren kann. Bei verschiedenen → Freilaichern (sehr deutlich bei der → Keilfleckbarbe) versuchen die Männchen, die Weibchen bei der Paarung jeweils von einer bestimmten Seite zu umschlingen. Die Weibchen sind ihrerseits seitenspezialisiert, tolerieren dies also auch nur von einer bestimmten Seite. Rechtsumschlingende Männchen können sich daher nur mit entsprechenden Weibchen fortpflanzen. Gründe für eine solche Verhaltensweise sind in vielen Fällen nicht bekannt. Es gibt jedoch Arten wie z. B. den → Vieraugenfisch, bei dem das → Begattungsorgan *(Gonopodium)* so konstruiert ist, daß er das Weibchen nur von einer Seite aus begatten kann. Das Geschlechtsorgan der Weibchen ist seinerseits ebenfalls auf eine Seite verlegt, so daß nur «rechte» Männchen mit «linken» Weibchen und «linke»

Männchen mit «rechten» Weibchen kopulieren können. Beide Typen sind etwa gleich häufig im Bestand vertreten, bei den Nachkommen sind alle möglichen Typen vorhanden.
Senegalbarsch *(Sarotherodon heudeloti),* Großkopfbuntbarsch, eine sehr große, westafrikanische Art, die bis 30 cm lang wird. Die kleinere, als Großkopfbuntbarsch bezeichnete Rasse *S. macrocephalus,* erreicht nur etwas mehr als die Hälfte dieses Maßes. Bei dieser und einigen anderen Arten dieser Gattung gibt es Vaterfamilien, d. h. das Männchen nimmt die Eier nach der Ablage auf und brütet sie in seinem Maul aus. Sie sollten nur in einem gut bepflanzten Artaquarium gehalten werden.
Sepia officinalis, → Tintenfisch, Gemeiner.
Sergeant-Fisch *(Abudefduf saxatilis),* kommt im indopazifischen Raum, aber auch im Roten Meer und in der Karibik vor. Man kann ihn recht gut halten, da er ein verträglicher Schwarmfisch ist, der eine Länge von 12 cm erreicht.
Serrasalmus nattereri, → Piranha.
Shubukin, Zuchtform des → Goldfischs.
Sicherheit im Aquarium, beim Kauf elektrischer Geräte (→ Heizung) ist unbedingt darauf zu achten, daß diese mit dreiadrigen Kabeln versehen sind. Sie münden in einen Schukostecker, der neben den beiden weit herausragenden Polen an zwei gegenüberliegenden Seiten Metallspangen besitzt, über die ein möglicher Kurzschluß in den Schaltkasten geleitet wird, in dem dann die Sicherung durchbrennt. Vorsicht: Einige Stecker sehen zwar wie Schukostecker aus, sind aber keine! Dringt in eine schutzgeerdete Anlage Wasser ein, so reagiert als erstes die Sicherung; der Strom fällt aus. Man kann dann den Stecker aus der Steckdose ziehen und die defekte Sicherung auswechseln oder wieder hineindrücken. Solche Geräte werden als «schutzgeerdet» bezeichnet. Der Hinweis «VDE-geprüft» oder «schutzisoliert» bietet keine ausreichende Sicherheit in diesem Zusammenhang. Dringt z. B. Wasser durch eine defekte Isolierung des Heizungsstabes, ist zunächst an den Fischen und Pflanzen nicht die geringste Veränderung zu bemerken. Lediglich kleine Gasblasen, die aus der Heizung nach oben steigen, sind zu sehen. Unter keinen Um-

Silberflossenblatt

ständen sollte man jetzt das Aquarium anfassen, sondern sofort den Netzstecker herausziehen. Danach kann man die defekten Teile austauschen. Ein weiterer kritischer Punkt ist die Aquariumbeleuchtung. Auch sie muß unbedingt schutzgeerdet sein, da erheblich verdunstendes Wasser nach oben steigt. Es ist zweckmäßig, Lampenfassungen zu verwenden, die speziell für feuchte Bedingungen konstruiert sind. Des weiteren stellen falsch angebrachte Membranpumpen ein Risiko dar. Es gibt Modelle, die nach einem Stromausfall genau umgekehrt weiterarbeiten, d. h. sie blasen nicht wie bisher Luft in einen Schlauch hinein, sondern saugen sie aus diesem heraus. Den geringen Höhenunterschied zwischen der Wasseroberfläche und dem oberen Aquariumrand kann eine solche Pumpe mühelos bewältigen. Steht sie aber tiefer als das Aquarium, läuft das Wasser in die Pumpe hinein. Fehlt nun hier die Schutzerdung, wird die Pumpe zum tödlichen Risiko. Im Zweifelsfall ist also immer zuerst der Netzstecker herauszuziehen, bevor man das Aquarium berührt! Vorkehrungen sollte man auch für den Fall treffen, daß die Aquariumscheibe bricht. Elektrische Geräte, Steckdosen usw. sollten also möglichst oberhalb des Wasserspiegels angebracht werden, damit sie im Falle eines Falles nicht mit ausströmendem Wasser in Kontakt kommen.

Silberflossenblatt *(Monodactylus argenteus)*, bis zu 15 cm lang werdender Brackwasserfisch aus dem indopazifischen Raum. Er wird häufig auch in Süßwasser-

Sicherheit im Aquarium: Wer sichergehen möchte, kann ein solches Gerät vorschalten: Sobald das Aquarienwasser mit elektrischem Strom in Kontakt kommt, werden automatisch alle Geräte abgeschaltet.

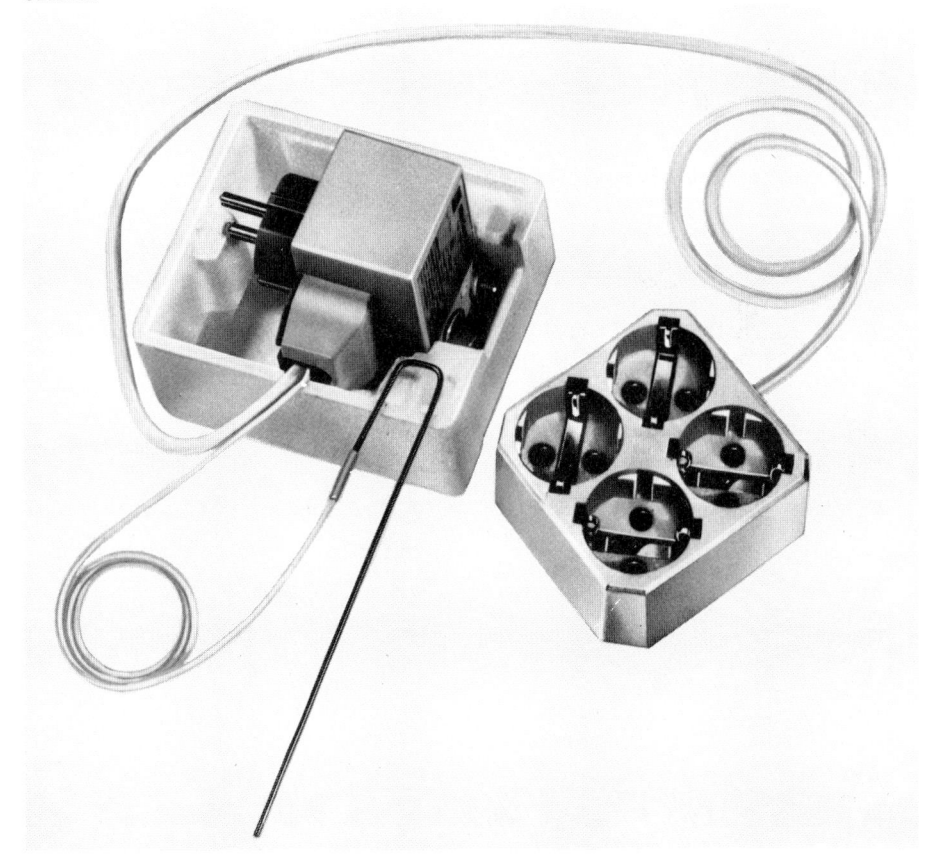

Silikonkautschuk

Silberflossenblatt

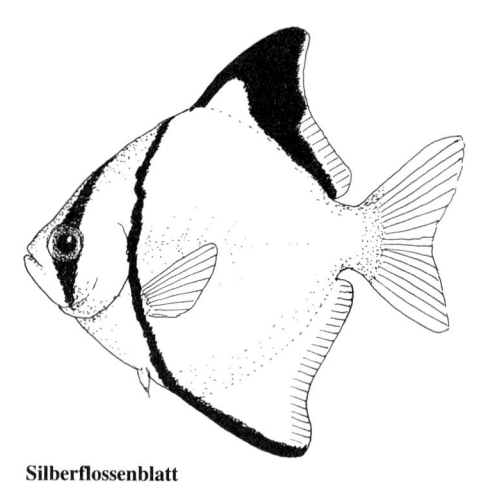

becken gehalten, eignet sich jedoch viel besser für Meerwasseraquarien. Ein sehr verträglicher, ständig schwimmender Schwarmfisch, der auch für Anfänger unproblematisch ist, zumal er einfach zu füttern ist. Die Wasseroberfläche sollte mit Schwimmpflanzen bedeckt sein. Die Eiablage erfolgt am besten bei einer Zuchttemperatur von 28° C.

Silikonkautschuk, unter zahlreichen Namen für verschiedene Zwecke im Handel. Man sollte nur das für den → Aquarienbau geeignete Material verwenden. In erster Linie wird S. zum Verkleben der Glasscheiben benutzt. Man kann jedoch darüber hinaus auch Dekorationsmaterial im Aquarium befestigen (→ Dekoration). Das Abbinden des S.s erfolgt mit Hilfe der Luftfeuchtigkeit. Der dabei auftretende stechende Geruch ist auf Essigsäure zurückzuführen. Um etwaige Schadwirkungen auszuschalten, sind die Klebestellen nach Erhärten ausreichend zu wässern. Noch flüssiger S. kann problemlos mit nassen (!) Fingern verstrichen und geglättet werden.

Soldatenfisch, Rotgestreifter *(Holocentrus rubrum)*, ein bis 18 cm lang werdender Schwarmfisch, der sich auch im Aquarium gern in Höhlen aufhält. Die Art braucht sehr hygienische Wasserverhältnisse, vor allen Dingen reichlich Sauerstoff. Das Futter hingegen ist weniger problematisch, denn er nimmt willig Muschel- und Fischfleisch, aber auch Trockenfutter an.

Solitärpflanze, einzeln stehende, große und sehr dekorative Pflanze.

Sonnenbarsch, Gemeiner *(Lepomis gibbosus)*, eine bis 20 cm lange, auch bei uns wild vorkommende Art. Sie lebt sehr räuberisch.

Sonnenbarsche *(Centrarchidae)*, in Nordamerika mit verschiedenen Arten vorkommend, die teilweise auch in deutschen Gewässern ausgesetzt worden sind. Auch für die Aquaristik haben einige erhebliche Bedeutung erlangt, zumal sie sich sehr leicht in Kaltwasserbecken, Gartenteichen etc. halten lassen. Die S. zeigen ein sehr interessantes Fortpflanzungsverhalten: Die Männchen graben kleine Laichmulden, die sie nach dem Ablaichen bewachen. Im Aquarium gibt es nur dann Probleme, wenn sie aufgrund unsachgemäßer Behandlung erkranken. Auf die üblichen Medikamente reagieren sie meist empfindlicher als auf die Krankheit selbst.

Sonnenfleckbarbe, → Rubinbarbe.

Sonnenrose *(Cereus pedunculatus)*, vom Nordatlantik bis zum Mittelmeer verbreitete Art, die sich auch im Aquarium recht gut hält. Ihre oft über 700 Tentakel kann sie sehr schnell bewegen, so daß sie auch in der Lage ist, kleinere Bodenfische zu erbeuten. Die meist etwa 8 cm große S. erträgt auch längere Hungerperioden.

Speerblatt-Arten *(Anubias-Arten)*, etwa 1 Dutzend verschiedener Sumpfpflanzenarten, die überwiegend aus Westafrika stammen. Sie sind mit dem einheimischen Aronstab verwandt (→ Wasserkelch-Arten) und bilden eine entsprechend aufgebaute Blüte, an der besonders ein einzelnes weißlichgrünes, hochstehendes Blatt

Zwergspeerblatt

Spitzkopf-Kugelfisch △

Zebrabuntbarsch (blaue Zuchtform) ▽

Neunstachliger Stichling △

Einsiedlerkrebs

Traumkaiserfisch △

Nikobarenkaiserfisch, Jugendfärbung ▽

179

Rotfeuerfische

Afrikanisches Speerblatt

auffällt. Alle Arten besitzen einen verzweigten, flachliegenden Wurzelstock, der beim Einpflanzen ins Aquarium noch leicht über den Boden hinausragen muß. In den natürlichen Lebensräumen wachsen alle Arten über die Wasseroberfläche hinaus. Will man dies verhindern, so sollte man von vornherein nur die kleinwüchsige Art *Anubias nana* kaufen, die lediglich eine Höhe von etwa 10 cm erreicht. Die häufiger im Handel angebotene, bis zu 50 cm große Art *Anubias congensis* wächst in der Natur an feuchten, schattigen Stellen des tropischen Regenwaldes und eignet sich nur bedingt für die Aquarienhaltung. Eine Blüte wird man bei allen Arten nur dann beobachten können, wenn man sie in einem → Sumpfaquarium hält, in dem sie über die Wasseroberfläche hinauswachsen können.

Spermien, Bezeichnung für den Samen männlicher Tiere. Bei Süßwasserfischen sind die S. nur eine knappe Minute lang lebensfähig. Sie werden sehr schnell durch osmotische Einflüsse zerstört. Um dies zu verhindern, werden bei → lebendgebärenden Arten meist ganze Samenpakete übergeben, die in speziellen Aussackungen des weiblichen Eileiters monate-, oft jahrelang lebensfähig bleiben, so daß eine einzige → Paarung oft für viele Würfe ausreicht.

Sphaerichthys osphromenoides, → Schokoladengurami.

Spiegelkärpfling, → Platy.
Spiegelkärpfling, Veränderlicher *(Xiphophorus variatus)*, in der aus Mexiko stammenden Wildform kaum noch im Handel. Die Art wurde häufig u. a. mit → Schwertträgern gekreuzt.

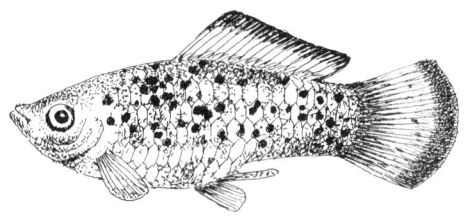

Veränderlicher Spiegelkärpfling

Spirographis spallanzani, → Schraubensabelle.
Spironucleus, → Lochkrankheit.
Spitzkopfkugelfische *(Canthigaster)*, Meeresfische, die von Südafrika bis Tahiti vorkommen. Im Freiland werden überwiegend Korallenpolypen gefressen. Da die Tiere im Aquarium ihr kräftiges Gebiß nicht abnutzen können, gibt es häufiger Probleme durch dessen übermäßiges Wachstum. Es gibt Arten, die anscheinend bei Verletzung oder Tod einen Giftstoff produzieren, der andere Fische tötet.
Spitzmaulkärpfling *(Poecilia sphenops)*, lebt als bläulich glänzende Wildform in Gewässern von Mexiko bis Venezuela. Die zahlreichen Zuchtformen sind meist schwarz, mit deutlich verlängerten Flossen, so z. B. der bekannte Black Molly, der

Spitzmaulkärpfling

auch im Gesellschaftsaquarium sehr leicht zu halten ist und sich dort auch willig fortpflanzt. Etwas empfindlicher ist der sehr langschwänzige Leierschwanz-Molly, der bei mindestens 24° C gehalten werden muß und dessen Nachwuchs reichlich und laufend gefüttert und etwas salziges Wasser (1–2 g/l) benötigt.

Spritzsalmler

Spritzsalmler *(Copella arnoldi)*, eine Fischart aus dem Unterlauf des Amazonas und seiner Nebenflüsse, die sich durch ein besonders ausgefallenes Fortpflanzungsverhalten auszeichnet. Zunächst schwimmen beide Partner an der Wasseroberfläche dicht nebeneinander her. Plötzlich springen sie an einer Stelle, die das Männchen vorher ausgewählt hat, aus dem Wasser heraus. Ihr Ziel ist ein über der Wasseroberfläche hängendes Blatt, im Aquarium oft auch die Abdeckscheibe. Dicht nebeneinander kleben die Fische dann an dem

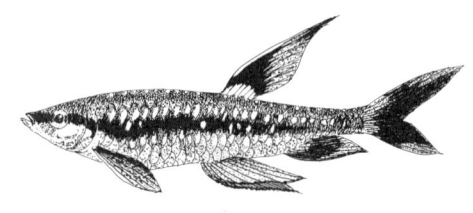

Spritzsalmler

Blatt, wobei ihnen Brustflossen und Unterkiefer zusätzlichen Halt geben. Während das Weibchen 5–12 Eier ausstößt, die sofort an der Blattunterseite festkleben, wird das Gelege vom Männchen befruchtet. Dieser Vorgang wiederholt sich noch mehrfach, so daß ein komplettes Gelege 30–300 Eier umfassen kann. Anschließend erfolgt eine sehr komplizierte Brutpflege. Um das Austrocknen der Eier zu verhindern, muß das Männchen ständig mit der Schwanzflosse Wasser auf die Eier spritzen. Nach 1½ Tagen schlüpft die Brut und fällt ins Wasser. S. lassen sich gut im Aquarium halten. Wichtig ist, daß die Temperatur zwischen 21 und 24° C liegt und daß sich über der Wasseroberfläche ein ausreichend großer Freiraum befindet, um ein entsprechendes Pflanzenwachstum auch über der Oberfläche zu ermöglichen.

Stachelaale *(Mastacembelus-Arten)*, im Aquarium sind manche im Brackwasser lebende Arten (z. B. *Mastacembelus aculetus*) befriedigend nur mit einem Seesalzzusatz von 5 g/10 l zu halten. Die Tiere sind nachtaktiv und benötigen Lebendfutter. Die Zucht ist bei zumindest einer Art gelungen.

Stachelwelse *(Bagridae)*, oft sehr gefräßige Räuber, die bestenfalls für Spezialisten interessant sind, da sie auf keinen Fall im Gesellschaftsbecken, sondern nur einzeln gehalten werden können. Die S. sind sowohl im afrikanischen wie asiatischen Raum beheimatet; sie sind nachtaktiv und verbringen den Tag in Verstecken, wobei sie meist mit dem Rücken nach unten im Wasser liegen.

Stäbchen-Krankheit, hervorgerufen durch Kleinkrebse der Gattung *Lernaea*, die mit den → Hüpferlingen verwandt sind. Der Krebs bohrt sich durch die Haut in den Körper des Fisches ein und zapft dort ein Blutgefäß an, aus dem er seine Nahrung bezieht. An seinem Hinterleib bilden sich bald Eisäcke, die zusammen mit dem hinteren Teil des Körpers etwa 15 mm lang sind und stäbchenförmig aus dem Körper des befallenen Fisches herausragen. Zuverlässig hilft ein Bad in → Trichlorofon, das den Parasiten tötet. Er wird jedoch erst nach 2 bis 3 Wochen abgestoßen. Befallene Aquarien und deren Filter müssen gut desinfiziert werden.

Staubfutter, Tümpelfutter, zusammenfassende Bezeichnung für Kleinsttiere, die mit → Planktonnetzen in Gewässern gefangen werden können. Es handelt sich überwiegend um → Rädertierchen, → Wasserflöhe, → Hüpferlinge, aber auch um zahlreiche andere Arten, die sehr klein sind und aus diesem Grunde ein hervorragendes Futter gerade auch für Jungfische darstellen. Die Führung des Netzes erfolgt am besten in Form einer Acht, wobei eine leicht aufwärts gerichtete Strömung erzeugt werden sollte, um Organismen auch aus etwas tieferen Wasserschichten in den Wirkungsbereich des Netzes zu bekom-

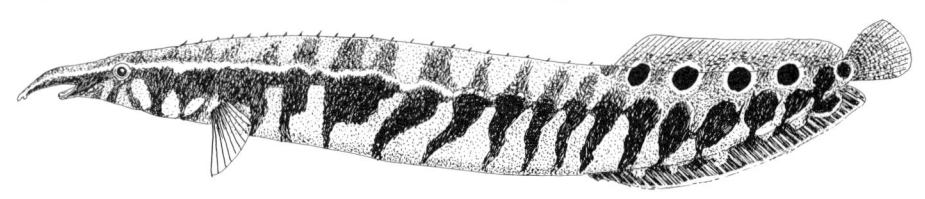

Stachelaal

men. Da die gefangenen Organismen auch bereits im Netz sehr empfindlich sind, sollte man den Fang nicht völlig abtrocknen lassen. Es ist besser, ihn mit etwas Wasser direkt in das Transportgefäß zu schütten. Nie zu viele Lebewesen in einem solchen Gefäß transportieren! Die meisten Arten sind sehr sauerstoffbedürftig, und ein Massensterben schon während des Transportes wäre die Folge. Falls empfindliche Jungfische gefüttert werden sollen, empfiehlt es sich, das S. durchzusieben. Es gibt dafür ineinanderpassende Sätze von Sieben mit unterschiedlichen Maschenweiten. Die Siebe werden so ineinandergesteckt, daß sich das gröbste Sieb oben, das feinste unten befindet. Der Fang wird auf das oberste Sieb geschüttet und mit Wasser durch dieses und alle folgenden gespült, so daß das S. in verschiedene Größenklassen aufgeteilt wird. Dadurch ist gewährleistet, daß z. B. räuberisch lebende Hüpferlinge nicht mit der empfindlichen Fischbrut in Verbindung kommen.

Steatocranus casuarius, → Löwenkopfcichlide.

Stechmücken, zahlreiche verschiedene Arten, darunter besonders häufig die Gemeine Stechmücke *(Culex pipiens)*. Die Art ist in der Lage, ihre rasche Entwicklung auch in kleinsten Wasserlöchern zu vollziehen. Die Eier schwimmen in Form kleiner «Schiffchen» auf dem Wasser. Die Larven hängen kopfunter an der Wasseroberfläche, die sie mit einem schnorchelähnlichen Fortsatz am Hinterleib durchstoßen. Die Puppen haben eine auffallend keulenförmige Gestalt mit deutlich verdicktem Kopfende, das sich in diesem Stadium direkt unter der Wasseroberfläche befindet. Die ganze Entwicklung kann in etwa 14 Tagen ablaufen. Bevorzugte Brutplätze sind Regenfässer, kleinste auch nur periodische Wasseransammlungen, auch Blumenvasen etc. Die Larven reagieren sehr intensiv auf Erschütterungen, sogar schon auf plötzliche Beschattung. Sie schwimmen mit ruckartigen Bewegungen dann schnell in die Tiefe, müssen jedoch bald zum Atmen wieder an die Wasseroberfläche. In stark mückenverseuchten Gebieten hat man auch in größeren fischfreien Gewässern schon 25 000 Larven pro m^2 gefunden. Die Larven der Gattung *Anopheles* unterscheiden sich von den Culex-Larven bereits auffällig dadurch, daß sie flach unter der Wasseroberfläche liegen. Diese in Südeuropa die Malaria übertragenden Arten sind bei uns jedoch nur vereinzelt zu finden. S.-Larven sind als Fischfutter hervorragend geeignet. Dazu tragen sicherlich auch ihre raschen, zuckenden Bewegungen bei, die den Jagdtrieb der Fische stimulieren. Gerade bei diesen Arten sollte man aber auch im eigenen Interesse (!) nie mehr füttern, als sofort gefressen werden kann. Auch offene Außenfilter müssen regelmäßig kontrolliert werden, da die Larven gelegentlich angesaugt werden und ih-

Stechmückenlarve

re Entwicklung im Filterkasten ungehindert beenden können. Aufbewahrung und Transport sind kein großes Problem. Da die Tiere Luftsauerstoff atmen, kann man sie auch ohne Wasser längere Zeit feucht aufbewahren. Auch die Nachzucht läßt sich ohne Schwierigkeiten organisieren, wenn man eine Regentonne aufstellt, in die man z. B. zur Anlockung der Mückenweibchen zusätzlich fauliges Material (altes Laub etc.) einbringt.

Stecklinge, Pflanzenteile mit hohem Regenerationsvermögen. Man gewinnt sie meist aus Trieben, die man von Pflanzen abschneidet und in den Boden steckt. Gelegentlich bewurzeln sich auch einzelne Blätter, die man dann einpflanzen kann.

Steigrohr, zum Wassertransport über geringe Höhen geeignete Vorrichtung, die mit Druckluft betrieben wird. Das S. reicht möglichst tief in ein Wassergefäß hinein, dessen Oberfläche sich auf gleicher Höhe mit derjenigen des Aquariums befindet. Wenige Zentimeter oberhalb des im Wasser stehenden Rohrendes wird durch einen Luftschlauch Luft eingeblasen, die nach oben steigt und Wasser aus dem Gefäß mitzieht. Je nach Konstruktion des S.s und der zur Verfügung stehenden Druckluft (→ Membranpumpe) können Höhenunterschiede von mehreren Zentimetern gut überwunden werden. Dies reicht in der Regel aus, um z. B. das Wasser aus einem Außenfilter über den Aquarienrand ins Becken zu transportieren.

Steinbeißer

Steinbeißer *(Cobitis taenia)*, einheimische Art, die an sandigen Seeufern und in Bächen lebt. Sie erreicht eine Länge bis 12 cm und sollte in relativ kaltem, nicht über 18° C temperiertem Wasser gehalten werden. Das Ablaichen erfolgt von April bis Juni.

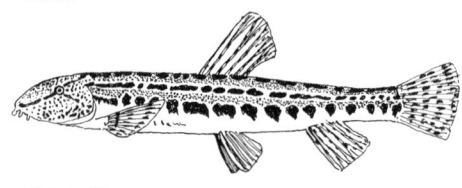

Steinbeißer

Steine, können wirkungsvoll zur → Dekoration des Aquariums eingesetzt werden. Es sind jedoch nicht alle Gesteinsarten gleich gut geeignet. Kalkgesteine führen z. B. zu einer oft unerwünschten Aufhärtung des Wassers. Man sollte daher möglichst Granit, Kieselsteine etc. verwenden. Ob ein Stein kalkhaltig ist, läßt sich leicht überprüfen: Man betropft ihn mit etwas Salzsäure. Falls er Kalk enthält, bilden sich mindestens Blasen, bei hohem Gehalt ein dichter Schaum.

Sternflecksalmer *(Pristella riddlei)*, idealer Schwarmfisch für Anfängeraquarien. Die S. erreichen eine Länge von 4,5 cm und leben im nordöstlichen Teil Südamerikas. Die Art zeigt eine ganz erstaunliche Toleranz gegenüber hoher Wasserhärte und pflanzt sich sogar noch bei 20° dH fort, wenngleich weicheres Wasser sicherlich

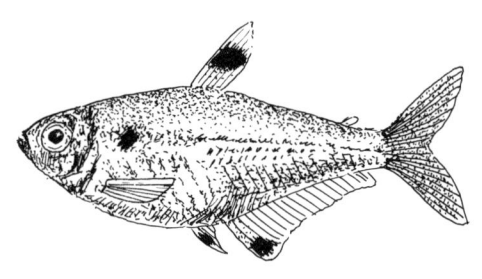

Sternflecksalmler

günstiger ist. Der S. reagiert sehr empfindlich auf einen zu hellen Untergrund. Besonders ein größerer Schwarm wird dadurch sehr schreckhaft, so daß sich neben einer schwachen Beleuchtung ein möglichst dunkler Bodengrund empfiehlt. Störungsfrei müssen auch die kleinen →

Zuchtbecken sein, für die zusätzlich eine Abdunklung empfohlen wird. Als Ausstattung reicht ein Büschel Wassermoos. Bei der Optimaltemperatur von 25–26° C schlüpfen nach 22–28 Stunden bis zu 400 Jungtiere, die notfalls auch ausschließlich mit Trockenfutter aufgezogen werden können.

Stichling, Dreistachliger *(Gasterosteus aculeatus)*, eine an den Küsten der nördlichen Erdhalbkugel weitverbreitete Art, die zum Laichen in das Süßwasser eindringt. Bei uns findet man jedoch auch reine Süßwasserpopulationen, die keine Wanderungen durchführen. Der D. S. ist aufgrund seines interessanten Verhaltens zu einem Standardbeispiel der → Verhaltensforschung geworden. Aus feinen Pflanzenteilen bauen die Männchen am Boden röhrenförmige Nester, in die die

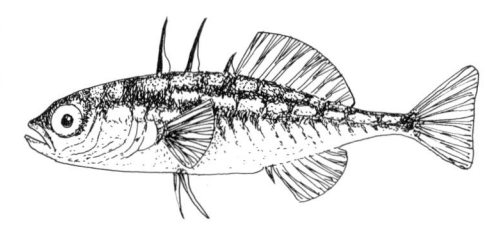

Dreistachliger Stichling

Weibchen hineinschwimmen und ihre → Eier ablegen. Während der 10–14 Tage dauernden Entwicklungszeit wird das Gelege vom Männchen ununterbrochen bewacht und notfalls auch gegen viel größere Angreifer verteidigt. Durch intensive Bewegungen der Brustflossen sorgt das Männchen darüber hinaus für stets sauerstoffreiches Wasser. Eine Haltung im Aquarium ist unproblematisch, wenn der Fisch relativ kühl bei Temperaturen bis 20° C gehalten wird. Die eindrucksvolle Balz, bei welcher der laichgefüllte Bauch des Weibchens ein entscheidender → Auslöser für das Paarungsverhalten des Männchens ist, kann meist nur dann beobachtet werden, wenn man dem D. S. eine längere Winterruhe gegönnt hat, während der die Temperaturen deutlich abgesenkt worden sind. Die Ernährung gelingt nur selten mit Trockenfutter. Der Fisch akzeptiert jedoch alle Formen des Lebendfutters, von → Wasserflöhen bis zu kleinen → Regenwürmern.

Stichling, Neunstachliger *(Pungitius pungitius)*, mit dem Dreistachligen → Stichling sehr nah verwandte Art, die jedoch keine Panzerung aus Knochenplatten besitzt. Sehr ähnlich sind auch das Verbreitungsgebiet sowie das Verhalten. Das Nest wird jedoch nicht am Boden gebaut, sondern etwas höher in Wasserpflanzenbeständen.

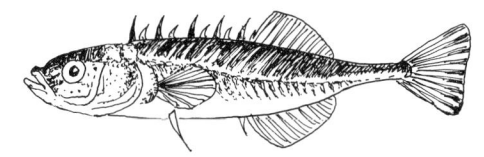

Neunstachliger Stichling

Strandkrabbe *(Carcinides maenas)*, eine in praktisch allen Meeren, also auch in unseren Breiten an der Küste vorkommende Art. Sie ist relativ unverträglich, kann jedoch problemlos ernährt werden. Besonders wohl fühlt sie sich bei flachem Wasserstand.
Streifenhechtling, → Aplocheilus-Arten.
Strömung, wichtig für zahlreiche in Bächen lebende Arten sowie für viele Meerwasserfische. Aber auch im normalen Süßwasseraquarium von Bedeutung, um z. B. Pflanzennährstoffe besser zu verteilen.
submers (untergetaucht), Bezeichnung für Wasserpflanzen, die sich bei ihrem Wachstum nicht wie → emerse Sumpfpflanzen über die Wasseroberfläche erheben.
Substratlaicher, Fische, die ihre → Eier auf Steinen, Pflanzen etc. ablegen. Die Eier besitzen oft typische Eigenschaften, um dieses spezielle → Fortpflanzungsverhalten zu ermöglichen.
Südamerika-Aquarium, ein Aquarium, in dem nur südamerikanische Arten gepflegt werden. Diese stammen aus sehr unterschiedlichen Lebensräumen: Die von den Gebirgen kommenden Weißwasser-Flüsse spülen so viele Trübstoffe zu Tal, daß auch farbenprächtige Fische in wenigen Zentimetern Entfernung nicht mehr zu erkennen sind. Solche extremen Wasserverhältnisse brauchen natürlich nicht imitiert zu werden. Die meisten Arten leben im → Schwarzwasser, das durch → Huminstoffe ebenfalls bis zur Undurchsichtigkeit getrübt sein kann. Auf diese Lebensbedingungen muß mehr Rücksicht genommen werden! Erforderlich ist die Zugabe von → Torfextrakten, häufig eine → Torffilterung. Der → pH-Wert liegt im schwach sauren Bereich zwischen 6 und 6,5, die Wasserhärte sollte 5° dGH nicht überschreiten. Für das → Zuchtwasser sind in vielen Fällen 3° dGH erforderlich, bei möglichst geringer Karbonathärte. Eine besonders wichtige Fischgruppe sind die Salmler, die überwiegend Schwarmfische sind und sich in einem langgestreckten Becken am wohlsten fühlen. Die Bepflanzung sollte in diesem Fall einen großen Schwimmraum im Vordergrund des Beckens freilassen. Die Auswahl unter geeigneten Pflanzenarten ist groß. Erwähnt seien nur die verschiedenen → Schwertpflanzen, die sich neben der Gruppenbepflanzung auch hervorragend als → Solitärpflanzen eignen. Hochinteressant ist auch die Pflege der oft sehr farbenprächtigen südamerikanischen Buntbarsche. Die meisten zerstören jedoch sehr schnell sämtlichen Pflanzenwuchs, so daß man sich von vornherein darauf konzentrieren sollte, zur → Dekoration überwiegend → Steine und → Moorkienwurzeln zu verwenden.
Südostasien-Aquarium, für solche Becken bieten sich die Bedingungen folgender Lebensräume an: flache, dicht bewachsene, tümpelähnliche Biotope, ähnlich den Reisfeldern oder mäßig bewachsenen Bächen. Die vegetationsreichen Flachwassergebiete sind in erster Linie zur Haltung von → Labyrinthfischen geeignet. Neben unterschiedlich großen und dichten Pflanzen empfiehlt sich auch für einen Teil des Aquariums eine Schwimmpflanzendecke, die den Bau des → Schaumnestes erleichtert. Der Lebensraum «Bach» kann ruhig etwas spärlicher bepflanzt werden. Dort sollen ausdauernd schnellschwimmende Barben und Bärblinge gehalten werden. Sie brauchen einen großen Freiwasserraum und fühlen sich in möglichst langen Aquarien am wohlsten. Es ist ratsam, die Becken mit einer ausgeprägten «Uferzone» zu gestalten. Das eignet sich für Schmerlen am besten, von denen zahlreiche Arten in Südostasien vorkommen. Bei der Auswahl der Pflanzen sollte man sich um die verschiedenen → Wasserkelch-Arten bemühen, die in diesem Bereich heimisch sind. Das Wasser ist in der Regel relativ weich. Bei der Haltung dürfen 10° dKH nicht überschritten werden, für die Zucht empfiehlt sich in den meisten Fällen

185

Süßwasserpolypen

eine Gesamthärte von etwa 5° dGH. Der → pH-Wert ist meist schwach sauer (zwischen 6 und 6,5).
Süßwasserpolypen, *(Hydra)*, verschiedene sehr einfach gebaute Hohltiere (→ niedere Tiere), die sich häufig im Süßwasseraquarium ansiedeln, wenn sie mit Lebendfutter eingeschleppt werden. In Jungfischbecken können sie unangenehm werden, wenn sie die Fische nesseln.
Sulfonamide, in zahlreichen Handelsformen erhältlich, die jedoch meist mit anderen → Medikamenten vermischt sind. Der reine Stoff wird in einer Menge von 0,1 g/l Aquarienwasser gelöst. Die Behandlung mit S.n sollte sich über 3 Tage erstrecken.
Sumatrabarbe *(Capoeta tetrazona)*, aus Südostasien stammende Art, die in zwei Rassen sowie einer albinotischen Zuchtform in Aquarien gehalten wird. Bei der S. fallen vier schwarze Streifen auf, die gür-

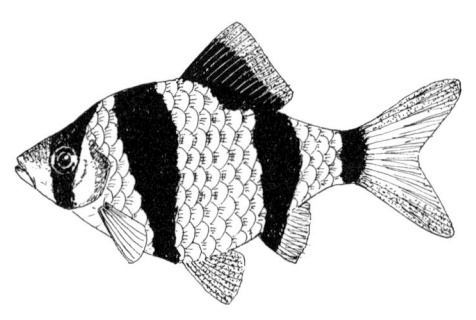

Sumatrabarbe

telförmig den goldgelben Körper umgeben. Die Teilgürtelbarbe (auch Thai-Gürtelbarbe genannt) wird unter der Rassenbezeichnung *Capoeta partipentazona* geführt, stammt aus der thailändischen Region und zeigt eine halbe Binde im Bereich der Rückenflosse. Beide Rassen erreichen eine Länge von 6–7 cm und sind im Aquarium sehr gut zu halten, wenn man einige Vorsichtsmaßnahmen berücksichtigt: Da die Art leicht dazu neigt, anderen Fischen in die Flossen und andere Körperanhänge zu beißen, sollte man sie nur mit sehr beweglichen Arten vergesellschaften, die rechtzeitig ausweichen können. Darüber hinaus sind regelmäßige → Wasserwechsel erforderlich, um der Ansammlung von Schadstoffen frühzeitig vorzubeugen. Recht anspruchslos sind die Fische hinsichtlich der Wassertemperatur, die zwischen 20 und 26° C liegen sollte und auch, was das Futter betrifft; als Allesfresser akzeptieren sie auch Trockenfutter. Sinnvoll ist es, die Fische in einem kleineren Schwarm zu halten, wobei jedoch auf eine ausreichende Beckengröße zu achten ist. Dies betrifft insbesondere Zuchtversuche, die nur dann gelingen, wenn die Weibchen Gelegenheit haben, sich vor den dann sehr aggressiven Männchen in Sicherheit zu bringen. Wilde Verfolgungsjagden in zu kleinen Becken haben häufig schon zum Tod der Weibchen geführt. Notfalls kann man die Wildheit der Männchen auch über ein Senken der Temperatur auf 21–22° C deutlich verringern. Die Karbonathärte des Wassers ist weitgehend zu entfernen, die Gesamthärte sollte 3–5° nicht überschreiten. Während die S. etwa 400 Eier produziert bringt es die Teilgürtelbarbe auf etwa 1000 Eier. Die Jungfische schlüpfen nach etwa 1½ Tagen und brauchen dann noch 5 weitere Tage, bis sie frei im Becken umherschwimmen und mit Lebendfutter aufgezogen werden können. Seit einigen Jahren befindet sich auch eine albinotische Form mit weißen Augen im Handel, die wie viele Albinos weniger lebhaft ist als die Ausgangsform und die bei einer etwas höheren Temperatur gehalten werden sollte.
Sumatrafarn *(Ceratopteris thalictroides)*, beliebte Aquarienpflanze, die in den Tropen der gesamten Welt verbreitet ist. Verwendet wird jedoch überwiegend, wie der Name bereits sagt, eine Form aus Sumatra, die sich seit Jahrzehnten bewährt hat. Interessant an dieser Art ist, daß sie in sehr unterschiedlichen Formen auftreten kann. Unter der Wasseroberfläche wächst eine intensiv hellgrün gefärbte Varietät heran, die sehr tief geschlitzte feine Blätter besitzt. An der Wasseroberfläche bilden sich häufig an den Blatträndern junge Pflanzen, die sich ablösen und mit dicken, fleischigen Blättern auf der Oberfläche treiben. Ihr dichtes Wurzelgeflecht ragt weit in das Wasser hinab. Bei absinkendem Wasserstand erhalten die Wurzeln Bodenkontakt und wachsen dort fest. Bei weiterem Wachstum bildet sich dann die typische Unterwasserform. Lange Zeit wurden diese beiden Varietäten als zwei getrennte Arten angesehen. Pflanzen beiderlei Gestalt findet man im Handel, wobei meistens zwei, möglicherweise sogar drei ver-

schiedene Arten angeboten werden. Bei der Unterwasserpflanze handelt es sich in der Regel um den S., bei den schwimmenden Formen wahrscheinlich überwiegend um den Schwimmenden → Wasserhornfarn sowie um eine sehr ähnliche afrikanische Art, *Ceratopteris cornuta*. Der S. ist im Aquarium sehr gut zu halten. Er darf nur so tief eingepflanzt werden, daß der Wurzelansatz noch sichtbar bleibt. Die Pflanze benötigt viel Licht und weiches bis höchstens mittelhartes Wasser, das durch → Torffilterung leicht angesäuert werden sollte. Unter solch günstigen Bedingungen wächst sie so rasch heran, daß sie oft das ganze Aquarium ausfüllt.

Sumpfaquarium *(Paludarium)*, ein Aquarium mit einem meist niedrigen Wasserstand, so daß der Bodengrund an einigen Stellen über die Wasseroberfläche hinausreicht. Ein solches S. wird häufig zur Haltung spezieller Tierarten eingerichtet, die sowohl auf dem Land als auch im Wasser leben. Es bietet sich aber auch zur Kultur von Sumpfpflanzen an, die in einem Aquarium mit hohem Wasserstand unter relativ ungünstigen Bedingungen gehalten werden. Viele Arten wie z. B. die → Wasserkelch-Arten, die → Schwertpflanzen oder die → Speerblatt-Arten beginnen nur unter diesen für sie optimalen Bedingungen mit der Blüte. Insbesondere beim tropischen S. ist darauf zu achten, daß der über der Wasseroberfläche befindliche Raum eine feuchtwarme Luft enthält und intensiv beleuchtet wird.

Sumpffreund-Arten *(Limnophila-Arten, früher Ambulia)*, leicht mit → Haarnixen zu verwechselnde Arten, bei denen jedoch in gleicher Stengelhöhe nicht nur zwei, sondern ein ganzer Quirl von Blättern entspringt. Bei *Limnophila sessiflora*, der am häufigsten angebotenen S.-A., haben diese Blattquirle einen Durchmesser von etwa 3 cm, bei dem Riesen-Sumpffreund *(Limnophila aquatica)* aus Ceylon sind es sogar über 10 cm, so daß sich diese Art nur für große Aquarien eignet. Angeboten wird weiterhin häufiger *Limnophila indica*, bei der ein Phänomen ausführlicher untersucht worden ist, das wahrscheinlich auf alle S.-A. zutrifft: Wenn man diese zwischen den Fingern zerreibt, wird ein terpentinähnlicher Geruch frei, der auf Fische giftig wirkt. Vorsicht ist daher angebracht, wenn pflanzenfressende Fische und zahlreiche Gewächse in einem Aquarium gehalten werden. Die laufende Beschädigung der Pflanzen durch den Verbiß und die dadurch freiwerdenden Gifte können unter Umständen zu erheblichen Ausfällen führen. Alle Arten stammen aus dem tropischen Südostasien, fühlen sich bei 22–28° C am wohlsten und benötigen in jedem Fall sehr intensive Beleuchtung für optimalen Wuchs. Bei relativ flachem

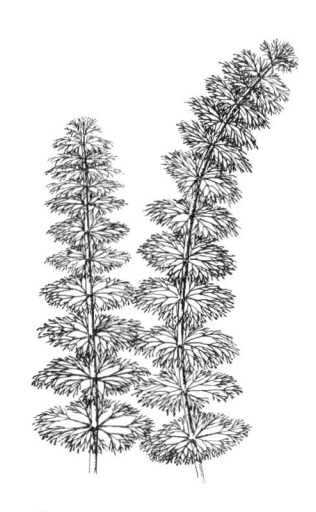

Sumatrafarn

Sumpffreund

Sumpfschraube, Gemeine

Wasserstand kommt es dann auch zur Ausbildung von Überwassertrieben, an denen eine ausgeprägte Blütenbildung stattfindet.

Sumpfschraube, Gemeine *(Vallisneria spiralis)*, eine bereits in Südeuropa anzutreffende Wasserpflanze, die mit zahlreichen ähnlich aussehenden und schwer bestimmbaren Arten in den Tropen und Subtropen der Erde verbreitet ist. Der Stengel ist in der Regel unsichtbar. Er liegt als Rhizom waagerecht im Boden. Nur die in dichten Rosetten zusammenstehenden Blätter sind zu sehen. Besonders faszinierend ist das komplizierte Fortpflanzungsverhalten dieser Art: Es gibt männliche und weibliche Pflanzen; letztere sind etwas kräftiger und breitblättriger. Während bei den meisten Pflanzen nur der Blütenstaub transportiert wird, schickt die männliche G. S. ganze Blüten «auf die Reise». Dazu entwickelt sich in Bodennähe ein häutiges, sackförmiges Gebilde, das über 1000 einfach gebaute Blüten enthalten kann. Jede dieser Blüten besitzt im geschlossenen Zustand eine kleine Gasblase, so daß beim Aufreißen dieses Sackes die Blüten an die Oberfläche steigen. Dort öffnen sie sich, wobei die aufgeklappten Blütenblätter die Blüte so stabilisieren, daß sie aufrecht auf der Wasseroberfläche treibt. Jede dieser Blüten besitzt 2 jetzt freiliegende, nach oben gerichtete Staubfäden, die an ihrem Ende je eine kleine Kugel mit Blütenstaub tragen. Die weiblichen Blüten wachsen direkt bis zur Wasseroberfläche. Sie erreichen dabei die verblüffende Wachstumsgeschwindigkeit von 2 cm pro Stunde. An der Oberfläche angekommen, wächst die Blüte noch etwas weiter, bis sie flach aufliegt. Die 3 Narben liegen nun präzise in der Höhe, daß sie von umhertreibenden männlichen Staubfäden berührt und befruchtet werden können. Sobald dies erfolgt ist, ändert sich das Wachstum des weiblichen Blütenstengels. Bestimmte Zonen wachsen schneller als die anderen, so daß sich der Stengel spiralig aufrollt und die befruchtete Blüte unter die Wasseroberfläche bis auf den Boden zieht. Wie eine Spiralfeder umhüllt der Stengel dort die reifende Frucht und schützt sie vor Beschädigungen. Will man dieses Geschehen im Aquarium miterleben, so braucht man etwas Glück. Die männlichen Pflanzen sind viel seltener als die weiblichen, doch die große Anspruchslosigkeit dieser Art, ihre hervorragende Eignung als Hintergrundbepflanzung und letztlich auch das geschilderte interessante Verhalten haben sie zu einer sehr begehrten Aquarienpflanze gemacht.

Symbiose, Partnerschaft zwischen zwei verschiedenen Arten zu deren wechselseitigem Vorteil. Die S. steht damit im Gegensatz zum Parasitismus, bei dem ein Partner auf Kosten des anderen einen Vorteil erzielt. Die Übergänge zwischen beiden Extremen sind fließend. S. ist bei wasserlebenden Arten sehr häufig zu beobachten. Ein bekanntes Beispiel dafür sind die Putzerfische, die an tropischen Korallenriffen andere Fische von Hautparasiten etc. befreien. Als bei gezielten Experimenten die Putzerfische einer größeren Region gefangen wurden, zeigten sich bereits nach 14 Tagen bei den anderen Fischarten z. T. erhebliche Hautschäden sowie eine starke Abwanderungstendenz, die erst mit dem Neueintreffen von Putzerfischen rückgängig gemacht wurde. Die einzelnen Arten erbitten die Dienstleistung durch eine spezielle, leicht nach unten gerichtete Körperhaltung. Gelegentlich erfolgt auch ein Farbwechsel, durch den Hautparasiten besser sichtbar werden. Der Putzerfisch dringt auch bei größeren Raubfischen in Mundhöhle und Kiemenspalten ein, ohne dadurch in irgendeiner Weise gefährdet zu sein. In größeren Meerwasseraquarien empfiehlt sich das Einsetzen eines solchen Putzerfisches. Auch Seeanemonen werden häufiger in eine S. einbezogen. Viele Anemonenfische leben im Schutz der für andere Arten gefährlichen → Tentakel. → Einsiedlerkrebse siedeln Seeanemonen gelegentlich aktiv auf ihrem Schneckenhaus an. Der Krebs genießt den Schutz der Tentakel, die Anemone partizipiert an Nahrungsresten und hat zudem den Vorteil eines häufigen Ortswechsels.

Syngnathidae, → Seepferdchen, → Seenadeln.

Syngnathinae, → Seenadeln.

Synnema triflorum, → Wasserwedel, Indischer.

Synodontis nigriventris, → Kongowels, Rückenschwimmender.

Sumpfschrauben-Vallisnerie (a)
Schraubenvallisnerie (b)

Sumpfschraube, Gemeine

a   b

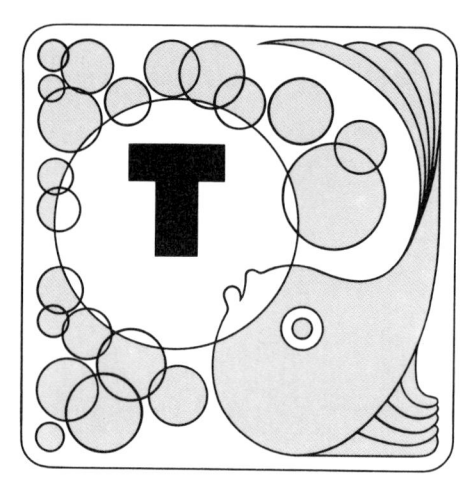

Talerfisch

Talerfisch *(Ctenobrycon spilurus)*, Hochrückensalmler, ein etwa 8 cm langer Fisch, der im Nordosten des südamerikanischen Subkontinents vorkommt. Bei seiner geographischen Verbreitung fällt auf, daß er deutlich küstennahe Bereiche bevorzugt. Im Aquarium ist der T. sehr gut zu halten. Er toleriert auch größere Temperaturschwankungen, so daß man ihn auch dann halten kann, wenn man auf eine zusätzliche Beheizung verzichten will. Auch die Fütterung ist unproblematisch, der T. ist ein Allesfresser, der auch mit Trockenfutter vorlieb nimmt. Die beste Einrichtung besteht in einem dichten Wasserpflanzendickicht, in dem die Art mehrere hundert Eier ablegt.

Tanichthys albonubes, → Kardinalfisch.

Tapirfisch *(Mormyrus tapirus)*, mindestens 2, möglicherweise noch mehr verschiedene Arten werden unter dieser Bezeichnung im Handel angeboten. Es handelt sich um

Tapirfisch

eine spezielle Gattung der → Nilhechte. Sie stammen aus Afrika und verdanken ihren Namen dem rüsselförmig verlängerten Maul. Erwachsene Tiere werden im Freiland bis zu 80 cm lang, bleiben im Aquarium jedoch deutlich kleiner.

Tarnung, Anpassung von Körperfärbung, Körperform und Verhalten an die Umwelt. Ziel der T. ist, daß der Körper nicht als Organismus erkannt wird. Dies erreichen viele Tierarten dadurch, daß sie eine uneinheitlich gefärbte Körperoberfläche besitzen. Häufig ist diese in viele Punkte oder Flecken aufgelöst *(Somatolyse)*. Beispiele dafür findet man bei vielen bodenlebenden Arten. Eine unter Fischen ebenfalls sehr weitverbreitete Erscheinung ist die → Gegenschattierung. Die Oberseite des Körpers ist dunkel, die Unterseite hell gefärbt. Ein solcher Fisch ist von allen Seiten her schwerer zu erkennen. Von oben betrachtet, verschwimmt die dunkle Rückenseite vor dem dunklen Boden, von unten verschmilzt die silbrige Unterseite mit der schimmernden Wasseroberfläche. Auch von der Seite gesehen bietet diese Färbung den Fischen einen wirksamen Schutz, denn die stark beleuchtete dunkle Oberseite erscheint dann in derselben Färbung wie die beschattete hellere Unterseite. Ein eindrucksvolles Beispiel dafür ist der Rückenschwimmende → Kongowels, bei dem die nach oben gekehrte Bauchseite dunkel und die Rückenseite hell gefärbt ist. Auch Anpassungen an die Struktur der Vegetation sind sehr häufig. Bei vielen Arten, besonders auffällig bei Segelflossern, findet man eine ausgeprägte Querstreifung. Der Körperumriß dieser Arten verschwindet weitgehend in der langstieligen, schmalblättrigen Vegetation, in der sie sich normalerweise aufhalten. Häufig werden nicht nur in der Färbung, sondern auch im Körperbau Pflanzenteile nachgeahmt *(Mimese)*. Das bekannteste Beispiel ist der → Blattfisch, der wie ein abgestorbenes Blatt über den Gewässerboden taumelt und sich dabei seinen Beutetieren nähert. Im Meer ist diese Anpassung sehr auffällig bei Fetzenfischen, → See- und Schlangennadeln. Auch zu situationsspezifischen → Farbänderungen sind viele Arten befähigt. Das deutlichste Beispiel dafür sind verschiedene Plattfischarten vor unserer Küste. Zahlreiche Tiere verbergen ihren Körper. Viele flach auf dem Boden liegenden Rochen überdecken ihn mit einer dünnen Sandschicht, wobei nur die Augen freibleiben. Andere graben sich tiefe Erdlöcher oder verbergen sich in Steinhöhlen oder

Tausendblatt-Arten

unter Wurzeln. Einen Sonderfall stellt die → Mimikry dar. Auch besonders farbenprächtige Arten sind zeitweise auf eine T. angewiesen. Die verschiedenen → Neonfische verlieren während der Nachtstunden ihre Färbung. Sehr wichtig ist T. für brutpflegende Arten. Es läßt sich eindrucksvoll zeigen, daß jeweils die Elterntiere eine Tarnfärbung aufweisen, die sich direkt intensiv um die Jungen kümmern. Im Gegensatz zur T. steht bei vielen Arten die intensive → Warnfärbung.

Taufliege *(Drosophila melanogaster)*, Fruchtfliege, ein besonders aufgrund genetischer Untersuchungen bekanntgewordenes Insekt, das sich auch hervorragend zur Ernährung von Aquarienfischen eignet, zumal es leicht nachgezüchtet werden kann. Die T. ist nur etwa 2–3 mm lang und in zahlreichen → Mutationen erhältlich. Als Fischfutter ist in der Regel eine Züchtung mit verkrüppelten Flügeln zu empfehlen, die nicht flugfähig ist und sich entsprechend leichter handhaben läßt. Die Zucht der Fliegen ist sehr einfach: Man setzt etwas Griesbrei an, dem einige zerquetschte Fruchtreste beigemischt werden. Genauso kann man aber auch auf andere Rezepte zurückgreifen. Man kann z. B. auch Gelatine mit einem Fleischbrühekonzentrat aufkochen oder ausschließlich einen Fruchtbrei verwenden. Die Entwicklung von der Eiablage bis zum schlüpfenden Insekt dauert je nach Temperatur 10 bis 20 Tage. Bei Kulturmedien, die nicht durch Erhitzen sterilisiert worden sind, empfiehlt es sich, einige Tropfen eines Konservierungsmittels beizufügen, um eine zu starke Schimmelbildung zu verhindern. Das Kulturgefäß sollte möglichst weithalsig sein, damit sich die geschlüpften Fliegen problemlos herausschütteln lassen. Züchtet man eine flugfähige Form, so empfiehlt sich das Umschütten in ein anderes Gefäß, in das man Kohlendioxyd einströmen lassen kann (notfalls das ausströmende Gas aus einer Mineralwasserflasche), wodurch die Fliegen rasch betäubt werden. Sie treiben auf der Wasseroberfläche, so daß sie sich in erster Linie zur Fütterung von Fischen eignen, die auf diesen Bereich spezialisiert sind.

Tausendblatt-Arten *(Myriophyllum-Arten)*, insgesamt 40 verschiedene, von denen einige für die Aquaristik besonders interessant sind. Die oft über 1 m langen Stengel sind in Quirlen, je nach Art und Haltungsbedingungen mit unterschiedlich langen Blättern umstanden, die ausnahmslos sehr tief eingeschnitten sind, so daß sie ein eher federförmiges Aussehen haben. Die besonders dekorativen T.-A. eignen sich nur für niedrige Temperaturen, wie sie z. B. in unseren Gewässern überwiegend vorkommen. Bei höheren Temperaturen stellen sie das Wachstum ein oder sterben ab. Viele der im Handel angebote-

Brasilianisches Tausendblatt

nen, sehr dekorativen Pflanzen sind unter kühleren Bedingungen, als sie im normalen Tropenaquarium herrschen, herangezogen worden, so daß viele Aquarienfreunde mit ihrem Kauf schon herbe Enttäuschungen erlitten haben. Man sollte unbedingt darauf achten, eine an Warmwasser angepaßte Art zu wählen, auch wenn diese nicht den dekorativen Wert der Kaltwasserpflanzen erreicht. In Betracht kommt für Warmwasseraquarien in erster Linie die Art *Myriophyllum aquaticum* aus den Tropen Amerikas, die auch über die Wasseroberfläche hinauswachsen kann. Ebenfalls interessant ist die erst seit einigen Jahren eingeführte Art *Myriophyllum mattogrossense*, die sich auch im Warmwasseraquarium sehr gut hält. Bis zu 24° C erträgt die Art *Myriophyllum hippuroides* aus Nordamerika. Alle Pflanzen benötigen sehr viel Licht für ihr Wachstum sowie möglichst klares, gut gefiltertes Wasser,

Teichlebermoos

das frei von Schwebstoffen ist, die sich auf den feinen Blättern sofort ablagern und das Wachstum behindern. Die Vermehrung erfolgt mit Stecklingen.
Teichlebermoos *(Riccia fluitans)*, eine weltweit vorkommende Schwimmpflanzenart, die hohe und tiefe Temperaturen gleichermaßen gut erträgt. Der Pflanzenkörper ist recht einfach aufgebaut, nur etwa 1 mm breit und vielfach verzweigt. Das

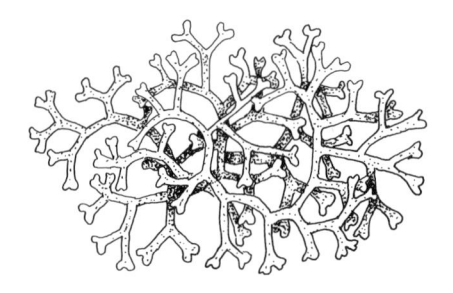

Teichlebermoos

auf dem Wasser schwimmende T. vermehrt sich ungeschlechtlich, lediglich die Landform bildet Sporen aus, und nur sie ist von den anderen verwandten Arten überhaupt unterscheidbar. Das an der Oberfläche treibende dichte, schwammartige Geflecht ist als Versteck für Jungfische sehr geeignet. Bei ausreichender Beleuchtung erfolgt rasches Wachstum. Sollte dieses stocken, ist als erstes ein weitgehender → Wasserwechsel zu empfehlen, da das T. auf Schadstoffanreicherungen sehr empfindlich ragiert.
Teilgürtelbarbe, → Sumatrabarbe.
Teleskopauge, Zuchtform des → Goldfischs.
Telmatherina ladigesi, → Celebes-Segelfisch.
Temperatursinn, bei vielen Arten unvorstellbar fein ausgebildet. Goldfische und Zwergwelse können bereits Temperaturschwankungen von 0,05° C feststellen, andere Arten sogar bis 0,03° C. Man hat zwar inzwischen herausgefunden, daß diese hochempfindlichen Organe in der Haut der Fische liegen, über ihre Funktion ist jedoch nur wenig bekannt, zumal sie mit dem Tastsinn gekoppelt zu sein scheinen.
Tentakel, unterschiedlich gestalteter, meist schlauchförmiger Fangapparat niederer Tiere (z. B. → Seeanemonen).

Territorium, → Revier.
Tetraodon palembangensis, → Kugelfisch, Ring-.
Teufelsangel *(Geophagus jurupari)*, Erdfresser, ein im Amazonas auf Sand lebender Schwarmfisch mit einer sehr auffallenden Körperform, der einen Übergang zwischen den Substrat- und → Maulbrütern darstellt. Die → Eier werden zwar auf einem Stein abgelegt und dort einen Tag lang bewacht, dann jedoch bis zum endgültigen Schlüpfen der Jungen im Maul aufbewahrt. Bei Gefahr können die Jungtiere auch noch ins Maul genommen werden.
Thai-Gürtelbarbe, → Sumatrabarbe.
Thayeria boehlkei, → Schrägschwimmer.
Thermometer, in sehr unterschiedlichen Formen und Qualitäten im Handel erhältlich. Billige T. sind meist sehr ungenau und können um mehrere Grade von der tatsächlichen Temperatur abweichen. Man verwendet daher bei empfindlicheren Fischarten nach Möglichkeit ein geeichtes T. In der Regel handelt es sich um schwimmfähige Geräte, deren luftgefüllter Hohlraum durch Bleigewichte in eine senkrechte Stellung gebracht wird. Am zweckmäßigsten wird das Gerät mit einem Gummisauger an der Aquarienwand befestigt. Weiterhin gibt es noch Bodent., die an ihrem unteren Ende längere Fortsätze tragen, mit denen man sie in den Boden stecken kann.
Thermostat, Gerät zum Betrieb eines → Heizgeräts. Die üblichen T.e bestehen aus einem Bimetall, das sich entsprechend der Wassertemperatur zu einer Seite biegt und dabei einen Kontakt schließt. Dabei ergibt sich jeweils zwangsläufig eine Funkenbildung, so daß die auf diesem Prinzip arbeitenden T.e im Laufe der Jahre defekt werden können, wodurch das Heizgerät meist eingeschaltet bleibt. Besser geeignet sind die inzwischen erhältlichen T.e, die auf elektronischer Basis die Wassertemperatur messen und die Schaltung über ein Relais durchführen. Häufig sind T. und Heizgerät zu einem → Regelheizer kombiniert.
Tierpsychologie, → Verhaltensforschung.
Tigerschmerle *(Botia hymenophysa)*, stammt aus Südostasien, erreicht dort eine Länge von über 20 cm, im Aquarium jedoch nur die Hälfte. Die Art ist im Gesellschaftsaquarium recht gut zu halten, da sie anderen Arten gegenüber sehr friedfertig

Tigerschmerle

ist. Artgenossen sind untereinander jedoch sehr unverträglich. Streitigkeiten werden von meterweit hörbaren Knackgeräuschen begleitet – eine auffällige Besonderheit unter den Aquarienfischen. Die T. lebt überwiegend in Bodennähe, wo sie auch ihre Nahrung sucht und ein Revier abgrenzt. Meist hält sie sich im dichten Pflanzendickicht auf, zusätzlich sind Versteckmöglichkeiten unter Steinen und Wurzeln anzubieten. Am wohlsten fühlt sich die T. bei recht hohen Temperaturen

Thermostat. Ein handelsüblicher Temperaturregler, der mit Gummisaugern an der Innenwand des Aquariums befestigt wird. An einer Kontrolleuchte im unteren Teil des Reglers kann man den jeweiligen Betriebszustand ablesen.

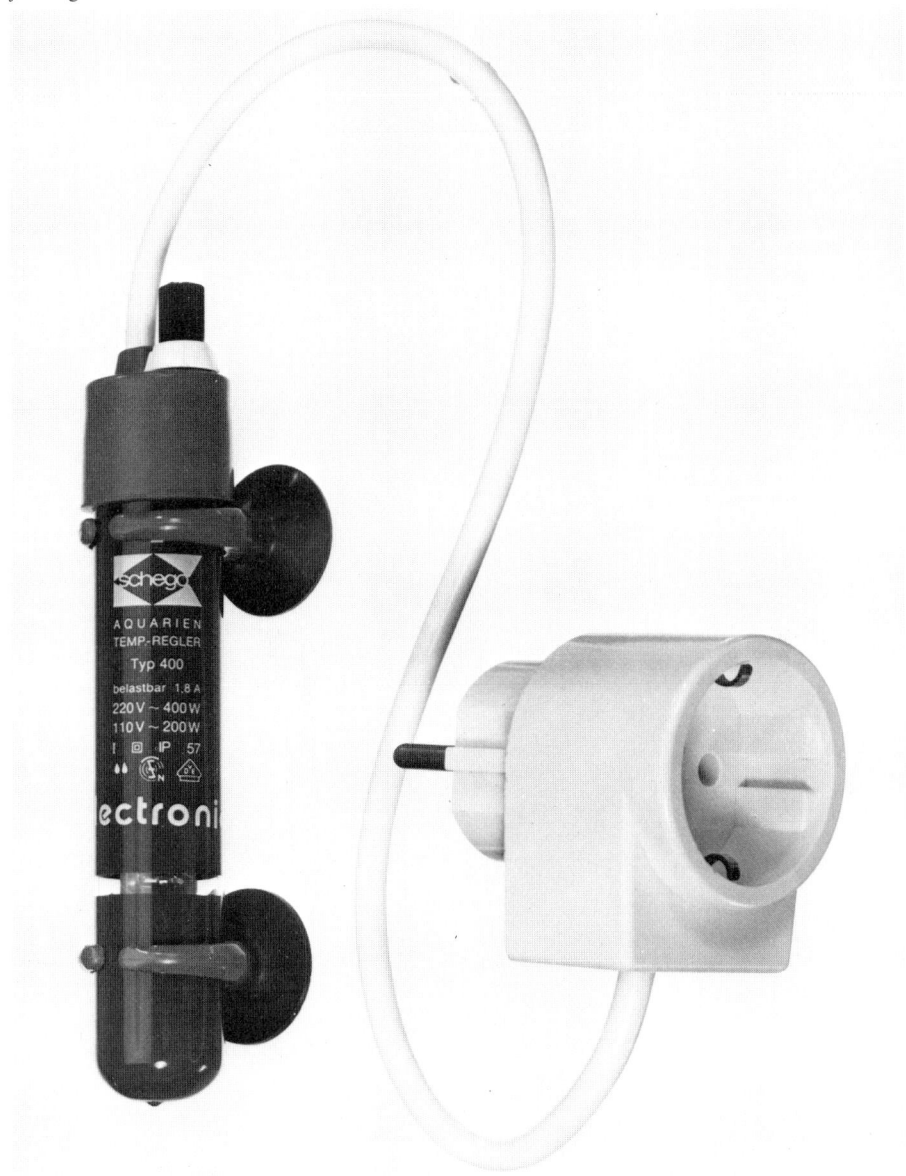

Tilapia brevimanus

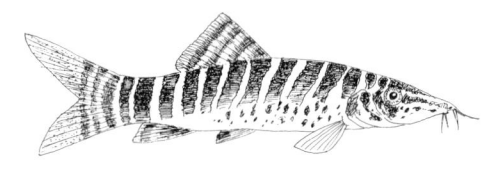

Tigerschmerle

zwischen 26 und 30° C. Gelegentlich gräbt sie sich auch in den Boden ein.
Tilapia brevimanus, eine bis 15 cm lange afrikanische Art, bei der beide Eltern Brutpflege betreiben. Das Gelege befindet sich in einer flachen Grube. Ein ähnliches Verhalten zeigen auch andere Tilapia-Arten, die überwiegend sehr einfach zu halten sind.
Tintenfisch, Gemeiner *(Sepia officinalis)*, eine durch sehr interessantes Fortpflanzungsverhalten gekennzeichnete Art, die in der Gefangenschaft auch mehrfach nachgezüchtet wurde. Die natürlichste Ernährung erfolgt mit lebenden Garnelen. Bei der Haltung gibt es zwei wichtige Probleme: Wenn der T. häufig vor die Aquarienscheiben stößt, wird die Haut von seinem harten Schulp (plattes, kalkiges Rükkenskelett) durchbohrt. Das zweite Problem ist die schwarze Flüssigkeit, die bei Gefahr, oft auch nur bei leichtem Erschrecken, ausgestoßen wird. Sie kann das Becken völlig verdunkeln, in kleinen Behältern führt der hohe Konzentrationsgrad sogar zum Tod des Tieres.
Torf, Pflanzenmaterial, das nach dem Absterben aufgrund spezieller Umweltbedingungen (z. B. Sauerstoffmangel) nicht abgebaut wurde, so daß die ursprüngliche Struktur weitgehend erhalten geblieben ist. Sehr reich an organischen Säuren (bes. → Huminsäuren), die das Wasser enthärten und selbst einen ausgezeichneten → Puffer im schwachsauren Bereich darstellen. Mit T. lassen sich im Aquarium sehr erfolgreich die Bedingungen simulieren, die im tropischen → Schwarzwasser anzutreffen sind, also in den Lebensräumen vieler Zierfischarten. Häufig wird T. auch in → Zuchtaquarien als → Bodengrund verwendet (z. B. → Saisonfische). Nicht alle im Handel erhältlichen Sorten sind gleich gut geeignet. Auf keinen Fall darf Dünget. Verwendung finden! Man sollte entweder den im Fachhandel angebotenen T. benutzen oder fertige T.-Extrakte, in denen die wesentlichen Inhaltsstoffe enthalten sind.
Torfextrakte, käufliche Präparate, in denen die wichtigsten Inhaltsstoffe des → Torfs enthalten sind.
Torffilterung, ein zur Haltung verschiedener Fischarten nahezu unentbehrliches Verfahren, mit dem gleichzeitig mehrere positive Effekte erzielt werden können. Mit diesem → Filtermaterial kann eine wirksame → Enthärtung auch noch mittelharten Wassers erfolgen. Gleichzeitig wird dadurch der → pH-Wert in den schwachsauren Bereich abgesenkt, was wiederum eine Verringerung des Bakterienwachstums zur Folge hat. Ein weiterer wünschenswerter Effekt ist die Anreicherung des Wassers mit verschiedenen → Hormonen, organischen Säuren etc. Für eine stufenweise Enthärtung muß der Torf nach 3–4 Tagen durch neues Material ersetzt werden. Die Braunfärbung des Wassers führt zu einer starken → Absorption des Lichts. Sie wird durch Huminsäuren hervorgerufen, die sich leicht durch → Filterung über → Aktivkohle entfernen lassen.
Toxotes jaculatrix, → Schützenfisch.
Trächtigkeitsfleck, dunkle Region im Hinterleib weiblicher Lebendgebärender → Zahnkarpfen. Die Bezeichnung ist im Prinzip unrichtig, da es sich dabei lediglich um reife → Eier handelt, die noch nicht befruchtet zu sein brauchen.
Trauermantelsalmler *(Gymnocorymbus ternetzi)*, ein sehr beliebter Aquarienfisch, der in weiten Teilen Südamerikas vorkommt. So wie einigen wenigen anderen

Trauermantelsalmler

Arten dieser Gattung fehlen auch dem T. die Schuppen im Nackenbereich. Die Haltung ist sehr einfach und auch Anfängern zu empfehlen, da selbst stärkere Temperaturschwankungen vertragen werden. Sinnvoll ist es, aus mehreren Tieren einen kleinen Schwarm zusammenzustellen, in dem die Zahl der Männchen leicht überwiegen sollte. Eine Zucht ist, da die T. starke Laichräuber sind, mit Aussicht auf Erfolg nur in speziell eingerichteten → Zuchtaquarien möglich, die genügend groß sein müssen. Die → Wasserhärte muß unter 8 dH liegen, das Wasser sollte leicht sauer sein. Bis zu 1000 Eier werden dann von einem Weibchen abgegeben, aus denen nach 24–36 Stunden die Jungfische schlüpfen, die wie üblich mit Kleinstlebewesen aufgezogen werden müssen.

Trichlorofon, ein gegen → Ektoparasiten und Wurmbefall sehr gut wirkendes Mittel, das z. B. unter der Handelsbezeichnung Masoten erhältlich ist. Die Anwendung erstreckt sich in einer Konzentration von 0,4 mg/l über 3 Tage. Die Konzentration kann ggf. erhöht werden, wenn die Reaktion der Fische in einem getrennten Behälter sorgfältig überwacht wird. Die Fische reagieren z. T. sehr unterschiedlich auf T.

Trichogaster leeri, → Mosaikfadenfisch.
Trichogaster trichopterus, → Fadenfisch, Punktierter.
Trichomycteridae, → Schmerlenwelse.
Trichopsis pumilus, → Zwerggurami.
Trichopsis vittatus, → Gurami, Knurrender.
Trigla lucerna, → Knurrhahn, Roter.
Trockenfutter, Flockenfutter, Granulatfutter, ursprünglich eine Bezeichnung für getrocknete → Wasserflöhe, → Mückenlarven etc. die in diesem Zustand lange aufbewahrt werden können, jedoch nur noch einen geringen Nährwert besitzen. Inzwischen gibt es Mischungen im Handel, in denen Fisch-, Muschel- und Krebsfleisch verarbeitet worden ist. Bei guten Futtermitteln werden zusätzlich mineralische und pflanzliche Anteile hinzugemischt. Dieses qualitativ hochwertige Futter wird dann mit kohlenhydratreichen Trägerstoffen vermischt und zwischen einer Walzenanlage gepreßt und getrocknet. Die hauchdünnen plattgepreßten Flocken können im Prinzip zwar relativ einfach dosiert werden, doch zeigt die Praxis, daß in der Regel zuviel gefüttert wird. Das T. quillt im Kontakt mit dem Wasser stark auf, und die nährstoffreichen Kohlehydratzusätze führen bei ausschließlicher Verwendung von T. in der Regel zu einer starken Verfettung der Fische. Dieses Fett lagert sich in erster Linie im Bereich der Leber (→ Fettleber) sowie im Bereich der Geschlechtsorgane ab, was zu einer stark verringerten Fortpflanzungsbereitschaft führt. Bei der Verwendung von T. ist zusätzlich zu beachten, daß es praktisch unter üblichen Lagerbedingungen sehr schnell an Nährwert verliert. Besonders die Vitamine A und C werden im Kontakt mit der Luft schnell abgebaut, Vitamin B ist empfindlich gegen höhere Temperaturen. T. sollte aus diesem Grunde immer kühl, dunkel und trocken gelagert werden. Dies betrifft in gleicher Weise das Granulatfutter, das aus wenigen Millimeter großen Bruchstücken besteht. Diese Darreichungsform ist in erster Linie für größere Fischarten geeignet. Die Futterqualität der verschiedenen Hersteller ist sehr unterschiedlich. Da die Inhaltsstoffe meist nicht auf den Verpackungen angegeben werden, ist es dem normalen Aquarianer in der Regel nicht möglich, die Qualität eines Futters beurteilen zu können. Bei den einfach zu pflegenden Fischarten (Guppy, Platy, Black Molly) spielt dies praktisch keine Rolle, da sie sehr zäh sind und auch ausschließlich mit Trockenfutter ernährt werden können. Trotz verschiedener Spezialmischungen, die es für etwas empfindlichere Arten heute bereits im Handel gibt, wird Trockenfutter für den ernsthaften Aquarianer immer eine Notlösung bleiben. Qualitativ gutem Lebendfutter ist besonders bei empfindlicheren Arten immer der Vorzug zu geben, und auch nur mit dieser Fütterung sind etwas ausgefallenere Zuchterfolge zu erreichen. Erwähnt sei in diesem Zusammenhang noch → gefriergetrocknetes Futter, bei dem die ursprüngliche Qualität des Lebendfutters weitgehend erhalten bleibt.

Trockenperiode, kann von vielen Arten, die über zusätzliche Organe für die → Atmung verfügen, schadlos überstanden werden (→ Lungenfische).

Trugkölbchen (*Heteranthera zosterifolia*), Wasserpflanze aus Brasilien und Bolivien. Obwohl diese Art einen über 1 m langen Stengel ausbilden kann, bleibt sie im Aquarium bei reichlicher Beleuchtung so

T-Stücke

Seegrasblättriges und Grasblättriges Trugkölbchen

klein, daß sie nur gelegentlich beschnitten werden muß. Zur Blütezeit werden einige etwa 10 cm lange löffelförmige Schwimmblätter ausgebildet, die zwei bläuliche Blüten tragen. Das Wasser sollte nicht zu hart sein und regelmäßig gewechselt werden. Eine Vermehrung ist problemlos über Stecklinge möglich, die rasch ein dichtes Wurzelgeflecht bilden.

T-Stücke, einfache Abzweigungen für Druckluftschläuche, die aus Metall oder Kunststoff bestehen können.

Tubifex-Würmer, häufig als Fischfutter verwandte Tiere, die in stark abwasserbelasteten Seen und Bächen oft massenhaft vorkommen. Sie leben mit dem Kopf eingegraben in einer Schlammröhre, in die durch den frei im Wasser schwingenden Hinterleib laufend frisches Atemwasser hineingepumpt wird. Bei Gefahr (kleinste Erschütterung etc.) ziehen sich die T.-W. sofort in ihre Schlammröhre zurück. Sie sind zwar im Prinzip als Aquarienfutter sehr gut geeignet, doch der hohe Verschmutzungsgrad ihrer Gewässer sollte zur Vorsicht mahnen. Je konzentrierter das Vorkommen ist, desto skeptischer sollte man sein. In jedem Fall empfiehlt es sich, die Würmer zunächst einen Tag lang in schwachfließendem Wasser zu halten, damit wenigstens der Darm entleert wird. Die Aufbewahrung in sauberem Wasser wird von den Würmern allerdings nur sehr schlecht vertragen, sie halten sich höchstens 5–10 Tage lang. Der Fang ist recht einfach: Kleinere Mengen kann man problemlos aussieben, größere Mengen werden zusammen mit der Schlammschicht in ein hohes Wassergefäß gebracht und mit Sand überdeckt. Im Schlamm tritt sehr schnell Sauerstoffmangel ein, so daß die T.-W. nach oben ausweichen, um in sauerstoffreichere Zonen zu kommen. Dabei dringen sie durch die Sandschicht in den Freiwasserraum ein, wo sie leicht abgesammelt werden können. Problematisch kann ihre Verfütterung sein, wenn sie sich im Aquarienboden verkriechen. Sie sterben dort wegen der hohen Temperaturen sehr schnell und bilden Fäulnisherde, die zu einer Destabilisierung des Aquariums führen können. Zur Verfütterung der T.-W. gibt es daher spezielle schwimmfähige Siebe, durch deren kleine Öffnungen die Würmer nach einiger Zeit hindurchkriechen und von den Fischen abgesammelt werden können. Sollen bodenlebende Fische damit gefüttert werden, muß entsprechend vorsichtig dosiert werden.

Tümpelaquarium, Aquarium ohne Fische! Die Gewässerbiologen nennen ein Gewässer zwar nur dann Tümpel, wenn es im Sommer austrocknet, dieser Begriff ist jedoch normalerweise relativ dehnbar. In ein T. kann man daher auch gut etwa Insektenlarven einsetzen, die mehrere Jahre für ihre Entwicklung brauchen (z. B. Libellenlarven). In einem gut gepflegten T. findet man eine derart reichhaltige Tierwelt, so daß es immer etwas zu betrachten gibt. Man kann hier auch das beobachten, was man in einem normalen Aquarium stets zu vermeiden sucht: Der Stärkere und besser Angepaßte frißt den Schwächeren und Andersspezialisierten. Man sollte jedoch einen Fehler nicht machen: Die Vielfalt der Kleingewässer verführt immer dazu, zu viele Tiere mit nach Hause zu nehmen. Besonders die Beutegreifer, (Libellenlarven, Wasserskorpione, Stabwanzen etc.) dürfen nur in geringen Mengen mitgenommen werden. Ein T. ist nicht so temperaturempfindlich wie ein typisches Kaltwasseraquarium. Die Temperatur kann ruhig deutlich über 20° C ansteigen, jedoch muß dann für einen reichhaltigen Pflanzenwuchs sowie eine gute Beleuchtung gesorgt werden.

Tüpfelbärbling

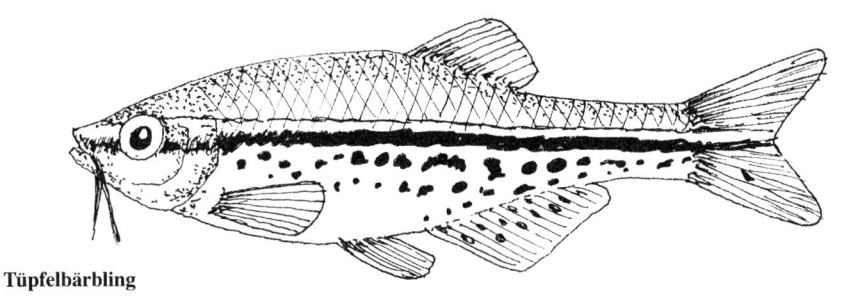

Tüpfelbärbling *(Brachydanio nigrofasciatus)*, eine aus Burma stammende Art, die eine etwas geringere Vitalität hat als der nah verwandte → Zebrabärbling. Im Unterschied zu diesem verlangt sie auch deutlich höhere Wassertemperaturen (um 25° C). Die Zucht ist recht schwierig, da der T. in der Nähe feinblättriger Wasserpflanzen nur relativ wenige Eier legt, die darüber hinaus zu einem erheblichen Teil unbefruchtet sind. Da die Fische auch noch starke Laichräuber sind, wird empfohlen, jeweils einen ganzen Schwarm durch Temperaturerhöhung etc. in Laichstimmung zu bringen und das Becken dabei abzudunkeln.

Tüpfelbuntbarsch *(Aequidens curviceps)*, ein nur etwa 8 cm langer Fisch aus dem Amazonasgebiet. Eiablage und Besamung erfolgen nicht wie bei vielen anderen Arten gleichzeitig. Das Weibchen klebt zunächst eine Anzahl → Eier auf einen vorher sorgfältig gereinigten Stein. Erst dann erfolgt die Besamung durch das Männchen. Die Bewachung der Brut erfolgt von beiden Elterntieren gemeinsam.

Tüpfelhechtling, → Pachypanchax-Arten.

Turmdeckelschnecken *(Melanoides tuberculata)*, werden ganz sicher irgendwann einmal ins Aquarium eingeschleppt. Sie haben dort eine ähnliche Funktion wie der Regenwurm im Garten: Die bodenlebenden Tiere suchen dort nach Nahrung und durchwühlen dabei die obersten Schichten. Dadurch kann sauerstoffreiches Wasser eindringen, das eine Fäulnis verhindert. Auch kleinere Aquarien können Hunderte dieser etwa 2 cm großen Schnecken enthalten, ohne daß diese tagsüber sichtbar werden. Nachts hingegen kommen sie relativ häufig aus dem Boden heraus. Sollten sie dies auch tagsüber einmal tun, so ist das ein aktuelles Alarmsignal! Der Boden ist durch Fäulnisprozesse so sauerstoffarm geworden, daß die T. ihn zu meiden versuchen.

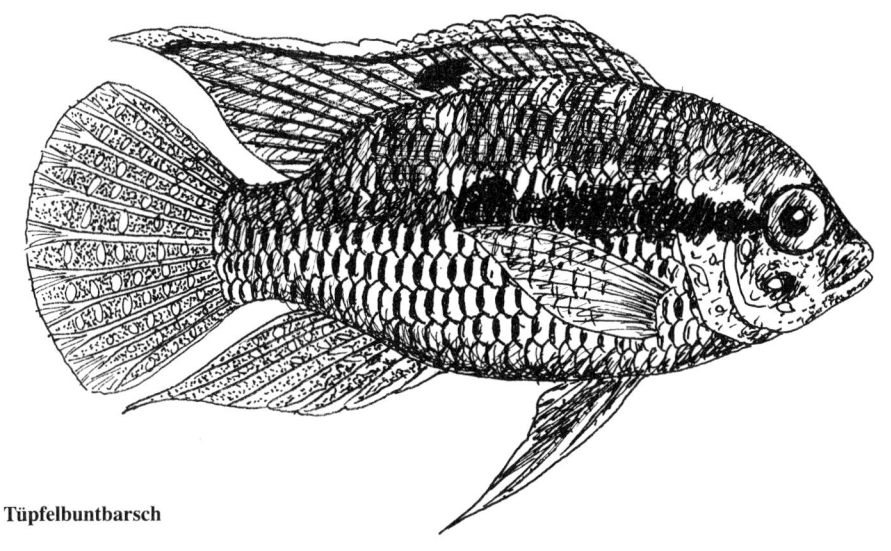

Tüpfelbuntbarsch

Überlaufrohr

Überlaufrohr, verbindet zwei gleich hochstehende Gefäße und sorgt für einen Ausgleich des Wasserspiegels. Es wird im Zusammenhang mit einem → Steigrohr bei → Außenfiltern angewandt. Die Konstruktion ist zwar sehr einfach, leider aber auch entsprechend anfällig und umständlich. Wenn im Wasser gelöste Gase innerhalb des Rohres austreten, tragen sie zur Bildung einer Luftblase bei, die sich an der höchsten Stelle des Ü.s sammelt und bei ausreichender Größe den Durchfluß unterbricht. Sehr mühsam kann auch das Füllen und Einsetzen des Ü.s in den Außenfilter sein. Dafür wird es vollständig unter Wasser getaucht, so daß sämtliche Luft entweicht. Während eine Öffnung unter der Wasseroberfläche bleibt, wird die andere mit einem Finger verschlossen, in den Außenfilter eingeführt und unterhalb des Aquarienwasserspiegels wieder geöffnet. Bei einer Unterbrechung ist also jedesmal die Entfernung der Abdeckscheibe, sowie ggf. der gesamten → Beleuchtung erforderlich.

Ultraviolettstrahler, ein zur Qualitätsverbesserung des Aquarienwassers eingesetztes Gerät. Durch die kurzwelligen Strahlen werden Bakterien und Algen zuverlässig abgetötet, Eiweißverbindungen denaturiert, so daß sie ausflocken und leicht ausgefiltert werden können. Das Wasser wird in einer dünnen Schicht um den Strahler herumgeführt. Dieser kann je nach Konstruktion innerhalb oder außerhalb des Aquariums angebracht werden. In jedem Fall sollte eine Filterstufe mit Perlonwatte vorgeschaltet sein, um eine Verschmutzung zu vermeiden. Betriebsdauer und Lichtintensität müssen äußerst sorgfältig auf das Aquarium abgestimmt sein. Durch eine intensive UV-Bestrahlung kann → Nitrat in giftiges → Nitrit umgewandelt werden, so daß ihre Verwendung nur in dem Fall empfehlenswert erscheint, wenn auf regelmäßige → Wasserwechsel geachtet wurde.

Unverträglichkeit zwischen Pflanzen, häufig festzustellende, scheinbare oder aber tatsächliche Unterdrückung bei Wasserpflanzen.

undichte Stellen, gelegentlich bei → Gestellaquarien zu finden, die mit → Kitt abgedichtet wurden. Der Schaden tritt in der Regel bei Druckveränderungen auf, häufig nach einem Transport. Die dauerhafteste Lösung ist, wenn man den Kitt weitgehend entfernt und durch → Silikonkautschuk ersetzt. Oft hilft allerdings auch schon einfaches Abwarten. Die zahlreichen Schwebstoffe im Wasser setzen die Lücke im Kitt im allgemeinen schon nach wenigen Tagen zu, so daß der Wasserfluß aufhört.

Urlaub, auch bei mehrwöchiger Dauer bei Süßwasserfischen unproblematisch. Empfehlenswert ist die Anbringung eines Futterautomaten und einer Beleuchtungsschaltuhr. Die täglichen Futterrationen können ruhig gekürzt werden, notfalls kommen die Fische auch 1 bis 2 Wochen völlig ohne Futter aus. In den letzten 2 Monaten vor der Abreise sollten keine neuen Fische mehr angeschafft werden, damit keine Eingewöhnungsprobleme und in deren Folge Krankheiten auftreten. Zur Sicherheit kann man jedoch einen befreundeten Aquarianer bitten, gelegentlich nach den Fischen zu sehen, da sich etwaige Probleme im Anfangsstadium am besten lösen lassen. Schwieriger ist schon die Urlaubsvertretung für ein → Meerwasseraquarium. Zwar kann auch bei den meisten der darin gehaltenen Arten die Fütterung einmal für mehrere Tage übersprungen werden, Wasserveränderungen und technische Defekte, z. B. an den Pumpen, zeigen jedoch in kurzer Zeit katastrophale Auswirkungen. Diese müssen natürlich von der Urlaubsvertretung auch erkannt und notfalls abgestellt werden können.

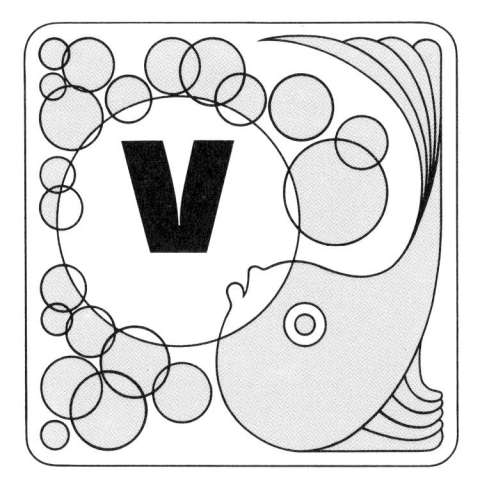

Vallisneria gigantea, → Vallisnerie, Riesen-.
Vallisneria spiralis, → Sumpfschraube, Gemeine.
Vallisnerie, Riesen- *(Vallisneria gigantea)*, besonders großwüchsige Vallisnerienart, die auf Neuguinea und den Philippinen heimisch ist. Die Blätter werden bis zu 2 m lang und 3 cm breit, so daß nur sehr große Aquarien geeignet sind, diese Pflanze aufzunehmen (→ Vallisnerie).
Vaterfamilie, → Brutpflege.
vegetarische Nahrung, für viele Fischarten erforderlich, schon um die Wasserpflanzenbestände zu schonen. Häufig werden Kopfsalat und Spinat gereicht, die vorher mit heißem Wasser zu überbrühen sind. Es ist darauf zu achten, daß dieses Futter frei von chemischen Schädlingsbekämpfungsmitteln ist, die bereits in geringer Menge für die Fische tödlich wirken (→ Vergiftungen).
Verdünnung von Medikamenten, viele → Medikamente wirken nicht nur bei der Bekämpfung der jeweiligen → Fischkrankheit, sondern auf die Fische selbst auch giftig. Die richtige Dosierung ist aus diesem Grund die Voraussetzung einer jeden erfolgreichen Behandlung. In den wenigsten Haushalten dürften Waagen vorhanden sein, mit denen sich die erforderlichen geringen Mengen exakt wiegen lassen. Ein genaues Ausweigen in der Apotheke hilft nur im Einzelfall. Oft ist es billiger, eine größere Menge relativ ungenau abzuwiegen, diese in einer bestimmten Wassermenge aufzulösen und einen Teil dieses Wassers jeweils weiter zu verdünnen. Lassen sich etwa nur 10 g hinlänglich genau abwiegen, so wird diese Menge z. B. in 10 l Wasser gelöst. Man hat dann bereits eine Konzentration von 1 g/l. Wenn man von dieser Lösung nun 9 l wegschüttet und den Rest wieder auf 10 l auffüllt, so hat man eine Konzentration von 0,1 g/l. Auf diese Weise sind auch mit einfachen Mitteln recht genaue geringe Konzentrationen herzustellen.
Vergiftungen, treten in Aquarien relativ häufig auf. Sie äußern sich meist in einer → Verhaltensänderung der Fische, die oft in panikartiger Flucht aus dem Becken zu entkommen suchen. In vielen Fällen erfolgt die Vergiftung durch → Nitrit, seltener durch → Ammoniak, → Nitrat und → Kohlendioxyd. Gelegentlich treten Schwermetallvergiftungen durch → Kupfer und → Zink auf, die meistens schon durch die Wasserleitungen verursacht werden. Unterschätzt wird allgemein auch die Wirksamkeit von → Insektiziden, die im Zimmer versprüht, oft aber auch von den Fischen mit vegetarischer Nahrung aufgenommen werden. In Zimmern, in denen regelmäßig geraucht wird, ist ebenfalls ein schädigender Einfluß zu erwarten. Notfalls sollte man die in das Aquarium eingetragene Luft vorher durch eine → Gaswaschflasche leiten. Relativ selten sind V. durch mangelhaftes Futter. Feucht gewordenes und schimmelndes Futter sollte nicht benutzt werden, da die meisten Pilzarten giftige Mykotoxine bilden.
Verhaltensänderungen, häufig Folge der → Gefangenschaftsbedingungen. Neben oft sich nun als sinnlos erweisenden → Instinkthandlungen sind besonders V. von Interesse, die von dem unter Aquarienbedingungen üblichen Verhalten abweichen. Dazu gehören z. B. eine beschleunigte Atmung, veränderte Schwimmgewohnheiten etc. Oft handelt es sich um ernst zu nehmende → Fischkrankheiten. Schnelle, ruckartige Schwimmbewegungen, bei denen die Fische auch mit den Scheiben kollidieren oder versuchen, über die Wasseroberfläche zu springen, sind typisch für → Vergiftungen, die → Säurekrankheit oder die → Laugenkrankheit. Bei vielen Krankheiten ist die Atemtätigkeit beschleunigt. Einem geübten Beobachter fällt dies sofort auf. Anfänger sollten sich frühzeitig Inten-

Verhaltensforschung

sität und Häufigkeit der Kiemendeckelbewegungen notieren (→ Atmung). Die Beschleunigung läßt auf Sauerstoffmangel, zu hohe Nitrit- oder Ammoniakwerte schließen. Zu empfehlen ist ein sofortiger Teilwasserwechsel. Tritt auch dann keine Besserung ein, so besteht der Verdacht auf Kiemenparasiten (→ Fischkrankheiten). Häufig werden V. auch durch Blut- oder Hirnparasiten hervorgerufen, die jedoch nicht leicht zu erkennen sind (festzustellen evtl. durch fehlenden → Augenreflex).

Verhaltensforschung, Ethologie, Tierpsychologie, Wissenschaft vom (meist tierischen) Verhalten. Die vergleichende V. (Ethologie) vergleicht das Verhalten bei nah verwandten oder ähnliche Verhaltensweisen bei unterschiedlichen Arten. Dabei hat sich z. B. gezeigt, daß die Verhaltensweisen genauso kontinuierlich ausgebildet und variiert werden können wie körperliche Eigenschaften. Aufgrund ähnlicher Verhaltensweisen lassen sich z. B. häufig verwandtschaftliche Beziehungen aufzeigen, die wegen körperlicher Merkmale nicht so leicht zu ermitteln sind. Erst durch einen Vergleich läßt sich oft auch der biologische Wert scheinbar unsinnigen Verhaltens erkennen. Das Verhalten der Fische ist bereits frühzeitig zu einem Schwerpunkt der V. geworden. Dies ist in erster Linie darauf zurückzuführen, daß – anders als bei größeren landlebenden Arten – viele Fische leicht artgemäß in Aquarien zu halten und zu beobachten sind. Vor allen Dingen die → Buntbarsche haben eine wichtige Rolle gespielt, um die → Evolution bestimmter Verhaltensweisen und → Färbungen des Körpers transparent zu machen. Unentbehrlich für die V. ist eine gute Beobachtungsgabe, aber diese allein reicht keinesfalls aus. Sie ist als exakte Naturwissenschaft darauf angewiesen, die von ihr angestellten Versuche reproduzierbar zu machen. Denn selbst noch so interessante Einzelbeobachtungen können durch Gefangenschaftshaltung bedingte Fehlleistungen sein. Erst wenn ein Tier in der gleichen Situation regelmäßig dasselbe Verhalten zeigt, kann dies als typisch für die Art und die jeweilige Situation gewertet werden. Die V. befaßt sich aus diesem Grunde in der Regel mit gut zu haltenden Arten, deren Zucht meistens unproblematisch ist.

Verletzungen, treten häufig während des Transports oder durch das → Kampfverhalten, das unter → Gefangenschaftsbedingungen äußerst brutal werden kann, auf. Da Fische über erhebliche Fähigkeiten zur → Regeneration verfügen, heilen solche Wunden, auch ganze Flossenverluste, sehr schnell. Häufig bilden sie jedoch einen Herd für Bakterien- oder Pilzinfektionen, so daß größere Wunden mit → Rivanol behandelt werden sollten.

Vesicularia dubyana, → Javamoos.

Vieraugenfisch *(Anableps anableps),* ein wegen seiner interessanten Augen bekannter Fisch (→ Sehvermögen). Eine Besonderheit ist auch der Bau der → Begattungsorgane, so daß sich eine ausgeprägte → Seitenspezialisierung ergibt. Die Fische halten sich immer direkt unter der Wasseroberfläche auf und beobachten den darüberliegenden Luftraum. Sie sind auf die Erbeutung von Fluginsekten spezialisiert und sollten auch entsprechendes Futter erhalten. Das Becken ist gut abzudecken, da die Art hervorragend springt. Die Jungen dieser bis zu 35 cm lang werdenden Fische werden jeweils nur zu wenigen Tieren lebend geboren. Sie haben dann schon eine Länge von 5 cm.

Viskosität, Widerstand, den Wasser, Luft oder ein anderes Medium einem bewegten Körper entgegensetzen. Die V. läßt sich also (etwas ungenau) mit «Zähigkeit» oder «Widerstandskraft» übersetzen. Sie hängt in erster Linie von der Temperatur ab, ist bei Wasser von 25° C nur noch halb so groß wie bei einer Wassertemperatur von 0° C. Die V. hat entscheidende Auswirkungen vor allen Dingen auf die Schwebefähigkeit des → Planktons.

Vitamine, können in fertigen Präparaten dem Süß- und Meerwasser zugesetzt werden. Ihr Fehlen ruft gelegentlich Mangelerscheinungen und Hautveränderungen hervor, die bei Meerwasserfischen oft symmetrisch auf beiden Seiten des Kopfes erscheinen.

vivipar, → lebendgebärende Arten.

Vollglasaquarium, nur in relativ geringer Größe herstellbar und gegen starke Temperaturschwankungen (Auswaschen mit heißem Wasser) sehr empfindlich. Die Betrachtung der Fische wird durch die verzerrende, gewellte Glasoberfläche erschwert. Eigentlich sinnvoll ist das V. nur als → Zuchtaquarium.

Wachsrose *(Anemonia sulcata)*, stammt aus Westafrika, ist aber auch in Mittelmeer und Atlantik bis Schottland und Norwegen zu finden. Sie erreicht einen Durchmesser bis 10 cm und ist im Aquarium gut zu halten, da sie sehr zählebig ist. Die Fütterung ist problemlos. Die eierlegende W. ist allerdings nicht für ein Gesellschaftsbecken geeignet.

Warmwasseraquarien, erheblich einfacher zu pflegen als → Kaltwasseraquarien. Man kann leichter mit einer kleinen Heizung eine etwas erhöhte Temperatur herstellen als mit Hilfe einer Kühlung eine niedrige. Verschiedene Warmwasserfische kommen völlig ohne Heizung aus. In der Regel reicht eine relativ gleichmäßige Zimmertemperatur zwischen 20 und 22° C. Viele Arten vertragen darüber hinaus starke Temperaturschwankungen. Deutlich empfindlicher sind jedoch die aus den Tropen stammenden Arten. Viele von ihnen verlangen hohe Wassertemperaturen von 25° C und mehr, die den Einsatz eines → Thermostaten voraussetzen. Die geringe Sauerstofflöslichkeit bei diesen tropischen Temperaturen erfordert ein starkes Pflanzenwachstum, eine intensive → Filterung sowie Vorrichtungen für einen verstärkten → Sauerstoffeintrag.

Warnfärbung, häufig bei giftigen und wehrhaften Arten anzutreffen. Ein bekanntes Beispiel ist der → Rotfeuerfisch, der einem gepanzerten Schlachtschiff ähnelt und sich eine entsprechend bedächtige Schwimmweise leisten kann. Die meisten W.en richten sich jedoch gegen konkurrierende Artgenossen. Sie sind selten bei Schwarmfischen, meistens bei revierbildenden Arten anzutreffen. Eine sehr plakative Körperfärbung ist natürlich nur dann vertretbar, wenn die Gefährdung durch Beutegreifer entsprechend gering ist. Sehr farbenprächtige Arten findet man daher in der Regel nur in flachen Gewässern (z. B. → Fadenfische) oder sogar in zeitweise austrocknenden Gewässern (z. B. Eierlegende → Zahnkarpfen). Auch Korallenfische können sich ihre prächtige Färbung leisten, da sie bei Feindannäherung rasch im Spaltengewirr der Korallen verschwinden können. Bei jüngeren, noch nicht revierbildenden Tieren kann die W. fehlen (→ Jugendfärbung).

Wasser, ein Molekül, das aus zwei Wasserstoff- und einem Sauerstoffatom aufgebaut ist. Nur destilliertes Wasser weist diese Zusammensetzung auf. Im Normalfall ist im Wasser jedoch noch eine Vielzahl weiterer chemischer Substanzen gelöst. Neben natürlichen Salzen und Säuren findet man inzwischen noch etwa 60 000 chemische Substanzen, die künstlich in die Umwelt gebracht werden. In der Regel wird man bei der Einrichtung des Aquariums auf → Leitungswasser angewiesen sein. Für verschiedene empfindlichere Fischarten reicht dessen Qualität nicht aus, so daß zunächst noch eine → Wasseraufbereitung erfolgen muß. Wichtige Eigenschaften des W.s sind seine → Viskosität, die → Oberflächenspannung, die Diffusionsfähigkeit im Zusammenhang mit der → Osmose sowie seine Fähigkeit, eine Vielzahl von Stoffen zu lösen. Ein interessantes Phänomen ist auch seine «Anomalie»: Während bei fast allen Stoffen die Dichte bei abnehmenden Temperaturen zunimmt, besitzt W. seine größte Dichte bei 4° C, die bei höheren und tieferen Temperaturen wieder abnimmt. Nur durch diesen glücklichen Umstand können Fische in unseren Breiten überleben. Eis ist leichter als W. und sinkt deshalb nicht zu Boden, sondern treibt auf der Oberfläche. Die Fische können so in tieferen Schichten überleben.

Wasserähre, Bucklige *(Aponogeton boivinianus)*, aus Madagaskar stammende Art, wird in letzter Zeit häufiger angeboten. Die Blätter werden bis zu 50 cm lang und sind auf der Oberfläche stark gewellt.

Wasserähre, Gewelltblättrige *(Aponogeton undulatus)*, eine Pflanze, die besonders leicht zu halten ist. Im Gegensatz zu den meisten anderen Arten wachsen relativ leicht Blütenstiele, an denen sich dann allerdings nicht die Blüten, sondern Jungpflanzen bilden. Diese bieten die Möglichkeit, auf die Einhaltung der biologisch sinnvollen Ruheperioden zu verzichten. Man hat immer ausreichendes Pflanzenmaterial, um den Verlust der Mutterpflanze zu ersetzen. Diese Eigenschaft sowie die relativ geringe Höhe von etwa 25 cm machen diese Art auch für kleinere Aquarien und für Anfänger geeignet.

Wasserähre, Krause *(Aponogeton crispus)*, Ursprungsland dieser Art ist Ceylon, doch gibt es so viele unterschiedliche Varietäten und Kreuzungen, daß völlig unklar ist, wie eng die überwiegend im Handel angebotenen Arten mit dieser Urform noch verwandt sind. In erster Linie dürfte es sich um Bastarde handeln, die sich bereits sehr weitgehend an das Leben im Aquarium angepaßt haben. Diese Pflanzen ertragen z. B. besser als die anderen Wasserähren das «Überspringen» einer Ruheperiode. Die Blätter werden zwar weitgehend aufgelöst, treiben jedoch nach einigen Wochen erneut aus. Dennoch sollte man diese recht rücksichtslose Behandlung nicht zur Regel werden lassen.

Wasserähre, Leder- *(Aponogeton rigidifolius)*, eine Wasserpflanzenart mit recht harten, lederartigen Blättern, die sehr leicht abbrechen. Im Gegensatz zu den meisten anderen Wasserähren ist eine Ruheperiode mit Wachstumsstillstand nicht ausgeprägt. Die dunkelgrün bis rötlichbraun gefärbten Blätter dieser Pflanze erreichen in der ceylonesischen Heimat eine Länge von etwa 1 m, bleiben im Aquarium jedoch deutlich kleiner. Sie sind durch einen sehr breiten Mittelnerv gekennzeichnet. Diese Art benötigt helles Licht sowie regelmäßige → Wasserwechsel und ein ausreichendes Kohlendioxydangebot.

Wasserähre, Ulvablättrige *(Aponogeton ulvaceus)*, eine sehr dekorative Wasserpflanzenart aus Madagaskar. Beim Kauf dieser Pflanze sollte man sich nicht durch eine anfänglich geringe Größe täuschen lassen. Innerhalb weniger Monate können die Blätter eine Länge von 50 cm erreichen. Sie sind bis zu 10 cm breit und auffällig stark gewellt, manchmal sogar schraubenförmig gedreht. Ein rasches

Krause Wasserähre

Ulvablättrige Wasserähre

Wachstum setzt natürlich eine sehr gute Beleuchtung und eine intensive Bodengrunddüngung voraus. Im Winter verlangsamt sich das Wachstum, und in der Zeit von Januar bis März sollte man der U. W. eine Ruheperiode gönnen, in der sie bei kühleren Temperaturen gehalten wird. Dies muß nicht unbedingt unter Wasser geschehen. Von Mai bis Juli und von Oktober bis Dezember bilden sich bis zu 1 m lange Blütenstengel und Blüten, die jedoch nur mit dem Blütenstaub einer anderen Pflanze bestäubt werden können. Häufig kommt es auch anstelle der Blütenbildung zur Ausbildung von Jungpflanzen, wie es bei den → Schwertpflanzen häufig geschieht. Damit kann bei Bedarf der Bestand erweitert werden. Die Pflanze eignet sich nur für geräumige Aquarien.

Wasserähren *(Aponogetonaceae)*, Pflanzenfamilie mit der einzigen Gattung *Aponogeton* und 27 bekannten Arten; weitverbreitete Wasserpflanzen aus den Tropen Afrikas, Asiens und Australiens. Charakteristisch ist die Bildung von Knollen, die einen Durchmesser von mehreren Zentimetern erreichen können. Sie dienen als Speicher für Reservestoffe und sind damit eine Anpassung an die längeren Ruheperioden gewöhnt, die die meisten Arten benötigen. Auch andere Wasserpflanzen haben im Freiland solche Ruhepausen, doch unter den gleichmäßigen Aquarienbedingungen wachsen sie das ganze Jahr über gleich gut. Die W. benötigen jedoch für ihr Wohlbefinden alljährlich eine mehrwöchige, ja teilweise sogar eine mehrmonatige Ruhepause, in der sie ihre Blätter zurückbilden. In dieser Zeit brauchen sie eine tiefere Temperatur, so daß es erforderlich ist, sie aus dem Tropenaquarium zu entfernen. Das Ausgraben und erneute Einpflanzen bringt natürlich jedesmal erhebliche Eingriffe mit sich. Jeder Aquarianer muß daher selbst entscheiden, ob der hohe dekorative Wert dieser Pflanzen den erheblichen Pflegeaufwand lohnt. Vor einem Überspringen dieser obligatorischen Ruhephasen sei gewarnt. Die Pflanzen sterben früher oder später ab. Da viele W. oft nur als Knollen angeboten werden, läßt man sich beim Kauf gelegentlich auf ein «Lotteriespiel» ein, denn manche Arten werden sehr groß und sind für kleinere Aquarien bis 100 l ungeeignet. Bei der Artbestimmung kommt noch hinzu, daß sich aus verschiedenen Arten leicht Mischlinge heranziehen lassen, die häufig im Handel auftauchen und bei den Pflanzensystematikern eine erhebliche Verwirrung stiften. Bei geeigneter Haltung kommt es relativ leicht zur Blütenbildung, wobei man der Bestäubung mit einem kleinen Pinsel nachhelfen kann. Sehr rasch bilden sich dann die Samen heran, die eine Zeitlang auf der Wasseroberfläche treiben, dann zu Boden sinken und sich bewurzeln.

Wer die Vermehrung systematisch betreiben will, kann die Fruchtstände mit einem kleinen Mullbeutel umgeben, in dem sich die Samen sammeln. Anschließend werden sie in einen flachen Behälter eingesät, in dem sich eine 2 cm hohe Schicht aus feinem, lehmhaltigem Sand, etwas → Aktivkohle und ausgekochter → Torf befindet. Im Abstand von wenigen Zentimetern werden mit einem kleinen Stift etwa 5 mm tiefe Löcher in den Boden gedrückt, in die die Samen gelegt werden. Das Becken wird ganz langsam bis zu einem Wasserstand von 1 cm aufgefüllt, den man mit dem fortschreitenden Wachstum der Pflanzen weiter anhebt. Vorteilhaft für diese Kultur ist ein heller – jedoch nicht sonniger – Platz.

Wasseranalyse, häufig erforderlich, um über eine spezielle → Wasseraufbereitung des → Leitungswassers z. B. → Zuchtwasser mit bestimmten Eigenschaften herstellen zu können. Viele der in der Aquaristik angewandten Methoden ähneln den in speziellen Labors eingesetzten Verfahren, sind jedoch häufig einfacher und damit leider auch ungenauer. Dennoch erlauben sie eine zumindest größenordnungsmäßige Abschätzung der gesuchten Werte. Je genauer gearbeitet wird, desto präziser ist die Messung. Am einfachsten ist die Handhabung mit Teststäbchen. Sie werden in der Regel nur in das Wasser getaucht und nehmen innerhalb kurzer Zeit eine für den Zustand des Wassers typische Färbung an. Diese kann mit einem Farbmuster verglichen werden, so daß man sehr schnell relativ genaue Werte erhält. Auf diese Weise ist es möglich, z. B. die → Wasserhärte, den → pH-Wert, den → Nitritgehalt etc. zu messen. Etwas aufwendiger, meist jedoch genauer, sind Messungen mit einem → Kolorimeter. Mit dieser Grundausstattung kann man praktisch alle Probleme lösen. Die bei der W. eingesetzten elektrischen Geräte sind nur dann interessant, wenn sie regelmäßig gebraucht werden. Sie setzen meist eine bestimmte Eichung voraus, die bereits sehr zeitaufwendig ist und mit hoher Genauigkeit praktisch für jede Meßreihe durchgeführt werden muß. Diese Instrumente gibt es u. a. für die Messung des pH-Wertes, des Sauerstoffgehalts, der elektrischen Leitfähigkeit des Wassers (Hinweis auf den Salzgehalt) und des Redoxpotentials etc. Die

Wasseraufbereitung

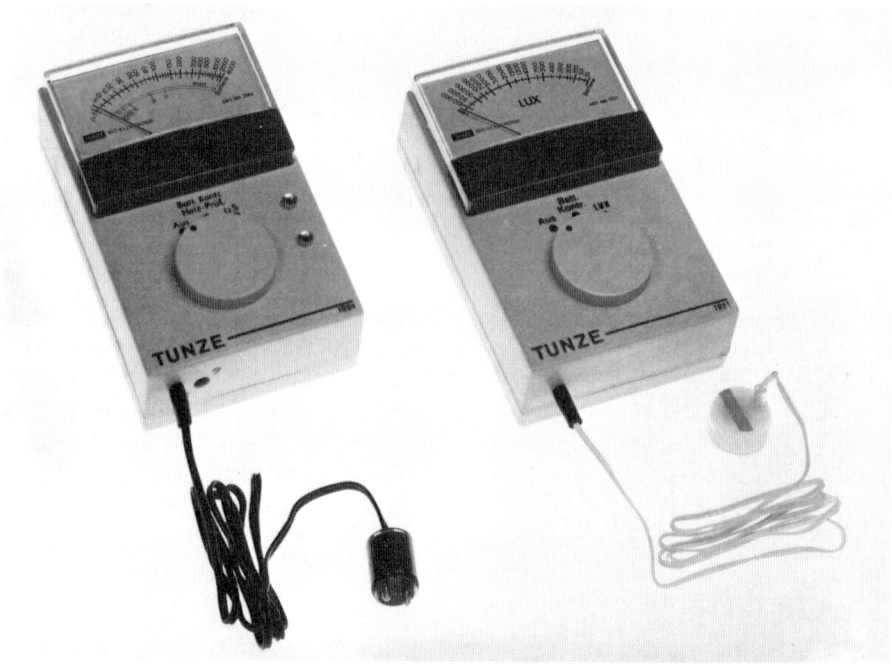

Wasseranalyse. Elektronische Meßgeräte gibt es in analoger Ausführung (Zeigerausschlag) oder mit einer digitalen Anzeige, bei welcher der Meßwert direkt als Zahl dargestellt wird. Die hier abgebildeten Meßgeräte dienen der Messung der Leitfähigkeit (links) sowie der Lichtintensität (rechts).

mit solchen Geräten ermittelten Werte können wichtige Hinweise auf die Qualität des Wassers geben. In der Regel jedoch genügt es, regelmäßig die leicht meßbaren Wassereigenschaften zu überprüfen und sich ansonsten auf das Fingerspitzengefühl und die kontinuierliche Beobachtung der Fische zu verlassen.
Wasseraufbereitung, erforderlich bei der Pflege empfindlicherer Fischarten. Aus dem normalerweise verwendeten → Leitungswasser sind fast das gesamte Eisen und Mangan, also für die → Pflanzenernährung wichtige Stoffe, entfernt worden. Sie müssen daher durch eine künstliche Düngung eingebracht werden. Für viele Fischarten ist eine → Enthärtung erforderlich, besonders für die Aufbereitung des → Zuchtwassers. Häufig empfiehlt sich auch eine Absenkung des → pH-Wertes in den schwachsauren Bereich. Für die W. stehen im Fachhandel verschiedene Präparate zur Verfügung. Gebräuchlich sind z. B. Torfextrakte, die eine → Torffilterung z. T. ersetzen können. Zur besseren Löslichkeit von Pflanzennährstoffen empfiehlt sich auch die Verwendung von → Chelatoren.
Wasserblüte, Massenvermehrung von → Algen, die zu einer starken Trübung des Wassers führen kann. Häufiger zu beobachten bei direktem Einfall des Sonnenlichts sowie bei Überdüngung des Wassers. In heimischen Kaltwasseraquarien können verstärkt → Wasserflöhe eingesetzt werden, welche die Algen sehr schnell herausfiltern. Dieses Verfahren kann bei Tropenaquarien problematisch sein, da die Wasserflöhe durch die höheren Temperaturen bereits nach wenigen Stunden getötet werden. In solchen Aquarien bietet sich eine Senkung des → pH-Wertes an, ggf. auch eine Filterung über sehr feinporiges Material. Falls keins dieser Mittel helfen sollte, bleibt nur die Verwendung eines UV-Filters, der die Algen abtötet (→ Algenbekämpfung, → Grünalgen). Es ist unbedingt zu empfehlen, eine solche W. nicht auf die leichte Schulter zu nehmen. Sie kann zur Schädigung der Fische (→ Atmungsorgane) und Pflanzen führen.

Wasserdruck, gemessen in Atmosphären (atm). Die Druckzunahme um 1 atm entspricht einer um 10 m zunehmenden Wassertiefe. Der Körper ist dadurch sehr extremen Belastungen ausgesetzt. Durch den hohen Druck nimmt die Löslichkeit von Gasen in den Körperflüssigkeiten zu. Bei Druckminderung werden diese Gase wieder frei, wodurch es zu erheblichen Zerstörungen in den Geweben kommt.

Wasserfärbung, abhängig von der Wassertiefe, da durch → Absorption viel Licht verschluckt wird. Die Braunfärbung vieler Binnengewässer geht auf den hohen Humusgehalt zurück. Diese Humusstoffe absorbieren das Licht im kurzwelligen Bereich, so daß es zu den rötlichbraunen Farbtönen kommt. Auf diesen Humusstoffen basiert auch die Grünfärbung küstennaher Meerwasserbereiche. Sie liegen dort in einer etwas anderen Lösung vor und werden als Gelbstoff bezeichnet. Der Humusgehalt kann sehr hoch sein (→ Schwarzwasser). Anorganisches Material führt nur selten zu einer intensiven W. Bekannt ist die Weißfärbung vieler Alpenflüsse, aber auch die des tropischen → Weißwassers. Eine Grün- oder gar Rotfärbung des Wassers wird in der Regel durch eine → Wasserblüte, die massenhafte Vermehrung meist einzelliger tierischer und pflanzlicher Organismen, verursacht.

Wasserflöhe *(Daphnia-Arten),* nicht mit den Flöhen, sondern mit den Krebsen verwandt! Die W. haben als Lebendfutter in den Anfangsjahren der Aquaristik eine entscheidende Rolle gespielt. Früher waren sie überall in großen Massen in Tümpeln und Teichen zu finden. Da von diesen Kleingewässern in den letzten Jahren jedoch vielerorts zwischen 80 und 90% zerstört worden sind, wird es zunehmend schwieriger, sich regelmäßig frische W. zu beschaffen. Zoologische Handlungen haben sie als Lebendfutter nur noch ausnahmsweise im Angebot. Meist handelt es sich um die Gattung *Daphnia* mit den Arten *D. magna, D. pulex* und *D. cucullata*. Die Lebensweise der Art ist auf eine rasche Massenproduktion eingerichtet: Unter günstigen Lebensbedingungen findet man in den Gewässern praktisch nur Weibchen, die ohne Befruchtung große Mengen an Eiern produzieren, aus denen wiederum nur Weibchen schlüpfen. Da auch diese sich auf gleiche Weise sehr schnell wieder vermehren, kann sich ein Tümpel innerhalb weniger Wochen mit W.n füllen. Meist stehen sie als dichte Wolken an bestimmten Stellen zusammen. Im Laufe des Jahres werden die Lebensbedingungen zwangsläufig ungünstiger. Entweder sinken im Herbst die Temperaturen und die Vitalität der Tiere wird reduziert, oder aber das Gewässer beginnt auszutrocknen, wodurch die W. auf engstem Raum zusammengedrängt werden. In beiden Fällen setzt sehr rasch die Produktion von Männchen ein. Gleichzeitig werden auch spezielle, sehr hartschalige Dauereier (→ Ephippien) gebildet, die von den Männchen befruchtet werden. Während die W. bei zunehmend ungünstiger werdenden Bedingungen sterben, überdauern die befruchteten Eier die ungünstige Jahreszeit und sind dann auf trockenen Schlammflächen oder in einer ausgesiebten Bodenprobe zu Tausenden zu finden. Erst wenn die Bedingungen wieder günstiger werden, schlüpft die neue Generation. Als Fischfutter sind W. unter anderem deshalb so gut zu gebrauchen, weil sie sich in erster Linie von kleinen Algen etc. ernähren, die sie mit einem aufwendigen Filterapparat aus dem Wasser herausfangen. Die Fische fressen auf diese Weise nicht

Gemeiner Wasserfloh

nur das Gewebe des Tieres, sondern zusätzlich eine sehr wertvolle vegetarische Beikost, die sich in seinem Darm befindet. Auch sein weitgehend unverdaulicher Panzer ist als Ballaststoff von erheblichem Wert. Neben ihrer hervorragenden Eig-

Wasserhärte

nung als Futter können W. auch zur Bekämpfung einer → Wasserblüte eingesetzt werden. Innerhalb weniger Stunden filtern sie die Schwebstoffe aus dem Aquarium heraus. Während ihr Fang mit entsprechenden → Netzen kein Problem darstellt, sind → Transport und längere Aufbewahrung recht schwierig. Die ohne Frage beste Lösung ist ein eigener kleiner Gartenteich, in dem die W. greifbar nah heranwachsen. Entsprechend ihrer Lebensweise stehen sie nur während der Sommermonate reichlich zur Verfügung.

Wasserhärte, der Gehalt des Wassers an Kalzium- und Magnesium-Ionen. Diese sind als sog. Härtebildner dafür verantwortlich, ob sich das Wasser bei der Verwendung von Seife hart oder weich und glatt anfühlt. Ein Bestandteil der W. ist die temporäre Härte, die aus Karbonat- und Hydrogenkarbonatverbindungen gebildet wird und die sich durch Erhitzen leicht entfernen läßt. Die → permanente Härte (Gipshärte, Nichtkarbonathärte), läßt sich durch Erhitzen nicht auflösen. Die W. ist sehr leicht mit Teststäbchen oder auch mit Hilfe eines → Kolorimeters zu messen. Im Normalfall wird sowohl die Gesamthärte als auch die Karbonathärte gemessen. Die Nichtkarbonathärte ist dann in der Regel die Differenz zwischen beiden Werten (bedingt durch die Meßverfahren kann es in speziellen Gewässern jedoch zu starken Abweichungen kommen, so daß die Karbonathärte höher erscheint als die Gesamthärte). Die Messung der W. erfolgt in vielen Ländern sehr unterschiedlich. So gibt es z. B. eine deutsche, französische, englische und amerikanische Härte. Ein Grad der deutschen Härte (dH) entspricht einem Gehalt von 10 mg Kalziumoxyd in 1 Liter Wasser. In Ergänzung zu den genauen Meßwerten hat man sich auf folgende Klasseneinteilung geeinigt: 0–4 dH (sehr weich), 4–8 dH (weich), 8–12 dH (mittelhart), 12–18 dH (ziemlich hart), 18–30 dH (hart), über 30 dH (sehr hart). Für viele Fischarten, insbesondere für deren Eier und Jungen, liegt die W. in den meisten Fällen zu hoch. Das → Leitungswasser muß aus diesem Grund noch einer → Enthärtung unterzogen werden, um geeignetes → Zuchtwasser herzustellen.

Wasserhaushalt, Regulationsmaßnahmen der Fische, um die Auswirkungen der → Osmose auszugleichen. Im Meerwasser ist die Salzkonzentration höher als in den Organen der meisten dort lebenden Fische. Dies hat zur Folge, daß das Wasser im Körper des Fisches stets bestrebt ist, durch die durchlässige → Haut in das umgebende Meerwasser zu dringen. Nur sehr primitive Rundmäuler besitzen in ihrem Körper die gleiche Konzentration wie das Meerwasser. Einige höher entwickelte Arten wie die Haie sammeln in ihrem Blut eine Harnstoffkonzentration an, die jedes Wirbeltier sofort töten würde. Alle höher entwickelten Fische weisen jedoch deutlich niedrigere Konzentrationen auf, so daß sie besonders über ihre dünnhäutigen Kiemen große Wassermengen an ihre Umgebung abgeben. Um diesen Verlust auszugleichen, müssen Meerwasserfische ständig trinken. Damit nehmen sie automatisch aber auch wieder Salze auf, von denen die Kalzium-, Magnesium- und Sulfat-Ionen im Darm verbleiben und mit dem Kot ausgeschieden werden. Natrium-, Kalium- und Chlorid-Ionen werden jedoch vom Blut aufgenommen, zu den Kiemen transportiert und dort ins Wasser ausgeschieden. Die Nieren spielen in diesem Zusammenhang nur eine relativ untergeordnete Rolle. Sie dienen in erster Linie der Ausscheidung von Eiweißabbauprodukten und sind so konstruiert, daß vor der Ausscheidung des Harns sehr viel Wasser zurückgewonnen wird. Bei Süßwasserfischen stellt sich das Problem genau anders herum. Bei ihnen ist das umgebende Wasser viel salzärmer als die Körperflüssigkeit der Fische, so daß ständig Wasser in den Körper hineinströmt. Die wichtigste Funktion der Nieren ist hier, dieses überschüssige Wasser wieder aus dem Körper zu entfernen. Süßwasserfische produzieren entsprechend oft mehr als die 10fache Urinmenge gleich großer Meeresfische. Ein spezieller Bau der Niere verhindert, daß die nur schwer ersetzbaren Salze mit dem Wasser hinausgeschwemmt werden. NaCl z. B. wird zu 99,9 % aus dem Harn herausgeholt, bevor dieser die Niere verläßt. Besondere Probleme, die längst nicht geklärt sind, entstehen, wenn Fische aus Süßwasser in Meerwasser wechseln und umgekehrt. Man kann davon ausgehen, daß diese Fische ursprünglich aus dem Meer stammen und erst nach dem Silur vor ca. 350 Mill. Jahren in Süßwasser eingewandert sind. Auch heute noch gibt es eine viel größere Zahl von Meeresfischen, die gelegentlich in Süßwasser vordringen, als Süßwasserfische, die im Meerwasser überleben können. Die wenigen Arten, die zu einem Milieuwechsel überhaupt in der Lage sind, müssen sich meist eine gewisse Zeitlang im Brackwasser aufhalten. Junge Lachse z. B. können erst dann die Flüsse verlassen, wenn sich auf ihren Kiemen die Salzdrüsen herausgebildet haben, mit denen sie das mit dem Meerwasser aufgenommene Salz wieder ausscheiden können (→ anadrome Wanderfische). Der W. der Fische sowie die → Ausscheidung von Stoffwechselabbauprodukten stehen also in einem sehr engen Zusammenhang.

Wasserhornfarn, Schwimmender *(Ceratopteris pteridoides)*, unter dieser Bezeichnung befinden sich 2–3 verschiedene Arten im Handel. Einerseits handelt es sich um die schwimmende Form des → Sumatrafarns, andererseits möglicherweise auch um die afrikanische Art, *Ceratopteris cornuta*. Der S. W. stammt aus dem tropischen Amerika, ist jedoch auch in Südostasien zu finden. Die flach auf der Wasseroberfläche liegenden Blätter bilden an ihren Rändern zahlreiche Jungpflanzen, mit denen sich die Art rasch weitervermehrt. Häufig muß sie sogar zurückgeschnitten werden, um somit eine zu starke Beschattung der anderen Aquarienpflanzen zu verhindern. Da sich der S. W. in der Regel unmittelbar unter der Aquarienbeleuchtung befindet, wächst er bei guter Düngung rasch heran. Er ist besonders dann empfehlenswert, wenn Fischarten gehalten werden, die ein → Schaumnest an der Wasseroberfläche bauen. Auch für Jungfische bildet das dichte, herabhängende Wurzelgeflecht ein sicheres Versteck.

Wasserhyazinthe *(Eichhornia crassipes)*, eine Schimmpflanze, die für die Aquarienhaltung nur dann von Interesse ist, wenn sich über der Wasserfläche ein ausreichend hoher Luftraum von etwa 15 cm befindet. Im Gegensatz zu anderen Schimmpflanzenarten hat die W. spezielle Schimmkörper entwickelt, die es ihr ermöglichen, sich über die Wasseroberfläche zu erheben: Die Stiele sind keulenförmig verdickt und bestehen aus einem schwammigen lufthaltigen Gewebe. Bei ausreichender Beleuchtung und nach der Entfernung aller Seitentriebe im Frühjahr entsteht im Sommer eine zartblaue, sehr reizvolle große Blüte. Die tief ins Wasser

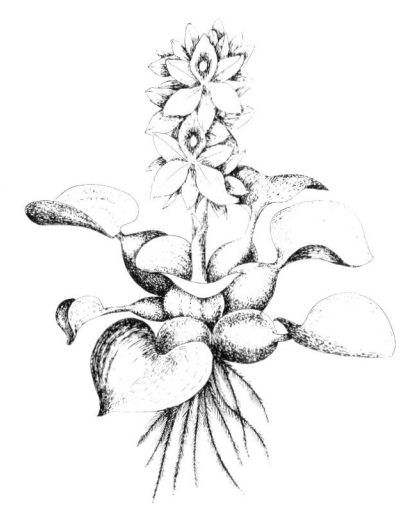

Wasserhyazinthe

Schwimmender Wasserhornfarn

Wasserkelch-Arten

hängenden Wurzeln sind als Unterschlupf für Jungfische von großem Wert.

Wasserkelch-Arten *(Cryptocoryne-Arten)*, mit unserem heimischen Aronstab verwandte Pflanzen, die im indomalayischen Raum weit verbreitet sind und als Aquarienpflanzen schon seit Jahrzehnten eine große Bedeutung besitzen. Von den insgesamt etwa 60 Arten werden ca. 40 regelmäßig in Aquarien gehalten. Ähnlich wie der Aronstab bedienen sich die W.-A. eines Tricks bei der Bestäubung: Die über die Wasseroberfläche hinausragende Blüte besitzt einen langen Kelch, durch den, von einem speziellen Duft angelockt, Fliegen und Insekten in eine am unteren Teil des Kelches befindliche Kammer hineinkriechen. Sie müssen dabei einen klappenähnlichen Verschluß passieren, der ihnen den Rückweg versperrt. Die bestäubenden Insekten werden auf diese Weise von der Pflanze regelrecht gefangen. In dieser Kammer befinden sich die Staubblätter, aus deren Spitzen ein Schleim hervorquillt, mit dem sich der Blütenstaub vermischt hat. Die in der Kammer nach einem Ausweg suchenden Insekten kommen zwangsläufig mit diesem Schleim in Verbindung, nach dessen Absonderung die Verschlußklappe den Ausgang wieder freigibt. Die Insekten gelangen nun ins Freie, werden bald durch den Duft einer anderen Blüte angezogen und gelangen so erneut in die Kammer, wo sie dort befindliche Narbe des Fruchtknotens mit dem Blütenstaub einer anderen Pflanze bestäuben. Das Erstaunliche an diesem Vorgang ist nicht nur der Fangmechanismus, sondern auch die Präzision der Zeitabläufe. Um eine Selbstbestäubung und damit Inzucht zu verhindern, kann die Narbe nur während eines bestimmten Zeitraums bestäubt werden. Erst einige Stunden, nachdem sie diese Eigenschaft verloren hat, reifen die Staubblätter heran. So begehrt die W.-A. als Aquarienpflanzen sind, so schwierig ist oft ihre langfristig sichere Haltung. Die Blüte wird man bei den meisten Arten nur dann erleben können, wenn man sie bei relativ niedrigem Wasserstand hält und über einen Zeitraum von mindestens 1 Jahr nicht umpflanzt. Hinzu kommt, daß die meisten Arten sehr empfindlich auf → Wasserwechsel reagieren, ja oft schon auf eine Änderung der Beleuchtungsintensität durch den Austausch einer Leuchtstofflampe. Häufig tritt dann die gefürchtete Cryptocorynenkrankheit auf, bei der die Blätter löchrig werden und in Fäulnis übergehen. Durch möglichst konstante Bedingungen bei dennoch häufigem Wasserwechsel läßt sich dies verhindern. Während die Blütenbildung und die geschlechtliche Fortpflanzung in unseren Aquarien der große Ausnahmefall ist, lassen sich die W.-A. hervorragend ungeschlechtlich vermehren. Es reicht, wenn man Teile des Wurzelgeflechts frei im Aquarium schwimmen läßt. Darüber hinaus bilden die Pflanzen aber auch von sich aus ein dichtes Wurzelgeflecht, so daß sich diese oft nicht sehr wuchsfreudigen Arten im Laufe der Zeit doch weit ausbreiten können. Zu beachten ist noch, daß die meisten W.-A. im Gegensatz zu den meisten anderen Wasserpflanzen einen eher schattigen, schwach beleuchteten Platz im Aquarium benötigen, der ihrem natürlichen Standort am beschatteten Rand von Bächen entspricht.

Wasserkelch, Blass' *(Cryptocoryne blassii)*, eine sehr farbenprächtige Art, deren Blattoberseiten von einem bronzefarbenen und rötlichen Farbton bis zu tiefem Grün variieren können. Die selten auftretenden Blüten dieser Art sind steril, so daß sich der B. W. nur ungeschlechtlich fortpflanzt. Die große Variabilität in der Färbung trifft in gleicher Weise auf die sehr ähnliche Art *Cryptocoryne siamensis* zu,

Blass' Wasserkelch

Wasserkelch, Hammerschlag

die sich nur durch mikroskopische Untersuchungen sicher vom B. W. unterscheiden läßt.

Wasserkelch, Genopptblättriger *(Cryptocoryne balansae)*, eine nur für große Aquarien geeignete Art, die schmale, jedoch etwa 30 cm lange, leicht gewellte Blätter besitzt. Gedämpftes Licht reicht für eine gute Haltung dieser Pflanze völlig aus. Wichtig sind jedoch regelmäßige → Wasserwechsel sowie eine gute Nährstoffzufuhr über den Boden. Zur Blüte bringt man auch diese Arten über einen relativ niedrigen Wasserstand, so daß die Blätter flach auf der Wasseroberfläche treiben. Der sich über die Wasseroberfläche erhebende Kelch wird 30 cm hoch.

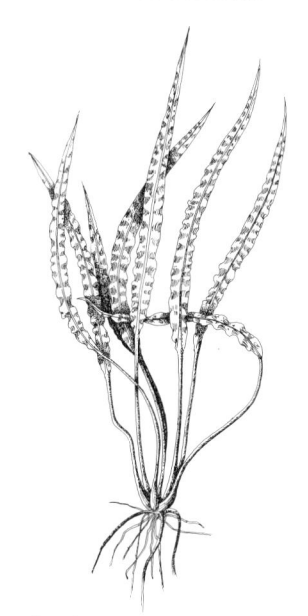

Gewimperter Wasserkelch

Wasserkelch, Haertels *(Cryptocoryne affinis)*, einer der wuchsfreudigsten Wasserkelche, der aber auch besonders empfindlich gegen plötzliche Umweltveränderungen ist. Die bis zu 15 cm langen Blätter haben eine tiefgrüne Ober- und eine rötliche Unterseite. Die Art verlangt gedämpftes Licht und vermehrt sich selbst rasch über Ausläufer im Boden.

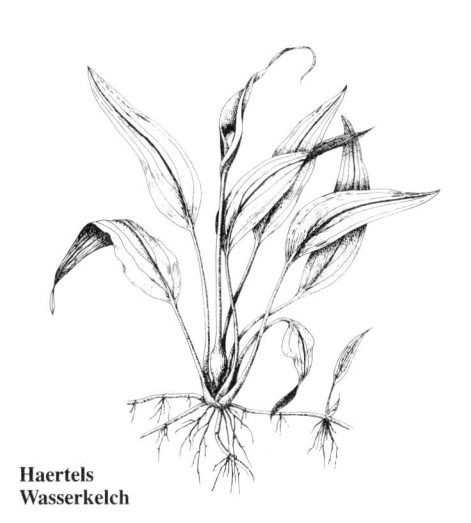

Genopptblättriger Wasserkelch

Wasserkelch, Gewimperter *(Cryptocoryne ciliata)*, eine sehr große Art mit 15–40 cm langen und 6–10 cm breiten Blättern, denen die für die meisten Wasserkelche typische Rotfärbung fehlt. Diese Pflanze zeichnet sich darüber hinaus durch ein sehr rasches Wachstum aus, wofür sie viel Licht und ausreichende Düngung benötigt. Der G. W. gehört zu den Arten, die auch unter Aquarienbedingungen relativ leicht blühen. Er vermehrt sich durch Ausläufer und junge Sproßpflanzen, die sich in den Blattachseln bilden.

Haertels Wasserkelch

Wasserkelch, Hammerschlag *(Cryptocoryne usteriana)*, eine Aquarienpflanze, die eine Höhe von 80 cm erreicht und aus diesem Grunde nur für ganz große Becken in

Wasserkelch, Purpurroter

Betracht kommt. Auffallend ist die sehr stark gewellte, leuchtend hellgrüne Blattoberseite. Diese Art benötigt reichlich Licht.

Wasserkelch, Purpurroter *(Cryptocoryne purpurea)*, eine Art, die neben verschiedenen anderen unter der Bezeichnung Cryptocoryne griffithii im Handel angeboten wird. Diese Pflanze ist im Aquarium allerdings nur mit erheblichem Aufwand zu kultivieren. Eine sichere Artbestimmung ist nur anhand der Blüte möglich, die unter Aquarienvoraussetzungen nur sehr selten entsteht. Wichtig für die langfristig sichere Haltung dieser Pflanze sind wiederum gedämpftes Licht, ein regelmäßiger → Wasserwechsel, Bodengrunddüngung sowie → Torf-Zusätze oder → Torffilterung.

Wendts Wasserkelch

Purpurroter Wasserkelch

Wasserkelch, Wendts *(Cryptocoryne wendtii)*, eignet sich aufgrund seiner sehr großen Wüchsigkeit und Anpassungsfähigkeit besonders für neu eingerichtete Aquarien. Die etwa 10 cm langen Blätter zeigen eine erstaunliche Vielfalt an Färbungen, in der Regel ein sehr dunkles Grün auf der Oberseite und ein unterschiedlich abgestuftes Rot auf der Blattunterseite. Diese starke Variabilität führt dazu, daß eine genaue Artbestimmung nur mit Hilfe des allerdings nur sehr selten zu beobachtenden Blütenstandes möglich ist. Die Vermehrungsrate dieser Art ist sehr groß. Schnell wird eine große Zahl von Ausläufern gebildet.

Wasserkelch, Willis *(Cryptocoryne willisii)*, eine recht kleinbleibende Art, die sich besonders für die Vordergrundbepflanzung im Aquarium verwenden läßt. Das bodennahe Wachstum sollte allerdings nicht darüber hinwegtäuschen, daß er im Gegensatz zu den meisten Wasserkelchen eine stärkere Beleuchtung benötigt und aus diesem Grunde nicht von anderen Pflanzen beschattet werden darf. Die Anfälligkeit gegenüber einer Ortsveränderung ist deutlich geringer als bei anderen Wasserkelch-Arten, so daß sich diese Art besonders für Anfängeraquarien anbietet.

Willis Wasserkelch

Wasserlinse, *(Lemna minor)*, häufig in Aquarien eingeschleppte Schwimmpflanze, die sich rasch ausbreiten kann. Eine Bekämpfung kann nur durch restloses Abfischen aller Pflanzenteile erfolgen. Auch

Wasserpest, Kanadische

Einzelblätter sind in der Lage, sich wieder zu regenerieren und zu vermehren.
Wassernabel, Europäischer *(Hydrocotyle vulgaris)*, Sumpfpflanze, die sich nur bedingt für eine langfristige Kultur unterhalb der Wasseroberfläche eignet. Die gelegentlichen Haltungsversuche in Warmwasseraquarien scheiterten fast regelmäßig an den für diese Art zu hohen Temperaturen. Der oft über 1 m lange Stengel liegt flach auf dem Boden. Den in kurzen Abständen angeordneten Knoten entspringen die 2–3 cm langen Blattstiele, die senkrecht nach

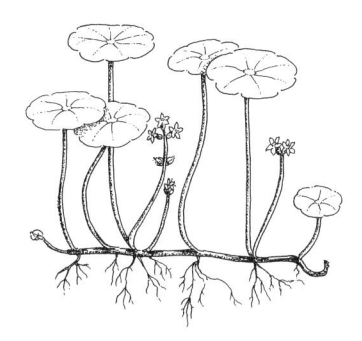

Europäischer Wassernabel

oben wachsen und an ihrer Spitze die rundlichen Blätter tragen. Für ihre Haltung im Aquarium sind ein nährstoffreicher Boden mit Torf- und Tonbeimischung sowie eine starke Lichtquelle erforderlich.
Wassernabel, Südamerikanischer *(Hydrocotyle leucocephala)*, Wasserpflanze aus der Familie der Doldengewächse. Diese südamerikanische Art ist, anders als unser Europäischer Wassernabel, an höhere Wassertemperaturen angepaßt und eignet sich daher hervorragend für die Haltung im Warmwasseraquarium. Im Gegensatz zur einheimischen Art wächst sie nicht kriechend am Boden, sondern dem Licht entgegen. Die sehr dekorativen hellgrünen, rundlichen Blätter und die bemerkenswerte Anspruchslosigkeit dieser Pflanze machen sie für die Aquarienhaltung besonders geeignet. Sie benötigt eine Temperatur von 22–25° C.
Wasserpest, Argentinische *(Elodea densa)*, eine besonders schnellwüchsige Wasserpflanze aus Südamerika. Sie ist speziell für hartes bis sehr hartes Wasser geeignet und benötigt viel Licht, da der Abstand zwischen den einzelnen Blattquirlen ansonsten zu groß wird und die Pflanze sehr dünn aussieht. Aufgrund des raschen Wachstums ist regelmäßiger Beschnitt erforderlich. Die abgeschnittenen und neu eingepflanzten Teile wachsen sofort weiter.
Wasserpest, Kanadische *(Elodea canadensis)*, ursprünglich in Nordamerika beheimatet, jedoch inzwischen in vielen Teilen der Welt verbreitet. Um 1835 wurden erstmals in Irland einzelne Pflanzen festgestellt, 1860 dann auch auf dem Kontinent. Die Wasserpest hat sich rasch ausgebreitet, so daß sie zu ihrem kennzeichnenden Namen kam, wobei interessant ist, daß in Europa bislang nur weibliche Pflanzen gefun-

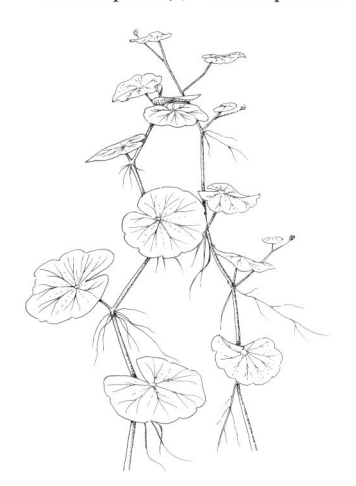

Südamerikanischer Wassernabel    **Argentinische Wasserpest**

211

Wasserpflanzenkrankheiten

den wurden. Für das Warmwasseraquarium ist sie ungeeignet, da eine entsprechende Akklimatisation fehlt. Im Kaltwasserbecken gedeiht sie hingegen ausgezeichnet.

Wasserpflanzenkrankheiten, während die Fische meist regelmäßig auf Krankheiten untersucht werden, behandelt man Wasserpflanzen in dieser Hinsicht eher stiefmütterlich. Kranke Fische fallen sofort durch geringere Lebhaftigkeit auf. Veränderungen an Wasserpflanzen erstrecken sich oft über einen Zeitraum von mehreren Wochen und sind schon aus diesem Grunde schwerer zu erkennen. Dennoch muß davor gewarnt werden, solche langsamen Veränderungen zu unterschätzen. Oft werden die Schäden durch zu langes Abwarten irreparabel. Dies betrifft insbesondere die oft empfindlichen → Wasserkelch-Arten, deren Blätter innerhalb von nur 2 Tagen in Fäulnis übergehen können, wenn sich die Lebensbedingungen drastisch ändern (und eine solche Änderung kann auch schon darin bestehen, daß eine Leuchtstofflampe ausgewechselt wird!). Hinzu kommt, daß die genaue Ursache vieler Pflanzenkrankheiten nur durch eine sorgfältige detaillierte chemische Untersuchung zu ermitteln ist, bei der z. B. das Fehlen bestimmter Mineralstoffe festgestellt wird. Die meisten Aquarianer dürften nicht über solche Möglichkeiten verfügen, so daß es sich eher anbietet, durch eine Nachdüngung oder einen weitgehenden Wasserwechsel eine Vielzahl von Ursachen auszuschalten. In vielen Fällen sind solche Eingriffe völlig ausreichend. Um die Diagnose der W. zu erleichtern, haben wir die folgende Übersicht zusammengestellt. Es ist jedoch unbedingt zu empfehlen, zusätzlich bei der jeweiligen Pflanzenart nachzuschlagen, auf welche Umwelteinflüsse sie besonders empfindlich reagiert. So können hohe Lichtintensitäten z. B. bei der einen Pflanze ein rasches Längenwachstum bewirken, während der gleiche Einfluß bei einer anderen Pflanze die völlig entgegengesetzte Wirkung hervorruft.

Wachstumsstörungen (Pflanzen wachsen zu schnell, zu langsam, gar nicht):
1. Durch zu rasches Wachstum wird bei Stengelpflanzen der Stengel dünn und schmächtig, die Abstände zwischen den einzelnen Blattansätzen werden zu groß.

Ursache: in der Regel zu schwache Beleuchtung. Die Pflanzen wachsen möglichst rasch dem Licht entgegen. Abhilfe: stärkere Beleuchtung oder eventuell geringere Beschattung durch andere Pflanzen.
2. Wachstumsstillstand, keine auffälligen Veränderungen an der Pflanze. Ursache: möglicherweise zu hoher → pH-Wert. Das → Puffersystem in unseren einheimischen Gewässern stabilisiert den pH-Wert im alkalischen Bereich, was für das Wachstum vieler Pflanzenarten, die an leicht saures Gewässer angepaßt sind, ungünstig ist. Deshalb ist der pH-Wert zu überprüfen. Abhilfe: in jedem Fall Wasserwechsel, Senkung des pH-Wertes über → Torffilterung.
3. Wachsstumsstillstand, Kalkkrusten auf den Blättern sowie an den Aquarienscheiben in Höhe der Wasseroberfläche. Ursache: zu geringes → Kohlendioxydangebot. Einige Pflanzen haben bereits damit begonnen, das für sie lebenswichtige Kohlendioxyd aus anderen chemischen Verbindungen herauszuholen (aus diesem Grunde die Kalkkrusten, → biogene Entkalkung). Abhilfe: Wasserwechsel, um kohlendioxydreicheres Wasser zu bekommen. Besser ist der Einbau eines Kohlendioxyddiffusionsgerätes, das für eine regelmäßige Düngung sorgt. Bei höheren Härtegraden des Wassers bietet sich eine Torffilterung an, mit der weiteres Kohlendioxyd mobilisiert werden kann.

Veränderungen an den Blättern:
4. Die Blätter verlieren ihre intensiv grüne Farbe, werden hellgrün bis gelblich. Ursache: Eisenmangel im Aquarium. Der grüne Farbstoff der Pflanzen, das Chlorophyll, ist entscheidend an der Umwandlung der Lichtenergie in chemische Energieträger beteiligt (→ Photosynthese). Der Vorgang läuft in speziellen Zellorganellen, den Chloroplasten, ab, die nur dann gebildet werden können, wenn Eisen zur Verfügung steht. Ist dies nicht der Fall, kann das Chlorophyll nicht arbeiten; die Pflanze wächst zwar noch einige Zeit weiter, ihre Blätter werden jedoch gelblich (Chlorose), bis es irgendwann zum völligen Wachstumsstillstand kommt. Der Eisenmangel zeigt sich in der Regel sehr früh, ist leicht zu erkennen und eine nachdrückliche Warnung, daß wahrscheinlich auch andere Mineralstoffe zur Neige gehen. Abhilfe: Was-

serwechsel, Nachdüngung. Dabei ist zu beachten, daß Schwimmpflanzen ihre Nährstoffe aus dem Wasser beziehen, andere Pflanzen jedoch aus dem Boden. Es muß dort gedüngt werden, wo der Mangel entstanden ist. Häufig wird man auch durch Düngung keine Verbesserung der Situation herbeiführen können. Die Ursache liegt dann darin, daß die im Aquarium vorhandenen Mineralstoffe mit anderen Substanzen eine Verbindung eingegangen sind und so für die Aquarienpflanzen trotz Anwesenheit nicht verfügbar sind. Dann sind spezielle → Chelatoren einzusetzen, die das Eisen und andere Nährstoffe für die Pflanze wieder verfügbar machen.

5. Bräunliche Ränder auch an jüngeren Blättern, häufiger bei Schwertpflanzen auftretend. Ursache: möglicherweise Kaliummangel. Abhilfe: teilweiser Wasserwechsel, Nachdüngung.

6. Scharf begrenzte Löcher an den Blättern. Ursache: wahrscheinlich Verbiß durch Schnecken oder Fische. Abhilfe: pflanzenfressende Fische nur mit sehr derben Aquarienpflanzen zusammenbringen. Zusätzlich Futtersorten anbieten, die speziell für pflanzenfressende Fische entwickelt worden sind. Bei Schneckenfraß möglichst schon vorbeugend tätig werden. Neue Aquarienpflanzen auf Schneckenlaich überprüfen. Die entsprechenden Blätter entfernen. Bevor zum Schneckengift gegriffen wird, erst folgendes versuchen: Schnecken sind gierig auf im Handel angebotene Futtertabletten (z. B. Tetra Tips). Eine solche Futtertablette sollte man in einem kleinen Becher anbringen. Die Schnecken kriechen aus größeren Entfernungen in den Becher und können auf diese Weise mühelos aus dem Aquarium entfernt werden. Ggf. sollte man die Tablette so anbringen, daß sie nur von den Schnecken, nicht aber von Fischen erreicht werden kann. Diesem biologischen Verfahren ist im Zweifelsfall der Vorzug zu geben.

7. Pflanzen werden faulig und fleckig, klassische Krankheit bei den Wasserkelchen. Ursache: sehr ungünstige Lebensbedingungen. Oft ist es eine Ansammlung von Schadstoffen, wie z. B. → Nitrat oder → Nitrit. Abhilfe: Wasserwechsel wird unbedingt erforderlich. Eventuell muß man einen Überbesatz an Fischen reduzieren. Falls die letzten Wasserwechsel noch nicht lange zurückliegen sollten, muß sich irgend etwas im Aquarium geändert haben. Ist das Licht plötzlich anders? Wird die kümmernde Pflanze von anderen jetzt zu stark beschattet oder plötzlich nicht mehr beschattet? Dann sollte man versuchen, den alten Zustand wiederherzustellen.

8. Algenbewuchs, besonders auf den Blättern. Ursache: falsches Licht (meist zu schwach), zu seltene Wasserwechsel (dadurch zu hoher Nitratgehalt), Kohlendioxydmangel, fauliger Aquarienboden. In jedem Fall handelt es sich um Lebensbedingungen, die für die Wasserpflanzen ungünstig sind, so daß die unter diesen Bedingungen konkurrenzkräftigeren Algenarten die Überhand gewinnen (→ Algen). Abhilfe: Die im Handel befindlichen chemischen Präparate können bestenfalls das äußere Erscheinungsbild des Aquariums beeinflussen, verändern jedoch die Ursache dieser Fehlentwicklung nicht. Da es darüber hinaus zur Schädigung von Wasserpflanzen kommen kann, zumindest zu einem Wachstumsstillstand, sollte man versuchen, das Problem zunächst auf biologische Weise zu lösen. Empfehlenswert sind Wasserwechsel, die richtige Einstellung der Beleuchtung sowie das Einsetzen von → algenfressenden Fischarten → (Algenbekämpfung).

Wassersalat, → Muschelblume.

Wasserstern, Indischer *(Hygrophila polysperma)*, eine besonders zählebige Aquarienpflanze, die Temperaturen von 12 bis 30° C verträgt, wobei das beste Wachstum jedoch bei etwa 25° C erfolgt. Die vielfach verzweigte und reich beblätterte Pflanze

Indischer Wasserstern

Wasserstoff-Ionenkonzentration

besitzt eine erstaunliche Regenerationskraft, so daß sie sich zur ersten Besiedlung auch neuer Aquarien eignet. Um langfristig gutes Wachstum zu erzielen, sind regelmäßige → Wasserwechsel bzw. eine Kohlendioxydzufuhr unerläßlich.

Wasserstoff-Ionenkonzentration, → pH-Wert.

Wasserstoffperoxyd, Wassermolekül, an das zusätzlich ein Sauerstoffatom gebunden ist, welches sehr leicht abgegeben werden kann. W. kann in akuten Fällen von Atemnot in relativ geringen Mengen dem Wasser beigegeben werden, so daß sich dessen Sauerstoffgehalt rasch erhöht. In einer Vorratsflasche leider nicht beliebig lange haltbar.

Wasserwechsel, finden in der Natur regelmäßig statt. Die meisten der in Aquarien gehaltenen Fischarten leben in größeren Seen, Flüssen oder Bächen, in denen oft innerhalb weniger Sekunden die gesamte Wasserumgebung eines Fischs ausgewechselt wird. Im Aquarium ist dies natürlich nicht möglich. In den Frühzeiten der Aquaristik erschien dies auch gar nicht sinnvoll, denn altes Wasser wurde als biologisch besonders wertvoll beurteilt. Das Gegenteil ist jedoch richtig! Pflanzen-, Tier- und Futterreste sowie Kot enthalten Eiweißverbindungen, die im Wasser abgebaut werden (→ Eiweißabbau). Als Endergebnis entsteht unter anderem → Nitrat, das, wenn es langsam angereichert wird,

Indischer Wasserwedel

von Fischen auch in erstaunlich hohen Konzentrationen vertragen wird. Werden jedoch neue Fische hinzugesetzt, so sterben diese augenblicklich. Falls aus irgendwelchem Grund Sauerstoffmangel im Aquarium eintreten sollte, kann das relativ ungiftige Nitrat rasch in hochgiftiges → Nitrit umgewandelt werden. Schon aus diesem Grund sollte man regelmäßig einen Teil des Aquarienwassers ersetzen. Die Häufigkeit hängt von der Höhe des Fischbesatzes, der Qualität der → Filterung sowie von Art und Menge der Pflanzen ab. Als Faustregel kann gelten, daß wöchentlich etwa ein Viertel bis ein Drittel des Aquarienwassers ersetzt werden sollte. Falls → Leitungswasser verwendet wird und relativ empfindliche Arten gehalten werden, muß das Frischwasser aufbereitet werden. Dabei wird zunächst einmal eine → Entgasung durchgeführt, mit der man auch den größten Teil des meist enthaltenen Chlors entfernt. Anschließend kann man die Härte und den pH-Wert des Wassers beeinflussen. Wichtig ist noch folgendes: Sollte das Aquarienwasser (z. B. durch Torfzusätze) sauer sein, das Frischwasser jedoch alkalisch (→ pH-Wert), so können im Wasser zahlreich vorhandene → Ammoniumverbindungen sehr rasch in hochgiftiges → Ammoniak umgewandelt werden. In vielen Bereichen Deutschlands ist das Wasser alkalisch. Schon aus diesem Grund muß man um regelmäßige W. besorgt sein, damit auch die Ammoniumkonzentrationen nicht zu hoch werden.
Wasserwedel, Indischer *(Synnema triflorum)*, aus Südostasien stammende Pflanze, die sich seit den ersten Importen in den frühen 50er Jahren einen festen Platz in den Aquarien erobert hat. Der Grund liegt in der enormen Schnellwüchsigkeit dieser Art, die schon am nächsten Tag wieder ein völlig anderes Erscheinungsbild bietet. Die Blattform kann sehr stark schwanken: von ungezackten, elliptischen Blättern oberhalb der Wasseroberfläche bis zu tief eingeschnittenen, bizarren Gebilden. Die schwachvioletten Blüten sitzen in den Blattachseln. Besonders auffallend ist das starke Regenerationsvermögen dieser Pflanze. Es erfolgt nicht nur eine sehr rasche Bewurzelung abgeschnittener und eingepflanzter Teile, sondern auch freischwimmende Blätter bilden an der Bruchstelle neue Pflanzen. Der I. W. zeigt nur geringe Neigung, über die Wasseroberfläche hinauszuwachsen. Durch die Verlängerung des Stengels wird dieser zunehmend schräger, bis er flach über den Boden verläuft und sich dort fest verwurzelt. Die optimale Temperatur liegt bei 22–28° C, wobei jedoch auch höhere und tiefere Temperaturen mit geringeren Wachstumsraten toleriert werden.

Herzblättriger Wasserwegerich

Wasserwegerich, Herzblättriger *(Echinodorus cordifolius)*, zu den Amazonas-Schwertpflanzen gehörend, jedoch mit auffallend langen, herzförmigen und großen Blättern. Diese können bis zu 20 cm lang und breit werden. Der H. W. ist gut für sehr große Aquarien sowie als Solitärpflanze geeignet.
Weißwasser, durch viele anorganische Schwebstoffe gelblichweiß gefärbtes Wasser (→ Wasserfärbung).
Wildfänge, für die Haltung im Aquarium in der Regel weniger gut geeignet, da sie erst noch akklimatisiert werden müssen. Darüber hinaus sind sie häufig mit Parasiten belastet, die in Nachzuchten wegen fehlender Zwischenwirte fehlen. In jedem Fall müssen W. zunächst in → Quarantäne gehalten werden.
Wimpelfisch *(Heniochus acuminatus)*, von Südafrika bis Hawaii im gesamten indopazifischen Raum verbreitet. Bei der Haltung im Meerwasseraquarium ergeben sich

wissenschaftliche Tier- und Pflanzennamen

zwar keine Fütterungsprobleme, die Art reagiert jedoch sehr empfindlich auf eine Verschlechterung des Wassers. Sie ist entsprechend krankheitsanfällig. Die Tiere sollten, wenn überhaupt, stets in einem kleinen Schwarm gehalten werden. Eine ausreichende Erfahrung ist für den Aquarianer Voraussetzung.

Wimpelfisch

wissenschaftliche Tier- und Pflanzennamen, bestehen meist aus 2, oft auch aus 3 Bezeichnungen. Die erste gibt die Gattung an, orientiert also über die Verwandtschaftsverhältnisse der Art. Die zweite Bezeichnung (beginnt mit einem kleinen Buchstaben) ist die Benennung der → Art und sollte möglichst typische Eigenschaften wiedergeben (Form und Färbung des Körpers etc.). Die (häufig benutzte) dritte gibt Unterart oder Rasse an. Häufig ist zusätzlich noch ein Personenname sowie eine Jahreszahl angegeben. Es handelt sich dabei um denjenigen, der diese Art bzw. Rasse zum erstenmal beschrieben hat und um das Jahr, in dem dieses geschah.
Wollhandkrabbe, Chinesische *(Eriocheir sinensis),* eine bereits zu Beginn dieses Jh.s in die Nordsee eingeschleppte Art, die regelmäßig in den Flüssen aufwärts wandert und dabei bis weit ins Binnenland vordringt. Entsprechend kann sie sowohl in Meer- als auch Süßwasser gehalten werden. Die Fütterung macht bei diesem Allesfresser keine Probleme, er ist jedoch sehr unverträglich.
WS, übliche Abkürzung für die Angabe einer Druckleistung, in der Aquaristik oft gebraucht im Zusammenhang mit → Membranpumpen.

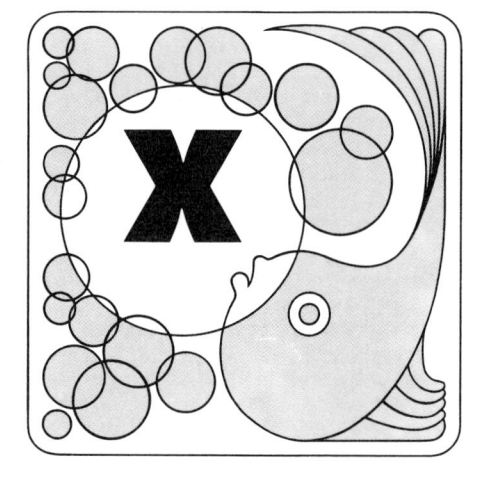

Wurfgröße, Anzahl der gleichzeitig geborenen Jungtiere bzw. abgegebenen → Eier. Die W. ist u. a. abhängig von der potentiellen Gefährdung der Jungtiere. Bei → lebendgebärenden Arten vollzieht sich die Embryonalentwicklung im Schutz des mütterlichen Körpers, so daß meist nur wenige Dutzend, selten einige hundert Jungtiere geboren werden. In relativer Sicherheit befinden sich auch die Eier, denen eine intensive → Brutpflege zuteil wird. Auch bei diesen Arten werden in der Regel jeweils nur wenige Dutzend Eier gelegt. Hohe Zahlen werden hingegen bei den Fischen erreicht, deren Eier besonders gefährdet sind. Dies ist bei vielen Meeresfischen der Fall, deren Eier und Jungtiere oft als → Plankton mit der Strömung über weite Entfernungen transportiert werden.

Xanthorismus, Goldfärbung (→ Farbwechsel, → Färbung).
Xiphophorus helleri, → Schwertträger.
Xiphophorus maculatus, → Platy.
Xiphophorus variatus, → Spiegelkärpfling, Veränderlicher.
X-Stücke, erlauben, die aus einem Druckschlauch kommende Luft auf 3 weiterführende → Schläuche zu verteilen.

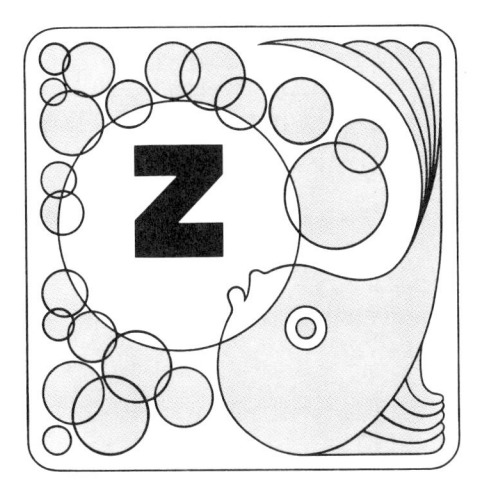

Zähne, bei vielen Fischen vorhanden und oft ein wichtiger Hinweis auf verwandtschaftliche Beziehungen. Bei Haien und Rochen entspringen sie direkt den Kieferknochen, bei höher entwickelten Fischen können praktisch alle Teile des Mund- und Rachenraums mit Z.n besetzt sein.

Zahnkarpfen, Eierlegende *(Cyprinodontidae)*, auch als «Killi-Fische» bezeichnete Fischfamilie, die mit Ausnahme von Australien in den Binnengewässern aller Kontinente, also auch in Südeuropa, vorkommt. Insgesamt gibt es 430 verschiedene Arten, die zum großen Teil überaus farbenprächtig sind. Wenn sie dennoch nicht in allen Gesellschaftsaquarien anzutreffen sind, so liegt es daran, daß es sich um oft hochspezialisierte Arten handelt, deren Leben in vielen Fällen nur wenige Monate währt. Sie sind in tropischen und subtropischen Gebieten typische Bewohner von → Tümpeln, also zeitweise austrocknenden Gewässern. Wenn der Wasserstand weit abgesunken ist, laichen die Fische ab und sterben in der anschließenden Trockenperiode. Unter Aquarienbedingungen tritt dieser frühe Tod bei einigen Arten auch ohne Trockenzeit nach wenigen Monaten ein. Während der Trockenperiode ruhen die Eier im Schlamm. Bislang ist noch nicht schlüssig geklärt, warum sich die Embryonen nur bis zu einer bestimmten Stufe entwickeln. Vermutlich sorgt der in dem austrocknenden Gewässer ansteigende Salzgehalt zunächst für eine Entwicklung bis zum fast ausgewachsenen Embryo. Die einsetzende Trockenzeit verhindert dann das Schlüpfen des Jungfisches, und erst der Beginn der Regenzeit führt dazu, daß sich der Tümpel innerhalb kürzester Zeit wieder mit diesen sogenannten → Saisonfischen füllt. Nur durch diesen komplizierten Steuermechanismus ist es z. B. zu erklären, daß die Eier solcher einjährigen (annuellen) Fischarten unter normalerweise relativ günstigen Bedingungen (sauerstoffreiches, weiches Wasser) gar nicht erst mit der Entwicklung beginnen. Nicht alle E. Z. sind solche Saisonfische, sondern in der Regel nur die Arten, die ihre Eier am Boden ablegen. Die Haftlaicher etwa, welche ihre Eier an Wasserpflanzen ankleben, führen ein relativ normales Leben und können mehrere Jahre alt werden. Die Anpassung an solche Kleinstgewässer spiegelt sich auch in der hohen Toleranz der Arten bezüglich der Wasserqualität wider. In vielen dieser Kleingewässer liegt der → pH-Wert unter 5, die Temperatur kann in Wüstengewässern, in die in erster Linie Arten der Gattung *Cyprinodon* vorstoßen, zwischen 28 und 32° C schwanken. Der Einfluß der Wasserhärte, die je nach Austrocknungsgrad des Gewässers sehr stark variieren kann, ist nicht leicht zu beurteilen. Viele Arten leben am besten in relativ weichem, mit Torfextrakten angereichertem Wasser. Bei anderen entwickelt sich die Brut nur dann befriedigend, wenn die Nichtkarbonathärte zwischen 10 und 20 liegt. Da die Wunschtemperatur der meisten Arten zwischen 18 und 22° C liegt, sind sie für Gesellschaftsaquarien nur bedingt geeignet. Andererseits ist die Körpergröße meist so gering, daß sie auch in kleineren Aquarien gut zu halten sind. Besonders «pflegeleicht» sind sie, was die Fütterung betrifft. Die meisten lassen sich problemlos über lange Zeit ausschließlich mit Trockenfutter ernähren.

Zahnkarpfen, Lebendgebärende *(Poeciliidae)*, eine in Mittelamerika und den angrenzenden Bereichen Südamerikas weitverbreitete Fischfamilie. Ihr entstammen so bekannte Arten wie → Schwertträger, → Guppys und → Platys. Die Weibchen sind in der Regel deutlich größer als die Männchen, eine sinnvolle Anpassung an das Fortpflanzungsverhalten dieser meist ovoviviparen Arten (→ lebendgebärende Arten). Die meisten sind sehr leicht zu

Zanclus cornutus

halten und auch im Gesellschaftsaquarium problemlos zu pflegen.
Zanclus cornutus, → Halfterfisch.
Zebrabärbling *(Brachydanio rerio)*, beliebter Aquarienfisch, der sich wegen seiner großen Anspruchslosigkeit gerade

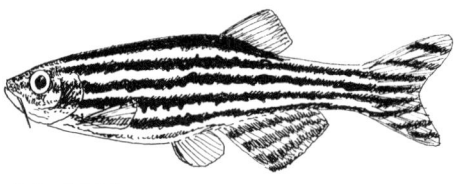

Zebrabärbling

auch für Anfänger eignet. Die aus Ostindien stammende Art erreicht eine Länge von etwa 5 cm und sollte auch im Aquarium immer in einem Schwarm gehalten werden. Die normalen Wassertemperaturen können im Bereich zwischen 20 und 26° C liegen, dürfen im Winter aber auch einmal auf 16° C absinken. Zur Förderung der Fortpflanzungsstimmung empfiehlt sich eine Temperaturerhöhung von 2–3° C. Während einige Weibchen sich am liebsten immer mit demselben Männchen fortpflanzen, hat es sich in anderen Fällen bewährt, zu einem laichreifen Weibchen mehrere Männchen zu stellen, um die Befruchtung zu gewährleisten. Am sichersten erfolgt die Paarung in einem speziellen → Zuchtaquarium, das reichlich mit Wasserpflanzen bestanden sein sollte. Abgelaicht wird an verschiedenen Stellen, die jeweils vom Weibchen ausgewählt werden.
Zebrabuntbarsch *(Cichlasoma nigrofasciatum)*, bis 10 cm lange Art aus Mittelamerika, die jeden Pflanzenwuchs in kürzester Zeit vernichtet. Die Elterntiere sind bei guter Fütterung (auch Grünfutter) sehr fortpflanzungswillig. Die Jungen werden häufig umquartiert, wenn den Elterntieren der bisherige Brutplatz plötzlich zu unsicher erscheint. Die Jungtiere bleiben noch längere Zeit bei den Eltern. Die Art ist in mehreren Farbvariationen erhältlich, wurde auch häufig mit dem → Schwanzfleck-Buntbarsch *(Cichlasoma spilurum)* gekreuzt. Der gemeinsame Nachwuchs ist sehr aggressiv, kann sich jedoch selbst nicht weitervermehren, da er kurz nach dem Schlüpfen restlos eingeht.
Zebrakärpfling *(Aphanius fasciatus)*, eine bereits im südeuropäischen Mittelmeergebiet anzutreffende Art, die im Brackwasser gehalten werden muß. Es handelt sich um einen ausgesprochen vegetarischen Fisch, der seine → Eier an den Wurzeln von Schwimmpflanzen ablegt. Die empfohlene Haltungstemperatur liegt bei 24° C.
Zellophanpflanze *(Echinodorus berteroi)*, Schwertpflanze mit merkwürdig dünnen, durchscheinenden Blättern. Die bei Jungpflanzen noch länglich-schmalen Blätter erhalten mit zunehmendem Alter eine mehr herzförmige Form. Die Z. eignet sich nur für große Becken; auch dort wächst sie oft noch über den Wasserspiegel hinaus.

Zellophanpflanze

Zinkvergiftungen, treten ähnlich wie → Kupfervergiftungen dann auf, wenn das Wasser in verzinkten Leitungsrohren längere Zeit gestanden hat. Auch verzinkte Bleche in Aquarien geben Gift ab.
Zitronenbarsch *(Lamprologus leleupi)*, Goldbarsch, stammt aus dem Tanganjikasee und benötigt entsprechend hartes, schwach alkalisches Wasser. Das Aquarium sollte mit vielen Höhlen eingerichtet werden, in denen das Weibchen bis zu 150 → Eier ablegt. Die Art ist nicht so leicht zu halten wie andere Buntbarsche. Häufige → Wasserwechsel sowie Lebendfutter, auch kleine Schnecken und vegetarische Nahrung, sind erforderlich.

Zitronensalmler *(Hyphessobrycon pulchripinnis)*, eine recht unscheinbar gefärbte Art, die in Gesellschaftsaquarien neben plakativer gefärbten Salmlern stark abfällt. Die intensive Gelbfärbung – deshalb vermutlich der Name – bezieht sich in erster Linie auf die Afterflosse, der restliche Körper ist eher blaßgelb bis grau, im Rückenbereich gelegentlich schwach bläulich. Dem unauffälligen äußeren Erscheinungsbild entspricht auch das Verhalten, die Z. sind sehr ruhig, anpassungsfähig und verträglich.

Zitterwels *(Malapterurus electricus)*, eine bis zu 1 m lange, in Zentral- und Ostafrika weitverbreitete Art, die erhebliche Stromstöße produzieren kann. Man sieht sie häufiger in Schauaquarien, besonders größere Individuen werden jedoch sehr unverträglich und sind nur einzeln bei Temperaturen zwischen 22 und 30° C zu halten. Die umgebildeten Muskelpakete, die den elektrischen Strom erzeugen, befinden sich in erster Linie in der Bauchregion des plumpen Körpers, der im Schwanzbereich seitlich abgeflacht ist. Vermutlich werden die Eier bis zum Schlüpfen der Jungen im Maul transportiert, wofür es jedoch keine sicheren Beweise gibt, da sich die Art unter Aquarienbedingungen bisher nicht fortgepflanzt hat (→ elektrische Fische).

Zooplankton, tierisches → Plankton.

Zuchtaquarium, Aufzuchtaquarium, ein Wasserbecken, das für die Zucht einer speziellen Fischart eingerichtet wird. Die Größe ist entsprechend den Bedürfnissen der einzelnen Arten zu wählen. Viele anspruchslose eierlegende → Zahnkarpfen sind bereits mit einer Beckengröße von 5 l zufrieden. Salmler und Barben lassen sich in 10–20 l fassenden Becken gut vermehren. Bei größeren, häufig nachgezüchteten Arten reichen in der Regel 50–100 l. Mit Ausnahme der brutpflegenden Arten sollten die Eltern nach der Eiablage aus dem Z. wieder entfernt werden. Die meisten sind starke Laichräuber, die oft sofort über ihre → Eier herfallen. Besonders bei → Freilaichern, die keine speziellen Anforderungen an den Bodengrund stellen, können leicht Vorkehrungen getroffen werden, um die Eier unerreichbar zu machen. Im einfachsten Fall kann man mit runden größeren Kieselsteinen (auch Glasmurmeln) einen lückenreichen Bodengrund schaffen, in dem die Eier sofort verschwinden. Da sie auch für den Aquarianer dadurch schlecht erreichbar werden, bietet sich die Einrichtung eines Laichrostes an: einer meist schrägen, mit zahlreichen Schlitzen versehenen Ebene, durch welche die Eier in einen darunter befindlichen Wasserraum fallen. Eine solche Lösung ist nicht möglich bei den Arten, die besondere Anforderungen an den Bodengrund stellen. Dies ist u. a. bei vielen → Saisonfischen der Fall, deren Gewässer nach der Eiablage häufig austrocknen, so daß die Eier nur dann wirksam geschützt sind, wenn sie etwas tiefer im Boden liegen. Solche Arten graben sich daher häufig in den weichen Boden ein, was ihnen im Z. am besten dann gelingt, wenn ein fasriger Torfboden geboten wird. Es empfiehlt sich, diesen vorher mit heißem Wasser zu überbrühen bzw. längere Zeit zu wässern. Viele Fische sind → Substratlaicher, die ihre Eier an Wasserpflanzen, Steinen, Holzstücken, Aquarienscheiben etc. befestigen. Ein erhebliches Problem ist die Sauerstoffversorgung dieser Eier. Brutpflegende Arten versorgen ihre Gelege durch rasche Flossenbewegungen ständig mit Frischwasser. Die meisten bevorzugen deshalb feinblättrige Wasserpflanzen, die photosynthetisch oft besonders aktiv sind (also reichlich Sauerstoff produzieren). Synthetische Laichsubstrate (z. B. Perlonwatte) sollten daher nur verwendet werden, wenn eine regelmäßige Sauerstoffzufuhr gewährleistet ist. Als Wasserpflanzen haben sich besonders die → Tausendblatt-Arten, die → Haarnixen, das → Javamoos, verschiedene → Sumpffreund-Arten sowie – je nach Wassertemperatur – verschiedene → Wasserpest-Arten bewährt. Für die ein Schaumnest bauenden Tiere sind Schwimmpflanzen besonders wichtig. Es empfehlen sich hier das → Teichlebermoos, der Schwimmende → Wasserhornfarn sowie bei ausreichender Belüftung die → Wasserhyazinthe. Bei der Beleuchtung muß man sehr differenziert vorgehen. Einige Arten, wie die → Neonsalmler, legen Wert auf sehr gedämpftes Licht, da ihre Eier durch starke Lichteinwirkung abgetötet werden. Andere laichen nur bei hellem Sonnenlicht, oft auch gern in den Vormittagsstunden. Eine allgemeinverbindliche Empfehlung läßt sich daher nicht geben. Viele Fische sind während des Laichvorgangs sehr schreckhaft, ebenso

Zuchtwahl

viele Jungfische. Notfalls sind die Aquarienscheiben mit transparenter Folie zu überkleben, um Fluchtreaktionen zu vermeiden.

Zuchtwahl, planmäßige Auswahl von Elterntieren, deren Eigenschaften auf die Nachkommen vererbt werden sollen. Bewußt geschieht dies bei sogenannten Kunstzuchten, bei denen Eigenschaften verstärkt oder vermindert werden sollen, die für freilebende Individuen der Art typisch sind. Unter Aquarienbedingungen ist besonders die Form der → Flossen sowie die Art der Körperfärbung ein wichtiges Kriterium für die Z. Auf diese Weise werden häufig Formen gezüchtet, die im Freiland wegen ihrer plakativen Färbung oder schlechten Beweglichkeit keine Überlebenschance hätten. Aber auch unter Aquarienbedingungen sind solchen «Hochzuchten» häufig Grenzen gesetzt. So gibt es u. a. → Schwertträger, bei denen nicht nur die Rücken- und → Schwanzflossen, sondern auch die zu einem → Begattungsorgan *(Gonopodium)* umgebildete Afterflosse bis zur biologischen Unsinnigkeit und Funktionslosigkeit verlängert worden ist. Neben dieser Z., deren Ergebnis zumindest immer noch optisch wahrnehmbar ist, erfolgt bei der Fischzucht häufig ungewollt eine negative Auswahl. So werden fortpflanzungswillige Arten bevorzugt (die hohen Umsatz versprechen), auch wenn sie Erbkrankheiten, Verhaltensstörungen, geringere Vitalität und höhere Anfälligkeit gegenüber Parasiten aufweisen. Die Wurfgröße einer Art ist jeweils so bemessen, daß bei der natürlichen Überlebensrate der Jungfische jeweils nur so viele Individuen übrigbleiben, um die Elterntiere zu ersetzen. Die restlichen Jungtiere werden durch Krankheiten dezimiert, durch Beutegreifer getötet etc. In der Natur findet also eine Z. statt, welche die Möglichkeiten und Absichten bei der Haltung unter Aquarienbedingungen weit übersteigt. Dies sollte berücksichtigt werden, wenn man die Geschlechtspartner zur Zucht zusammenstellt. Es empfiehlt sich, nur gesunde, kräftige Tiere zu nehmen und häufig auch für Blutauffrischungen zu sorgen. Bei vielen Arten ist festzustellen, daß Körpergröße und Fruchtbarkeit abnehmen, wenn über mehrere Generationen hinweg Inzucht betrieben wird.

Zuchtwasser, sollte der chemischen Zusammensetzung der Heimatgewässer möglichst weitgehend entsprechen. Bei vielen Süßwasserarten gelingen die Zuchten am besten in schwach saurem Wasser. Das ist wohl in erster Linie darauf zurückzuführen, daß unter diesen Bedingungen das Wachstum von Pilzen und Bakterien gehemmt wird. Falls man bei den jeweiligen Fischarten keine Angaben dazu findet, ist es empfehlenswert, sich über die wahrscheinlichen Wasserverhältnisse in den natürlichen Lebensräumen zu orientieren. Neben dem → pH-Wert des Wassers kommt auch der → Wasserhärte eine entscheidende Bedeutung zu. Die meisten Arten bevorzugen sehr weiches Wasser, wobei es eine unterschiedliche Empfindlichkeit gegenüber der → Karbonathärte und der → Nichtkarbonathärte gibt. Letztere kann oft deutlich höher sein als die Karbonathärte, die schon in geringen Mengen zum Sterben der Jungen führt. Dafür sind häufig osmotische Einflüsse ausschlaggebend. Die → Eier haben einen bestimmten Salzgehalt. Stimmt dieser nicht mit dem sie umgebenden Wasser überein, so wird ihnen Wasser entzogen, oder sie quellen auf. Noch empfindlicher als die Eier reagieren aber meist die Jungfische, die in zu hartem Wasser bereits nach wenigen Tagen an der → Bauchwassersucht erkranken. In vielen Fällen ist eine → Torffilterung ratsam. Diese führt zu einer → Enthärtung des Wassers sowie zu einer schwachen Ansäuerung. Darüber hinaus werden verschiedene → Hormone an das Wasser abgegeben, welche die Fortpflanzungsbereitschaft der Zuchttiere deutlich steigern. Außerdem sollte man die Temperatur des Z.s um 2–3° C anheben. Die Stoffwechselvorgänge im Körper des Fisches werden dadurch beschleunigt, und es kommt rascher zu Balz und Eiablage. Besonders im Laufe der Jungenaufzucht ist eine regelmäßige Sauerstoffversorgung erforderlich. Falls die Eientwicklung länger dauert (→ Saisonfische), können dem Z. keimhemmende Mittel (Trypaflavin, Methylenblau) beigegeben werden. Während im Regenwasser weitgehend die Bedingungen erfüllt sind, die zur Zucht auch empfindlicherer Weichwasser-Arten erforderlich sind, kann dessen Verwendung aufgrund der starken Luftverschmutzung heute nicht mehr empfohlen werden. Im Normalfall wird man Leitungswasser verwenden, sauberes Quellwasser ist wegen der weitgehend fehlenden chemischen Verunreinigung oft besser. Die Wasserqualität ist durch eine → Wasseranalyse zu bestimmen. Die gewünschten Werte lassen sich z. B. durch → Enthärtung und Beeinflussung des pH-Wertes erreichen.

Zuckmücken *(Chironomus-Arten)*, insgesamt etwa 1000 verschiedene Arten, die sich jedoch nur minimal unterscheiden und in vielen Fällen nur durch biochemische Untersuchungen bestimmt werden können. Die Larven vieler Arten sind rot und leben verborgen im Schlamm. Sie sind spezialisiert auf nährstoffreiche, sauerstoffarme Gewässer, also auf klassische Abwasserregionen. Dort findet man gelegentlich über 10000 dieser Mückenlarven auf einem einzigen Quadratmeter. Ihre Herkunft bringt es mit sich, daß sie als Fischfutter nur bedingt geeignet sind. Die stark mit Abfallstoffen belasteten Gewässer sind hygienisch in keiner Weise einwandfrei, so daß man durch die Z.-Larven leicht Krankheiten einschleppen kann. Man sollte die Larven vor dem Verfüttern möglichst einige Tage wässern, bis sie ihre noch im Verdauungstrakt befindliche Nahrung ausgeschieden haben. Die Beschaffung der Larven ist sehr einfach. Man braucht nur den obersten Zentimeter der Bodenschicht abzukratzen und mit einem relativ grobmaschigen Sieb durchzusieben.

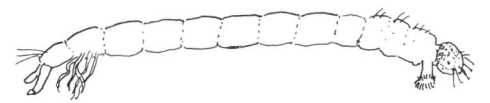

Zuckmückenlarve

Große Exemplare können eine Länge von über 20 mm erreichen, die meisten liegen bei etwa 10 mm. Am Gewässerboden sind sie optisch zunächst nicht wahrzunehmen, da sie sich aus Schlammteilen eine Röhre herstellen, an deren Vorderende sie eine trichterähnliche Reuse bauen, die praktisch genau in ihrem Mund endet. Durch schlängelnde Bewegung des Hinterleibes wird Wasser durch diese Röhre gepumpt, und alle mitgeführten Nahrungsbestandteile werden auf diese Weise direkt in die Verdauungsorgane der Z.-Larve transportiert. Ihre rote Färbung wird durch den Blutfarbstoff Hämoglobin hervorgerufen, der mit unserem menschlichen Blutfarbstoff nah verwandt, jedoch nicht identisch ist. Wegen dieser Sonderbildung können die Larven auch noch in sehr sauerstoffarmem Wasser überleben und sogar monatelang völlig ohne Sauerstoff auskommen. Die Entwicklung kann bei einigen Arten mehrere Jahre dauern.

Zwergbärbling *(Rasbora maculata)*, intensiv rotgefärbter, nur 2,5 cm langer Schwarmfisch, der im Aquarium nur mit ebenfalls kleinen und sehr ruhigen Arten vergesellschaftet werden sollte. Freilebend findet man den Z. auf der malayischen Halbinsel und Sumatra in den unterschiedlichsten, meist stehenden Gewässern. Eine Übertragung dieser Lebensbedingungen auf das Aquarium bedeutet einen dunklen Untergrund, möglichst aus → Torf, eine dichte, aus feinblättrigen Arten bestehende Bepflanzung sowie leicht saures, weiches Wasser. Die Nachzucht ist zwar mehrfach geglückt, gilt jedoch als schwierig. Die gelegentlich 200 Eier werden an Wasserpflanzen oder aber auch direkt auf den Boden abgegeben.

Zwergbarbe, Roloffs *(Puntius roloffi)*, ein aus dem Süden Thailands eingeführter Fisch, der sich von den meisten Barben dadurch unterscheidet, daß die Männchen ausgeprägte Reviere bilden. Zur Haltung im Aquarium eignet sich am besten weiches, leicht saures Wasser mit einer Temperatur zwischen 22 und 24° C. Will man die Art zur Fortpflanzung anregen, sollte man die Temperatur um weitere 2° C erhöhen. Das Aquarium muß mit großblättrigen Wasserpflanzen bestanden sein, da sich die Tiere bei der Paarung auf den Rücken drehen und die Eier einzeln an die Unterseite der Blätter kleben. Insgesamt werden auf diese Weise bis zu 70 Eier abgelegt. Die schlüpfenden Jungfische sind mit den üblichen Methoden problemlos aufzuziehen.

Zwergbarsch *(Elassoma evergladei)*, beheimatet in den Everglades (Florida), Schwarzbarsch, eine nur 3,5 cm lange Art aus der Familie der → Sonnenbarsche, die bei Zimmertemperaturen sehr gut zu halten und zu vermehren ist. Die Jungfische schlüpfen aus den bis zu 60 Eiern bereits nach 2–3 Tagen und sind nach dem Freischwimmen gut mit Staubfutter aufzuziehen. Eine Entfernung der Elterntiere ist nicht erforderlich.

Zwergbuntbarsch

Zwergbuntbarsch *(Apistogramma agassizi)*, nur etwa 8 cm lange Art, die praktisch im gesamten Amazonasbecken vorkommt. Sie ist nur in relativ weichem, sauberem, häufig gewechseltem Wasser zu halten und zur Fortpflanzung zu bringen. Das Becken muß reichlich Versteckmöglichkeiten aufweisen. Wenn es ausreichend groß ist, kann sich ein Männchen gleichzeitig um mehrere Weibchen kümmern. Die → Brutpflege ist Aufgabe der Weibchen, welche die frischgeschlüpften Jungen zunächst an versteckte Stellen bringen, sie aber auch nach dem Ausschlüpfen noch etwa 1 Monat lang versorgen. Die Fütterung der Jungfische erfolgt zunächst mit feinstem Staubfutter.

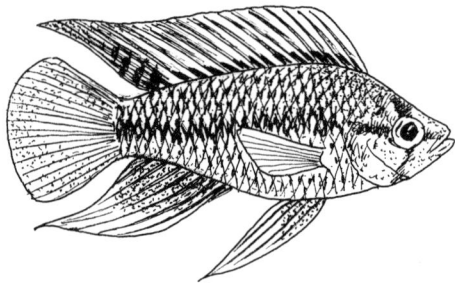

Gelber Zwergbuntbarsch

Zwergbuntbarsch, Gelber *(Apistogramma reitzigi)*, sehr ähnlich dem etwas größeren → Zwergbuntbarsch. Die Art stammt aus dem Rio Paraguay und weist eine individuell sehr unterschiedliche Körperfärbung auf.

Gestreifter Zwergbuntbarsch

Zwergbuntbarsch, Gestreifter *(Nannacara anomala)*, eine nur im westlichen Guayana vorkommende Art, bei denen die 8 cm langen Männchen erheblich größer sind als die Weibchen. Dennoch muß nach der Eiablage auf Steinen das Männchen in kleineren Aquarien herausgefangen werden, da es vom Weibchen, das sein Territorium behauptet, andernfalls getötet werden kann. In Fortpflanzungsstimmung befindliche Weibchen zeigen merkwürdigerweise eine völlig andere, gitterförmige, Körperzeichnung.

Zwergbuntbarsch, Tanganjika-, → Schlankcichlide, Gelber.

Zwergdrachenflosser *(Corynopoma riisei)*, eine in Aquarien problemlos zu haltende Art. Die Samenübertragung kommt mehr oder weniger durch einen Trick zustande: Die Kiemendeckel des Männchens sind stark verlängert, so daß sie einen keulenförmigen Anhang bilden. Beobachtungen haben gezeigt, daß diese Sonderbildung von den Weibchen mit Futter verwechselt wird und daß sie versuchen, dort hineinzubeißen. Dabei müssen sie sich dem Männchen so weit nähern, daß dieses das Weibchen mit speziellen Haken an der Schwanzflosse so lange festhalten kann, bis die Samenpakete übertragen sind. Diese einmalige Begattung reicht aus, um mehrere, wenn nicht alle künftigen Eiablagen zu befruchten. Die Haltung der aus Trinidad und Venezuela stammenden Fische erfolgt am besten in einem gut beleuchteten Aquarium bei 22–28° C. Die Fütterung dieser Allesfresser kann problemlos mit gängigem Trockenfutter erfolgen. Neben der Wildform gibt es auch helle und rötliche Zuchtformen.

Zwergenchyträe *(Enchytraeus buchholzi)*, nur etwa 1 cm lang werdende tropische Enchyträenart, die ähnlich wie einheimische → Enchyträen gut in speziellen Zuchtkisten vermehrt werden können. Wegen der geringeren Körpergröße dieser Art kommt man mit deutlich kleineren Behältern von nur $10\times10\times5$ cm Größe aus. Die Z.n müssen bei einer Temperatur von 20–25° C gehalten werden und eignen sich hervorragend als Jungfischfutter oder zur Fütterung kleinbleibender Arten.

Zwergfadenfisch *(Colisa lalia)*, eine sehr farbenprächtige, nur 5 cm lange Art aus Indien, die ein großes → Schaumnest baut. Die normalerweise um 25° C liegende Wassertemperatur kann zur Zucht auf 30° C erhöht werden. Bei der Feindabwehr können die Männchen schnarrende Geräusche ausstoßen.

Zwerggurami *(Trichopsis pumilus)*, ein mit 3,5 cm Länge sehr winziger Fadenfisch,

der wie andere ebenfalls ein → Schaumnest baut, jedoch auch direkt unter größeren Pflanzenblättern ablaichen kann. Die Art kann sehr produktiv sein und mit nur einwöchigen Intervallen mehrmals hintereinander bis zu 250 → Eier ablegen.
Zwergkärpfling *(Heterandria formosa)*, stammt aus den südlichen USA und wird wegen seiner geringen Körpergröße in Aquarien sehr gern gehalten. Die Männchen werden nur etwa 2 cm groß, Weibchen erreichen eine Größe von 3,5 cm. Die Geburt der lebenden Jungen kann sich über 1 Woche und mehr erstrecken, so daß pro Tag nur 2–3 Jungfische schlüpfen.
Zwergpanzerwels, *(Corydoras pygmaeus)*, nur ca. 2,5 cm langer Fisch, der mit dem Sichelfleck-Panzerwels so viele Gemeinsamkeiten hat, daß er zunächst als dessen Rasse beschrieben wurde. Für eine Haltung im Gesellschaftsaquarium ist der Z. nur dann geeignet, wenn die anderen Fische ebenfalls relativ klein sind. Andernfalls wird er zu häufig gejagt. Auffällig ist auch, daß die im Handel selten angebotene Art nicht nur am Boden lebt, sondern häufig auch in mittleren Wasserschichten schwimmt. Die Nachzucht ist etwas schwieriger als bei anderen → Panzerwelsen.
Zwergschmerle *(Botia sidthimunki)*, lebendiger Schwarmfisch, der sich gut zur Haltung im Gesellschaftsaquarium eignet. Die Tiere bevorzugen die unteren Wasserschichten und benötigen unbedingt ausreichende Versteckmöglichkeiten unter Steinen und Wurzeln. Unerläßlich ist die Haltung in einem kleinen Schwarm. Einzeltiere werden leicht sehr scheu und verkümmern. Der Boden sollte sehr feinkörnig sein, damit sich die nur etwa 4 cm lange Z. bei der Nahrungssuche ihre Barteln nicht verletzt. Die Haltung erfolgt bei Wassertemperaturen um 26° C, über gelungene Zuchten ist derzeit nichts bekannt.
Zwergwels *(Ictalurus nebulosus)*, Katzenwels, aus Nordamerika importierte und jetzt auch in vielen europäischen Gewässern wild lebende Art. Sie erreicht eine Länge bis 45 cm, in kleineren Aquarien jedoch erheblich weniger. Eine artgerechte Haltung wird nur dann erreicht, wenn dem Z. ausreichend Versteckplätze und Lebendfutter geboten werden. Mit Kaltwasserfischen, die die Größe des Z. errei-

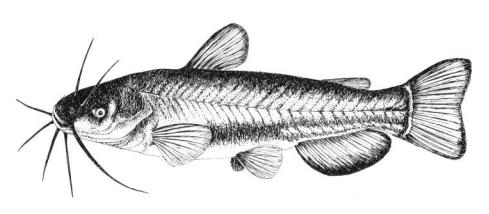

Zwergwels

chen, kann er gut zusammen gehalten werden. Kleinere Fische werden häufiger komplett verschlungen. Im Normalfall sollte die Fütterung mit Regenwürmern, Nacktschnecken etc. erfolgen. Eine Fortpflanzung ist unter den meist ungünstigen Lebensbedingungen in Kaltwasseraquarien kaum zu erwarten. In größeren Bekken wurde beobachtet, wie die Tiere in einer kleinen Grube ablaichten sowie Eier und Jungtiere bewachten.
Zwergziersalmler *(Nannostomus marginatus)*, kleine Ziersalmlerart, die deutlich weniger lebhaft ist als der größere → Längsband-Ziersalmler. Die Fortpflanzung erfolgt ähnlich wie bei diesem, doch werden deutlich weniger Eier abgelegt, die, wenn man nicht sofort eingreift, sehr rasch vom Weibchen aufgefressen werden.

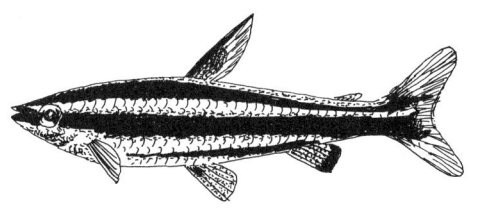

Zwergziersalmler

Zylinderrose *(Cereanthus membranaceus)*, eine mit langen Tentakeln versehene Art, die im Mittelmeer sowie an der französischen Westküste vorkommt. Dort gräbt sie sich im weichen Boden eine bis zu 1 m lange Röhre, in die sie sich bei Gefahr schnell zurückzieht. Im Aquarium begnügt sie sich auch mit einer nur etwa 10 cm hohen Schicht, sie sollte jedoch durch Ansiedlung in einem Behälter an einer Wanderung gehindert werden. Bei einer ausreichenden Fütterung mit Fisch- und Muschelfleisch sowie Regenwürmern kann die Z. ohne weiteres ein Alter von 50 Jahren erreichen.

Auswahl weiterführender Literatur

Baensch, Hans A.: Kleine Seewasserpraxis. Tetra-Verlag, Melle 1977.
Baensch, Ulrich: Kleine Zierfischkunde. Tetra-Verlag, Melle 1977.
Brünner-Beck: Neue Wasserpflanzen-Praxis. Tetra-Verlag, Melle 1980.
Brünner et al.: Kosmos-Handbuch Aquarienkunde. Kosmos-Verlag, Stuttgart 1980.
Frey, Hans: Lexikon der Aquaristik. Neumann Verlag, Melsungen 1978.
Frey, Hans: Aquarienpraxis kurzgefaßt. Neumann Verlag, Melsungen 1977.
Frey, Hans: Zierfisch-Monographien, Band I Salmler, Band II Karpfenfische, Band III Welse, Band IV Buntbarsche. Neumann Verlag, Melsungen 1977/78.
Frickhinger: Gesund wie der Fisch im Wasser? Tetra-Verlag, Melle 1978.
Gilbert-Legge: Das große Aquarienbuch. Ulmer-Verlag, Stuttgart 1972.
Horst Kipper: Das perfekte Aquarium. Tetra-Verlag, Melle 1980.
Ladiges: Kaltwasserfische, Tetra-Verlag, 1977.
Mayland, Hans J.: Aquarienpraxis I–III. Landbuch-Verlag, Hannover 1977/1978/1979.
Paffrath, Kurt: Bestimmung und Pflege von Aquarienpflanzen. Landbuch-Verlag, Hannover 1979.
Paysan: Beispielhafte Aquarien. Tetra-Verlag, Melle 1978.
Probst-Lange: Das große Buch der Meeresaquaristik. Ulmer-Verlag, Stuttgart 1975.
Schiötz-Dahlström: Aquarienfische. BLV-Verlag, München 1970.
Sterba, Günther: Enzyklopädie der Aquaristik und speziellen Ichthyologie. Neumann-Verlag, Melsungen 1978.
Sterba, Günther: Aquarienkunde I, II. Neumann-Verlag, Melsungen 1954/1955.
Sterba, Günther: Süßwasserfische aus aller Welt, I, II. Neumann-Verlag, Melsungen 1969.
de Wit, H. C. D.: Aquarienpflanzen. Ulmer-Verlag, Stuttgart 1966.
Zukal-Frank: Geschlechtsunterschiede der Aquarienfische. Landbuch-Verlag, Hannover 1979.

Bildnachweis

Anthony Verlag, Starnberg: S. 177 (Schönbach), Rücktitel (Carson, Wegler)
Bio-Info, Norbert Jorek, Greven-Gimbte: S. 178, 179, 180
Greiner und Meyer, Braunschweig: S. 178
Bildarchiv Paysan, Stuttgart: Titel, Rücktitel
Werkfoto Kolfertz: S. 118, 123
Werkfoto H. Müller GmbH, Schwenningen: S. 25
Werkfoto Eheim: S. 17
Werkfoto Tuntze-Aquarientechnik: S. 6, 89, 175, 204
Werkfoto Schego: S. 193
Werkfoto Wissenschaftlich-Technische Werkstätten, Weilheim: S. 42, 142, 158